고려대학교 한국어문교육연구소 국어교육실천총서

국어 교사를 위한
국어 수업 디자인 실습

저자 소개

김영란
강원대학교 사범대학 국어교육과 교수

김은희
기린고등학교 국어교사

류은수
섬강중학교 국어교사

임다정
정선고등학교 국어교사

이동일
청평중학교 국어교사

이재훈
금곡고등학교 국어교사

유현진
양양중학교 국어교사

고려대학교 한국어문교육연구소 국어교육실천총서
**국어 교사를 위한
국어 수업 디자인 실습**

초판1쇄 인쇄 2024년 8월 26일
초판1쇄 발행 2024년 9월 2일

지은이   김영란 류은수 이동일 유현진 김은희 임다정 이재훈
펴낸이   이대현
편집   이태곤 권분옥 임애정 강윤경
디자인   안혜진 최선주 강보민
마케팅   박태훈 한주영

펴낸곳   도서출판 역락
출판등록 1999년 4월 19일 제303-2002-000014호
주소   서울시 서초구 동광로 46길 6-6 문창빌딩 2층 (우06589)
전화   02-3409-2060
팩스   02-3409-2059
홈페이지   www.youkrackbooks.com
이메일   youkrack@hanmail.net

ISBN 979-11-6742-849-3 94370
     979-11-6742-592-8 94080 (세트)

고려대학교 한국어문교육연구소 국어교육실천총서

국어 교사를 위한
국어 수업 디자인 실습

김영란 류은수 이동일 유현진 김은희 임다정 이재훈

역락

이 책은 고려대학교 국어교육과 명예교수이신 혜당 박영순 선생님께서
한국어문교육연구소에 기부하신 기금의 지원을 받아 만들어졌습니다.

≪국어교육실천총서≫를 펴내며

'교육백년지대계(敎育百年之大計)'라는 말이 그 어느 때보다도 절실합니다. 가르치고 배우는 우리의 아름다운 전통은 한국전쟁 이후 초고속의 현대화 과정에서 폭발적인 힘을 발휘했습니다. 역사상 물질적으로 가장 풍요로운 시간을 누리고 있는 지금, 그림자처럼 따라붙은 정신적 빈곤과 공허함은 발길을 멈추고 다시금 교육의 본질과 역할을 되돌아보게 합니다.

2010년 7월 8일 개소한 저희 한국어문교육연구소는 한국어와 한국어로 이루어진 문화의 우수성과 중요성에 대한 진지한 인식을 바탕으로, 우리 문화유산의 안정적 계승과 미래 지향적 발전을 추구해 왔습니다. 특히 1980년대 이후 한국 중등국어 교육계를 실질적으로 이끌고 있는 고려대학교 국어교육과와 밀접한 협력관계를 유지하며 한국의 국어교육 발전을 위해 함께 노력하고 있습니다.

이번에 발간되는 ≪국어교육실천총서≫는 2021년 9월에 처음 기획된, 한국어문교육연구소의 총서 시리즈 중 하나입니다. 연구자와 교사 및 예비교사가 한 팀을 이루어 학교 현장에서 직접적으로 활용할 수 있도록 만든 실용서라는 특징을 지닙니다. 이론과 실천의 조화를 추구함으로써 이 책이 실용성과 전문성 모두를 갖춘 새로운 차원의 수업 길잡이 역할을 수행할 수 있기를 기대합니다.

수시로 바뀌는 교육과정에 따라 주기적으로 달라지는 교과서와 교사용 지도서가 지닌 한계를 극복하는 것도 ≪국어교육실천총서≫의 보이지 않는 역할이 될 것입니다. 그것은 어떠한 교육과정과 교과서가 사용되는 상황에서도 해당 주제와 관련해 가장 중요하고 필수적인 내용들을 담음으로써 흔들리지 않는 '항상성'을 지니는 것이 가능하기 때문입니다.

≪국어교육실천총서≫가 학교 현장에 계신 선생님들께 유용한 정보뿐 아니라, 좋은 수업을 구상하는 데 새로운 활력을 드릴 수 있길 희망합니다. ≪국어교육실천총서≫의 기획과 발간의 계기를 마련해 주신 혜당 박영순 선생님, 총서가 발간되기까지 보이지 않는 곳에서 애써주신 모든 분들께 진심을 담아 감사의 인사를 드립니다. 끝으로 ≪국어교육실천총서≫가 국어교육의 새로운 희망의 빛이 되길 꿈꿔 봅니다.

고려대학교 한국어문교육연구소

이 책은 국어 수업을 태어나서 처음 해야 하는 사람들을 위한 안내서입니다. 생애 최초로 국어 수업을 하고자 하는 사람이라면 누구든 봉착하는 어려움이 있습니다. 수업을 구상하다 보면 하나의 단원을 45분 또는 50분씩 몇 개의 차시로 나누어야 하는지, 각 차시 수업을 어떻게 시작, 전개, 마무리할지, 그 과정에서 어떻게 학생들의 흥미를 돋우고 주의집중을 유지하면서 학습 목표에 도달하게 할지, 막막함이 끊이지 않습니다. 누구든 그 막막한 과정을 거치면서 무엇을 어떻게 해야 할지, 질문이 꼬리에 꼬리를 물게 됩니다. 이런 어려움에 대해 도움을 받을 수 있는 곳은 적어 초보 국어교사들은 각자도생해야 합니다. 이 책은 늘 반복되는 어려움을 겪는 이들이 던지는 질문을 중심으로 길잡이를 제시하고자 합니다. 1부에서 국어 수업을 디자인할 때의 고민거리를 조사하여 질문으로 열거한 뒤 2부에서 수업 디자인의 예시를 들어 응답하고 '질의·응답'란에서 현장교사들의 답변을 제시했습니다.

초보 국어교사가 마주하는 어려움은 가르쳐야 할 내용, 교수·학습 방법 및 평가에 대한 이론을 수업에 적용하면 될 것이라는 기술적 합리주의 접근으로는 좀처럼 해결되지 않습니다. 교사는 가르칠 내용에 대한 이해를 토대로 학습자에게 적합한 형태로 교수학적 전환을 해야 합니다. 가르칠 내용에 대해 학생이 주목하고 흥미를 느낄 장치를 마련하고, 학생의 배움이 담보되는 학습 활동을 교사의 적절한 교수 행위와 조화되도록 구안해야 하며, 수업의 말미에는 배운 내용을 정리·점검하면서 다음 차시로 이어지도록 하는 거지요. 여기에는 교육 전문가의 실천적 지식이 필요합니다. 교육과정을 바탕으로 교과서를 집필하는 이들이나 교과서를 하나의 참고자료로 보면서 국어과 교육과정을 토대로 수업을 능숙하게 구상하는 교사들은 이러한 실천적 지식을 보유하고 있습니다. 이 책은 교육 전문가가 교육과정을 상세화하면서 교과서를 개발하거나 수업을 설계하는 실천 작업을 복기하여, 수업 디자인을 네 개의 단계로 체계화했습니다. 2부와 3부의 수업 설계는 모두 이 네 단계를 밟아 완성됩니다.

2부에서는 국어 수업이 대체로 영역별 성취기준을 기반으로 이루어진다는 점에 착안하고, 국어 수업에서 간과하는 영역이 없으면 하는 바람을 담아 여섯 영역의 수업 디자인을 제시했습니다. 3부에서는 교육현장에서 있을 수 있는 통합적 국어 수업 디자인을 예시했습니다. 국어과 영역 내 성취기준을 통합하는 수업, 영역 간 성취기준을 통합하는 수업, 국어와 다른 교과의 교육 내용을 융합하는 수업, 국어와 창의적 체험활동을 연계한 수업 등 교육과정 재구성 기반의 수업 디자인을 다루었습니다. 2부와 3부의 각 장은 '■ 수업 디자인하기, ② 질의·응답, ③ 수업 디자인 실습하기'의 순서로 구조화해 독자들이 수업 디자인 방식을 확인한 뒤, 앞에서 언급한 초보 교사들의 질문에 대한 응답을 참고하여 수업 디자인을 실습해 볼 수 있도록 했습니다.

첫 발령을 받은 국어교사가 수업을 하는 경우라면 학습자에 대한 정보가 거의 없을 것입니다. 예비교사는 교육실습을 나가지 않는 이상, 학습자가 부재한 상황에서 국어 수업을 디자인하고 모의 시연해야 합니다. 초보 국어교사는 교육경험이 일천하여 학습자에 대한 이해도가 낮은 편이고, 학습자에 대한 정보가 거의 없는 채로 수업을 계획해야 합니다. 이런 부분을 조금이나마 보완하기 위해 2부와 3부에서는 집필진의 경험을 반영한 [학급 정보]를 제공하여 학습자 특성과 교실 여건을 감안한 수업 디자인을 할 수 있도록 했습니다. 또한 2부와 3부의 4단계에서 현장교사들이 작성한 교수·학습 과정안에는 각주를 통해 어떻게 학습 동기 유발을 하고자 한 것인지, 수업의 성패가 어떤 지점에서 갈릴 수 있을지, 어떤 방식으로 차시 수업을 마무리하고 있는지 등에 대한 해설을 제시했습니다. 교수·학습 과정안을 처음 보면 각 활동이 어떤 의의를 지니는지, 교수·학습의 흐름이 유기적으로 이어지는지, 계획이 실제 수업에서 잘 실현될 수 있는 것인지 감을 잡기 어려운데, 이 해설이 참고가 되기를 바랍니다.

이 책은 국어 수업을 처음 구상하는 상황을 고려하여 교육과정에 충실한 수업 디자인을 하도록 안내했습니다. 이것이 결코 교육과정을 금과옥조로 여겨 문서의 자구(字句)가 지시하는 것'만' 수업에서 허용되고, 그렇지 않은 것은 안 된다는 도식적인 접근을 해야 한다는 것을 의미하지 않습니다. 또한 이 책에서 제시하는 예가 최선이라고 주장하는 것도 아닙니다. 향후에 초보 국어교사들이 수업 전문성을 충분히 갖추게 되면 학생 배움의 질을 고려하면서 수업 시간에 교육과정을 창안하는 길로 들어서게 되고, 이 책의 예시보다 훨씬 창의적인 수업 실천을 하게 되길 기대합니다. 아무쪼록 국어 수업을 디자인하고 실행하는 과업이 처음 주어진 이들에게 이 책이 줌인, 줌아웃이 잘 되는 성능 좋은 네비게이션이 되었으면 좋겠습니다. 이를 위해 https://blog.naver.com/prekoreanteacher 블로그를 통해 이 책에 연관된 자료를 공유하고, 독자들과 상호작용을 하고자 합니다.

끝으로 이 책의 초고를 읽고 원고의 허점을 꼼꼼하게 짚어준 조민서, 박지원 학생에게 고마운 마음을 전합니다. 책을 출간할 수 있도록 기획하고 지원해 주신 고려대학교 한국어문교육연구소 식구들께도 이 자리를 빌려 감사의 말씀 드립니다.

-저자 일동

목차

3부 교육과정 재구성 기반 국어 수업, 교육 현장에 대비하다

1부

국어 수업을 처음 디자인할 때 무엇이 막막하고, 무엇을 해야 하나

국어 수업을 처음 디자인할 때 무엇을 막막해 하나

국어 수업을 생애 처음으로 구상해야 하는 사람으로 예비교사를 꼽을 수 있습니다. 예비교사들은 대학 강좌에서 국어 수업을 설계하고 시연하는 과제를 하게 되면서 어려움에 봉착하게 됩니다. 이러한 과제 수행에서 많은 문제점이 발견되는데 이들을 종합해 보면,[1]

① 수업의 내용이나 목표와 연결되지 않는 동기 유발

② 수업에서 가르쳐야 할 개념이나 지식에 대한 예비교사의 불충분한 이해 혹은 오해

③ 목표에 부합하지 않는 학습 활동 전개

④ 유기적으로 구조화되지 못한 학습 활동 전개

⑤ 학습자 수준을 감안하지 못한 수업 전개

⑥ 교수·학습 모형에 대한 오해와 모형의 부적절한 적용이나 제한적 적용

⑦ 단답형 답변을 요하는 질문 제시

⑧ 학생 반응을 단순반복하는 피드백

⑨ 학습 목표와 거리가 있는 평가 계획, 형식적인 형성 평가, 자기 평가나 동료 평가에 대한 고려 없는 교수자 중심의 내용 점검

등입니다. 처음 하게 되는 수업 시연이라면 누구나 낯설고 어렵기 마련일 것입니다. 실제로 사범대학 국어교육과 전공 강좌에서 수업 설계와 실행을 경험한 학생들은 수업 활동 설계, 수업 활동의 전개, 학습자 이해, 수업 화법, 표현(목소리, 시선 손짓, 판서의 속도와 글자 크기 등)과 관련하여 어려움을 느끼고, 수업 실연 때에는 긴장과 불안, 수업 실연에 대한 어색함을 느낍니다.[2] 또한 읽기 수업을 설계하는 예비교사들은 차시를 배분하는 것을 어려워합니다.[3]

우리는 선행연구들의 결과보다 조금 더 상세한 정보를 얻기 위해 사범대학에서 '국어 교재 연구 및 지도법' 강좌를 수강한 예비교사를 대상으로 수업 구상 단계에 따라 마주한 어려움에 대해 설문했습니다(2022년 12월~2023년 1월). 학생 수준 고려, 동기 유발, 수업 진행 방법, 시간 배분, 형성 평가, 수업 계획서 작성으로 구분하여 설문했는데, 그 결과를 종합하면 다음과 같습니다.

<예비교사들이 수업을 설계하고 모의 수업 시연을 할 때 느끼는 어려움>

◇ **학생 수준 고려**
- **수업 받을 학생 수준 예측**: 학생들의 수준을 예측하며 수업 내용을 구상하는 것이 어려웠다.
- **성취기준에 맞는 학년 수준 설정**: 어느 정도 수준으로 수업해야 해당 성취기준에 맞는 학년 수준으로 수업하는 건지 감이 잡히질 않았다.
- **모두의 이해를 돕는 난이도 설정**: 어떻게 해야 모두의 이해를 도울까? 학생의 배움으로 이어지는 수업을 할 수 있을까? 모든 학생에게 적절한 난이도로 수업을 전개하려면 어떻게 해야 할까?
- **학생 맞춤형 수업 자료 구성**: 다양한 수준의 학습자들에게 적합한 수업 자료 구성을 어떻게 해야 하나?
- **오개념 예상**: 수업 중에 학생들이 보일 수 있는 오개념을 예상하는 점이 어려웠다.

◇ **동기유발**
- **수업 주제를 벗어나지 않는 학생 흥미 유발**: 학습자의 흥미를 생각하고 설계하면 무언가 주제가 엇나가는 것은 아닐까 걱정되고, 전형적인 동기 유발 방법을 사용하자니 지루했다.
- **수업과 관계있는 동기 유발 자료의 부족**: 학생들이 흥미를 가지고 동기가 유발되는 것이 중요한데 학생들의 흥미를 유발하는 자료들은 학습과 직접적인 관련이 없는 경우가 많았다.
- **창의적인 동기유발 아이디어 구상**: 학생들의 동기 유발을 창의적으로 하고 싶은데 창의적인 아이디어를 짜는 게 힘들었다.

◇ **수업 진행 방법**
- **효과적인 수업 방법 채택**: 여러 수업 방법 중 어떤 것이 가장 효과적일까?
- **교사의 개념 설명과 학습자의 학습 활동 간 조화**: 교수자의 개념 설명과 학습자의 학습 활동이 적절하게 조화를 이루게 하는 것이 어려웠다.
- **교사-학생-학생의 활발한 상호작용 유도**: 우리나라 학생들은 질문을 하면 서로 눈치를 주거나 비난을 하는 경우가 있고, 심지어 교사들도 질문 받기를 꺼려하는 부분이 있어서 눈치 주지 않고 질의, 응답하는 수업 분위기를 어떻게 만들지 고민되었다.
- **학생 참여를 이끄는 수업 구성**: 내가 받은 수업의 대부분이 강의식 교수 방법이다 보니 학생들의 참여를 이끌기 위한 수업을 구성하기가 어려웠다.
- **학생의 해석이 중심이 되는 문학 수업에서 문학 지식 전달과 오독 수정 지도**: 학생의 해석을 바탕으로 문학 수업을 구성할 때 해석의 기반이 되는 문학 지식의 전달은 어떻게 해야 하는지, 또 학생의 오독에 대한 수정을 어떻게 지도해야 할지 궁금하다.

◇ 형성평가
- **다양한 방식의 형성평가:** 학생들의 다양한 흥미와 능력에 따라 다양한 방식의 평가를 진행하고 싶었지만, 기준의 형평성 등의 문제를 고민하게 되었다.

◇ 시간 배분
- **수업 차시 계획:** 수업 설계를 할 때 몇 차시에 걸쳐 계획할 것인지 정하는 게 막막했다. 수업 시간과 관련하여 하나의 수업 주제 또는 하나의 학습 목표에 어느 정도로 시간을 분배해야 되는가?
- **학생의 최적 집중 시간:** 학생들이 흥미를 잃지 않으면서 최적으로 집중을 하는 시간에 대한 감을 잡기 힘들었다.
- **실제 수업 차시 구성과 수업 시연을 위한 시간 안배:** 차시 설정에 있어 현실적으로 수업 차시를 구성하는 것과 주어진 수업 시연 시간 내에서 차시를 설정하는 것이 어려웠다.

◇ 수업 계획서 작성
- **교수·학습 과정안 작성 시 구체성 정도:** 수업계획서를 얼마나 구체적으로 짜야 하는지 어려웠다. 언어 표현 방식도 어렵게 느껴졌다. 문장으로 적어야 하는지 명사형 어미 형태로 끝내야 하는지, 그리고 문장으로 쓴다면 어떻게 써야 올바른지 확신이 안 섰다.

각 항목별로 예비교사들의 고민이 깊음을 알 수 있습니다. 특히 '학생 수준 고려'와 관련하여 예비교사들은 수업을 받게 될 학생들의 수준, 수업할 성취기준에 부합하는 학년 수준, 학생 맞춤형 수업 자료 구성, 수준이 제각각인 학습자를 배움으로 이끌 방법, 학습자들의 오개념 예측 등에 대해 고민합니다. 그리고 '수업 진행 방법'과 관련하여 효과적인 수업 방법의 채택, 교사의 설명과 학습자 활동의 조화, 교실에서의 활발한 상호작용 촉진, 학생 참여를 이끄는 방법, 문학 지식 전달과 학습자의 해석에 대한 적절한 접근과 지도 등 다양한 측면을 구상하는 데에 어려움을 느낍니다.

우리는 예비교사들이 느끼는 어려움 중 일부를 제외하고 아래와 같이 질문 형태로 제시하고, 그에 대한 답변을 이 책의 곳곳에서 제시하고자 합니다. 학생 수준 고려와 관련된 어려움 중에는 실제로 학습자를 마주해야 풀어갈 수 있는 문제가 있습니다. '수업 받을 학생 수준 예측'이나 '학생 맞춤형 수업 자료 구성', '모두의 이해를 돕는 난이도 설정'에 대한 질문은 가상적으로 학생을 상정해서 해결하기보다는 실재하는 학습자들을 대상으로 접근하는 것이 더 적합하므로 답변에서 제외했습니다.

Q. 각 성취기준에 맞는 학년 수준은 무엇인가요? 각 성취기준은 어느 수준으로 다루어져야 하나요?

- 4장 [질의·응답]

- 1~6장의 1~3단계

Q. 학생들이 수업 시간에 보이는 오개념은 어떤 것이 있나요?

- 3~5장의 [질의·응답]

Q. 수업과 관련성이 있는 학습자 동기 유발을 어떻게 해야 하나요?

- 4장의 [질의·응답]

- 1~6장의 4단계

Q. 효과적인 수업 방법은 무엇일까요?

- 3장의 [질의·응답]

- 1~10장의 3~4단계

Q. 교사의 개념 설명과 학습자의 학습 활동 간의 조화는 어떻게 이루어야 할까요?

- 4장의 [질의·응답]

Q. 교사와 학생, 학생과 학생 간의 활발한 상호작용(질의-응답-질의-응답의 연속체)을 어떻게 유도할 수 있나요?

- 1~10장의 4단계

Q. 학생의 해석을 바탕으로 문학 수업을 구성할 때, 해석의 기반이 되는 문학 지식 전달은 어떻게 해야 하는지, 학생의 오독에 대해서는 어떻게 지도해야 하나요?

- 5장의 [질의·응답]

Q. 수업을 몇 차시로 전개해야 하나요?

- 1~10장의 3단계

Q. 학생들이 집중할 수 있는 최적의 시간은 어느 정도인가요?

- 5장의 [질의·응답]

Q. 수업 중에 하는 형성 평가를 어떻게 다양하게 할 수 있나요?

- 3장의 [질의·응답]

- 1~10장의 4단계

Q. 실제로 수업할 차시를 구안하는 것과 수업 시연을 위해서 시간을 안배하는 것을 어떻게 해야 하나요?

- 2부와 3부의 3단계를 참조할 수 있습니다. 이때 예상한 시간과 실제 수업에 걸리는 시간은 차이가 있을 수 있음을 염두에 두어야 합니다. 모의 수업 시연에는 실제 수업 시간보다 짧은 시간이 주어지는데, 교수·학습 전개 중 교사의 교수 활동과 학생과의 상호작용 부분은 보여주고, 학생의 학습 활동에 소요되는 시간은 줄이고 예상 답변이나 활동의 결과를 보여주는 식으로 시간 내에 자신의 수업 구상을 보이는 것이 좋습니다.

Q. 교수·학습 과정안을 작성할 때 어느 정도로 구체적으로 해야 하나요?

– 예비교사들이 작성하는 교수·학습 과정안은 대체로 교수자가 확인하고 평가하는 대상이 되지요. 교수·학습 과정안에는 평가자가 수업이 어떻게 전개될지 알 수 있는 정도의 구체적인 내용을 담으면 좋습니다. 내용이 구체적일수록 수업 계획을 이해하는 데 도움이 됩니다. 이 책 2부와 3부의 각 4단계에서는 한 차시 교수·학습 과정안을 상당히 구체적으로 제시했습니다. 그 이유는 교수·학습 과정안만 보고도 교사가 수업을 어떻게 이끌어 가려는 것인지, 학생들에게 기대하는 반응이나 학습 결과는 무엇인지를 보이고자 했기 때문입니다. 예비교사들은 교수·학습 과정안만 작성하고 수업 실행을 생략하기도 하는 사정을 감안하면, 교수·학습 과정안에서 교사의 질문과 학생의 예상 답변이나 학습 결과를 모두 기술해 보는 것도 좋습니다. 이렇게 하면 한 차시 수업의 시작부터 끝까지를 어떻게 채워 나갈지 실질적으로 계획해 보는 장점이 있고 수업 실행을 할 때에도 큰 도움이 되겠지요.

수업의 도입 단계에서 예비교사들은 학습 동기를 유발하면서 학습자가 수업 목표나 수업 내용을 인식하도록 이끌어야 합니다. 위 설문 결과를 보면, 예비교사들은 어떻게 하면 창의적으로 학생의 흥미를 유발하면서도 수업 주제와 자연스럽게 연결시킬지 고민합니다. 이에 대해 켈러(Keller)의 동기이론을 토대로 한 수업 목표 제시 전략을 참조할 수 있습니다. 아래와 같이 14가지 각도에서 학습 동기 유발을 모색해 보세요.

<수업 도입 단계에서 학습 동기 유발과 수업 목표를 연결시키는 전략>

학습 동기 유발 요소와 의미		수업 목표 제시 전략의 예
주의집중	새롭고 신기한 사건이나 사실 제시 혹은 탐구적 호기심을 유발하거나 수업 목표 제시 방식을 변화시켜서 학습자의 주의를 환기하는 것	• 학습자의 흥미를 끌 수 있는 시청각 자료 동원하기 • 지적 갈등을 제공하여 탐구심 유발하기 • 학습자의 호기심을 유발하는 상황이나 교사의 경험 활용하기 • 수업 목표를 제시하는 형식에 변화를 주기
관련성	학습자에게 친숙한 경험과 가치를 활용하거나 수업 목표와 관련하여 학습자가 얻을 수 있는 유용성을 언급하면서 수업 목표를 제시하는 것	• 수업 목표와 관련된 학습자의 일상생활을 동원하기 • 수업 목표와 관련된 학습자의 이전 경험이나 과거 지식 활용하기 • 수업 목표와 관련된 주목할 만한 인물이나 작품 소개하기 • 학습자 입장에서 수업 목표의 유용성이나 가치 언급하기
자신감	학습자에게 수업 목표를 달성할 수 있다는 자신감을 주면서 수업 목표를 제시하는 것	• 수업 목표와 관련된 예시를 주고 해결할 기회 제공하기 • 수업 목표를 문제 상황으로 제시한 뒤 해결 방법 알려주기 • 수업 목표와 관련된 학습자 오류를 보여주고 해결 장면 제시하기
만족감	학습자 자신의 학습 경험과 성취에 대한 긍정적인 느낌	• 수업 목표를 달성한 후에 제공할 외적 보상 언급하기 • 학습자가 수업 목표를 발견하도록 단서를 제공하고 피드백하기 • 수업 목표를 달성한 후에 얻게 될 성취감을 현재화하기

우리는 초임 국어교사를 대상으로 국어과 영역별 수업을 할 때 겪는 어려움에 대해서도 조사했습니다(2023년 1월~3월). 매체 영역은 새 교육과정에서 신설되는 것이므로 매체 영역 수업을 위해 필요한 것이 무엇인지도 설문했지요. 응답 결과는 다음과 같습니다.

<초임 국어교사들이 영역별 수업을 할 때 느끼는 어려움>

◇ 듣기·말하기
- 국어과 영역 중 듣기·말하기가 가장 실제와 관련된 영역이라고 생각하는데, 교과서의 활동은 대체로 학생의 흥미 유발이 어렵고 학생의 주체적인 활동을 끌어내는 데 한계가 있다. 실생활에 활용할 수 있는 실제적인 활동 구안이 어렵다.
- 말하기 두려움이 있는 학생, 수준이 낮은 학생을 듣고 말하는 활동에 참여시키는 것이 어렵다. 실제로 학생들이 수업 시간에 듣고 말하는 경험을 통해 수행 능력을 끌어 올릴 수업이 필요한데 고민스럽다.

◇ 읽기
- 읽기 수업을 디자인할 때 교과서 외 제재 활용에 어려움을 느낀다. 학생들의 흥미를 유발하면서 수준을 고려해 분량이 너무 길지 않은 제재를 활용하고 싶은데 교과서에 있는 제재는 만족스럽지 않고 교과서 외 제재를 활용하자니 적절성 판단에 어려움이 있다.
- 학생들이 전체적으로 어휘력이 상당히 떨어지는데, 따로 어휘를 학습시키는 것도 좋지만 자연스러운 글의 맥락 안에서 단어의 뜻과 글의 내용을 흐름이 끊기지 않게 파악하게 하는 것이 어렵다.
- 학생들의 텍스트 이해도 차이가 매우 커서 이에 대해 지속적으로 피드백해 주는 것과 읽기 자체를 힘들어하는 학생들을 어떻게 돌봐야 할지 고민된다.

◇ 쓰기
- 쓰기 수업을 할 때 참고할 자료가 부족하다.
- 학생들에게 예시 자료를 제공하면 예시의 틀을 벗어나지 않으려 한다. 그렇다고 아예 예시를 주지 않을 수도 없기에 적당한 선을 유지하기가 어렵다.
- 학생 글에 대한 피드백은 시간도 많이 걸리고. 구체적으로 어떻게 해 주어야 할지 고민이다.

◇ 문법
- 문법에서는 예외가 항상 나오는데 이러한 부분을 어떻게 설명해야 할지 어려움이 있다.
- 기존 교과서나 참고서, 이론서 등의 예시가 학생들의 생활과 동떨어진 경우가 있고 생활의 다양한 예시

들은 배운 내용과 관련하여 명확히 적용되지 않는 경우가 많아서 예시를 만들기가 어려운 것 같다.
- 개인적으로 문법 영역이 '배우는 이유'를 설명하기 가장 어렵다. 화·독·작은 실제적인 면이 많고, 문학은 학생들이 딱히 배우는 이유에 대한 의문을 가지지 않는다. 문법의 경우, 이미 한국어 원어민으로서 무의식적으로 언어의 구조를 전부 꿰고 있는데 왜 굳이 배워야 하냐는 의문이 있는 경우가 있다. 이런 의문을 가지고 질문하거나 따지는 학생은 거의 없지만, 이런 질문을 하는 학생이 있을 때 명쾌한 대답을 주고 싶다.

◇ 문학
- 지문이 길면 수업 중에 읽기 힘들다. 소설의 경우 지문이 길다 보니 어떤 식으로 수업을 진행해야 학생이 따라올지 고민이 된다. 소설은 분량이 길어서 한 시간은 소설을 읽는 데에 시간이 다 가기도 하는데 차시를 그렇게 구성해도 되는 것인지 의문이다.
- 학생들이 문학 작품을 해석할 때 각 장면을 떠올릴 수 있는 상상력이 필요하다고 생각하는데, 추상적인 시어들을 구체적으로 떠올리거나 소설에서 자기 경험을 벗어나는 장면을 이해하는데 많은 어려움을 겪는다. 이러한 상황이 고민스럽다.
- 작품 해석에 대한 다양한 답변을 어디까지 인정해줄 수 있는지. 작품이 나오면 꼭 분석을 해주어야 하는지 고민스럽다. 고등학교의 경우 입시를 대비하는 입장에서 학생의 자율적 작품 해석이냐 시험 대비용 작품 분석이냐 하는 점에서 수업을 어떻게 이끌어나가는 것이 바람직한지 고민이 된다.
- 문학은 지루하고 재미없다는 생각을 많이 하는 것 같아 고민이다.

◇ 매체
- 매체 수업을 할 때 활용할 수 있는 플랫폼이나 매체를 사용한 수업 사례나 자료가 제공되면 좋겠다. 특히 영상으로 된 매체 자료가 많으면 좋겠다.
- 학생들이 디지털 매체를 많이 사용하지만 생각보다 디지털 활용 능력이 떨어지는 것 같다. 예를 들어 태블릿으로 작성한 파일을 메일로 보내게 했는데 메일 아이디가 없거나 보내는 방법을 모르는 경우가 생각보다 많다. 이러한 실제 생활과 관련된 실용적 매체 활동 자료나 내용, 매체 활용 방법들이 제공되면 좋겠다.

위의 초임 교사들이 느끼는 어려움을 다음과 같은 질문으로 제시하고 2부 각 장 [질의·응답]란에서 교사들의 답변을 제시했습니다.

2부 1장

- 듣기·말하기 수업에서 활동 구성을 실제적으로 하려면 어떻게 해야 할까요?
- 말하기 두려움이 있거나 화법 능력이 부족해서 수업에 참여하지 않는 학습자를 어떻게 참여시켜서 듣기·말하기 수행 능력을 높일 수 있을까요?

2부 2장

- 교과서 외 제재를 활용하고자 할 때 어떻게 해야 하나요?
- 단어를 따로 찾지 않고 문맥 안에서 어휘 학습을 어떻게 할 수 있을까요?
- 독해력 차이가 큰 아이들을 어떻게 지도해야 할까요?

2부 3장

- 쓰기 수업을 할 때 참고할 자료가 부족합니다. 어떻게 도움을 받을 수 있을까요?
- 학생들의 사고를 막지 않게 예시를 제공하는 방법은 무엇인가요?
- 학생들에게 구체적인 피드백을 해주려면 어떻게 해야 할까요?

2부 4장

- 문법 수업 도중에 학생들이 예외 사례를 가져오면 어떻게 설명해야 할지 곤란해요.
- 활동 구성을 할 때 적절한 예시문장을 제시하는 것이 어렵습니다. 적절한 예시를 통해 개념을 이해하게 하는 활동 구성은 어떻게 해야 할까요?
- 문법 영역을 왜 배워야 하는지 의문을 갖는 아이들에게 문법 영역을 배우는 이유를 설득해서 아이들이 수업을 잘 듣도록 하고 싶어요. 어떻게 할 수 있을까요?

2부 5장

- 어떻게 긴 소설 지문을 읽게 할까요?
- 학생들이 시나 소설을 해석할 때 자신의 경험이나 배경지식이 없어서 이해를 못하는 경우가 많습니다. 학생들이 구체적인 장면을 떠올리도록 어떻게 할 수 있을까요?
- 학생 해석의 다양성을 존중하면서 문학 작품 해석의 보편성을 확보하는 방법은 무엇일까요?
- 문학 수업을 재미있게 하는 방법은 무엇이 있나요?

2부 6장

- 매체 수업 사례와 자료가 필요해요. 플랫폼이 따로 있나요?
- 디지털 매체를 활용하는 수업에 필요한 기초적인 매체 활용 능력이 학생들에게 부족한 경우, 어떻게 해야 할까요?

우리는 3부에서 교육현장에서 흔히 있는 통합적 수업 설계에 대해서도 다루었습니다. 국어 영역 내 성취기준을 통합하는 수업, 영역 간 성취기준을 통합하는 수업, 국어와 다른 교과의 교육 내용을 융합하는 수업, 국어와 창의적 체험활동을 연계하는 수업 말이지요. 이러한 통합 수업 설계와 관련해서는 예상되는 의문을 다음과 같이 제시하여, 각 장 [질의·응답]란에서 수업 설계의 논리를 다시금 짚고, 예상되는 어려움을 다룰 방도에 대해 이야기했습니다.

3부 7장
- 성취기준 통합을 위해 성취기준을 선정할 때 고려할 사항은 무엇인가요?
- 교과서가 이미 있는데 교사가 교육과정을 재구성해야 하는 이유는 무엇인가요?
- 학습자들이 이전 학년에서 배웠어야 할 내용을 모르고 있다면 어떻게 해야 하나요?

3부 8장
- 영역 간 통합 수업을 할 때 어떤 영역끼리 통합하는 것이 좋을까요?
- 영역 간 통합 수업의 사례는 어떤 것이 있나요?
- 영역 간 통합 수업을 통해 수업량이 오히려 많아지지 않을까요?

3부 9장
- 교과 간 통합 수업을 설계하고 운영하는 과정에서 교사가 당면하는 어려움은 무엇인가요?
- 교과 간 통합 수업은 어느 시기에 하면 좋을까요?
- 교과 간 통합 수업을 디자인할 때 국어 교과는 어떻게 접근하는 것이 좋을까요?
- 교과 간 통합 수업을 어려워하는 학습자들에게 어떤 방식으로 접근하는 것이 좋을까요?

3부 10장
- 창의적 체험활동과 연계한 수업을 할 때 다른 선생님들과 어떻게 협력해야 하나요?
- 교과와 창의적 체험활동을 통합할 때 동아리 활동 외 다른 활동으로 통합할 수 있나요?

국어 수업을 디자인할 때 무엇을 해야 하나

수업은 '교육과정의 계획에 따라 제반 자원(시간·공간·교재·환경)을 동원하여 학습이 이루어지도록 하는 일련의 과정'[5]으로 정의할 수 있습니다. 이 정의는 수업이 교육과정에 기초해서 이루어지게 되고, 수업에서는 학습자의 학습이 촉진되어야 함을 뜻합니다. 수업이 갖는 전자의 속성은 수업을 교육과정 실행의 관점에서, 후자는 수업을 교육공학적 관점에서 접근할 수 있음을 시사합니다.

이 책에서는 주로 교육과정 실행의 관점에서 국어 수업을 설계하는 방법을 안내하고자 합니다. 교육과정 실행은 계획으로서의 교육과정이 교육현장에서 실천되는 것을 뜻하는데, 이런 관점에서 보면 수업에

> 교육과정 실행은 어떻게 바라보느냐에 따라 세 가지 관점으로 나눌 수 있습니다. 첫 번째 충실도 관점에서는 계획된 교육과정은 의도한 대로 학교 현장에서 충실히 이행되어야 한다고 봅니다. 두 번째 상호적응 관점은 국가로부터 주어진 공식적 교육과정이 실행 과정에서 실행 상황이나 실행하는 교사와 상호 적응의 과정을 거친다고 봅니다. 세 번째 교육과정 생성 관점은 계획된 교육과정이 어느 정도로 실행되었는지를 확인하는 데에는 관심이 없고, 교사와 학생이 어떻게 교육과정을 구성해 가는가에 관심을 둡니다. 교육 실천 장면에 있는 교사와 학생이 공동으로 창안해 내는 교육적 경험이 곧 교육과정이고, 이러한 교육과정을 만들어 내는 활동 자체가 교육과정 실행이라고 봅니다.[6]

서는 교육과정 실행이 이루어지는 거지요. 추상적이고 일반적인 진술로 되어 있는 교육과정을 상세화해서 수업에 필요한 교수·학습 활동으로 구체화하는 작업은 교육 전문가의 실천적 지식을 필요로 하는데, 이런 실천적 지식을 제공하는 서적은 드뭅니다.

'국어 수업을 어떻게 할까?' 하는 문제를 교육과정 실행의 관점에서 접근하면, 우선 교육과정을 확인하는 일부터 해야 합니다. 이때 교육과정은 문서로 작성된 계획 차원의 교육과정을 뜻하는데, 우리나라에서는 교육과정을 편성하고 운영하는 주체에 따라 국가, 지역(17개 시·도 교육청), 학교가 다음과 같은 교육 계획을 마련합니다.

계획된 교육과정				수업 설계	
국가 수준	교육과정(총론/각론)	①		1 차시	• 정보 전달 글의 특성과 유형 이해 • 정보전달 글에서 복수자료 활용 방법 및 효과 탐구
시·도 교육청	교육과정 편성·운영 지침	②	성취기준 →	2~3 차시	• 독자가 이해하기 쉽게 정보전달 글 쓰는 방법 이해하기
학교	학교 교육 계획서	③		4~9 차시	• 독자가 이해하기 쉽게 정보전달 글쓰기
	교과별(학년별) 평가 계획에 관한 사항, 교과별(학년별) 교과 진도 운영 계획	④			

이 중 국어과 교육 내용과 교수·학습 및 평가에 대한 사항을 구체적으로 확인할 수 있는 문서는 국가 수준의 교육과정 각론 중 국어과 교육과정(①)과 학교 수준 교육과정 중 학년 단위에서 마련하는 국어과 수업과 평가 계획(④)입니다. ①에서는 국어과에서 가르쳐야 하는 내용과 교수·학습, 평가에 대한 지침을 확인할 수 있고, ④에서는 특정 학교에서 특정 시기에 특정 학년 학생들에게 어떤 내용을 다루도록 하는지 확인할 수 있습니다. 예비교사들이 교육실습이나 현직에 나가게 되면 현장 교사들이 학년 초에 미리 작성하는 ④와 같은 계획을 참조해야 하겠으나 이 책에서는 ①을 고려한 수업 설계에 대해 설명하려고 합니다.

교육과정이라는 용어가 뜻하는 바는 다양한데, 문서로서의 교육과정(계획된 교육과정), 실천으로서의 교육과정(전개된 교육과정), 성취·성과물로서의 교육과정(실현된 교육과정), 의도되지 않은 산출로서의 교육과정(잠재적 교육과정), 배제로서의 교육과정(영 교육과정)이라는 의미를 내포합니다. 다시 말해 교육과정은 무엇을, 어떻게, 왜 가르칠 것인가에 대한 계획을 담고 있는 문서를 뜻하기도 하고, 학교에서 실제로 실천되고 있는 교육 활동을 가리키기도 하며, 교육의 결과로 나타나는 성과나 산출을 의미하기도 합니다. 또한 학교에서 계획하거나 의도하지 않았지만 학생들이 학교생활을 통해 많은 것을 경험하는 경우와 교육할 필요가 있는 내용이지만 배제되는 경우도 교육과정이 지칭하는 현상에 포함됩니다.[7]

국가 수준의 교육과정 문서는 국가 교육과정 정보센터 누리집(ncic.re.kr)에서, 지역 수준의 교육과정 편성·운영 지침은 시·도 교육청 누리집에서 확인할 수 있습니다. 학교 수준의 교육과정은 학교마다 '학교 교육과정 편성·운영 계획'이나 '학교 교육 계획서' 등 다양한 이름으로 작성됩니다. 학교 수준의 교육과정은 학교의 누리집이나 학교 알리미 누리집(schoolinfo.go.kr)에서 확인할 수 있습니다. 학교 알리미 누리집은 '초·중등학교 정보공시제'에 따라 운영되고 있는데, 학교별 '교육과정 편성 및 운영 등에 대한 사항'이나 '학교의 학년별·교과별 학습에 관한 상황' 항목에서 각 학교의 국어과 수업 및 평가에 관한 계획을 확인할 수 있지요. 학교 차원의 국어과 수업과 평가에 관한 계획은 학교 여건에 따라 다양한 방식으로 마련됩니다.

국가 수준 국어과 교육과정에는 국어과 교육 내용을 '영역'으로 구분하고 각 영역에서 가르쳐야 할 지식, 기능, 태도와 관련된 내용을 '성취기준'으로 제시하고 있습니다. 또한 성취기준을 가르칠 때 유의해야 할 점, 교수·학습 및 평가에 대해 안내합니다. 국어과 수업을 설계하려는 교사라면 우선 수업에서 다룰 성취기준과 관련하여 교육과정이 제시하는 바를 확인할 필요가 있습니다. 해당 성취기준이 해당 학년에서 어느 정도의 범위와 깊이로 다루어져야 하는지 확인하고, 이전과 이후 학년에서 반복·심화되는 지점, 유사한 교육 내용과 차별되는 지점이 있는지 확인해야 합니다. 그런 다음에는 가르칠 학생의 학년 특성에 맞추어 교수·학습에 필요한 담화나 텍스트를 선정하고 교수·학습 활동을 구체화해야 하지요. 이와 같은 과정은 교육과정이 바뀌어도 달라지지 않습니다. 이해를 돕기 위해 중학교 읽기 영역 중 1학년 때 다루는 '요약하기' 성취기준을 예로 들어 봅시다. 관련된 내용을 '2022 개정 국어과 교육과정'에서 찾아보면 다음과 같습니다.

[9국02-02] 읽기 목적과 글의 구조를 고려하며 글을 효과적으로 요약한다.

성취기준 적용 시 고려 사항 읽기 목적과 글의 구조를 고려하여 요약하기를 지도할 때는 선택, 삭제, 일반화, 재구성 같은 요약의 규칙을 기계적으로 적용하여 중심 내용을 도출하기보다는 학습자의 읽기 목적을 고려하여 필요한 정보가 무엇인지를 확인한 후 이에 부합하는 중심 내용을 요약할 수 있도록 한다. 이때 글의 구조를 고려하여 중심 내용을 요약하도록 안내하면 효과적이다. 글 전체에 대한 요약인 경우 글의 거시적 구조를 고려한 요약이 이루어질 수 있고, 글 일부에 대한 요약인 경우 글의 미시적 구조 혹은 내용 전개 방식을 고려한 요약이 이루어질 수 있다. 글의 구조를 시각화하여 제시한 도해 조직자를 활용할 수 있고, 짝이나 모둠 활동을 연계하여 요약하기 과정과 결과를 공유하며 효과적으로 전략을 내면화할 수 있도록 지도한다. 해당 성취기준은 타 교과 학습을 위한 교과서 읽기, 학습 자료 읽기 등의 상황과 연계하여 지도함으로써 교과 학습 능력과 읽기 능력이 균형 있게 발달할 수 있도록 지도한다.

위 내용을 살펴보면, 학생들의 학습 결과가 성취기준으로 진술되어 있고, 요약하기에 대해 교수·학습할 때에 유념해야 할 지침들이 제시되어 있습니다. 그런데 국어교사가 이러한 진술만 가지고 수업을 구상하기는 어려울 겁니다. 요약하기에 대해 가르치려면 요약의 대상이 되는 텍스트가 필요하고, 그 텍스트를 토대로 한 교수·학습 활동도 있어야 하지요. 이와 같이 추상적인 진술 중심인 국가 수준 교육과정을 수업 시간에 교사와 학생이 교수·학습할 수 있도록 구체화한 자료가 교

과서입니다. 국어교사는 교과서에 기대어 자신의 수업을 구상해 볼 수 있습니다. 그러나 교과서가 있다 하더라도 자신이 가르쳐야 할 학생들에게는 알맞지 않은 내용이라면 수업을 구상하면서 교육과정 문서도 살펴야 할 겁니다. 그럼, 교육과정에 따라 국어 수업을 구상하려면 어떻게 해야 할까요? 한 마디로 말해, 성취기준에 대한 교육과정의 지침을 학습자에 맞게 구체적인 교수·학습 활동으로 구현해야 합니다. 우리는 이 과정을 네 단계로 나눌 수 있다고 보았습니다.

첫째, 가르쳐야 할 성취기준을 해당 학년에서 어떤 범위와 깊이로 다루어야 하는지 살펴야 합니다. 이를 위해 해당 학년 이전과 이후에 배우는 내용을 대략적으로 살펴볼 필요가 있습니다. 2022 개정 교육과정의 경우 "내용 체계표"에서 각 영역에서 다루는 전반적인 내용요소를 제시하는데, 이 부분을 확인할 필요가 있지요. '요약하기'를 예로 들어 보겠습니다. 읽기 영역 내용 체계표(56~57쪽의 〈표 1〉) 중 [과정·기능]의 "내용 확인과 추론" 범주를 횡적으로 확인해 보면, 학생들은 초등학교 3~4학년 때 '내용 요약하기', 5~6학년 때 '글의 구조를 고려하며 내용 요약하기'를 배우고 중학교 1~3학년 때 '읽기 목적과 글의 구조를 고려하여 요약하기'를 배우게 되지요. 즉, 요약하기는 공통 교육과정에서 초등학교 때 2번 다루고, 중학교 때 마지막으로 다루게 됩니다. 내용 체계표가 제공하는 정보는 제한적이니 각 학년군에서 다루는 성취기준을 확인하는 것도 추천합니다. 요약하기와 관련된 성취기준들을 살펴봅시다.

[초등학교 3~4학년] 문단과 글에서 중심 생각을 파악하고 내용을 간추린다.
[초등학교 5~6학년] 글의 구조를 고려하며 주제나 주장을 파악하고 글 내용을 요약한다.
[중학교 1~3학년] 읽기 목적과 글의 구조를 고려하며 글을 효과적으로 요약한다.

성취기준을 보면, 초등학교 중학년 때 '문단과 글'에서 중심 생각을 파악하고 내용을 요약하는 것을, 고학년 때에는 '글의 구조'를 고려해서 주제나 주장을 파악하고 요약하게 됩니다. 중학교 때에는 '읽기 목적'까지 감안하여 글을 요약하도록 하고 있어서, 요약하기 관련 내용이 반복, 심화됨을 확인할 수 있습니다. 이때 각 성취기준에 대한 상세 지침도 참고하여 각 학년군에서 중점을 두어야 할 사항을 확인하면 더 좋습니다. 이렇게 가르치게 될 성취기준과 관련하여 이전 혹은 이후 학년군에서 다루는 교육 내용을 확인해서, 즉 하나의 성취기준이 갖는 위계성과 계열성을 확인해

학습의 범위와 깊이를 가늠해야 합니다. 이전 학년에서 다룬 적이 있는 내용 요소면 이전의 배움과 연결되도록 하면서 학습이 심화되도록 하고, 처음 배우는 내용 요소면 학생들이 충실히 배울 수 있도록 힘써야 합니다.

둘째, 해당 성취기준과 관련된 교육과정 지침에 따라 교수·학습 요소를 추출하여 교수·학습 활동의 전개를 고민해야 합니다. 요약하기의 성취기준과 관련된 '성취기준 적용 시 고려 사항'에서 다음과 같은 교수·학습 요소를 추출할 수 있습니다.

* 읽기 목적을 고려한 중심 내용 요약
* 글 구조를 고려한 중심 내용 요약
  。거시 구조를 고려한 글 전체 요약/ 미시 구조나 전개 방식을 고려한 일부 내용 요약
  - 글 구조의 시각화(도해 조직자 활용)
  - 짝이나 모둠 활동에서 요약하기 과정과 결과 공유하기
  - 타 교과 학습과 연계한 지도

이러한 교수·학습 요소를 바탕으로 교사는 요약하기를 가르칠 때 다른 교과에서 다루는 글을 바탕으로 글의 구조를 파악하게 하고, 도해 조직자를 이용해 글 구조를 시각화하면서 내용을 요약하는 학습 활동을 제시할 수 있습니다. 이때 교육과정 지침을 감안하여 학습자가 짝이나 모둠에서 함께 내용을 요약하고 그 과정을 공유하도록 할 수 있지요. 나아가 읽기 목적이 달라지면 글에서 주목해야 할 정보가 달라지므로 요약의 결과가 달라질 수 있음을 확인하는 학습 활동을 전개할 수 있습니다. 또한 읽기 목적에 따라 글 전체를 요약한다면 글의 거시 구조를 토대로, 글의 일부분을 요약한다면 내용 전개 방식을 토대로 요약하게 할 수 있겠습니다.

셋째, 계획한 교수·학습 활동 전개를 학생의 특성을 감안하여 조금 더 상세화하면서 적절히 시간을 안배하여 45분의 차시로 구분해야 합니다. 예컨대 이 책의 95~96쪽의 예처럼 '복수의 자료를 활용하여 다양한 형식으로 정보를 전달하는 글을 쓴다'를 가르치는 데에 기획한 교수·학습 활동에 아홉 차시가 필요하리라고 예상하고, 장르 규약을 이해하는 데에 한 차시, 글쓰기 방법을 이해하는 데에 두 차시, 학생들이 직접 글을 쓰는 데에 여섯 차시를 배분하는 겁니다. 예비교사들은 교수·학습 활동에 소요되는 시간을 예상하는 것이 어려울 겁니다. 수업에 필요한 교수 자료와 학생 활동지를 만들고 실제로 학습자들과 대면해서 수업을 진행해 보지 않으면 예상하기 어렵기 때

문이지요. 수업 경험이 많은 교사는 상대적으로 쉽게 시간 안배를 할 수 있을 겁니다. 예비교사들은 이 책의 사례들을 참조하여 시간 배분 문제를 고민해 보면 좋을 겁니다. 다만 시간 배분은 학급 상황에 따라 유동적일 수 있음을 늘 염두에 두기 바랍니다.

> 수업은 '시간과 장소가 한정되는 교육적 활동'[8]입니다. 수업은 중학교의 경우는 45분씩, 고등학교는 50분씩 구분한 시간표에 따라 학급 교실이나 교과 교실, 도서관, 운동장 등의 장소에서 이루어지게 됩니다. 최근 팬데믹을 겪으면서 학습자와 교수자가 각자의 공간에서 온라인으로 연결되기만 하면 수업이 이루어질 수 있게 되어, 장소의 제한은 덜 받게 되었습니다.

지금까지 설명한 바는 다음 1~3단계로 정리할 수 있습니다. 여기에 더해 예비교사들은 수업 시연을 해야 하는 경우가 많은데, 이런 경우에는 3단계에서 구상한 여러 차시 중 수업 시연에 적합한 차시(들)을 선택하여 교수·학습 과정안을 작성하고 수업 시연으로 진척시킬 수 있을 겁니다.

1단계: ○○ 영역의 내용 체계를 훑어보면서 성취기준 전, 후의 교육 내용 확인하기
2단계: 성취기준의 교수·학습 요소를 추출하고 교수·학습 전개를 구조화하기
3단계: 학급 특성을 고려하여 교수·학습 활동을 구체화하면서 차시 구분하기
4단계: 차시를 선택해 교수·학습 과정안을 작성하고 실행하기

위와 같은 단계에 따라 2부에서는 국어과 각 영역의 한 성취기준을 대상으로 수업을 디자인하는 과정에 대해 예를 들어 설명했고, 3부에서는 교육현장에서 이루어지는 교육과정 재구성 기반의 수업을 다루었습니다.

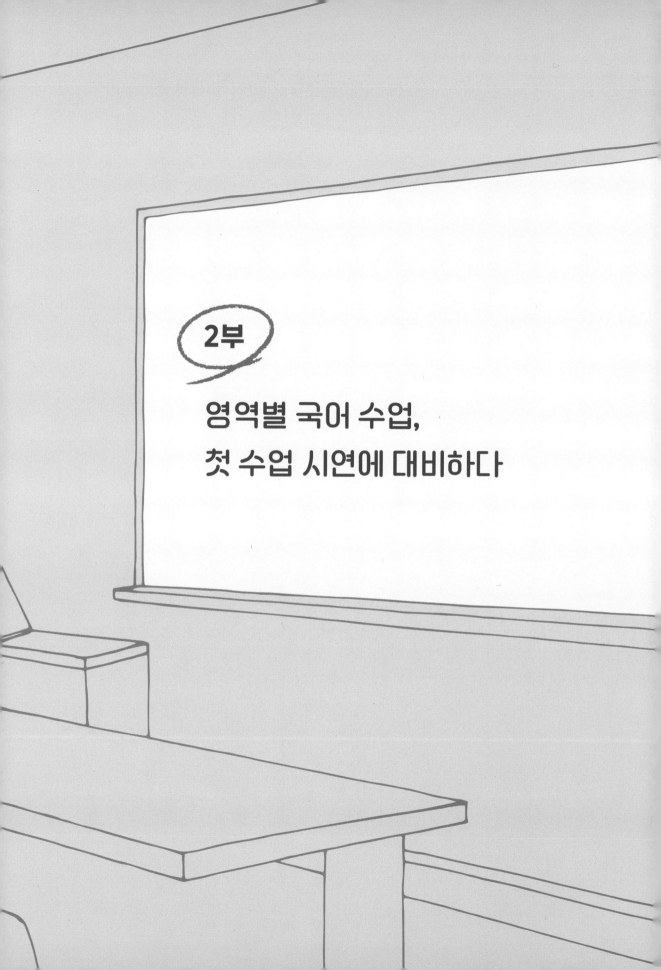

2부

영역별 국어 수업,
첫 수업 시연에 대비하다

2부에서는 듣기·말하기, 읽기, 문학 영역은 고등학교 성취기준을, 쓰기, 문법, 매체 영역은 중학교 성취기준을 토대로 국어 수업을 디자인하는 과정을 다루고자 합니다. 1부에서 언급한 초임 교사들의 설문 결과에 따르면 영역별 수업 디자인을 할 때 겪는 어려움이 중학교와 고등학교에 따라 달랐는데, 이를 반영하여 각 영역별로 학교급을 다르게 설정했습니다.

듣기·말하기 영역은 중학교에 비해 고등학교의 수업 시간에 듣기·말하기와 관련된 이론을 더 상세히 다루는 경향이 있고, 진도와 평가에 대한 압박 때문에 학습자가 직접 듣고 말하는 활동을 생략하는 경우가 많습니다. 설문의 응답 중 수업 디자인을 할 때 듣기·말하기의 '실제적 활동 구성'이 어렵다는 응답들이 있었는데, 이를 고려해 수업을 디자인해 보았습니다.

읽기 영역의 경우, 고등학교에서는 인문, 예술, 사회, 문화, 과학, 기술 등 주제/분야에 따라 수업이 이루어지는 경우가 많은데, 이런 분야의 글을 읽을 때 어떤 전략을 활용해 읽혀야 하는지 명확하지 않습니다. 중학교 때까지 배웠던 읽기 전략들을 적재적소에 동원해서 읽을 것을 기대하는 것인데, 그러다보니 교사들은 전략 중심의 내용 요소가 뚜렷한 중학교보다 고등학교의 읽기 수업을 디자인하는데 더 어려움을 느낍니다.

쓰기 영역에서는 고등학교보다 중학교에서 요구하는 글의 수준을 설정하는 것이 더 어려울 수 있습니다. 쓰기 영역의 내용 요소는 계열성을 가지고 초-중-고로 심화되므로 같은 장르의 글을 다루더라도 학습자에게 요구하는 글의 수준이 달라져야 합니다. 그런데 중학교의 경우, 초등과 고등의 중간에 위치하므로 그 수준을 가늠하는 것이 다른 학교 급에 비해 어렵습니다. 예를 들어 자기 표현적인 글은 초-중-고에서 모두 다루게 되어 있는데 이때 중학교의 경우 초등학교 때 쓴 일기와 고등학교 때 쓰는 수필의 중간 수준에서 자기 표현적 글을 쓸 수 있도록 해야 합니다. 이렇게 중학교의 쓰기 영역 수업을 디자인하는 것이 더 까다로울 수 있습니다.

문법 영역은 중학교에서 제대로 배워야 다음 수준의 학습을 수월하게 할 수 있어서 중학교의 문법 수업을 충실히 운영하는 것이 중요합니다. 품사는 중학교 때 다루고 그 이후로 다루지 않지만 이후의 문법 학습에서 계속 필요한 지식이고, 중학교 때 음운 체계를 알아둬야 고등학교 수준의 음운 변동에서 활용할 수 있습니다. 그래서 중학교 수준에서 문법 영역을 어떻게 수업할 수 있는지 보이고자 했고, 이는 고등학교 수업 구성에도 시사점을 줄 것입니다.

문학 영역에서 고등학교 성취기준을 토대로 한 데에는 다음과 같은 이유가 있습니다. 첫째, 고등학교가 중학교에 비해 가르쳐야할 개념과 이론이 구체적이지 않기 때문입니다. 중학교에서는 비유, 상징, 운율부터 갈등, 보는 이, 말하는 이, 반어, 역설, 풍자까지 가르쳐야 할 지식의 내용이 구체적입니다. 하지만 고등학교에서는 수용과 생산, 한국 문학사, 내용과 형식, 갈래 등 학생들이 배울 내용이 보다 포괄적이고 추상적이기 때문에 교사가 수업을 준비하기가 상대적으로 어렵습니다. 둘째, 추상적인 내용을 문학 작품을 통해 가르치고 배우는 과정을 보여주기 위해서입니다. 예를 들어, 한국 문학사를 가르치면서 어느 작품을 읽고, 그 작품을 통해 문학사적 특징을 어느 정도로 다루어야 하는지 어려울 수 있습니다. 그래서 문학사의 특징을 대표적으로 나타내는 작품을 골라서 수업을 준비하는 과정을 보여주고자 했습니다.

매체 영역은 중학교의 경우에는 완전히 신설된 영역이기 때문에 중학교 성취기준을 토대로 수업 디자인 과정을 예시했습니다. 2015 개정 교육과정에서는 고등학교 선택 과목 〈언어와 매체〉가 있었기에 고등학교에서 매체와 관련된 수업을 해야 했습니다. 그러나 2022 개정 교육과정에서 매체 영역이 신설되면서 중학교 급에서 어떤 수업을 해야 할지, 새로운 도전 과제가 됩니다.

이러한 이유로 각 영역별로 다른 학교급의 수업을 디자인하는 과정을 제시했습니다. 하지만 교육과정은 연계성을 지니고 있으므로 해당 학교급의 수업을 디자인하는 과정이 다른 학교급의 수업을 디자인하는 데에도 도움이 될 것입니다.

1장 | 듣기·말하기를 실제로 수행하게 하려면

1. 듣기·말하기 수업 디자인하기

1) 1단계: 듣기·말하기 영역 내용 체계를 훑어보면서 성취기준 전, 후의 교육 내용 확인하기

듣기·말하기 영역 내 하나의 성취기준을 토대로 수업을 디자인고자 할 때에는 초등학교 국어과 듣기·말하기 영역에서 고등학교 1학년 〈공통국어〉 과목의 듣기·말하기 영역에 이르기까지 교육과정을 전체적으로 살펴보며 해당 성취기준과 관련된 이 영역의 전반적인 교육 내용이 무엇인지 확인할 필요가 있습니다. 하나의 성취기준에 대해 수업을 하는 데에도 교육과정을 전체적으로 살펴 보아야 하는 이유는 해당 성취기준의 수업을 통해 학습자가 배우게 될 내용이 이미 학습한 바가 있어 이전에 학습한 내용보다 심도 있게 제시해야 하는 것인지, 처음으로 접하는 것이기 때문에 동기 유발에 더욱 힘을 써야 하는 것인지 등을 교수자는 판단해야 하기 때문입니다.

2022 개정 교육과정 듣기·말하기 영역은 학습의 결과로 학습자들이 이해해야 할 지식과 갖추어야 할 의사소통 기능과 태도를 제시하고 있습니다. 듣기·말하기 영역의 내용 체계는 아래 〈표 1〉과 같습니다. 〈표 1〉은 종적으로는 지식·이해, 과정·기능, 가치·태도의 범주로 구분하고 횡적으로는 학년(군) 별로 구분하여 다루어야 할 내용 요소를 배치하고 있습니다. 지식·이해 범주에서는 [듣기·말하기의 맥락]과 [담화 유형]이 하위 범주로 제시되어 있으며, 과정·기능 범주에서는 [내용 확인·추론·평가]와 같은 듣기 관련 내용, [내용 생성·조직·표현과 전달]과 같은 말하기 관련 내용, [상호 작용]과 같은 듣기·말하기가 혼합된 내용이 제시되어 있고 [점검과 조정]과 같이 듣기·말하기에 대해 메타적으로 검토하는 내용이 제시되어 있습니다. [가치·태도] 범주에서는 듣기·말하기

에 대한 흥미, 듣기·말하기 효능감, 듣기·말하기에의 적극적 참여, 듣기·말하기에 대한 성찰, 공감적 소통 문화 형성, 담화 관습에 대한 성찰, 사회적 참여와 책임 등 정의적 내용을 제시하고 있습니다. 이러한 세 가지 범주의 내용 요소를 학습함에 따라 학습자는 듣기·말하기 영역의 핵심 아이디어인 듣기·말하기에 대해 이해하고 구어 의사소통 능력을 갖출 수 있을 것입니다.

〈표 1〉 초등학교 1학년~고등학교 1학년 듣기·말하기 영역 내용 체계

핵심 아이디어	• 듣기·말하기는 언어, 준언어, 비언어, 매체 등을 활용하여 서로의 생각과 감정을 주고받는 행위이다. • 화자와 청자는 상황 맥락 및 사회·문화적 맥락 속에서 의사소통 목적을 달성하기 위하여 다양한 유형의 담화를 듣고 말한다. • 화자와 청자는 의사소통 과정에 협력적으로 참여하고 듣기·말하기 과정에서의 문제를 해결하기 위해 적절한 전략을 사용하여 듣고 말한다. • 화자와 청자는 듣기·말하기에 흥미를 가지고 적극적으로 참여하면서 담화 공동체 구성원으로 성장하고, 상호 존중하고 공감하는 소통 문화를 만들어 간다.					

범주		내용 요소					
		초등학교 〈국어〉		중학교 〈국어〉		고등학교 〈공통국어1, 2〉	
		1~2학년	3~4학년	5~6학년	1~3학년	1학년 1학기	1학년 2학기
지식·이해	듣기·말하기 맥락	• 상황 맥락		• 상황 맥락 • 사회·문화적 맥락			
	담화 유형	• 대화 • 발표	• 대화 • 발표 • 토의	• 대화 • 면담 • 발표 • 토의 • 토론	• 대화 • 면담 • 발표 • 연설 • 토의 • 토론	• 대화 • 토론	• 발표 • 협상
과정·기능	내용 확인·추론·평가	• 집중하기 • 중요한 내용 확인하기 • 일이 일어난 순서 파악하기	• 중요한 내용과 주제 파악하기 • 내용 요약하기 • 원인과 결과 파악하기 • 내용 예측하기	• 생략된 내용 추론하기 • 주장, 이유, 근거가 타당한지 평가하기	• 의도와 관점 추론하기 • 논증이 타당한지 평가하기 • 설득 전략 평가하기	• 쟁점 파악하기 • 논증이 타당한지 평가하기	• 쟁점과 이해관계 파악하기

           국어 교사를 위한 국어 수업 디자인 실습

내용 생성·조직· 표현과 전달	• 경험과 배경지식 활용하기 • 일이 일어난 순서에 따라 조직하기 • 바르고 고운 말로 표현하기 • 바른 자세로 말하기	• 목적과 주제 고려하기 • 자료 정리하기 • 원인과 결과 구조에 따라 조직하기 • 주제에 적절한 의견과 이유 제시하기 • 준언어·비언어적 표현 활용하기	• 청자와 매체 고려하기 • 자료 선별하기 • 핵심 정보 중심으로 내용 구성하기 • 주장, 이유, 근거로 내용 구성하기 • 매체 활용하여 전달하기	• 담화 공동체 고려하기 • 자료 재구성하기 • 체계적으로 내용 구성하기 • 반론 고려하여 논증 구성하기 • 상호 존중하며 표현하기 • 말하기 불안에 대처하기	• 필수 쟁점별 논증 구성하기	• 청자의 관심과 요구 분석하기
상호 작용	• 말차례 지키기 • 감정 나누기	• 상황과 상대의 입장 이해하기 • 예의를 지키며 듣고 말하기 • 의견 교환하기	• 궁금한 내용 질문하기 • 절차와 규칙 준수하기 • 협력적으로 참여하기 • 의견 비교하기 및 조정하기	• 목적과 상대에 맞는 질문하기 • 듣기·말하기 방식의 다양성 고려하기 • 경청과 공감적 반응하기 • 대안 탐색하기 • 갈등 조정하기	• 대화의 원리를 고려하여 상호 작용하기	• 질문하기와 답변하기 • 대안 탐색을 통해 문제 해결하기
점검과 조정		• 듣기·말하기 과정과 전략에 대해 점검·조정하기				
가치·태도	• 듣기·말하기에 대한 흥미	• 듣기·말하기 효능감	• 듣기·말하기에 적극적 참여	• 듣기·말하기에 대한 성찰 • 공감적 소통 문화 형성	• 담화 관습에 대한 성찰	• 사회적 참여와 책임

이 내용 체계를 종적으로 자세히 살펴보면 초등학교 1~2학년 때에는 상황 맥락을 고려하여 대화하고, 발표하는 것을 제시하고 있습니다. 이러한 유형의 담화를 성공적으로 수행하기 위한 기능으로 집중하기, 중요한 내용 파악하기, 일의 순서 파악하기와 같은 듣기의 측면, 경험과 배경지식 활용하기, 일이 일어난 순서에 따라 조직하기, 바르고 고운 말로 표현하기, 바른 자세로 말하기와 같은 말하기의 측면을 함께 제시하고 있습니다. 3~4학년 때에는 담화 유형으로 토의가 추가되고 있습니다. 관련된 기능으로는 듣기의 측면에서 요약하기, 인과 관계 파악하기, 내용 예측하기와 같은 내용 요소를 제시하고 있으며 말하기의 측면에서 목적과 주제 고려하기, 자료 정리하기, 적절한 의견과 이유 제시하기, 준언어·비언어적 표현 활용하기 등이 제시되고 있습니다. 또한 이 시기부터 [점검과 조정] 하위 범주에서 자신의 듣기·말하기 과정과 전략에 대해 점검하고 조정하는 것이 새롭게 제시되고 있습니다. 5~6학년 때에는 담화의 유형으로 면담과 토론이 추가됩니다. 관련된

기능으로 듣기의 측면에서 생략된 내용을 추론하기, 주장, 이유, 근거의 타당성을 평가하기가 제시되어 있으며 말하기의 측면에서 청자와 매체 고려하기, 핵심 정보 중심으로 내용 구성하기, 주장, 이유, 근거로 내용 구성하기, 매체를 활용하여 전달하기 등이 새롭게 제시되고 있습니다.

중학교 1~3학년에서는 담화의 유형으로 연설이 추가되고 듣기의 측면에서 의도와 관점 추론하기, 논증의 타당성 평가하기, 설득 전략 평가하기가 제시되었습니다. 또한 말하기의 측면에서는 담화 공동체 고려하기, 자료 재구성하기, 체계적으로 내용 구성하기, 반론을 고려하여 논증 구성하기, 상호 존중하며 표현하기, 말하기 불안에 대한 대처가 제시되고 있습니다. 이렇듯 교육 내용은 학년이 오를수록 새로운 담화 유형을 다루게 되고, 해당 담화 유형에 필요한 새로운 듣기·말하기 기능을 다루게 되어 있습니다. 그리고 이전 학년에서 다루었던 담화 유형이 지속적으로 다루어질 때에는 교육 내용이 심화되어 있습니다.

고등학교 1학년때에는 담화 유형으로 이전에 다루었던 대화, 발표, 토론을 다루면서 이전에는 다룬 바 없었던 협상을 다루게 되어 있습니다. 관련된 기능으로 듣기의 측면에서 쟁점을 파악하고 쟁점과 관련한 이해 관계를 파악하는 것이 제시되었으며 논증의 타당성을 평가하는 것도 제시되었습니다. 또한 말하기의 측면에서 청자의 관심과 요구 분석하기, 필수 쟁점별 논증 구성하기가 제시되고 있습니다.

가치·태도 측면에서는 초등학교 1~2학년에서 듣기·말하기에 대해 학습자가 흥미를 갖게 하고, 학년이 올라갈수록 듣기·말하기에 효능감을 갖고 적극적으로 참여하며 나아가 소통 문화를 형성하고 사회적 참여와 그에 대한 책임감을 갖는 등으로 교육 내용을 계열화하여 학생들이 개인적 차원에서 듣기·말하기에 대한 바람직한 태도를 갖추는 것에서 출발하여 사회적 차원에서 바람직한 소통 문화를 형성하는 데 기여하도록 유도하고 있습니다.

이제 국어 교사가 수업을 하게 될 성취기준과 내용 요소를 연결하면서 살펴보고, 해당 내용 요소가 해당 학년에서 처음으로 다루어지는 것인지, 이전 학년군에 이어 심화되는 내용 요소인지를 확인할 필요가 있습니다. 이를 초등학교 1~2학년에서부터 고등학교 1학년 때까지 줄곧 다루게 되는 '발표'를 예로 들어 살펴보겠습니다.

<표 2> 2022 개정 국어과 교육과정 중 듣기·말하기 영역 '발표' 관련 성취기준

학년	성취기준
초등학교	[2국01-04] 자신의 경험이나 생각을 바른 자세로 발표한다. [4국01-05] 목적과 주제에 알맞게 자료를 정리하여 자신감 있게 발표한다. [6국01-05] 자료를 선별하여 핵심 정보를 중심으로 내용을 구성하고 매체를 활용하여 발표한다.
중학교	[9국01-06] 다양한 자료를 재구성하여 내용을 체계적으로 조직하고 청중이 이해하기 쉽게 발표한다.
고등학교	[10공국2-01-01] 청중의 관심과 요구에 맞게 내용을 구성하여 발표하고 청중의 질문에 효과적으로 답변한다.

각 성취기준과 성취기준이 기반으로 하고 있는 내용 요소를 살펴보면 교수·학습을 설계하는 데 있어서 어떠한 내용을 수업에서 다루어야 하는지 대략적으로 가늠해 볼 수 있습니다. 우선 〈표 2〉의 성취기준이 〈표 1〉의 내용 요소 중 무엇을 바탕으로 하고 있는지 살펴보도록 하겠습니다.

[2국01-04] '자신의 경험이나 생각을 바른 자세로 발표한다.'는 성취기준은 〈표 1〉 내용 체계의 [내용 생성·조직·표현과 전달]의 내용 요소인 '경험과 배경지식 활용하기', '바른 자세로 말하기'를 기반으로 합니다. [4국01-05] '목적과 주제에 알맞게 자료를 정리하여 자신감 있게 발표한다.'는 성취기준은 내용 체계의 [내용 생성·조직·표현과 전달]의 '목적과 주제 고려하기', [가치·태도]의 '듣기·말하기 효능감'을 기반으로 합니다.⁹ [6국01-05] '자료를 선별하여 핵심 정보를 중심으로 내용을 구성하고 매체를 활용하여 발표한다.'는 성취기준은 내용 체계의 [내용 생성·조직·표현과 전달] '청자와 매체 고려하기', '자료 선별하기', '핵심 정보 중심으로 내용 구성하기'를 기반으로 합니다.

[9국01-06] '다양한 자료를 재구성하여 내용을 체계적으로 조직하고 청중이 이해하기 쉽게 발표한다.'는 성취기준은 내용 체계의 [내용 생성·조직·표현과 전달] '자료 재구성하기', '체계적으로 내용 구성하기'를 기반으로 합니다. [10공국2-01-01] '청중의 관심과 요구에 맞게 내용을 구성하여 발표하고 청중의 질문에 효과적으로 답변한다.'는 성취기준은 내용 체계의 [내용 생성·조직·표현과 전달] '청중의 관심과 요구 분석하기', [상호작용]의 '질문하기와 답변하기'를 기반으로 합니다.

이와 같이 각 성취기준은 〈표 1〉 내용 체계의 내용 요소를 기반으로 이루어져 있습니다. 또한 각 성취기준은 학년이 올라갈수록 이전 학년에 비해 내용이 심화되고 확장되는 것을 확인할 수 있습니다. [2국01-04]는 발표를 위한 말할 내용을 구성하는 데 경험과 생각을 활용하게 합니다. 이는 [4국01-05]에서 확장되어 발표의 목적과 주제를 고려하여 자료를 구성하는 것까지 나아가게 하고, [6국01-05]에서는 자료를 선별해서 핵심 정보를 중심으로 내용을 구성하되 매체를 활용해서 발표하도록 하여 학습자가 발표와 관련해서 배울 내용이 확장·심화되고 있습니다. 중·고등학교에서는 초등학교 때 배운 것과 연계·심화된 내용을 다루게 되어, [9국01-06]에서는 이전 학년보다 심화된 발표 내용을 구성하기 위해 다양한 자료를 재구성하여 체계적으로 조직하는 것을 제시하고 있으며, 이전 학년에서는 볼 수 없었던 청중을 고려하여 발표를 수행하는 것이 포함되어 있습니다. [10공국2-01-01]에서는 [9국01-06]에서 처음 나타난 청중 고려의 내용 요소가 더욱 심화되어 제시되어 있는데, 청중의 이해를 돕기 위한 발표 구성 이상으로 청중의 관심과 요구를 고려하고 청중의 질문에도 효과적으로 답변하는 것이 내용 요소로 추가되어 있습니다.

국어 교사는 이와 같이 이전 학년에 학습자가 배웠던 성취기준을 살펴보고, 학습자가 어떤 내용을 학습했는지를 확인하여 해당 차시의 수업을 설계할 필요가 있습니다. 이러한 과정을 통해 중복되는 내용은 제외하고 학습자가 처음으로 접하는 내용에 대해서는 더욱 이해하기 쉽도록 다양한 자료와 설명을 제공하는 등 교육적인 조치를 해야 합니다. 가령 고등학교 1학년 공통국어2 과목을 맡은 교사는 [10공국2-01-01]의 성취기준에 입각하여 수업을 진행할 때 이전 학년에서도 학습자가 청자의 이해를 돕기 위한 청자 분석을 수행한 경험이 있다는 것에 주목하여 중복되는 내용보다는 이전 학년에서 다루지 않은 청중의 관심과 요구 분석, 청중의 질문에 효과적으로 답변하는 방법을 중점적으로 다루어야 합니다.

2) 2단계: 성취기준의 교수·학습 요소를 추출하고 교수·학습 전개를 구조화하기

2단계에서는 수업할 성취기준에 대한 교육과정의 지침을 확인해서 교수·학습을 위해 필요한 요소를 추출하고, 수업 시간에 펼칠 교수·학습의 전개를 구조화해야 합니다. 이를 위해 2022 개정 국어과 교육과정에 제시된 '성취기준의 해설'과 '성취기준 적용 시 고려사항' 및 기타 교육과정의 요구 사항을 분석하여 교수·학습 요소를 추출해야 합니다.

여기에서는 초등학교 교육과정에서부터 반복적으로 등장하는 담화 유형 대신에 고등학교에서 처음으로 다루게 되는 협상을 예로 들어 설명하고자 합니다. 협상은 갈등 상황에서 양측이 최선의 선택을 하기 위한 말하기 방식이라는 점에서 일상생활에서 유용한 담화 유형으로, 교육과정이 거듭 개정되면서 지속적으로 다루어져 왔고 앞으로도 그럴 것입니다. 협상은 다른 담화 유형과 달리 고등학교 1학년 때 단 한 번 다루어지기 때문에 학습자가 이전에 배운 적이 없는 담화 유형입니다. 그러므로 교수자는 학습자에게 관련된 지식이 없을 것을 가정하고 학습자가 이해하기 쉽도록 수업을 설계할 필요가 있습니다. 협상 담화 성취기준 및 교육과정 내 여러 지침은 아래 〈표3〉의 왼쪽과 같은데, 이러한 지침들에서 교수·학습을 하는데 감안해야 하는 요소들에 밑줄을 긋고, 오른쪽에 교수·학습 요소로 추출해 보았습니다.

〈표 3〉 교육과정 분석을 통한 [10공국2-01-02]의 교수·학습 요소 추출하기

영역	듣기·말하기	교수·학습 요소 추출하기
대상 학년	고등학교 1학년	
성취기준	[10공국2-01-02] 쟁점과 이해관계를 고려하여 문제를 해결할 수 있는 대안을 탐색하며 협상한다.	
내용 요소	• 지식·이해 [담화 유형] 협상 • 과정·기능 [내용 확인·추론·평가] 쟁점과 이해관계 파악하기 　　　　　　 [내용 확인·추론·평가] 대안 탐색을 통해 문제 해결하기	• 협상의 이해와 실행 - 협상의 중요성 및 협상이 필요한 상황 이해 - 협상의 진행 절차 - 협상 의제로 부각된 쟁점을 중심으로 의견 조정 - 표면적으로 드러난 입장의 이면에 숨겨진 근원적인 동기를 고려하여 대안 마련 - 상대의 의견을 존중하며 표현하기
성취기준 해설	• 이 성취기준은 ①협상에 대한 이해와 실행을 통해 개인 또는 집단의 갈등을 조정하여 문제를 해결하는 능력을 기르기 위해 설정했다. ②협상의 중요성과 협상이 필요한 상황 이해하기, ③협상의 진행 절차 이해하기, 일련의 절차에 따라 ④협상 의제로 부각된 쟁점을 중심으로 의견 조정하기, ⑤표면적으로 드러난 입장의 이면에 숨겨진 근원적인 동기를 고려하여 대안 마련하기, ⑥상대의 의견을 존중하며 표현하기 등을 학습한다.	
성취기준 적용 시 고려 사항	• 청중 분석의 요소, 협상의 절차 등에 대한 개념이나 절차를 이해하는 데 머무르지 않고, ⑦학습자가 발표 활동과 협상 활동을 실제로 수행하고, ⑧학습한 개념과 원리를 활용해 자신의 구어 의사소통 수행 과정을 점검하고 조정할 수 있도록 한다. • ⑨학습자가 경험하는 실제적이고 구체적인 삶의 맥락과 연계하여 발표나 협상을 하도록 한다. 교과 학습을 위해 자료를 조사하여 발표하는 과제 상황, 학습자가 소속된 집단이나 공동체의 이해관계가 걸린 문제로 갈등하는 상황 등 학습자가 학교생활이나 일상생활에서 경험할 수 있는 담화 상황 맥락과 사회·문화적 맥락을 활용하여 학습자들이 구어 의사소통 활동에 적극적으로 참여하고 협력적으로 상호 교섭하는 기회를 가질 수 있도록 한다. • ⑩협상하기를 지도할 때는 다양한 이해관계로 인해 갈등을 생겼을 때 회피하기보다 적극적으로 협력하여 문제를 해결하려는 태도의 중요성을 안내한다. 문제를 해결할 수 있는 다양한 대안을 탐색하는 과정에서 민주시민이 갖추어야 할 협력적 소통 역량도 함양할 수 있도록 한다.	• 학습자가 협상 활동을 실제로 수행 - 학습한 개념과 원리를 활용해 자신의 구어 의사소통 과정을 점검하고 조정 - 학습자가 경험하는 실제적이고 구체적인 삶의 맥락과 연계하여 협상하기 • 다양한 이해관계로 인해 갈등이 생겼을 때 회피하기보다 적극적으로 협력하여 문제를 해결하는 태도

①에서 알 수 있듯이 이 성취기준은 협상에 대한 이해를 바탕으로 실제 실행까지 나아가야 합니다. ②와 같은 협상의 중요성과 협상이 필요한 상황, ③과 같은 협상의 진행 절차를 이해하는 것

이 요구되므로 이들을 교수·학습 요소로 추출해야 합니다. 또한 ④, ⑤, ⑥과 같이 협상을 진행할 때 요구되는 기능이 있으므로 이들도 교수·학습 요소로 추출해야 합니다. 그리고 ⑦에서 다시금 협상을 실제로 수행할 것을 주문하고 있고 ⑧에서 협상 수행 시 요구되는 메타인지적 수행 원리를 제시하고 있으므로 이들도 교수·학습 요소로 추출할 수 있습니다. ⑨는 이러한 수행이 학생들의 경험 및 삶의 맥락과 연계하도록 하라는 것이고, ⑩은 협상 시에 필요한 태도가 무엇인지 안내하고 있으므로 이들도 교수·학습 요소로 추출할 수 있습니다.

이제 추출한 교수·학습 요소에 대해 교수·학습 방법을 고려하여 교수·학습 전개를 구조화해 보도록 하겠습니다.

〈표 4〉 교수·학습 요소를 토대로 교수·학습 전개 구조화하기

교수·학습 요소	교수·학습 전개 구조화
• ㉠ 협상의 이해와 실행 – 협상의 중요성 및 협상이 필요한 상황 이해 – 협상의 진행 절차 – 협상 의제로 부각된 쟁점을 중심으로 의견 조정 – 표면적으로 드러난 입장의 이면에 숨겨진 근원적인 동기를 고려하여 대안 마련 – 상대의 의견을 존중하며 표현하기 • ㉡ 학습자가 협상 활동을 실제로 수행 – 학습한 개념과 원리를 활용해 자신의 구어 의사소통 과정을 점검하고 조정 – 학습자가 경험하는 실제적이고 구체적인 삶의 맥락과 연계하여 협상하기 • ㉢ 다양한 이해관계로 인해 갈등이 생겼을 때 회피하기보다 적극적으로 협력하여 문제를 해결하는 태도	① 협상의 개념, 중요성 및 협상이 필요한 상황 이해하기, 협상 의제 발굴하기 1) 자료를 통해 협상의 개념 및 협상을 통한 문제 해결 과정 제시하기 [제시문, 영상 매체 등] – 협상의 개념, 중요성, 필요한 상황 이해하기 – 협상의 의제 발굴하기 ② 협상의 사례 및 진행 절차 이해하기 1) 협상의 사례 분석하기 – 협상의 진행 절차 분석하기 (시작-조정-해결) – 갈등의 원인과 쟁점 분석하기 – 쟁점에 대한 양측의 입장/요구 분석하기 – 협상에서 사용된 양측의 표현 방법 분석하기 ③ 협상 준비하기 - 모둠 학습 1) 협상 의제 선정하기 (①에서 발굴한 것) 2) 자신의 입장을 선택하고 협상에 필요한 자료 마련하기 ④ 협상 실행 및 평가 - 모둠 학습 1) 협상의 절차에 따라 실제 협상 수행하기 2) 교사와 동료의 피드백

해당 성취기준은 듣기·말하기 영역 내용 체계에서 지식·이해 범주인 [담화 유형] 중 협상을 다루는 것입니다. 전술한 바와 같이 '협상' 담화는 이때 학습자가 처음 배우는 것이므로 협상 수행 이전에 협상의 개념, 중요성, 필요성, 협상 의제, 절차 등에 대해 이해시킬 필요가 있습니다. 그런 뒤에 학생들에게 생경한 협상을 바로 수행하라고 하기보다는 협상 의제를 선정하는 등 협상 준비를

한 뒤에 수행할 수 있도록 하고자 합니다. 즉, 협상에 대해 사례를 통해 이해하기 → 협상 준비하기 → 협상 수행하기 순으로 교수·학습을 전개하고자 합니다. 위 〈표 4〉의 왼쪽 교수·학습 요소 ⊙은 오른쪽의 교수·학습 ①과 ②로 나누어서 전개하고자 합니다. 그 이유는 협상에 대해 처음 배우는 것이므로 학습자가 협상에 대한 이론적 내용을 한꺼번에 배우는 것은 무리일 수 있다고 판단해서입니다. 협상에 대해 이해하게 할 때에는 협상이라는 담화가 학습자에게 생소한 것이기 때문에 협상 사례(협상 텍스트와 영상 매체)를 바탕으로 협상의 개념과 중요성, 필요성을 다루고자 합니다. 또한 협상할 때 필요한 협상 의제가 무엇인지 이해하게 하고 학습자들이 협상 상황을 떠올리고 그런 상황에서 있을 수 있는 협상 의제를 추출해 보게 할 것입니다(교수·학습 전개 ①). 나아가 교사와 함께 학습자가 협상 사례를 분석하여 협상의 절차(시작-조정-해결)에 대해 이해하고, 협상 시에 부각되는 협상 쟁점, 쟁점에 대한 양측의 입장과 요구, 협상 담화에 임하는 적절한 표현 방식을 이해하도록 할 것입니다(교수·학습 전개 ②). 갈등을 조정하기 위해 협상하는 일은 우리 일상에서 흔히 있는 일이지만 협상이라는 담화를 학습하는 데 필요한 협상 텍스트는 그리 흔하지 않습니다. 그러므로 교수·학습 전개 ①, ②에서 협상 텍스트를 제시해서 학습자가 협상이라는 구어 상호작용의 원리에 대해 이해하게 하고, 협상을 수행할 때에는 학습자의 가정과 학교 맥락 속에서 익숙한 갈등 상황을 바탕으로 모둠별로 협상을 할 준비 태세(협상 상황 설정과 해당 상황에서의 협상 의제 도출)를 갖추게 한 뒤에 모둠별로 협상을 수행할 수 있게 하고자 합니다.

교수·학습 요소 ⓒ은 교수·학습 전개 ③과, ④로 각각 협상 준비와 협상 실행으로 나누어서 전개하고, 교수·학습 요소 ⓒ은 교수·학습 전개 ①-④를 이해하고 실행하는 동안에 학습자들이 갈등을 적극적으로 대화로 해결하려는 자세를 갖게 하고자 합니다. ⓒ과 같은 교수·학습 요소를 수업에 녹여내기 위해 학습자가 주도적으로 협상의 의제를 설정하고 자신의 입장을 정해 자료를 조사하게 하려고 합니다. 이 활동은 교수·학습 전개 ①의 말미에서 학습자들이 발굴한 협상 의제를 바탕으로 진행하고(교수·학습 전개 ③), 협상의 절차에 따라 모둠별로 협상을 수행하게 할 것입니다. 이때 교사는 협상이 진행되는 것을 관찰하고 학습자에게 피드백을 주어 ⓒ의 교수·학습 요소인 협상의 개념과 원리에 따라 학습자가 자신의 구어 의사소통 과정을 점검하고 조정할 수 있도록 도움을 줄 것입니다(교수·학습 전개 ④).

3) 3단계: 학급 특성을 고려하여 교수·학습 활동을 구체화하면서 차시 구분하기

3단계에서는 2단계에서 제시한 교수·학습 전개를 학습자 수준, 학습 형태, 교실의 시·공간적 제약 등을 감안하여 교수·학습 활동으로 구체화하면서 차시를 어떻게 구분할지를 결정해야 합니다. 이는 국어 수업을 할 때에 주어지는 교실 상황에 따라 달라질 수 있습니다. 아래의 [학급 정보]는 필자가 경험한 한 학급의 특성을 반영한 가상의 학급 정보입니다.

[학급 정보]

학년/학기	고등학교 1학년 2학기
학생 수	24명
학급 특성	① 국어 학업 성취도가 우수한 학생이 8명, 보통 수준의 학생이 9명, 미흡한 수준의 학생이 7명으로 구분된다. ② 수업 시간에 서로를 격려하는 학습 문화가 형성되어 있고, 대부분의 학생들이 모둠에서 이야기하는 상황에 대해 부담을 느끼지 않는다. ③ 1학기 때 노트북을 활용하여 자료를 조사하고 수업을 준비한 경험이 있고 학생 당 노트북이 하나씩 배부되어 있어 학습자는 교사의 안내 하에 자료를 검색할 수 있다. ④ 교내 도서실에 교과 수업을 할 수 있는 공간이 마련되어 있어 학습자가 서적을 통해 자료를 조사할 수 있다.

구체적인 차시 구분 및 수업 전개 계획을 세울 때 학급 정보를 고려해야 합니다. 제시된 학급의 특성을 고려하여 협상 수업을 디자인하는 과정을 살펴보도록 하겠습니다. 우선 학급 정보 ①과 ②를 고려할 때 국어 학업 성취도가 상이한 학생들이 한 교실에 있으나, 서로를 격려하는 안전한 학습 문화가 형성되어 있고, 학습자 대부분이 소규모 집단에서 이야기하는 것에 부담을 느끼지 않는 상황이므로 모둠별로 협상 준비와 수행을 하면 상호작용이 좀 더 용이할 것입니다. 특히 학업 성취도가 다양한 학습자들을 한 모둠으로 구성할 경우 학습자 간 상호 피드백을 통한 긍정적인 상호작용을 기대할 수 있습니다.

학급 정보 ③과 ④와 같이 학생당 노트북이 하나씩 배부되어 있고, 도서관에 교과 수업을 할 수 있는 공간이 마련되어 있으므로 해당 도구 및 장소를 활용하고자 합니다. 협상을 위한 자료를 조사하기 위하여 다양한 경로를 활용할 수 있는데 인터넷 및 서적을 활용하여 자료를 수집하도록 하면 학습자가 협상의 의제를 선정한 후에 자료를 풍부하게 조사할 수 있습니다.

아래 〈표 5〉는 학급 정보를 고려하여 〈표 4〉에서 제시한 학습 활동을 차시로 구분하고 각 차시별로 전개할 구체적인 학습 활동을 제시한 것입니다.

〈표 5〉 듣기·말하기 [10공국2-01-02] 수업의 교수·학습 활동 구체화와 차시 구분

교수·학습 단계	교수·학습 활동	시간	차시	준비물
① 협상의 개념, 중요성 및 협상이 필요한 상황 이해하기, 협상 의제 발굴하기	1) 자료를 통해 협상의 개념 및 협상을 통한 문제 해결 과정 제시하기 [제시문, 영상 매체 등] – 협상의 개념, 중요성, 필요한 상황 이해하기 – 협상의 의제 발굴하기	50	1	컴퓨터 PPT 교과서 학습지
② 협상의 사례 및 진행 절차 이해하기	1) 협상의 사례 분석하기 – 협상의 진행 절차 분석하기 (시작-조정-해결) – 갈등의 원인과 쟁점 분석하기 – 쟁점에 대한 양측의 입장/요구 분석하기 – 협상에서 사용된 양측의 표현 방법 분석하기	50	2	
③ 협상 준비 - 모둠 학습	1) 협상 의제 선정하기 (①에서 발굴한 것) 2) 자신의 입장을 선택하고 협상에 필요한 자료 마련하기	100	3-4	노트북 책
④ 협상 실행 및 평가 - 모둠 학습	1) 협상의 절차에 따라 실제 협상 수행하기 2) 교사와 동료의 피드백	100	5-6	학습지

1차시: 협상의 개념, 중요성, 필요한 상황 이해하기, 협상 의제 발굴하기

※ 이전 학년군에서 협상에 대한 내용을 다루지 않았으므로 사례를 통해 학습자가 협상의 필요성에 대해 인식할 수 있도록 동기 유발 자료를 준비합니다. 학습자에게 처음부터 복잡한 협상의 사례를 제시하는 것이 아닌 비교적 간단한 갈등 상황을 먼저 제시하는 등 학습자가 이해하기 쉽도록 자료를 제시하고자 합니다.

① 동기 유발 단계에서는 학습자가 생활에서 겪을 수 있는 갈등 상황을 제시하여 협상이 일상생활의 문제를 해결할 수 있음을 인식하도록 할 것입니다. 양측의 입장이 달라 갈등이 벌어지고 있는 상황이 담긴 글을 제시하여(운동장 사용을 둘러싼 두 학급의 갈등) 왜 갈등이 벌어지고 있는지 발문할 것입니다. 발문에 대한 학습자의 대답을 확인하여 학습자가 갈등의 원인을

파악한 뒤에는 갈등이 해결될 수 있음을 알려주는 단서를 제시합니다(학교 공간 배치도). 해당 자료와 함께 학습자가 일상생활에서 발생하는 갈등이 협상을 통해 해결될 수 있음을 인식하도록 발문하여 협상에 대한 학습 동기를 유발합니다.

② 이번에는 동기 유발 자료보다 자세한 협상의 사례를 제시합니다. 교사와 학습자가 함께 사례(쓰레기 매립장 건설을 둘러싼 두 지역의 갈등)를 확인하고, 교사의 발문을 통해 학습자가 협상의 개념, 협상의 중요성(협상이 평화적으로 문제를 해결할 수 있음, 협상을 통해 최적의 합의에 도달하거나 새로운 해결책을 마련할 수 있음 등), 협상을 통해 문제를 해결할 수 있는 상황을 이해하도록 합니다.

③ 협상 사례를 읽으며 협상에 대해 이해한 뒤에는 학습자가 협상의 의제를 발굴할 수 있도록 지도합니다. 이때 교육과정의 지침에 따라 학습자의 삶 속에서 협상이 이루어질 수 있는 상황을 찾을 수 있도록 지도하는데, 발굴할 수 있는 의제와 해당 의제를 둘러싼 입장의 예를 제시하여 학습자가 의제를 발굴하는 데 비계를 제시고자 합니다.

2차시: 협상의 사례 및 진행 절차 이해하기

※ 처음으로 협상에 대해 배우는 학습자가 협상의 개념 및 이론적 내용을 한 차시에 배우는 것은 무리일 수 있으므로 1차시에서 협상의 개념, 중요성, 협상이 필요한 상황을 다루고, 2차시에서는 협상의 절차, 협상이 진행되면서 이루어지는 담화의 방식을 중점으로 다루도록 합니다.

① 전시 학습 확인 시에는 처음으로 접하는 협상이기 때문에 간단한 질문을 통해 전시 학습 내용을 확인하는 것보다 자료(협상과 관련한 제시문, 영상 매체)를 제시하고 교사가 이전 차시에 배운 내용을 발문하여 학습자가 내용을 상기할 수 있도록 합니다.

② 이전 차시에서 다루지 않은 협상의 사례를 제시하여 교사와 함께 학습자가 협상을 분석하도록 합니다. 이때 협상의 '시작-조정-해결'이라는 절차가 전체적으로 드러나는 자료를 제시합니다. 또한 협상이 이루어지는 과정에서의 특징(쟁점을 중심으로 의견을 조정, 표면적으로 드러난 입장뿐만 아니라 숨겨진 근원적인 동기를 고려하여 대안을 마련, 상대를 존중하며 표현)을 학습자가 인식할 수 있도록 학습 활동을 수행하게 합니다.

※ 협상 사례 및 학습 활동의 예시

▶ 협상의 사례 제공

- 협상의 쟁점: 학교 내에서 학생의 전자기기 사용에 대한 허용 범위 (학생과 학교의 갈등)

(1) 학교 측과 학생 측 사이에 갈등이 생긴 까닭은?

(2) 절차에 따라 협상의 내용을 정리해봅시다.

　◦ 시작: 협상 참여자들의 기본 입장을 확인하는 단계

　　- 학교 측의 기본 입장: (교내에서 학생의 전자기기 사용을 제한해야 한다.)

　　- 학생 측의 기본 입장: (교내에서 학생이 자유롭게 전자기기를 사용할 수 있어야 한다.)

　◦ 조정: 상대측의 처지와 관점을 이해하고, 참여자들이 구체적인 관점이나 대안을 제시하는 단계

　　- 학교 측이 학생 측의 입장을 이해한 것: (중요한 연락을 받아야 할 상황이 있을 수 있음)

　　- 학생 측이 학교 측의 입장을 이해한 것: (무분별한 전자기기의 사용이 수업을 방해할 수 있음)

　　- 마련한 대안: (수업을 방해하지 않는 범위에서 전자기기를 사용할 수 있도록 한다.)

　◦ 해결: 양측이 타협하고 조정하여 문제 해결에 합의하는 단계

　　- 최종적으로 합의한 방안: (전자기기를 사용하지 않는 수업 시간에는 전자기기를 제출한다.)

(3) 학교 측은 왜 교내에서 학생의 전자기기 사용을 제한해야 한다고 주장했는지 이유에 대해 이야기

　해보자(학교 측은 학생의 무분별한 전자기기 사용이 교사의 수업 및 동료 학생의 학습을 방해할 수 있다고 생각하

　여 교내에서 학생의 전자기기 사용을 제한해야 한다는 입장을 갖게 됨.)

(4) 양측의 발언 중 상대방의 입장을 고려하지 않은 발언을 찾아 적절하게 고쳐보자.

　

※ 학습 활동(1)은 협상 사례를 읽고 학습자들이 협상의 쟁점을 파악하게 하기 위한 것이고, 학습 활동

　(2)는 협상의 사례를 분석하여 학습자가 협상의 진행 절차를 이해할 수 있게 하기 위한 것입니다.

　학습활동(3)은 학교 측의 기본 입장을 분석하여 표면적인 입장 뒤에 숨겨진 근원적인 동기를 파악

　하게 하고, 학습활동(4)는 협상 과정에서 상대방을 존중하며 표현해야 한다는 것을 학습자가 인식

　하도록 하기 위한 것입니다.

3-4차시: 협상 준비-모둠 학습

※ 협상 준비 단계에서는 모둠 편성, 모둠별 협상 의제의 선정, 다양한 경로를 통한 자료 수집

　등 협상의 실행을 위해 필요한 활동을 진행합니다.

① 모둠별로 협상의 의제를 선정할 수 있도록 학습자에게 안내합니다. 이때 학습자가 1차시에

　서 발굴한 협상의 의제들 중에서 선정하도록 하되, 어느 한 쪽이 양보해야 하거나 단순하게

해결될 수 있는 문제가 아니라 협상이라는 담화를 통해 해결해야 하는 복잡한 문제를 의제로 선정할 수 있도록 지도합니다.

② 협상의 의제를 선정한 뒤에는 해당 의제를 바탕으로 학습자가 모둠 내에서 양측으로 입장을 나누어 협상을 준비할 수 있도록 지도합니다. [학급 정보]를 고려할 때 여섯 명씩 네 개조로 편성하고, 한 모둠 내에서 세 명씩 하나의 입장을 정해 협상에 참여하도록 지도합니다.

③ 협상에서의 자신의 입장에서 자료를 찾도록 지도합니다. 양측의 협상 참여자는 자신의 입장에서 의견을 피력할 수 있는 자료를 중점적으로 조사하도록 안내합니다. 자료 조사 시에 학습자가 겪는 어려움이나 속도는 모두 다르므로 교사는 순회 지도를 통하여 학습자가 겪는 다양한 어려움에 비계를 마련해 주어야 합니다. 또한 다수의 학생들이 어려움을 겪을 것 같은 질문을 학습자가 한다면 해당 질문에 대한 대답은 학급 전체를 대상으로 설명합니다.

5-6차시: 협상 실행 및 평가-모둠 학습

① 3-4차시에서 학습자가 조사한 내용을 바탕으로 협상을 진행합니다. 모둠별로 협상을 진행하도록 하며 이때 각 모둠이 동시에 협상을 수행하는 것이 아니라 한 모둠씩 협상을 하고 나머지 모둠은 다른 모둠의 협상 수행을 관찰하도록 하여 학습자들이 자기 모둠의 수행을 통해서 협상을 학습하는 것뿐만 아니라 다른 모둠의 수행을 관찰하며 학습할 수 있도록 합니다.

② 모둠별로 협상을 마친 후에는 해당 협상을 관찰한 교사 및 타 모둠의 학습자와 피드백 시간을 갖습니다. 피드백의 내용으로 앞서 협상의 개념과 원리에 입각하여 협상을 진행했는지를 중점으로 피드백을 제시합니다.

지금까지 성취기준이 다루어야 하는 내용 요소를 확인하고, 성취기준에 대한 교육과정의 지침으로부터 교수·학습 요소를 추출하여 교수·학습 전개의 순서를 결정한 뒤 교수·학습 활동을 구체화하여 차시별로 구분했습니다. 이를 종합하여 보이면 다음 〈표 6〉과 같으며 하나의 성취기준을 토대로 수업을 설계할 때 거쳐야 하는 절차에 따른 결과물입니다.

<표 6> 성취기준 [10공국2-01-01]에 기초한 수업 디자인의 절차

성취기준	[10공국2-01-02] 쟁점과 이해관계를 고려하여 문제를 해결할 수 있는 대안을 탐색하며 협상한다.			
내용요소	• 지식·이해 [담화 유형] 협상 • 과정·기능 [내용 확인·추론·평가] 쟁점과 이해관계 파악하기 • 과정·기능 [내용 확인·추론·평가] 대안 탐색을 통해 문제 해결하기			
교수·학습 요소	교수·학습 전개	교수·학습 활동 구체화		차시
• 협상의 이해와 실행 - 협상의 중요성 및 협상이 필요한 상황 이해 - 협상의 진행 절차 - 협상 의제로 부각된 쟁점을 중심으로 의견 조정 - 표면적으로 드러난 입장의 이면에 숨겨진 근원적인 동기를 고려하여 대안 마련 - 상대의 의견을 존중하며 표현하기 • 학습자가 협상 활동을 실제로 수행 - 학습한 개념과 원리를 활용해 자신의 구어 의사소통 과정을 점검하고 조정 - 학습자가 경험하는 실제적이고 구체적인 삶의 맥락과 연계하여 협상하기 • 다양한 이해관계로 인해 갈등이 생겼을 때 회피하기보다 적극적으로 협력하여 문제를 해결하는 태도	① 협상의 개념, 중요성 및 협상이 필요한 상황 이해하기, 협상 의제 발굴하기 1) 자료를 통해 협상의 개념 및 협상을 통한 문제 해결 과정 제시하기 [제시문, 영상 매체 등] - 협상의 개념, 중요성 이해하기, 필요한 상황 이해하기 - 협상 의제 발굴하기	1) 자료를 통해 협상의 개념 및 협상을 통한 문제 해결 과정 제시하기 [제시문, 영상 매체 등] • 협상의 개념, 중요성, 협상이 필요한 상황 이해하기 - 협상의 개념: 문제 상황에서 갈등하는 양측이 문제를 해결하기 위해 이야기를 나누는 것 - 협상의 중요성 이해하기: 복잡한 문제에 대해 공동의 이익이 되는 대안을 찾을 수 있음, 문제를 평화적으로 해결할 수 있음 - 협상이 필요한 상황 이해하기: 양측이 조금씩 양보해야 하거나, 새로운 대안을 찾을 수 있는 경우에 활용 • 협상 의제 발굴하기: 학교나 가정에서 협상이 필요한 상황을 찾고, 그 속에서 협상 의제 발굴하기		1
	② 협상의 사례 및 진행 절차 이해하기 1) 협상의 사례 분석하기 - 협상의 진행 절차 분석하기 (시작-조정-해결) - 갈등의 원인과 쟁점 분석하기 - 쟁점에 대한 양측의 입장/요구 분석하기 - 협상에서 사용된 양측의 표현 방법 분석하기	1) 협상의 사례 분석하기 • 사례를 읽고, 협상의 진행 절차 및 협상과 관련한 내용 파악하기 - 사례에 나타난 협상의 각 진행 절차에 해당하는 부분 찾기 시작: 협상 참여자들의 기본 입장을 확인 조정: 상대측의 처지와 관점을 이해하고, 참여자들이 구체적인 관점이나 대안을 제시 해결: 양측이 타협하고 조정하여 문제 해결에 합의 - 사례에서 갈등의 원인과 쟁점 분석하기 - 협상 사례에서 학교 측의 기본 입장을 찾고, 학교 측이 해당 입장을 주장하는 이유를 파악하기 - 사례의 협상에서 양측의 표현 방법에서 잘못된 점을 찾아 바르게 고치기		2
	③ 협상 준비하기-모둠 학습 1) 협상 의제 선정하기 (①에서 발굴한 것) 2) 자신의 입장을 선택하고 협상에 필요한 자료 마련하기	1) 협상 의제 선정하기 (①에서 발굴한 것) - ①에서 발굴한 협상 의제를 바탕으로 모둠 내에서 협상할 의제를 선정하기 2) 자신의 입장을 선택하고 협상에 필요한 자료 마련하기 해당 의제에 대한 양측의 입장 및 조정 위원으로 역할을 나누어 자료 조사하기 (다양한 경로로 자료를 조사: 인터넷, 책 등)		3-4
	④ 협상 실행-모둠 학습 1) 협상의 절차에 따라 실제 협상 수행하기 2) 교사와 동료의 피드백	1) 협상의 절차에 따라 실제 협상 수행하기 2) 교사의 피드백 - 앞선 차시에서 배운 협상의 개념과 원리에 입각하여 협상을 진행했는가를 기준으로 피드백을 제공		5-6

4) 4단계: 한 차시를 선택해 교수·학습 과정안을 작성하고 실행하기

4단계에서는 3단계에서 구분한 차시 중 한 차시를 선택하여 교수·학습 과정안을 작성해 보도록 하겠습니다. 여기에서는 협상이라는 담화를 학습자가 처음으로 배우기 때문에 협상을 상세하게 다루어야 하는 〈표 5〉의 1차시를 선택했습니다. 1차시 수업 전개를 교사의 교수 행위와 학생의 학습 행위가 드러날 수 있도록 항목화했고, 필요한 경우에 교사의 발문과 예상되는 학생의 반응을 제시했습니다. 더불어 특정 교수·학습 활동이 가지는 의의, 수업의 성패 여부 등 교수·학습 과정안에 대한 메타적 논평도 제시하여 교수·학습의 의도나 수업 실행에서 예상되는 점 등을 환기하고자 합니다.

단원 학습목표	협상의 개념과 절차를 이해하고 협상에 참여한다. 서로 만족할 만한 대안을 찾아 의사 결정을 한다.			
차시 학습목표	협상의 개념을 이해한다. 협상의 중요성과 협상이 필요한 상황을 이해한다.			
학습단계		교수·학습 활동	자료 및 기타	시간
* 도입	학습 동기 유발	▷ 협상이 필요한 문제 상황 확인하기 〈자료1〉 갈등이 생긴 상황 ○○고등학교의 1학년 1반과 2반의 체육 시간이 겹치게 되었다. 두 반 모두 체육 시간에 이론 수업이 아닌 실습 수업을 하고 싶은 상황이다. 각 반은 어떤 반이 체육 시간에 운동장을 사용할 것인지에 대해 논의를 해야 하는 상황이다. 〈자료2〉 반 대표의 대화 (사전 상황: 1반은 축구를 2반은 농구를 하기 위해 야외 활동을 계획했다.) 1반: 우리 반은 저번 시간부터 체육 시간에 야외 활동을 하기로 했어. 2반: 우리 반도 마찬가지야. 저번 시간부터 우리도 하기로 했어. 1반: 한 번만 양보해주면 안될까? 우리반 애들이 너무 기대하고 있어. 2반: 미안, 그건 어려울 것 같아. 1반/2반: 곤란한데... 어떻게 갈등을 해결할 수 있을까? 〈자료3〉 학교 공간 배치도 본관　운동장　농구장 별관　교문　급식실	▶ 자료를 보고 문제 발생 상황 확인하기 - 교사의 설명을 듣고 자료1과 2를 확인한다.	활동지 PC 빔프로젝터	5분

		Q1: "자, ○○은 자료1과 2에서 갈등의 원인이 무엇이라고 생각하나요?" Q2: "그러면 자료3을 봅시다. 갈등이 해소될 여지가 있어 보이나요?" Q3: "그렇다면 갈등이 해소되기 위해 어떤 과정이 필요할까요?"	A1: "모두 운동장을 사용하고 싶어서 갈등이 발생했어요" A2: "둘이 원하는 바가 달라서 갈등이 해결될 수 있을 것 같아요" A3: "대화를 통해서 서로가 원하는 것을 알아야 할 것 같아요."		
	학습 목표 제시	▷ 학습 내용과 학습 목표로 연결하기 "여러분이 지금 이야기한 것처럼 어떤 갈등이 생겼을 때, 그 갈등이 간단하게 해결될 수 없을 것 같아 보여도 대화를 통해 서로의 관점을 이해하게 되면 갈등을 해결할 수 있는 경우가 있습니다. 이러한 상황에서 갈등하는 양측은 문제를 해결하기 위해 대화하게 됩니다. 이런 대화를 '협상'이라고 부릅니다. 이번 시간에 여러분은 협상 사례를 통해 협상이 왜 중요한지, 협상이 필요한 상황은 언제인지 이해하게 될 겁니다.	▶ 학습 목표 확인하기 – 차시 목표(협상의 개념, 중요성, 필요한 상황에 대한 이해)를 인지한다.		
** 전개	협상의 사례 분석 하기	▷ 협상의 사례 분석 및 협상의 중요성과 필요성 확인하기 – 협상의 사례가 담긴 글을 읽으면서 내용을 확인한다. 〈자료4〉: 협상의 사례 (기피 시설 건립에 대한 논의) 조정 위원: 안녕하십니까? A시와 B시의 관계자를 모시고 A시 쓰레기 매립지 건립에 대한 논의를 진행하고자 합니다. 아시다시피 A시는 올해 쓰레기 매립지 건립 계획을 발표한 뒤 몇 차례의 공청회와 지역 주민 간담회를 통해 A시에 쓰레기 매립지를 건립하기로 하고, 건립 비용 일부를 이미 지원받았고, 쓰레기 매립지 건립에 대한 보상금에 대한 논의가 이루어지고 있는 상황입니다. 그런데 쓰레기 매립지가 건립될 곳의 위치가 B시와 가까운 지역이라 B시는 쓰레기 매립지 건설에 반대 의사를 전달하셨습니다. 오늘 이 자리를 통해 이 문제를 해결해 보고자 합니다. B시 관계자: 쓰레기 매립지 건립 예정지인 곳은 A시의 중심지보단 B시에 더 가까워 B시 시민들의 반발이 매우 거셉니다. 또한 위치상 B시 시민들의 주거 중심지와 근교에 있어 생활에 불편이 예상되는 상황입니다. A시는 위치 선정을 재고해 주셨으면 좋겠습니다. A시 관계자: 건립 예정지의 경우 지난 3년간 A시 시민들의 합의 과정과 환경 및 도시 건축 전문가의 검증을 모두 거친 곳입니다. 또한 지역 선정을 하는 데 있어서 절차상 문제가 없으므로 위치 변경은 어렵습니다. B시 관계자: A시에서 내부적인 논의를 거친 것은 맞지만 인접 지역인 B시 시민들의 합의를 얻은 것은 아니지 않습니까? B시 시민들은 매립지가 건립될 경우 발생할 수 있는 오염이나 악취, 주거 공간의 기피 시설 입지로 인한 삶의 질 하락, 지역의 토지 가격 하락 등을 우려하고 있습니다.	▶ 협상의 사례 파악하기 – 협상의 사례를 읽으면서, 교사의 질문에 답한다.	활동지 PC 빔프로젝터	15분

A시 관계자: 쓰레기 매립지 건립을 했던 다른 지자체의 사례를 확인해 보면 매립지 건립으로 인한 악취나 오염 발생 사례는 없었습니다. 또한 건립 이전과 이후의 지가 하락이나 지역에 대한 이미지 변화도 나타나지 않았습니다. 이번에 건립될 매립지는 외부 오염에 대한 문제가 없도록 철저하게 설계했고, 관련 문제가 발생하지 않도록 현대식 시설을 갖출 예정입니다. 이러한 내용을 B시가 B시 시민의 인식을 개선하는 홍보 방안을 구안하실 수 있도록 지원하겠습니다.

B시 관계자: 홍보를 지원해 주신다면 막을 이유는 없겠죠. 그렇지만 실질적으로 주변에 피해가 미치지 않는다고 하더라도 A시의 시민들을 위한 시설이 B시의 인접 지역에 건립되는 것에 대한 민원은 지속적으로 제기되고 있는 실정이며, 건립 반대를 위한 시민 단체들이 결성되고 있어 앞으로도 저항이 더 거세질 것으로 예상합니다.

A시 관계자: 상황은 충분히 이해합니다만, 이미 쓰레기 매립지에 대한 건립에 대한 서류적 절차가 통과되어 건립 위치를 바꿀 수 없는 상황입니다. 이 점을 고려해 주시면 좋겠습니다.

조정 위원: 그러면 위치는 그대로 두고 쓰레기 매립지에 대한 보상금의 일부를 B시의 시민들을 위해 사용하는 방안은 어떠신지요?

A시 관계자: 인접 지역인 B시 시민들에게도 시설 건립에 대한 보상 혜택을 동등하게 누릴 수 있게 할 수는 있지만 그렇게 될 경우 B시도 시설 건립 비용을 함께 부담해야 할 것 같습니다.

B시 관계자: 물론 B시 시민들이 시설 건립에 대한 보상 혜택을 동등하게 수혜 받게 된다면 건립에 대한 반대는 많이 줄어들 것이라고 생각합니다. 그리고 말씀하신 대로 이럴 경우에는 비용을 공동으로 부담해야 한다고 생각합니다. 하지만 B시 시민을 위해 사용될 건립 보상비의 비율을 고려하여 건립 비용에 대해 분담 비율을 결정해야 한다고 생각합니다.

A시 관계자: 보상비의 사용 비율을 고려해 분담 비율을 정하는 것에 동의합니다. 추후 논의를 통해 그 비율을 정하는 것으로 하시죠.

조정 위원: 발전적인 논의가 이뤄진 것 같습니다. 이후 논의에서 뵙겠습니다. 고생 많으셨습니다.

Q4. "제시문에서 갈등이 발생하고 있는 원인은 무엇인가요?"	A4. "쓰레기 매립지 건립 위치 때문에 갈등을 벌이고 있다" 등

	Q5. "해당 갈등을 방치했다면 어떤 일이 발생하게 될까요?"		A5. "A시와 B시의 갈등으로 인해 쓰레기 매립지 건립이 어려워진다, 사회적으로 문제가 발생하게 된다." 등	
	Q6. "갈등을 어떤 방식으로 해결하고 있나요?"		A6. "A시와 B시의 대표가 조정위원의 도움을 받아 협상을 통해 갈등을 해결하고 있다." 등	
	▷ 협상의 중요성, 필요한 상황 정리하기 "(학생의 대답을 듣고) 앞서 이야기한 것처럼 협상은 얼핏 보면 해결할 수 없을 것 같은 복잡한 문제도 양측에게 공동의 이익이 되는 대안을 찾을 수 있도록 돕는다는 점에서 중요합니다. 또한 개인적, 사회적 차원에서 문제가 발생했을 때 이러한 문제를 평화롭게 해결하기 위해 협상이 필요합니다."			
*** 협상이 필요한 상황 찾아 보기	▷ 협상이 필요한 상황 탐구하기 "지금부터 짝과 함께 우리가 사는 사회에서 협상을 통해 문제를 해결할 수 있는 상황을 찾아 이야기를 해보도록 하겠습니다. 선생님이 제시한 협상의 상황을 보고, 이처럼 협상을 통해 문제를 해결할 수 있는 상황을 찾아 이야기를 나누도록 하겠습니다." 〈자료5〉 (1) 협상의 상황 - (학교에서) 교내에서 학생이 교복 외의 사복을 착용하는 것을 허용할 것인가? - (가정에서) 일주일 용돈의 액수는 얼마가 적절한가? (2) 다양한 상황에서 갈등이 생겨 협상이 필요한 상황을 찾아 이야기를 나누어 봅시다. ▷ 협상이 필요한 상황 공유하기 "짝과 함께 협상이 필요한 상황을 찾아보았나요? 이제부터 패들렛에 짝과 찾은 상황을 올려봅시다. 그리고 다른 친구들이 찾은 상황을 확인하고 해당 사례가 협상으로 해결될 수 있는지 의견을 댓글로 달아 봅시다." ▷ 협상이 필요한 상황에 대해 설명하기 "여러분이 찾아준 것처럼 협상은 어느 한 쪽이 일방적으로 양보해야 하는 것이 아닌 양측이 대화를 통해 조금씩 양보해야 하거나, 새로운 대안을 찾을 수 있을 때 시도할 수 있습니다."		▶ 협상이 필요한 상황 찾기: 짝 활동 - 짝과 함께 협상이 필요한 상황에 대해 이야기를 나누며 학습지를 작성한다. ▶ 협상이 필요한 상황 공유하기: 반 전체 - 협상이 필요한 상황에 대해 짝과 이야기 나눈 것을 패들렛에 올리고 발표한다. - 다른 학습자가 찾은 협상이 필요한 것인지 댓글로 피드백한다.	학습지 20분

정리	**** 형성 평가	▷ 협상의 개념 및 협상의 중요성을 확인하기	▶ 학습한 내용 확인 – 질문에 답을 하며 학습한 내용을 확인한다.		4분
		Q7. "협상의 개념이 무엇이었죠?"	A7. "갈등 상황에서 갈등을 해결하기 위해 이야기를 나누는 것" 등		
		Q8. "협상을 통한 문제 해결의 장점은 무엇인가요?"	A8. "복잡한 문제도 양측에게 이익이 되는 대안을 찾을 수 있다, 어떤 문제를 평화적으로 해결할 수 있다." 등		
	차시 예고	▷ 차시 예고 – 다음 시간에 협상의 절차에 대해 분석하고, 각 절차에서 이루어져야 할 협상의 요소에 대해 다룰 것임을 예고한다.	▶ 차시 예고 인지 – 오늘 학습한 협상에 대해 다음 시간에 이어서 학습할 것임을 인지한다.		1분

* 교사는 학습자가 겪어 보았을 법한 문제 상황을 제시하고, 이때 필요한 담화가 협상이라는 것을 끌어내고 있습니다. 학생들과의 '관련성'(17쪽 참조)을 토대로 학습 동기를 유발하고 차시 학습 내용과 학습 목표로 연결하고 있지요.

** 협상 텍스트를 제시해 학습자에게 생소한 협상이 어떤 말하기 방식인지를 알게 한 뒤, 협상의 중요성과 필요성을 인지하게 이끌고 있군요.

*** 협상 수업의 성패는 〈표 6〉의 3~6차시로 예정된 모둠별 협상 수행이 계획대로 원활하게 이루어지는지 여부일 것입니다. 이를 위해 학습자들이 자신의 생활에서 협상이 필요한 상황을 찾아내고, 그 속에서 적절한 협상 의제를 발굴해 내야 합니다. 따라서 '협상이 필요한 상황 탐구하기' 활동이 충실히 이루어지도록 해야 하고, 이후 차시 수업들이 유기적으로 연결되도록 수업을 이끌어야 합니다. 이 교사는 학생들에게 협상이 필요한 상황의 예를 제시해서 학생들의 활동에 도움을 주고자 했군요.

**** 교사는 오늘의 학습 목표와 관련된 내용에 대해 질의, 응답을 통해 짚으면서 수업을 마무리하고 있네요.

2. 질의 응답

질문 1. 협상 수업에서 학습자가 갖는 오개념은 무엇이 있고, 어떻게 해결할 수 있나요?

듣기·말하기 수업에서 학습자는 종종 오개념을 형성하곤 합니다. 일례로 협상 수업에서 학습자는 상대방 입장을 고려하지 않고 자신의 입장만을 관철하여 이득을 도모하는 것이 성공적인 협상이라고 오해하고 협상을 진행하는 경우가 있습니다. 이러한 경우 단기적으로는 이득을 볼 수 있을 수 있지만 장기적인 관점에서 양측에게 도움이 되지 않는다는 것을 학습자에게 인식시켜줄 필요가 있습니다. 이를 위해 한쪽이 지나치게 양보하게 되어 재협상이 필요해진 경우나 문제가 발생한 사례를 함께 제공하여 양측의 이익을 도모하는 협상이 성공적인 협상임을 학습자에게 인지시킬 수 있습니다.

질문2. 듣기·말하기 수업에서 활동 구성을 실제적으로 하려면 어떻게 해야 할까요?

듣기·말하기 영역은 학습자의 삶의 맥락과 연계하여 수업을 설계하는 것이 바람직합니다. 이를 간과하게 될 경우 특정 성취기준이나 담화의 이론적인 학습에만 치우쳐 제시문을 읽고 해석하는 수업이 되거나 학습자가 듣기·말하기 활동에 흥미를 가지지 않아 적극적으로 참여하지 않을 우려가 있습니다. 그렇기 때문에 수업을 설계할 때 학생들의 생활 반경 내의 구어 의사소통 상황을 고려해서 활동을 구성해 볼 수 있습니다. 예를 들어 토의, 토론, 협상은 학생들이 가정에서 겪을 수 있는 문제(용돈 협상 등)나 학교 생활에서 겪을 수 있는 문제(교내 공간 사용 등)를 주제로 설정할 수 있습니다. 발표, 면담은 학습자의 진로와 연계하여 활동을 구성할 수 있습니다.

질문3. 말하기에 두려움이 있거나 화법 능력이 부족해서 수업에 참여하지 않는 학습자를 어떻게 참여시켜서 듣기·말하기 수행 능력을 높일 수 있을까요?

교실에는 말하기 활동에 적극적으로 참여하는 학생들이 있는 반면, 말하기 불안이 있거나 화법 능력이 부족한 학생들이 있습니다. 이러한 학습자의 경우 듣기·말하기에 대한 거부감으로 활동에 참여하지 않아 점차 화법 능력이 부진해지는 악순환에 빠지기도 합니다. 학습자들의 악순환의 고리를 선순환으로 전환시키기 위해서는 학습자가 듣기·말하기 활동을 통해 효능감을 느낄 수 있어야 합니다. 이를 위해 듣기·말하기 시간에 이론 수업만 진행하는 것이 아닌, 실제로 학습자가 듣기·말하기 활동을 수행하게 해야 합니다. 활동 수행 시에 듣기·말하기 준비를 마친 후 바로 수행을 하는 경우가 많은데, 실제 수행 이전에 연습할 수 있는 시간을 부여한다면 학습자의 수행 능력 증진에 도움을 줄 수 있습니다. 또한 수행에 대해 학습자에게 개별적인 피드백을 줄 수 있습니다. 이때 담화 수행 장면을 핸드폰 등으로 촬영한 뒤 이를 학습자와 함께 확인하며 피드백을 한다면 학습자의 듣기·말하기의 수행 능력을 증진시키는 데 도움이 될 수 있습니다.

듣기·말하기 영역의 성취기준 중 하나를 골라 앞의 〈표 6〉과 같이 한 성취기준에 대한 교수·학습 요소를 추출하여 교수·학습 전개를 정한 뒤, 교수·학습 활동을 구체화하면서 차시를 구분해 봅시다. 그런 다음 한 차시를 골라 아래 학급 정보를 고려하여 교수·학습 과정안을 작성해 보고 실행해 봅시다.

학년/학기	
학생 수	24명
학급 특성	① 국어 학업 성취도가 우수한 학생이 8명, 보통 수준의 학생이 9명, 미흡한 수준의 학생이 7명으로 구분된다. ② 수업 시간에 서로를 격려하는 학습 문화가 형성되어 있고, 대부분의 학생들이 모둠에서 이야기하는 상황에 대해 부담을 느끼지 않는다. ③ 1학기 때 노트북을 활용하여 자료를 조사하고 수업을 준비한 경험이 있고 학생 당 노트북이 하나씩 배부되어 있어 학습자는 교사의 안내 하에 자료를 검색할 수 있다. ④ 교내 도서실에 교과 수업을 할 수 있는 공간이 마련되어 있어 학습자가 서적을 통해 자료를 조사할 수 있다.

2장 | 자기주도적으로 읽기 전략을 활용하게 하려면

1. 읽기 수업 디자인하기

1) 1단계: 읽기 영역 내용 체계를 훑어보면서 성취기준 전(前), 후(後)의 교육 내용 확인하기

읽기 수업을 설계하기 위해 우선 읽기 영역 내용 전반을 살펴보며 성취기준들이 서로 어떤 연관성을 가지고 설정되어 있는지 가늠하는 작업을 할 필요가 있습니다. 즉, 성취기준의 계속성(동일한 내용의 반복)과 계열성(동일한 내용의 질적 심화, 양적 확대)을 확인하며 '이 성취기준은 이전 학년(군)에서 배운 내용이지만, 새로운 내용 요소가 포함되어 있으니 이 부분에 초점을 두고 가르쳐야겠다.', '이 성취기준은 모든 학년(군)을 통틀어 처음 언급되고 있으니 누락하면 안 되겠다.' 등의 판단을 내리는 과정이 필요합니다. 이러한 판단을 통해 수업하고자 하는 읽기 영역 성취기준을 해당 학년에서 어느 범위에서 어떠한 수준으로 가르쳐야 할지에 대해 파악할 수 있습니다. 읽기 영역의 경우 이전에 학습한 내용이 반복적으로 심화되며 나타나는 경향이 두드러집니다. 따라서 읽기 과정·기능에 대한 단순한 암기만으로는 적절한 읽기 전략을 실제 독서 활동에 효과적으로 활용하는 능동적 독자로 나아가는 데 한계가 있습니다. 이러한 한계를 극복하고 학습 내용을 성공적으로 내재화할 수 있도록 수업하기 위하여 수업 디자인 1단계 과정을 구체적으로 살펴보도록 하겠습니다.

먼저, 초등학교에서 중학교의 〈국어〉와 고등학교의 〈공통국어1〉, 〈공통국어2〉의 읽기 교육 내용을 내용 체계표를 통해 훑어보고자 합니다. 읽기 영역 고유의 교육 특징을 살펴보고, 내용 범주와 발달 단계별로 학년별 내용 요소를 확인해 봅시다. 초등학교에서 고등학교 1학년까지의 읽기 영역의 내용 체계는 〈표 1〉과 같습니다. 지식·이해, 과정·기능, 가치·태도의 범주를 세로축으로,

학년군을 가로축으로 구분하여 내용 요소가 배치되어 있습니다. 지식·이해 범주에서는 [읽기 맥락]과 [글의 유형]에 대한 지식을 이해하도록 하고, 과정·기능 범주에서는 [읽기의 기초], [내용 확인과 추론], [평가와 창의], [점검과 조정]와 같이 실제 읽기에 필요한 방법적 측면과 관련된 내용 요소를 익히도록 되어 있습니다. 마지막으로 [가치·태도] 범주에서는 읽기에 대한 긍정적 정서를 가진 독자로서 올바른 독서 문화를 형성하기 위해 필요한 정의적 영역에 대한 내용을 담고 있습니다.

〈표 1〉 초등학교 1학년~고등학교 1학년 읽기 영역 내용 체계

| 핵심 아이디어 | • 읽기는 독자가 자신의 배경지식이나 경험을 활용하여 언어를 비롯한 다양한 기호나 매체로 표현된 글의 의미를 능동적으로 구성하는 행위이다.
• 독자는 다양한 상황 맥락과 사회·문화적 맥락 속에서 자신의 읽기 목적을 달성하기 위하여 다양한 유형의 글을 읽는다.
• 독자는 읽기 과정을 점검·조정하며 읽기 과정에서 부딪히는 문제를 해결하기 위해 적절한 읽기 전략을 사용하며 글을 읽는다.
• 독자는 읽기 경험을 통해 읽기에 대한 긍정적 정서를 형성하고 삶과 공동체의 문제 해결을 위해 공동체 구성원과 함께 독서를 통해 소통함으로써 사회적 독서 문화를 만들어 간다. | | | | | |

범주		내용 요소					
		초등학교 〈국어〉			중학교 〈국어〉	고등학교 〈공통국어1, 2〉	
		1~2학년	3~4학년	5~6학년	1~3학년	1학년 1학기	1학년 2학기
지식·이해	읽기 맥락		• 상황 맥락	• 상황 맥락 • 사회·문화적 맥락		• 사회·문화적 맥락	
	글의 유형	• 친숙한 화제의 글 • 설명 대상과 주제가 명시적인 글 • 생각이나 감정이 명시적으로 제시된 글	• 친숙한 화제의 글 • 설명 대상과 주제가 명시적인 글 • 주장, 이유, 근거가 명시적인 글 • 생각이나 감정이 명시적으로 제시된 글	• 일상적 화제나 사회·문화적 화제의 글 • 다양한 설명 방법을 활용하여 주제를 제시한 글 • 주장이 명시적이고 다양한 이유와 근거가 제시된 글 • 생각이나 감정이 함축적으로 제시된 글	• 인문, 예술, 사회, 문화, 과학, 기술 등 다양한 분야의 글 • 다양한 설명 방법을 활용하여 주제를 제시한 글 • 다양한 논증 방법을 활용하여 주장을 제시한 글 • 생각과 감정이 함축적이고 복합적으로 제시된 글		

과정·기능	읽기의 기초	• 글자, 단어 읽기 • 문장, 짧은 글 소리 내어 읽기 • 알맞게 띄어 읽기	• 유창하게 읽기			
	내용 확인과 추론	• 글의 중심 내용 확인하기 • 인물의 마음이나 생각 짐작하기	• 중심 생각 파악하기 • 내용 요약하기 • 단어의 의미나 내용 예측하기	• 글의 구조를 파악하기 • 글의 주장이나 주제 파악하기 • 글의 구조 고려하며 내용 요약하기 • 생략된 내용과 함축된 의미 추론하기	• 설명 방법과 논증 방법 파악하기 • 글의 관점이나 주제 파악하기 • 읽기 목적과 글의 구조를 고려하여 내용 요약하기 • 드러나지 않은 의도나 관점 추론하기	
	평가와 창의	• 인물과 자신의 마음이나 생각 비교하기	• 사실과 의견 구별하기 • 글이나 자료의 출처 신뢰성 평가하기 • 필자와 자신의 의견 비교하기	• 글이나 자료의 내용과 표현 평가하기 • 다양한 글이나 자료 읽기를 통해 문제 해결하기	• 복합양식의 글·자료의 내용과 표현 평가하기 • 설명 방법과 논증 방법의 타당성 평가하기 • 동일 화제에 대한 주제 통합적 읽기 • 진로나 관심 분야에 대한 자기 선택적 읽기	• 논증 타당성 평가 및 논증 재구성하기 • 진로나 관심 분야에 대한 주제 통합적 읽기	• 복합양식으로 구성된 글이나 자료의 관점, 의도, 표현 평가하기 • 읽기 목적을 고려한 주제 통합적 읽기
	점검과 조정		• 읽기 과정과 전략에 대해 점검·조정하기			
가치·태도		• 읽기에 대한 흥미	• 읽기 효능감	• 긍정적 읽기 동기 • 읽기에 적극적 참여	• 읽기에 대한 성찰 • 사회적 독서 문화 형성	• 독서 공동체와 사회적 독서에 참여 • 지식 교류와 지식 구성 과정에서 독서의 영향력에 대한 성찰	• 독서 공동체와 사회적 독서에 참여 • 타인과의 교류와 사회 통합에 미치는 독서의 영향력에 대한 성찰

읽기 영역의 내용 요소는 '유창하게 읽기'와 같이 한 차례 다루어지는 경우도 있고, 계속성과 계열성을 가지며 반복되는 경우도 있습니다. 이는 수업을 디자인할 때 중요하게 고려해야 할 지점입

니다. 이전 학년(군)에서 배운 내용 요소를 심화시켜야 하는지, 새롭게 배우는 내용 요소인지를 확인하여 수업 디자인에 참고할 필요가 있기 때문입니다.

〈표 1〉의 내용 체계를 횡적으로 살펴보면서 몇 가지 특징적인 부분을 설명하고자 합니다. 첫째, 학습자들이 읽어야 하는 글의 유형이 학년이 올라가면서 반복되는 동시에 그 수준이 심화됩니다. 지식·이해의 하위 범주 [글의 유형]에 해당하는 내용 요소들을 재분류한 〈표 2〉를 봅시다.

〈표 2〉 초1~고1에서 읽어야 하는 글의 유형

	1~2학년군	3~4학년군	5~6학년군	중학교 1~3학년군	고등학교 1학년
정보전달의 글	• 친숙한 화제의 글 • 설명 대상과 주제가 명시적인 글	• 친숙한 화제의 글 • 설명 대상과 주제가 명시적인 글	• 일상적 화제나 사회·문화적 화제의 글 • 다양한 설명 방법을 활용하여 주제를 제시한 글	• 다양한 설명 방법을 활용하여 주제를 제시한 글	
설득적 글		• 주장, 이유, 근거가 명시적인 글	• 주장이 명시적이고 다양한 이유와 근거가 제시된 글	• 다양한 논증 방법을 활용하여 주장을 제시한 글	
표현적 글	• 생각이나 감정이 명시적으로 제시된 글	• 생각이나 감정이 명시적으로 제시된 글	• 생각이나 감정이 함축적으로 제시된 글	• 생각과 감정이 함축적이고 복합적으로 제시된 글	
다양한 분야의 글				• 인문, 예술, 사회, 문화, 과학, 기술 등 다양한 분야의 글	

정보전달의 글은 초등학교 1~2학년, 3~4학년 때 친숙한 화제의 글, 설명 대상과 주제가 명시적인 글을 다루는 것을 시작으로 초등학교 5~6학년 때 일상적 화제나 사회·문화적 화제를 다루는 글과 다양한 설명 방법을 활용하여 주제를 제시한 글로 심화됩니다. 특히, 후자는 중학교 1~3학년뿐만 아니라 고등학교 1학년 때도 학생들이 읽어야 할 텍스트로 제시되고 있습니다.

설득적 글은 초등학교 3~4학년 때 주장, 이유, 근거가 명시적인 글을 시작으로 하여 초등학교 5~6학년에서 주장이 명시적이고 다양한 이유와 근거가 제시된 글로 심화됩니다. 중학교 1~3학년과 고등학교 1학년 때는 다양한 논증 방법을 활용하여 주장을 제시한 글을 읽게 되는데, 이전까지 논증 방법을 다루지 않으므로 이 부분에서 논증 방법에 대한 학습을 필수적으로 해야 합니다.

표현적 글은 초등학교 1~2학년, 초등학교 3~4학년 때 생각이나 감정이 명시적으로 제시된 글을 두 차례에 걸쳐 배우게 됩니다. 초등학교 5~6학년 때는 생각이나 감정이 함축적으로 제시된 글을 읽게 되는데, 이는 생각이나 감정이 글에 명시적으로 드러난 경우와 비교했을 때 상대적으로 심화된 수준인 것입니다.

고등학교 1학년 때에는 인문, 예술, 사회, 문화, 과학, 기술 등 다양한 분야의 글을 제재로 다루어야 하는데, 이는 다양한 분야와 관련된 독서 경험을 제공하기 위한 것으로 보입니다. 읽기 수업을 설계하려는 교사라면 학년군에서 반복적으로 다루어지는 텍스트 유형 또는 처음으로 다루어지는 텍스트 유형을 확인할 필요가 있습니다.

둘째, 학습자들은 학년이 올라가면서 독서의 방법을 반복해 배우면서 점차 심화된 내용을 학습하게 됩니다. 과정·기능의 하위 범주 중 [내용 확인과 추론], [평가와 창의]에 해당하는 내용 요소들을 재분류한 〈표 3〉을 봅시다.

〈표 3〉 초1~고1 읽기 [내용 확인과 추론], [평가와 창의] 범주의 내용 요소

		1~2학년군	3~4학년군	5~6학년군	중학교 1~3학년군	고등학교 1학년
내용 확인과 추론	사실적 읽기	• 글의 중심 내용 확인하기	• 중심 생각 파악하기 • 내용 요약하기	• 글의 구조를 파악하기 • 글의 주장이나 주제 파악하기 • 글의 구조 고려하며 내용 요약하기	• 설명 방법과 논증 방법 파악하기 • 글의 관점이나 주제 파악하기 • 읽기 목적과 글의 구조를 고려하여 내용 요약하기	
	추론적 읽기	• 인물의 마음이나 생각 짐작하기	• 단어의 의미나 내용 예측하기	• 생략된 내용과 함축된 의미 추론하기	• 드러나지 않은 의도나 관점 추론하기	
평가와 창의	비판적 읽기	• 인물과 자신의 마음이나 생각 비교하기	• 사실과 의견 구별하기 • 글이나 자료의 출처 신뢰성 평가하기 • 필자와 자신의 의견 비교하기	• 글이나 자료의 내용과 표현 평가하기	• 복합양식의 글·자료의 내용과 표현 평가하기 • 설명 방법과 논증 방법의 타당성 평가하기	• 복합양식으로 구성된 글이나 자료의 관점, 의도, 표현 평가하기 • 논증 타당성 평가 및 논증 재구성하기
	창의적 읽기			• 다양한 글이나 자료 읽기를 통해 문제 해결하기	• 동일 화제에 대한 주제 통합적 읽기 • 진로나 관심 분야에 대한 자기 선택적 읽기	• 진로나 관심 분야에 대한 주제 통합적 읽기 • 읽기 목적을 고려한 주제 통합적 읽기

사실적 읽기와 관련된 내용 요소를 보면, 초등학교 1~2학년 때부터 '글의 중심 내용 확인하기'와 같은 기초적인 내용으로 시작하여 초등학교 3~4학년 때 '중심 생각 파악하기, 내용 요약하기', 초등학교 5~6학년 때 '글의 구조 파악하기, 글의 주장이나 주제 파악하기, 글의 구조 고려하여 내용 요약하기'를 다루게 됩니다. 이후 중학교 1~3학년에서 '설명 방법과 논증 방법 파악하기, 글의 관점이나 주제 파악하기, 읽기 목적과 글의 구조를 고려하여 내용 요약하기'를 다루며 점차 심화·확장되는 것을 확인할 수 있습니다.

추론적 읽기는 초등학교 1~2학년 때 '인물의 마음이나 생각 짐작하기'로 시작하여 초등학교 3~4학년 때 '단어의 의미나 내용 예측하기', 초등학교 5~6학년 때 '생략된 내용과 함축된 의미 추론하기'로 나아가는 것을 보면 역시 글에서 추론해야 할 내용이 학년이 올라감에 따라 좀 더 높은 수준을 요구하는 것을 알 수 있습니다. 중학교 1~3학년의 '드러나지 않은 의도나 관점 추론하기' 역시 초등학교 시기의 추론적 읽기 관련 내용 요소가 요구하는 것보다 더 높은 수준의 추론 능력이 필요합니다.

비판적 읽기와 관련된 내용 요소는 초등학교 3~4학년 때 '사실과 의견 구별하기, 글이나 자료의 출처 신뢰성 평가하기'로 시작하여 초등학교 5~6학년 때 '글이나 자료의 내용과 표현 평가하기'로 심화됩니다. 이에 더해, 초등학교 비판적 읽기 관련 성취기준에서 '복합양식' 관련 언급이 나오지 않는 것을 통해 복합양식으로 구성된 글이나 자료를 제재로 하는 비판적 읽기는 중학교에서 처음으로 다루게 된다는 것도 확인할 수 있습니다. 즉, 초등학교에서 비판적 읽기에 대한 기초적인 내용을 배운 학습자는 중학교에서 단일양식 텍스트에 더하여 복합양식 텍스트에 대해서도 비판적 읽기를 수행하게 되는 것입니다. 또한 '설명 방법'과 '논증 방법'도 중학교에서 처음 나오는 내용 요소이기 때문에, 중학교에서 비판적 읽기 수업을 계획하는 교사는 이 부분에 좀 더 집중을 해야 한다는 판단을 내릴 수 있습니다.

창의적 읽기와 관련된 내용 요소는 초등학교 5~6학년 때 '다양한 글이나 자료 읽기를 통해 문제 해결하기'를 배웁니다. 이때 학생들에게 요구되는 능력은 다양한 글이나 자료를 통해 문제 해결에 필요한 지식이나 정보를 구성하는 창의적 읽기 능력입니다. 중학교 때 '동일 화제에 대한 주제 통합적 읽기'를 배우며 다양한 글이나 자료를 비판적으로 읽고 자신의 관점에 따라 의미를 재구성하는 주제 통합적 읽기 능력을 키우기는 하지만, 이를 활용해 문제를 해결하는 내용 요소는 초등학교 5~6학년 때 처음 다루게 되므로 이 시기에 이 내용 요소가 충실히 다루어지는 것이 필요합니다. 이후에 다시 배울 기회가 없기 때문이지요. 중학교와 고등학교의 [평가와 창의]에서 언급되고 있는 주제 통합적 읽기는 아래의 〈표 4〉에서 살펴보도록 합시다.

이제, 국어 교사가 수업을 해야 하는 성취기준을 감안하면서 내용 체계를 분석해 봅시다. 아래 〈표 4〉는 고등학교 1학년 1학기에 배우는 과목 〈공통국어1〉과 2학기에 배우는 〈공통국어2〉의 읽기 영역 성취기준을 제시한 것입니다. 〈표 4〉에 제시된 성취기준과 내용 요소를 비교하면서 짚어 보아야 할 점을 몇 가지 예를 통해 살펴보고자 합니다.

〈표 4〉 2022 개정 국어과 교육과정 중 〈공통국어1, 2〉 읽기 영역 성취기준

성취기준
[10공국1-02-01] 다양한 글이나 자료를 읽으며 논증의 타당성을 평가하고 자신의 관점을 바탕으로 논증을 재구성한다. [10공국1-02-02] 자신의 진로나 관심 분야와 관련한 다양한 글이나 자료를 찾아 주제 통합적으로 읽고 읽은 결과를 공유한다.
[10공국2-02-01] 복합 양식으로 구성된 글이나 자료에 내재된 필자의 관점이나 의도, 표현 방법을 평가하며 읽는다. [10공국2-02-02] 동일한 화제의 글이나 자료라도 서로 다른 관점과 형식으로 표현됨을 이해하며 읽기 목적을 고려하여 글이나 자료를 주제 통합적으로 읽는다. [10공국2-02-03] 의미 있는 사회적 독서 활동에 참여함으로써 타인과 교류하고 다양한 지식이나 정보, 삶에 대한 가치관 등을 이해하는 태도를 지닌다.

첫 번째는, '비판적 읽기'라는 동일한 독서 방법에 대해 다루는 성취기준이더라도 세부적인 내용요소에는 차이가 존재합니다. 교육과정 성취기준 해설에 따르면, [10공국1-02-01]"다양한 글이나 자료를 읽으며 논증의 타당성을 평가하고 자신의 관점을 바탕으로 논증을 재구성한다."에서 평가의 대상으로 삼는 것은 논증 요소(필자의 주장, 주장을 뒷받침하는 이유와 근거, 반론에 대한 반박)의 타당성과 논증 방법의 설득 효과입니다. 반면 [10공국2-02-01]"복합 양식으로 구성된 글이나 자료에 내재된 필자의 관점이나 의도, 표현 방법을 평가하며 읽는다."에서 평가의 대상으로 삼는 것은 필자의 관점, 의도, 그리고 표현 방법입니다. 이처럼 두 성취기준이 비판적으로 평가하면서 글을 읽는 능력을 키우는 것을 목적으로 하여 설정되었으나, 구체적으로 다루고 있는 지점은 다르기 때문에 이 부분을 잘 구분하여 가르쳐야 합니다. 이는 두 성취기준이 기반하고 있는 내용요소가 무엇인지 〈표 1〉에서 각 성취기준과 관련된 내용요소를 확인함으로써 가능할 수 있습니다. [10공국

1-02-01]은 내용 요소 '논증 타당성 평가'에 초점을 두었으며, [10공국2-02-01]은 '복합양식으로 구성된 글이나 자료의 관점, 의도, 표현 평가'에 초점을 두고 있다는 것입니다.

두 번째는, 〈공통국어1〉과 〈공통국어2〉에 각각 주제 통합적 읽기와 관련된 성취기준이 존재합니다. [10공국1-02-02]"자신의 진로나 관심 분야와 관련한 다양한 글이나 자료를 찾아 주제 통합적으로 읽고 읽은 결과를 공유한다."와 [10공국2-02-02]"동일한 화제의 글이나 자료라도 서로 다른 관점과 형식으로 표현됨을 이해하며 읽기 목적을 고려하여 글이나 자료를 주제 통합적으로 읽는다."가 그것입니다. 두 성취기준 모두 주제 통합적 읽기에 대해 다루고 있지만 구체적인 내용 요소는 상이한 점이 있습니다. [10공국1-02-02]의 경우 〈표 1〉에서 내용 요소를 확인해 보면, '진로나 관심 분야에 대한 주제 통합적 읽기'로 '자신의 진로와 관심 분야와 관련한' 글에 초점을 두어야 합니다. 반면, [10공국2-02-02]는 '읽기 목적을 고려한 주제 통합적 읽기' 내용 요소를 기반으로 하는 것으로, 독자가 가지고 있는 읽기 목적에 따라 텍스트를 읽게 하되 '동일한 화제의 글이나 자료'가 '서로 다른 관점과 형식으로 표현'된 부분에 초점을 두고 읽는 것을 염두에 둘 필요가 있습니다.

마지막으로, [10공국2-02-03] "의미 있는 사회적 독서 활동에 참여함으로써 타인과 교류하고 다양한 지식이나 정보, 삶에 대한 가치관 등을 이해하는 태도를 지닌다."는 가치·태도 범주의 내용 요소 '독서 공동체와 사회적 독서에 참여', '타인과의 교류와 사회 통합에 미치는 독서 영향력에 대한 성찰'을 토대로 한 성취기준입니다. '사회적 독서'는 중학교 때 '사회적 독서 문화 형성'과 같은 내용 요소를 다루게 되어 있으므로, 중학교 때 이 내용 요소와 관련하여 어떤 학습이 이루어졌는지를 해당 교육과정과 교과서 등을 자세히 살펴본 뒤에, 고등학교에서는 어떤 범위와 수준에서 이 내용 요소를 다루어야 할지를 점검할 필요가 있습니다. 그리고 이 성취기준은 초등학교 때 학생들이 읽기에 대한 흥미를 느끼고 효능감을 가지며 동기부여가 되어 있는 개인적 차원에서 나아가 타인과 함께 독서한 결과를 나누고 교류하는 사회적 독서에 초점이 있다는 판단을 내릴 수 있습니다.

지금까지 수업 디자인을 위한 1단계 작업으로 고등학교 읽기 영역의 성취기준을 예로 들어 성취기준과 연관이 있는 내용 요소들을 확인하고, 해당 내용 요소가 해당 학년에서 처음 등장한 것인지, 반복·심화·확장된 것인지를 확인해 보았습니다.

2) 2단계: 성취기준의 교수·학습 요소를 추출하고 교수·학습 전개를 구조화하기

2단계에서는 수업할 성취기준에 대한 교육과정의 지침을 확인해서 교수·학습을 위해 필요한 요소를 추출하고, 수업 시간에 펼칠 교수·학습의 전개를 구조화해야 합니다. 이때 교육과정 문서의 '성취기준 해설'과 '성취기준 적용 시 고려사항', '교수·학습 및 평가' 등의 내용을 참고할 수 있습니다. 이 절에서는 "[10공국2-02-02] 동일한 화제의 글이나 자료라도 서로 다른 관점과 형식으로 표현됨을 이해하며 읽기 목적을 고려하여 글이나 자료를 주제 통합적으로 읽는다."를 예시로 하여 이 과정을 보여주고자 합니다(아래 〈표 5〉).

읽기 영역의 성취기준 중 [10공국2-02-02]를 선택하여 수업 디자인 과정을 보이는 이유는 다음과 같습니다. 첫째, 해당 성취기준의 내용 요소인 '주제 통합적 읽기'가 항상성을 지니고 있기 때문입니다. 주제 통합적 읽기는 2015 개정 국어과 교육과정의 "동일한 화제의 글이라도 서로 다른 관점과 형식으로 표현됨을 이해하고 다양한 글을 주제 통합적으로 읽는다."와 2011 개정 국어과 교육과정의 "동일한 화제에 대한 다양한 관점의 글을 읽고 비판적으로 재구성한다."를 통해 알 수 있듯 이전의 교육과정에서 지속적으로 다루어졌습니다. 둘째, 주제 통합적 읽기 능력이 오늘날 매우 중요한 자질이 되었기 때문입니다. 정보의 홍수 시대인 오늘날, 학습자들은 동일 화제에 대해 다양한 관점과 형식으로 표현하는 수많은 글을 만나게 됩니다. 다양한 글을 비판적·통합적으로 읽고 합리적인 의미로 재구성할 수 있는 능력이 없다면 학습자들은 수많은 정보 속에서 혼란에 빠지게 될 것이다. 이처럼 주제 통합적 읽기를 다루는 성취기준이 항존성과 시대 변화에 따른 중요성을 가지므로 수업 디자인을 위한 성취기준으로 선택했습니다.

영역	읽기	교수·학습 요소 추출하기
대상 학년	고등학교 1학년	
성취기준	[10공국2-02-02] 동일한 화제의 글이나 자료라도 서로 다른 관점과 형식으로 표현됨을 이해하며 읽기 목적을 고려하여 글이나 자료를 주제 통합적으로 읽는다.	• 주제 통합적 읽기의 개념 이해하기 - 동일한 화제에 대하여 다양한 관점과 형식으로 작성된 글이나 자료 독서 - 읽기 목적에 따라 글이나 자료 비판적으로 재구성
내용 요소	• 과정·기능[평가와 창의] 읽기 목적을 고려하여 ①주제 통합적 읽기	
성취기준 해설	• 이 성취기준은 ②동일한 화제에 대하여 다양한 관점과 형식으로 작성된 글이나 자료를 읽으며 읽기 목적에 따라 글이나 자료를 비판적으로 재구성할 수 있는 주제 통합적 읽기 능력을 기르기 위해 설정했다. ③읽기 상황이나 과제와 관련하여 읽기 목적을 구체화하기, ④글이나 자료를 비교 분석하기, ⑤읽기 목적을 고려하여 유의미한 정보 선별하기, ⑥정보 간의 상충되거나 모순되는 점을 확인하고 평가하기, ⑦읽기 목적을 고려하며 화제에 대한 자신의 견해를 재구성하기 등을 학습한다.	• 주제 통합적 읽기의 방법 이해하기 - 읽기 목적 구체화 - 글이나 자료 비교·분석 - 읽기 목적을 고려하여 유의미한 정보 선별 - 정보 간 상충되거나 모순되는 점 확인·평가 - 읽기 목적을 고려하며 화제에 대한 자신의 견해 재구성
성취기준 적용 시 고려 사항	• ①주제 통합적 읽기를 지도할 때는 동일한 화제에 대해 서로 다른 관점을 지닌 글이나 자료를 단순히 비교·대조하며 읽는 활동에 머무르지 않고, ⑥-1편견이나 선입견을 배제하고 객관적·합리적으로 글이나 자료에 드러난 관점을 평가하며 ⑦-1자신의 관점을 설정하고 이에 따라 ⑦-2주어진 글이나 자료를 종합하고 재구성하며 읽을 수 있도록 지도한다. 다양한 매체를 통해 접하게 되는 복합양식으로 구성된 글이나 자료에 대한 내용의 타당성과 신뢰성을 비판적으로 평가하며 읽는 활동, 글에 사용된 논증의 타당성을 평가하며 읽는 활동 등을 통해 ⑧정보를 무비판적으로 수용하지 않기, 편향되지 않은 관점으로 여러 자료를 참조하며 ⑨균형 있는 자세로 정보를 수용하기 등을 학습하여 민주시민으로서의 소양을 함양할 수 있도록 지도한다.	• 주제 통합적 읽기 활동 시 유의점 파악하기 - 편견이나 선입견을 배제하고 객관적·합리적으로 글이나 자료에 드러난 관점을 평가하며 자신의 관점 설정 - 정보를 무비판적으로 수용하는 것 경계 - 균형 있는 자세로 정보 수용

우선 ①을 보면 이 성취기준은 주제 통합적 읽기에 대해 다루어야 함을 알 수 있습니다. 주제 통합적 읽기는 과정·기능 범주에 해당하기 때문에 '학습자가 이 기능을 능동적으로 활용할 수 있는가?'가 수업의 관건이 됩니다. 따라서 주제 통합적 읽기의 방법이라 볼 수 있는 ③~⑦을 교수·학습 요소로 추출하여 학습 내용으로 제시해야 합니다. 그러나 주제 통합적 읽기의 이론적 개념에 대한 이해가 제대로 이루어지지 않은 상태로 이 기능을 활용하는 데까지 나아가기에는 어려움이 있습니다. 이러한 사실을 감안하여 주제 통합적 읽기의 개념에 대해 설명하는 ②를 놓치지 말고 교수·학습 요소로 선정하여 주제 통합적 읽기에 대한 이론적인 부분도 짚어 주어야 합니다. 그리고 '성취기준 적용 시 고려사항'에서는 주제 통합적 읽기를 지도할 때 유념해야 할 점에 대해 제시하고 있습니다. 여기에서는 다양한 글과 자료를 읽을 때 비판적으로 읽어 내고(⑥-1, ⑧, ⑨), 자신의 관점

을 설정하여 수집한 글이나 자료에서 정보를 재구성할 것을(㉠-1, ㉠-2) 주문하고 있습니다. 이러한 지침도 수업을 디자인할 때 유념할 필요가 있습니다. 따라서 교육과정의 지침에서 교수·학습할 때 유념해야 할 요소들을 추출하면 〈표 5〉의 오른쪽 내용과 같습니다.

지금부터는 추출한 교수·학습 요소와 유의점을 반영하여 교수·학습 전개를 구조화해 봅시다.

〈표 6〉 교수·학습 내용 요소를 토대로 교수·학습 전개 구조화하기

교수·학습 요소	교수·학습 전개 구조화
• ㉠주제 통합적 읽기의 개념 이해하기 – 동일한 화제에 대하여 다양한 관점과 형식으로 작성된 글이나 자료 독서 – 읽기 목적에 따라 글이나 자료 비판적으로 재구성 • ㉡주제 통합적 읽기의 방법 이해하기 – 읽기 목적 구체화 – 글이나 자료 비교·분석 – 읽기 목적을 고려하여 유의미한 정보 선별 – 정보 간 상충되거나 모순되는 점 확인·평가 – 읽기 목적을 고려하며 화제에 대한 자신의 견해 재구성 • ㉢주제 통합적 읽기 활동 시 유의점 파악하기 – 편견이나 선입견을 배제하고 객관적·합리적으로 글이나 자료에 드러난 관점을 평가하며 자신의 관점 설정 – 정보를 무비판적으로 수용하는 것 경계 – 균형 있는 자세로 정보 수용	① 주제 통합적 읽기의 개념과 방법 이해하기 1) 주제 통합적 읽기의 개념 이해하기 2) 주제 통합적 읽기의 필요성과 장점 파악하기 3) 주제 통합적 읽기의 방법(과정) 파악하기 ② 교사의 주제 통합적 읽기의 방법 시범 보이기 1) 읽기 목적 구체화하기 2) 글이나 자료 읽기 3) 유의미한 정보 선별하기 4) 정보 간 상충되거나 모순되는 점 확인하고 평가하기(비교·분석하기) 5) 자신의 견해 재구성하기 ③ 학생의 주제 통합적 읽기 수행하기 1) 읽기 목적 구체화하기 2) 글이나 자료 읽기 3) 유의미한 정보 선별하기 4) 정보 간 상충되거나 모순되는 점 확인하고 평가하기(비교·분석하기) 5) 자신의 견해 재구성하기

이 성취기준은 과정·기능의 하위 범주([평가와 창의])의 내용 요소(읽기 목적을 고려한 주제 통합적 읽기)를 다루고 있는 것이니 만큼 학생들이 직접 주제 통합적 읽기를 수행하는 것을 최종 목표로 삼고 있습니다. 이를 위해 교수·학습 요소의 전개를 크게 세 가지 단계로 구조화했습니다. 첫째, 교수·학습 요소 ㉠~㉢을 감안하여 주제 통합적 읽기의 개념과 방법 등 이론적인 측면에 대해 이해할 수 있도록 합니다(교수·학습 전개 ①). 둘째, 모범 독자인 교사가 ㉡, ㉢을 반영한 주제 통합적 읽기 행위를 시범으로 보여 줍니다. 이렇게 하여 여러 텍스트를 통합적으로 읽어 내는 것을 어려워하는 학생들도 주제 통합적 읽기를 수행할 수 있도록 돕고자 합니다(교수·학습 전개 ②). 교수·학습 전개 ①

과 ②는 다루고 있는 요소가 겹치지만 분명하게 구분되는 지점이 있습니다. 교수·학습 전개 ①과 비교했을 때 ②는 해당 요소들이 글을 읽으면서 구체적으로 실현된다는 것에서 명확한 차이를 지닌다는 것입니다. 셋째, 학생들에게 읽기 과제에 대한 구체적인 읽기 목적을 설정하고, 다양한 글과 자료를 읽으며 주제 통합적 읽기를 수행하도록 합니다(교수·학습 전개 ③). 이때도 ⓛ, ⓒ을 염두에 두어야 합니다. 마지막 단계의 경우 주제 통합적 읽기를 실행하는 주체가 교사에서 학생으로 바뀌어 직접적으로 수행을 진행하는 점이 핵심입니다. 이렇게 〈표 6〉에서 추출한 교수·학습 요소를 기반으로 디자인한 수업은 '이론적 개념 이해'에서 '독서 수행'으로, '교사의 시범을 통한 간접 학습'에서 '학생이 주체가 된 직접 수행 학습'으로 점진적이고 체계적인 전개를 보이는 것이 큰 특징입니다. 이를 통해 이 성취기준의 최종 목표인 '학습자의 주제 통합적 읽기 기능 내재화'를 달성하는 데까지 나아갈 수 있습니다.

3) 3단계: 학급 특성을 고려하여 교수·학습 활동을 구체화하면서 차시 구분하기

3단계에서는 2단계에서 구조화한 교수·학습 전개를 학습자 수준, 학습 형태, 교실 여건 등을 감안해 교수·학습 활동으로 구체화하면서 차시 분배를 결정해야 합니다. 물론 실제 수업 장면은 교사와 학생 간, 그리고 학생과 학생 간 역동적인 대화가 이루어지므로 모든 상황을 예측하는 것은 불가능합니다. 따라서 수업 실행 시에는 교실 여건에 따라 1~2차시를 늘리거나 줄이는 등의 유연성을 발휘할 필요가 있습니다. 아래에서는 가상의 학급 정보를 참고하여 2단계에서 구조화한 교수·학습 전개를 구체화해 봅시다.

[학급 정보]

학년/학기	고등학교 1학년 2학기
학생 수	18명
학급 특성	① 읽기 학업성취도 상 4명, 중 7명, 하 7명으로 읽기 학업성취도가 낮은 학생의 비율이 전체 학생의 약 40%이다. ② 대부분의 학생이 낮은 읽기 동기를 가지고 있어 독서량이 매우 적다. ③ 대부분의 학생이 교사의 설명식 수업에 흥미를 느끼지 못하는 편이다.

앞서 언급했듯이 수업은 역동적인 상황에서 이루어지기 때문에 성취기준 외에도 [학급 정보]를 유심히 살펴볼 필요가 있습니다. 성취기준은 '교사가 가르쳐야 할 내용이 무엇인가?'라는 물음에 대한 내용을 담고 있으며, 학급 정보는 '교사가 어떻게 가르쳐야 하는가?'의 물음에 대한 답을 찾는 데 참고해야 합니다.

우선, 이 수업의 대상이 되는 학급 특성 ①은 두 가지 측면에서 고려해야 하는데, 첫째는 학생들에게 제시하는 텍스트의 수준을 결정할 때 고려해야 합니다. 읽기 학업성취도가 낮은 학생의 비율이 높으므로 텍스트의 난도가 높은 경우 읽기 학업성취도가 낮은 학생들이 학습 목표 도달에 실패할 우려가 있습니다. 따라서 수준 높은 전문 용어를 사용하거나 고등학생의 수준에 적절하지 않은 내용을 다루는 텍스트는 적합하지 않습니다. 두 번째는 모범 독자인 교사의 시범 과정이 필요하다는 것을 시사합니다. 학업성취도가 낮은 학생이 주제 통합적 읽기에 대한 개념을 이해하더라도 이를 곧바로 수행하기는 어려울 것입니다. 따라서 교사가 먼저 주제 통합적 읽기를 수행하는 과정을 시범으로 보여주어 간접적으로 체험할 수 있도록 도와야 합니다.

학급 특성 ②를 통해 학생들의 독서 동기를 높이는 것이 관건임을 알 수 있습니다. 이는 학생들에게 친근한 소재를 다루는 텍스트를 선정해야 함을 시사합니다. 학생들이 스스로 잘 알고 있다고 여기거나, 직접 경험해 본 친근한 소재라면 텍스트에 대한 흥미를 불어 넣어 독서 동기를 유발할 수 있기 때문입니다. 또한 텍스트의 분량이 길어 독서 시간이 오래 걸린다면 독서 동기가 낮은 학생들이 쉽게 흥미와 집중력을 잃을 수 있습니다. 따라서 학습자가 주제 통합적 읽기를 수행할 때는 동일 화제에 대한 다양한 글을 모두 읽어도 한 차시(50분)를 넘기지 않을 정도의 분량을 가진 텍스트를 활용하고자 합니다.

학급 특성 ③은 주제 통합적 읽기에 대한 수업을 이론 설명과 교사의 시범 위주로 구성하면 학생들이 수업에서 소외될 수 있음을 시사합니다. 이는 [10공국-02-02] 성취기준의 최종 목표인 '학습자의 주제 통합적 읽기 기능 내재화' 달성에 걸림돌이 되므로 학생들이 능동적으로 주제 통합적 읽기를 수행하게 하는 것이 중요합니다.

아래의 〈표 7〉은 〈표 6〉에서 구조화했던 교수·학습 전개를 [학급 정보]를 고려하여 교수·학습 활동을 구체화하면서 적절한 차시로 구분한 것입니다.

<표 7> 읽기 [10공국2-02-02] 수업의 교수·학습 활동 구체화와 차시 구분

교수·학습 단계	교수·학습 활동	시간	차시	준비물
① 주제 통합적 읽기의 개념과 방법 이해하기	1) 주제 통합적 읽기의 개념 이해하기 – 주제 통합적 읽기의 개념과 효과	10분	1	활동지 빔프로젝터 PC
	2) 주제 통합적 읽기의 필요성과 장점 파악하기	15분		
	3) 주제 통합적 읽기의 방법(과정) 파악하기 (1) 읽기 목적 구체화하기 (2) 다양한 분야와 관점의 글이나 자료 수집하여 읽기 (3) 유의미한 정보 선별하기: 글의 분야, 글쓴이의 관점, 글의 형식 등 (4) 정보 간 상충되거나 모순되는 점 확인하고 평가하기(비교·분석하기) : 각각의 글의 관점 및 주장을 비판적으로 검토하며 비교·분석하기 (5) 자신의 견해 재구성하기 : 화제에 대한 자신의 견해 정리	25분		
② 교사의 주제 통합적 읽기의 방법 시범 보이기	1) 읽기 목적 구체화하기 – 읽기 목적 : '정부의 시장 개입'에 대한 자신의 견해 정립하기 2) 글이나 자료 읽기 – '정부의 시장 개입'에 대한 두 개의 글 읽기 3) 유의미한 정보 선별하기 – 글쓴이의 관점이나 견해가 나타나는 부분에 밑줄 긋기 4) 정보 간 상충되거나 모순되는 점 확인하고 평가하기 (비교·분석하기) – 이전 단계에서 밑줄 그은 부분을 중점적으로 확인하여 각각의 글에서 상충되는 정보 파악하기 – 정보들을 비판적으로 검토하기 : 필자의 생각 중 동의하거나 동의하지 않는 점을 그 까닭과 함께 생각해보기 5) 자신의 견해 재구성하기 – 정보들을 비판적으로 검토한 결과 더욱 타당하다고 생각되는 주장을 선택하거나 제3의 견해 제시하기	100분	2~3	활동지 빔프로젝터 PC
③ 학생의 주제 통합적 읽기 수행하기	1) 읽기 목적 구체화하기 – '사랑'에 대한 자신의 관점 정립하기 2) 글이나 자료 읽기 – '사랑'이라는 동일 화제에 대해 관점이 서로 다른 세 개의 글 읽기 – 글의 분야와 성격 파악하여 정리하기 3) 유의미한 정보 선별하기 – 글쓴이의 관점이나 견해가 나타나는 부분에 밑줄 긋기 4) 정보 간 상충되거나 모순되는 점 확인하고 평가하기(비교·분석하기) – 이전 단계에서 밑줄 그은 부분을 중점적으로 확인하여 각각의 글에서 상충되는 정보 파악하기 – 정보들을 비판적으로 검토하기 : 필자의 생각 중 동의하거나 동의하지 않는 점을 그 까닭과 함께 생각해보기 5) 자신의 견해 재구성하기 – 정보들을 비판적으로 검토한 결과 더욱 타당하다고 생각되는 관점을 선택하거나 제3의 견해 제시하기	100분	4~5	활동지 빔프로젝터 PC

1차시: 주제 통합적 읽기의 개념과 방법 이해하기

① 주제 통합적 읽기의 개념을 이해할 수 있도록 이론적으로 설명하는 부분에 해당합니다. 중학교 시기에 '동일 화제에 대한 주제 통합적 읽기'를 배우고, 〈공통국어1〉에서 '진로나 관심

분야에 대한 주제 통합적 읽기'에 대해 배웠으므로 이 내용 요소들과는 차이를 둘 필요가 있습니다. 따라서 읽기 목적을 구체적으로 정하고, 정한 읽기 목적을 고려하며 주제 통합적 읽기를 할 것임을 강조하여 이전에 배웠던 내용 요소들과 차이를 두도록 합니다.

② 다음으로 주제 통합적 읽기의 필요성과 장점을 언급해야 합니다. 이 과정에서 학생은 주제 통합적 읽기의 필요성을 깨닫고 실제 독서 수행에서 주제 통합적 읽기를 활용하려는 동기를 형성할 수 있습니다. 학생의 삶과 연관된 예시를 활용한다면 주제 통합적 읽기의 필요성을 극대화하여 전달할 수 있습니다.

③ 마지막으로 주제 통합적 읽기를 수행하는 방법적 지식에 대해 학습해야 합니다. 이 부분은 앞에서 언급한 '주제 통합적 읽기의 개념, 필요성과 장점'보다 다루는 양이 많으므로 25분을 상정했습니다. 〈표 5〉에서 추출한 주제 통합적 읽기의 방법은 '읽기 목적 구체화하기, 글이나 자료 비교 분석하기, 읽기 목적을 고려하여 유의미한 정보 선별하기, 정보 간 상충되거나 모순되는 점 확인하고 평가하기, 읽기 목적을 고려하며 화제에 대한 자신의 견해 재구성하기'입니다. 특히, '읽기 목적 구체화하기'는 수업에서 다루는 성취기준에서 초점을 두는 부분입니다. 이 부분을 다룰 때 설명할 때 특정 제재를 예로 제시한다면 학생들의 이해를 더욱 도울 수 있습니다. '인터넷 실명제'를 예로 든다면 '인터넷 실명제에 대한 나의 관점 정립하기', '인터넷 실명제에 대한 다양한 정보 수집하기' 등의 구체적인 읽기 목적을 정할 수 있음을 알려줍니다. 이때, 읽기 목적이 구체적일수록 읽기 목적을 달성할 가능성이 높아짐을 알려줌으로써 학생들이 읽기 목적 구체화하기의 중요성을 인지할 수 있도록 합니다.

④ 덧붙여 주제 통합적 읽기를 할 때의 유의점(편견이나 선입견을 배제하고 객관적·합리적으로 글이나 자료에 드러난 관점을 평가하며 자신의 관점 설정하기, 정보를 무비판적으로 수용하지 않기, 균형 있는 자세로 정보를 수용하기)을 미리 제시하여 학생들이 주제 통합적 읽기를 수행할 때 주의할 수 있도록 도와야 합니다.

2~3차시: 교사의 주제 통합적 읽기의 방법 시범 보이기

※ 주제 통합적 읽기의 수행 과정을 모범 독자인 교사의 시범을 통해 학습하는 차시입니다. [학급 정보]의 학급 특성 ①에 따르면 이 학급은 읽기 학업 성취도가 낮은 학생의 비율이 약

40%를 차지합니다. 이를 통해 대부분의 학생들이 주제 통합적 읽기의 개념 학습 후 바로 수행에 옮기는 것을 어려워 할 것임을 예상할 수 있습니다. 이런 학생들을 위해 교사가 주제 통합적 읽기를 시범 보이는 단계를 계획했습니다. 총 2차시에 걸쳐 '정부의 시장 개입'에 대한 두 개의 글을 주제 통합적으로 읽습니다. 첫 번째 차시와 두 번째 차시에 두 글을 각각 읽으며 유의미한 정보를 선별한 후 두 글을 통합적으로 비교·분석함으로써 선별한 정보 간 상충되고 모순되는 점을 파악해 내고, 교사가 의미를 재구성하는 모습을 보여줍니다.

※ 이 차시에서 다루게 되는 두 가지 글은 학급 특성 ①~③을 고려하여 선택했습니다. 경제와 관련된 글이지만 어려운 전문 용어가 사용되지 않아 고등학교 학생들이 읽어도 크게 어려움이 없습니다. 또한 앞에서 언급한 것처럼 교사의 설명이 길어지면 학생들이 지루함을 느낄 수 있습니다. 따라서 두 차시(100분) 동안 두 개의 글을 주제 통합적으로 읽는 과정을 충분히 보여줄 수 있는 정도의 분량을 가진 텍스트를 선정했습니다. 자세한 내용은 뒤에 나오는 교수·학습 과정안을 참고하길 바랍니다.

① 이번 차시는 모범 독자인 교사가 지난 차시에 학습한 이론적 내용들을 글에 적용하면서 주제 통합적 읽기를 수행하는 모습을 보여줄 것입니다. 학생들은 교사의 시범을 보면서 주제 통합적 읽기의 수행 방법에 대해 이해하게 됩니다.

② 글을 읽기 전 읽기 목적을 구체화하는 과정을 보여 줍니다. 시범 보이기에서 '정부의 시장 개입'에 관한 두 글을 읽고, '정부의 시장 개입에 대한 자신의 견해를 정립해 보자.'라는 읽기 목적을 달성할 것임을 이야기합니다.

③ 읽기 목적을 구체화했다면 '정부의 시장 개입'에 대해 다른 관점을 가지고 있는 두 개의 글을 읽는 과정을 보여줍니다. 교사는 두 개의 글을 읽으며 글쓴이의 관점이나 견해가 나타나는 부분에 밑줄을 긋고, 밑줄을 그은 이유를 설명하여 학생의 이해를 돕습니다.

④ 두 개의 글을 모두 읽고, 글쓴이의 관점이나 견해에 밑줄을 그었다면, 밑줄 그은 부분을 중점적으로 확인하면서 두 글 사이에 상충되는 정보를 파악하는 과정을 보여줍니다. 즉, '정부의 시장 개입'과 관련된 쟁점에 대하여 다른 입장을 가지고 있는 두 글이 맞서는 부분을 짚어줌으로써 두 글쓴이의 관점과 견해가 확실히 대립되고 있음을 보여주는 것입니다. 두 글 사이에 상충되는 부분을 파악했다면, 정보들을 비판적으로 검토하여 타당성, 공정성, 신뢰성 등

을 검토합니다. 두 글쓴이의 견해 중 동의하거나 동의하지 않는 점을 그 까닭과 함께 생각해 보는 것입니다. 이때 주제 통합적 읽기 시 유의점으로 배웠던 '편견이나 선입견을 배제하고 객관적·합리적으로 글이나 자료에 드러난 관점을 평가하며 자신의 관점 설정하기, 정보를 무 비판적으로 수용하지 않기, 균형 있는 자세로 정보를 수용하기'를 잊지 않도록 강조합니다.

⑤ 마지막으로 정보들을 비판적으로 검토한 결과, 더욱 타당하다고 생각되는 주장을 선택하여 '정부의 시장 개입에 대한 견해 정립'이라는 읽기 목적을 달성하는 모습을 보여줍니다. 이때, 학생들에게 정답은 없으며, 본인이 생각했을 때 다른 글이 더 타당하다고 생각되는 근거가 있다면 그 글을 선택해도 된다는 말을 함으로써 비판적·창의적 읽기의 가능성을 열어주어 야 합니다.

4~5차시: 학생의 주제 통합적 읽기 수행하기

※ 지금까지 배운 주제 통합적 읽기에 대한 내용들을 학생들이 직접 수행해 봄으로써 해당 기 능을 학습하는 차시입니다. [학급 정보]의 학급 특성 ①~③을 고려하여 '학생 수준에 적절한 난도·학생들에게 친근한 소재·적절한 분량'을 가진 텍스트를 제공하도록 유의해야 합니다. 이 수업에서는 청소년기의 학생들이 한번쯤은 겪어봤을 '사랑'에 대한 텍스트들을 선정했습 니다. 또한 학급 특성 ①을 고려하여 '정보 간 상충되거나 모순되는 점 확인하고 평가하기', '자신의 견해 재구성하기'에 충분한 시간(50분)을 안배했습니다.

① 글을 읽기 전 읽기 목적을 구체화합니다. 주제 통합적 읽기를 할 다양한 글과 자료는 미리 제 시해 줍니다. '사랑'이라는 동일 화제에 대해 관점이 서로 다른 세 개의 글을 읽을 예정임을 알려주고, 이를 주제 통합적으로 읽음으로써 '사랑에 대한 자신만의 관점을 정립'하는 읽기 목적을 달성해야 함을 안내합니다.

② 서로 다른 세 개의 글을 읽습니다. 각각의 글은 사랑을 '문학적 관점, 사회학적 관점, 과학적 관점'에서 바라보며 다르게 정의하고 있습니다. 주제 통합적 읽기는 다양한 글이나 자료를 읽으며 동일한 화제도 다양한 관점과 형식으로 작성될 수 있음을 파악하고, 학생의 능동적 인 의미를 구성하는 행위가 중점이 되어야 합니다. 따라서 학생들이 세 개의 글을 읽을 때 어 떤 지점에서 차이가 있는지 파악하는 것이 중요한데, 이를 위해 사랑에 대한 글쓴이의 관점

이나 견해가 나타나는 부분에 밑줄을 그으며 유의미한 정보를 선별하며 읽을 수 있도록 지도합니다. 여기까지가 4차시에 이루어지는 활동입니다.

③ 5차시에서는 세 개의 글을 모두 읽으며 밑줄 그은 부분을 중점적으로 확인하며 세 글 사이에 상충되는 정보를 파악하는 과정을 거칩니다. 이를 통해 사랑에 대해 '문학적 관점, 사회학적 관점, 과학적 관점'으로 바라보는 각 글의 견해의 차이가 더욱 명확해집니다. 여기까지 각글의 글쓴이의 견해를 파악했다면, 각 글에서 뽑아낸 정보들을 비판적으로 검토하여 타당성을 판단하게 합니다. 이때, 세 글을 비판적으로 검토하기 위한 질문은 교사가 제시해 주어 비계를 제공합니다. '각 글 중 공감하는 부분이 있는가?'와 '각 글 중 동의하지 않는 부분이 있는가?'라는 질문을 던지며 검토하도록 합니다. 이를 통해 세 편의 글에 대한 자신의 생각을 명확히 정리할 수 있으며, 결과적으로 사랑에 대한 본인의 의미를 구성하기 위한 기초 토대를 마련합니다. 이때 주제 통합적 읽기 시 유의점으로 배웠던 '편견이나 선입견을 배제하고 객관적·합리적으로 글이나 자료에 드러난 관점을 평가하며 자신의 관점 설정하기, 정보를 무비판적으로 수용하지 않기, 균형 있는 자세로 정보를 수용하기'를 유념하도록 일러주어야 합니다.

④ 마지막으로 학생들은 검토한 내용을 바탕으로 '사랑'에 대한 본인의 견해와 관점을 제시하며 사랑에 대한 의미를 구성하게 되고 이를 통해 읽기 목적이 달성됩니다. 이후 발표를 통해 본인의 견해와 관점을 타당한 근거를 들어 학급 구성원들과 공유하고 서로 의견을 나눔으로써 타인과 교류하고 의미 재구성의 다양성을 깨닫게 합니다.

국어 교사를 위한 국어 수업 디자인 실습

〈표 7〉 성취기준 [10공국2-02-02]에 기초한 수업 디자인의 절차

성취기준	[10공국2-02-02] 동일한 화제의 글이나 자료라도 서로 다른 관점과 형식으로 표현됨을 이해하며 읽기 목적을 고려하여 글이나 자료를 주제 통합적으로 읽는다.			
내용요소	• 기능·과정 [평가와 창의] 읽기 목적을 고려하여 주제 통합적 읽기			
교수·학습 요소	교수·학습 전개	교수·학습 활동 구체화		차시
• 주제 통합적 읽기의 개념 이해하기 - 동일한 화제에 대하여 다양한 관점과 형식으로 작성된 글이나 자료 독서 - 읽기 목적에 따라 글이나 자료 비판적으로 재구성 • 주제 통합적 읽기의 방법 이해하기 - 읽기 목적 구체화 - 글이나 자료 비교·분석 - 읽기 목적을 고려하여 유의미한 정보 선별 - 정보 간 상충되거나 모순되는 점 확인·평가 - 읽기 목적을 고려하며 화제에 대한 자신의 견해 재구성	① 주제 통합적 읽기의 개념과 방법 이해하기 1) 주제 통합적 읽기의 개념 이해하기 2) 주제 통합적 읽기의 필요성과 장점 파악하기 3) 주제 통합적 읽기의 방법(과정) 파악하기	1) 주제 통합적 읽기의 개념 이해하기- 주제 통합적 읽기의 개념과 효과 2) 주제 통합적 읽기의 필요성과 장점 파악하기 3) 주제 통합적 읽기의 방법(과정) 파악하기 　(1) 읽기 목적 구체화하기 　(2) 다양한 분야와 관점의 글이나 자료 수집하여 읽기 　(3) 유의미한 정보 선별하기 : 글의 분야, 글쓴이의 관점, 글의 형식 등 　(4) 정보 간 상충되거나 모순되는 점 확인하고 평가하기(비교·분석하기) : 각각의 글의 관점 및 주장을 비판적으로 검토하며 비교·분석하기 　(5) 자신의 견해 재구성하기 : 화제에 대한 자신의 견해 정리		1
	② 교사의 주제 통합적 읽기의 방법 시범 보이기 1) 읽기 목적 구체화하기 2) 글이나 자료 읽기 3) 유의미한 정보 선별하기 4) 정보 간 상충되거나 모순되는 점 확인하고 평가하기(비교·분석하기) 5) 자신의 견해 재구성하기	1) 읽기 목적 구체화하기- 읽기 목적 : '정부의 시장 개입'에 대한 자신의 견해 정립하기 2) 글이나 자료 읽기 - '정부의 시장 개입'에 대한 두 개의 글 읽기 3) 유의미한 정보 선별하기 　- 글쓴이의 관점이나 견해가 나타나는 부분에 밑줄 긋기 4) 정보 간 상충되거나 모순되는 점 확인하고 평가하기 (비교·분석하기)- 이전 단계에서 밑줄 그은 부분을 중점적으로 확인하여 각각의 글에서 상충되는 정보 파악하기- 정보들을 비판적으로 검토하기 : 필자의 생각 중 동의하거나 동의하지 않는 점을 그 까닭과 함께 생각해보기 5) 자신의 견해 재구성하기- 정보들을 비판적으로 검토한 결과 더욱 타당하다고 생각되는 주장을 선택하거나 제 3의 견해 제시하기		2~3
• 주제 통합적 읽기 활동 시 유의점 파악하기 - 편견이나 선입견을 배제하고 객관적·합리적으로 글이나 자료에 드러난 관점을 평가하며 자신의 관점 설정 - 정보를 무비판적으로 수용하는 것 경계 - 균형 있는 자세로 정보 수용	③ 학생의 주제 통합적 읽기 수행하기 1) 읽기 목적 구체화하기 2) 글이나 자료 읽기 3) 유의미한 정보 선별하기 4) 정보 간 상충되거나 모순되는 점 확인하고 평가하기(비교·분석하기) 5) 자신의 견해 재구성하기	1) 읽기 목적 구체화하기 　- '사랑'에 대한 자신의 관점 정립하기 2) 글이나 자료 읽기 　- '사랑'이라는 동일 화제에 대해 관점이 서로 다른 세 개의 글 읽기- 글의 분야와 성격 파악하여 정리하기 3) 유의미한 정보 선별하기 　- 글쓴이의 관점이나 견해가 나타나는 부분에 밑줄 긋기 4) 정보 간 상충되거나 모순되는 점 확인하고 평가하기(비교·분석하기) 　- 이전 단계에서 밑줄 그은 부분을 중점적으로 확인하여 각각의 글에서 상충되는 정보 파악하기 　- 정보들을 비판적으로 검토하기 : 필자의 생각 중 동의하거나 동의하지 않는 점을 그 까닭과 함께 생각해보기 5) 자신의 견해 재구성하기 　- 정보들을 비판적으로 검토한 결과 더욱 타당하다고 생각되는 관점을 선택하거나 제 3의 견해 제시하기		4~5

4) 4단계: 한 차시를 선택해 교수·학습 과정안을 작성하고 실행하기

4단계에서는 3단계에서 구분한 차시 중 한 차시를 선택하여 교수·학습 과정안을 작성해 봅니다. 〈표 7〉의 2차시에 해당하는 수업을 대상으로 1차시 50분 기준으로 다음과 같은 교수·학습 과정안을 작성해 본 것입니다. 3단계에서 제시한 2차시 수업 전개를 교사의 교수 행위와 학생의 학습 행위가 드러날 수 있도록 항목화했고, 필요한 경우에 교사의 발문과 예상되는 학생의 반응을 제시했습니다.

단원 학습목표		동일한 화제의 글이나 자료라도 서로 다른 관점과 형식으로 표현됨을 이해하며 읽기 목적을 고려하여 글이나 자료를 주제 통합적으로 읽는다.			
차시 학습목표		읽기 목적을 고려한 주제 통합적 읽기 방법을 이해한다.			
학습단계		교수·학습 활동		자료 및 기타	시간
* 도입	이전 차시에 배웠던 내용을 상기시키기	▷ 이전 차시 복습 : 주제 통합적 읽기의 개념, 필요성, 방법 제시하여 배경지식 상기하기 "지난 시간에 배웠던 주제 통합적 읽기의 개념과 필요성, 방법을 다시 살펴 볼 거예요. 모두 PPT 화면을 봅시다. 중요한 키워드가 생략되어 있어요. 괄호 안에 들어갈 내용을 넣어 보며 지난 시간에 배웠던 내용을 복습해 봅시다." 1. 주제 통합적 읽기의 개념: 같은 화제를 다룬 여러 글을 읽고 화제에 대해 (　　)·(　　　)으로 이해하여 의미를 (　　)하는 것 Q1: "자, 주제 통합적 읽기의 개념을 먼저 떠올려 봅시다. 주제 통합적 읽기는 같은 화제를 다룬 여러 글과 자료를 읽고 이러이러한 관점에 입각하여 여러 글과 자료를 이해하는 것이었어요. 두 개의 괄호 안에 들어갈 말은 무엇일까요?" "네, OO(이)가 맞추었습니다. 동일한 화제라도 필자의 입장, 관점, 의견에 따라서 어떤 공통점과 차이점이 있는지 비판적으로 파악하며 종합적으로 읽는 것이 중요합니다." Q2: "그럼 다음 괄호에 들어갈 말은 무엇인지 기억해 볼까요?" "□□(이)가 정확하게 말해주었습니다. 주제 통합적 읽기를 제대로 수행하기 위해서는 여러 글의 비교·분석으로만 그치는 것이 아니라 화제에 대한 본인의 의미를 재구성하는 데까지 나아가야 합니다."	▶ 괄호 안에 들어갈 알맞은 내용을 파악하며 지난 시간에 배웠던 내용 상기 및 복습하기 A1: "비판적, 통합적이요." A2: "의미를 '재구성'해야 해요."	빔프로젝트 PPT	10분

2. 주제 통합적 읽기의 필요성과 장점
① 다양한 관점이나 서로 상반된 관점의 글을 함께 읽음으로써 편견에 빠지지 않고 올바른 가치관을 형성할 수 있다.
② 다양한 관점을 종합하여 이해하는 과정에서 새롭고 창조적인 생각을 할 수 있다.
③ 다양한 분야의 글을 읽음으로써 생각의 폭을 넓힐 수 있다.
④ 정보 기술과 매체의 발달에 따라 점점 더 많은 매체 자료가 제공되는 독서 환경에 잘 대처해 나갈 수 있다.

"자 다음은 주제 통합적 읽기의 필요성과 장점을 정리한 내용을 복습해 봅시다. 이 내용은 하나씩 살펴 보며 주제 통합적 읽기의 중요성을 깨달을 수 있도록 합시다. 그리고 이 소단원을 마치고 나면, 주제 통합적 읽기를 일상 생활에서 생활화할 수 있도록 노력해 봅시다."
"첫 번째 장점은~"
…(중략)…
"여기까지 주제 통합적 읽기의 필요성과 장점이었습니다."

3. 주제 통합적 읽기의 방법
① (   ) 구체화하기
② 글이나 자료 읽기
③ (   ) 선별하기
④ 정보 간 (   )되거나 (   )되는 점 확인하고 평가하기
⑤ 자신의 견해 재구성하기

Q3: "마지막으로 주제 통합적 읽기의 방법입니다. 주제 통합적 읽기를 할 때 가장 먼저 거쳐야 하는 과정은 무엇일까요?"	A3: "읽기 목적을 구체화하기입니다."

"그렇습니다. 여러 글과 자료를 읽고 최종적으로 도달하게 될 읽기 목적을 구체적으로 정하는 것입니다. 읽기 목적을 구체적으로 정하면 글을 읽는 방향을 명확히 할 수 있어 독서 중에 길을 잃지 않고 목적에 맞게 읽을 수 있어요. 특히 인터넷 상에서 자신의 읽기 목적을 잊고 관련 없는 것들을 보면서 방향을 잃는 경우가 있지요. 이런 상황은 경계해야 합니다."

"다음은 동일한 화제에 대한 여러 가지 글과 자료를 읽는 것입니다. 일상에서 주제 통합적 읽기를 수행할 때는 여러분이 직접 다양한 글과 자료를 골라 읽겠지만, 우리가 함께 주제 통합적 읽기를 수행할 때는 선생님이 글을 제공해 줄 거예요."

Q4: "그럼 다음 괄호에 들어갈 말은 무엇인지 기억해 볼까요?" "네, 정확하게 말해주었습니다. 주제 통합적 읽기를 수행할 때 유의미한 정보를 선별해 가며 읽어야 합니다. 이때 유의미한 정보란 무엇이었죠?" "그렇죠. 유의미한 정보란 화제에 대한 글쓴이의 관점이나 견해가 드러나는 정보를 말했어요. 이러한 유의미한 정보에 밑줄을 그으며 글을 읽으면, 두 개 이상의 글을 비교하고 분석할 때 더욱 쉽답니다."	A4: "유의미한 정보입니다." "유의미한 정보란 글쓴이의 관점과 견해가 나타나는 정보입니다."

		Q5: "자, 두 개 이상의 글을 읽으며 유의미한 정보까지 선별했습니다. 다음은 어떤 과정을 거쳐야 할까요? 괄호 안에 들어갈 말을 발표해 볼까요?" "맞습니다. 여러분이 읽은 글들 사이에 나타난 정보들이 서로 상충되거나 모순되는 점이 무엇인지 분명히 파악해야 해요. 그 부분이 화제와 관련된 쟁점에 대하여 서로 다른 입장을 나타내는 중요한 부분이거든요. 같은 화제에 대해 필자가 어떤 입장을 지니고 있는지 파악해야 합니다." "마지막으로 각각의 입장에 대한 본인의 견해를 명확히 해야 해요. 필자의 생각 중 동의하거나 동의하지 않는 점을 그 까닭과 함께 생각해 보고, 이러한 비판적 검토 과정을 통해 더욱 타당하다고 생각되는 주장을 선택하거나 제 3의 견해를 제시하여 화제에 대한 본인만의 의미를 재구성할 수 있습니다." ▷ 학습 내용과 학습 목표로 연결하기 "주제 통합적 읽기를 수행하기 위해 기초가 되는 개념적인 부분을 복습해 봤어요. 여러분은 이제 직접 주제 통합적 읽기를 수행해 보아야 합니다. 여러분이 처음부터 주제 통합적 읽기를 바로 수행하기엔 어려움이 있을 거예요. 그래서 앞으로 2차시 동안 선생님이 주제 통합적 읽기를 하는 과정을 보여줄 거예요. 여러분은 선생님이 주제 통합적 읽기를 수행하며 어떤 사고를 거치는가에 주목해 주세요. 오늘은 그 중에서도 읽기 목적을 구체화한 상태로 글을 읽으며 유의미한 정보를 선별하는 과정을 따라가며 주제 통합적 읽기의 방법을 파악해 보도록 하겠습니다. 이번 차시 학습 목표를 다 같이 읽어 봅시다."	A5: "'상충'과 '모순'입니다." ▶ 학습 목표 확인 – 읽기 목적을 고려한 주제 통합적 읽기 방법에 대해 이해하는 것이 이번 차시 학습 목표임을 인지한다.		
** 전개	읽기 목적 구체화하기 과정에 대해 이해하기	▷ 주제 통합적 읽기를 통해 읽기 목적 구체화하기 "글을 읽을 때 가장 먼저 해야 할 것은 읽기 목적을 구체적으로 정하는 것입니다. 여기에 선생님이 주제 통합적 읽기의 과정을 여러분에게 보여주기 위해 두 개의 글을 준비했어요. 두 글 모두 '정부의 시장 개입'이라는 화제를 다루고 있어요. 선생님은 이 두 글을 통합적으로 읽으며 '정부의 시장 개입'에 대한 자신의 견해를 정립하는 것을 읽기 목적으로 정할 거예요." (가) '밸리 포지의 교훈', 정갑영 (나) '태초에 시장이 있었을까', 장하준[10] "두 글 모두 설득을 목적으로 하는 글입니다. 각 글의 주장과 근거를 파악하며 읽어야겠죠? 이 부분은 유의미한 정보를 선별하며 읽는 것과 관련이 있습니다. 다음 과정으로 넘어가 볼게요."	▶ 읽기 목적 구체화하기 과정에 대해 이해하기 – 두 개의 글이 '정부의 시장 개입'이라는 공통 화제에 대해 다루고 있음을 파악하고, 두 글을 주제 통합적으로 읽으며 '정부의 시장 개입에 대한 견해 정립'의 읽기 목적을 달성할 것임을 파악한다.	빔프로젝트 PPT 활동지	4분

국어 교사를 위한 국어 수업 디자인 실습

			30분
유의미한 정보를 선별하며 글이나 자료를 읽는 과정에 대해 이해하기	▷ 유의미한 정보를 선별하며 글이나 자료를 읽는 과정에 대해 이해하기 "지금부터 글 (가)는 '정부의 시장 개입'에 대하여 어떠한 입장을 취하고 있는지 파악하면서 글을 읽는 과정을 보여줄 것입니다. 글쓴이의 주장과 근거가 나타나는 부분, 즉 유의미한 정보에 밑줄을 그으면서 읽어보도록 합시다." (가) 밸리 포지의 교훈 Ⓐ '가격 통제법'이 통하지 않은 밸리 포지의 교훈 　①, ②, ③ 문단 제시(중략) Ⓑ 경제 정책은 시장 친화적이어야 　④, ⑤, ⑥ 문단 제시(중략) - 글 (가)에서 유의미한 정보 선별하기 (가) 밸리 포지의 교훈 Ⓐ '가격 통제법'이 통하지 않은 밸리 포지의 교훈. "우선 글 (가)의 제목과 부제목을 살펴봅시다. 제목은 '밸리 포지의 교훈'이네요. '밸리 포지'에 대해 아는 학생이 있을까요?" "대답이 없는 걸 보니, 모르는 사람들이 많은 것 같죠? 글을 읽으며 '밸리 포지'가 무엇을 의미하는지 파악해야겠군요. 그리고 이 '밸리 포지'가 어떤 교훈을 주고 있는지도 함께 알아봐야겠습니다. 글의 제목은 글 내용에 대한 중요한 정보를 지니고 있기 때문이에요." "첫 번째 부제목인 Ⓐ를 보면, 밸리 포지에 '가격 통제법'이 통하지 않았으며, 이를 통해 교훈을 얻었음을 추론할 수 있죠. 보통 '법'이라는 것은 정부나 입법부가 정하는 것입니다. 따라서 선생님은 '가격 통제법'은 정부가 시장에 개입했다는 것을 추론했습니다. 덧붙여, 아직까지 '밸리 포지'가 무엇을 의미하는지 자세히 알 수는 없지만 밸리 포지에 가격 통제법이 통하지 않은 것을 '교훈'이라고 언급하고 있으니, 정부의 시장 개입 반대를 암시하는 내용이 나올 것으로 추측해 봅니다. 선생님의 추론이 적절했는데 본문 내용을 더 읽어봅시다." ① 1777년 겨울, 미국 독립 혁명군 총사령관 조지 워싱턴은 펜실베이니아주 밸리 포지(Valley Forge)에서 힘겨운 전투를 치르고 있었다. 그의 적은 영국군과 그들의 용병만이 아니었다. 살을 에는 추위에다 극심한 식량 부족으로 그의 군대는 거의 아사 상태에 빠져 있었다. ② 펜실베이니아주 정부는 현지에 주둔한 독립 혁명군을 돕기 위해 식량을 포함한 군수 물자의 가격을 통제하는 법을 제정했다. 식량 등의 가격을 통제하여 군비 부담을 줄이고, 충분한 물자를 공급하여 전투력을 향상하기 위해서였다. 그러나 결과는 전혀 반대로 나타났다. 정부가 고시한 가격에 불만을 품은 농부들은 식량을 시장에 내놓지 않았고 물자 가격은 급등했다. 일부는 적군인 영국군에게 더 비싼 값의 금을 받고 팔아버렸다. 이러한 상황에서 군인들이 어떻게 아사를 면할 수 있었겠는가? ③ 밸리 포지의 전투는 참패로 끝이 났다. 1778년 6월, 13개 주가 연합한 대륙 회의는 워싱턴의 참패를 교훈으로 삼아 '재화에 대한 가격 통제는 효과가 없을 뿐만 아니라 공공 서비스를 악화시키므로, 다른 주에서도 유사한 법령을 제정하지 말 것'을 결의했다.	▶ 유의미한 정보를 선별하며 글이나 자료를 읽는 과정에 대해 이해하기 - 교사가 글 (가)에서 유의미한 정보를 선별하는 과정을 주의 깊게 살펴보며 주제 통합적 읽기의 과정을 이해한다.	

"본문의 ① 부분을 읽어봅시다. 이 문단에서 선생님이 얻어낸 정보와 여러분이 얻어낸 정보를 비교해 보겠습니다."			
Q6. "본문의 ① 부분을 읽은 후, 어떤 정보를 얻었나요?" "그렇습니다. 우리가 제목을 읽고 의문을 품던 '밸리 포지'에 대한 정보가 나와 있었어요. '밸리 포지'란 미국 독립 혁명군과 영국군 사이의 전투가 있었던 곳이군요. 힘겨운 전쟁 상황을 제시하고 있네요. 어떤 주장을 하고 싶어서 가지고 온 사례일지 좀 더 읽어 봅시다." "②의 첫 번째 문장은 정부가 시장에 개입했다는 것을 나타내고 있습니다. 역사적 사실만 제시했을 뿐, 이에 대한 글쓴이의 견해는 나오지 않았습니다. 정보의 시장 개입과 관련된 내용이 이 부분에서 처음으로 언급되었으니, 곧 글쓴이의 견해가 나올 것 같습니다. 집중해서 읽어 볼게요."	A6. "'밸리 포지'는 미국에 있는 곳 같아요."		
"두 번째 문장을 통해 정부가 시장에 개입한 목적이 '군비 부담 완화', '전투력 향상'을 위한 것임을 알 수 있습니다. 정부가 시장에 개입함으로써 두 목적을 달성했을지 살펴 봅시다."			
Q7. "다음 문장에 '그러나'라는 표지가 쓰였네요. '그러나'의 앞의 내용과 뒤의 내용은 어떤 관계를 가지죠?" "그렇죠. '그러나'라는 표지의 앞의 내용과 뒤의 내용은 반대가 되지요. 실제로 '그러나' 뒤의 내용을 읽어보니, 앞에서 언급한 시장 개입의 목적을 이루지 못했으며, 정부가 시장에 개입해서 생긴 이점보다 부작용이 더 컸다는 이야기가 나왔습니다. 다음 문단도 읽어보겠습니다."	A7. "'그러나'가 쓰이면 앞 뒤의 내용이 반대가 되었어요."		
"③을 보니 대륙 회의의 결의에 나타난 '재화에 대한 가격 통제'는 정부가 시장에 개입하는 힘을 의미하고, '효과가 없을뿐만 아니라 공공 서비스를 악화시키므로'는 정부의 시장 개입 결과가 부정적이었음을 나타내고 있습니다. 즉, '밸리 포지 전투' 사례는 정부가 시장에 개입한 결과가 부정적으로 나타난 사례에 해당하는 것입니다." "아직까지 글쓴이의 주관적인 견해는 나오지 않았습니다. 다만, 정부의 시장 개입의 결과가 부정적이었던 사례를 제시한 것에서 글쓴이의 의도가 어떤 것인지 추론할 수 있겠죠? 다음 부제목을 봅시다."			
⑧ 경제 정책은 시장 친화적이어야			
"'경제 정책'이란 정부가 만드는 것이죠. 즉 정부의 시장 개입을 의미하는 것이라고 생각하면 되겠습니다."			
Q8. "이 경제 정책이 '시장 친화적'이어야 한다는 것은 어떤 의미일까요? 좀 어렵죠? '환경 친화적'이라는 말을 생각해 볼게요. 어떤 의미죠?" "따라서 '시장 친화적'이라는 말도 시장의 흐름을 시장에 맡기면서 시장의 자율성을 최대한 보장해 주어야 한다는 것을 의미합니다. 즉, 정부의 시작 개입을 최소화해야 한다는 것입니다. 이 부제목은 글쓴이의 주장을 나타내고 있는 중요한 정보군요. 밑줄을 그어 줍시다."	A8. "어떤 행위를 할 때 환경을 오염시키지 않는 것이요." "자연 환경을 있는 그대로 보존하는 것을 의미합니다."		

④ 시장, 정부는 경제라는 수레를 움직이는 두 바퀴와 같다. 때로는 서로 잘 맞물려 수레를 잘 굴러가게 하지만, 서로 갈등을 빚으며 좌충우돌하고 엉뚱한 결과를 가져오기도 한다. 그 이유는 대부분의 정책 당국자가 정부가 시장을 움직일 수 있다고 믿기 때문이다.

⑤ 그러나 실제로는 전혀 그렇지 않다. 시장의 흐름과 상충되는 정책이 발표되면, 일시적으로는 효과가 있을지라도 결과적으로는 시장의 흐름이 정부보다 더 강력하게 작용한다. 성공하는 정책일수록 시장 친화적이어야 한다. 정부의 '보이는 손'은 만병통치약이 아니다. 오히려 거의 모든 문제는 시장에서 해결되고, 정부의 역할은 제한적이다. 시장에서 해결되어야 할 일에 정부가 개입하면 시장은 엉뚱하게 반응한다. 모든 국민이 애국자라면, 밸리 포지의 전장에서 왜 식량을 아군에게 고급하지 않았겠는가?

⑥ 경제 현상이 반드시 윤리나 규범으로만 움직이는 것은 아니다. 경제 주체들은 정부의 강력한 정책보다는 자신의 이해를 대변하는 '유인책'에 따라 움직이는 속성을 보인다. 엄격한 법령에 대해서도 시장은 입법 의도와 다르게 움직일 수 있다. 그래서 왜곡된 결과를 가져오거나 회복할 수 없는 부작용을 낳기도 한다. 따라서 정부의 개입은 항상 제한적으로 이루어져야 한다.

"④의 첫 문장을 봅시다. 이 문장은 시장과 정부 모두 경제와는 관련이 있지만, 각각의 바퀴로서 따로 존재한다고 말하고 있습니다. 즉, 경제와 관련하여 시장과 정부 각자의 역할이 있음을 의미하고 있어요."

"④의 마지막 문장과 ⑤의 첫 번째 문장을 함께 봅시다. '정부가 시장을 움직일 수 있다'고 믿는 것에 대해 '그러나'라는 내용 전환 표지를 사용하며 '실제로는 전혀 그렇지 않다'고 글쓴이는 말하고 있네요. 정부의 시장 개입을 강하게 부정하고 있으니, 중요한 정보라고 볼 수 있겠습니다."

"⑤의 세 번째 문장은 시장 친화적인 경제 정책일수록 성공할 수 있다고 합니다. 역시 글쓴이의 견해가 잘 드러나 있으니 밑줄을 그읍시다. 이 문장 뒤에 이어지는 내용들은 시장의 자율성을 보장하라는 글쓴이의 주장과 관련이 있는 내용이군요. 다음 문단을 볼까요?"

"⑥에서는 경제 주체들이 정부의 정책에 따라 움직이지 않는다는 내용을 언급하고 있습니다. 이는 글쓴이의 주장을 뒷받침하는 중요한 근거로 볼 수 있겠습니다. 이 부분에 밑줄을 긋도록 합시다. 마지막 문장에서 글쓴이의 주장을 다시금 언급하여 강조하고 있네요. 밑줄을 그어 보죠."

"지금까지 글 (가)를 읽으며 '정부의 시장 개입'이라는 화제에 대한 글쓴이의 견해를 파악할 수 있는 유의미한 정보에 밑줄을 그어보았습니다. 밑줄 그은 정보들을 종합해 볼까요? 글 (가)는 미국의 밸리 포지 전투에서 가격 통제법이 부정적 결과를 유발한 역사적 사례를 제시하여 정부의 시장 개입을 최소화해야 한다는 주장을 하고 있는 글로 정리할 수 있습니다."

*** 정리	차시 예고	▷ 차시 예고 – 다음 시간에 글 (나)를 읽으며 유의미한 정보를 선별하는 과정에 대해 배울 것임을 안내한다.	▶ 차시 예고 인지 – 오늘 학습한 내용을 다음 시간에 이어서 할 것임을 인지한다.	1분

* 이번 수업에서는 지난 시간에 배웠던 내용을 직접 글에 적용해 보아야 합니다. 그래서 교사가 학생과 질의·응답을 통해 복습을 충실히 하면서 수업을 시작하고 있군요. 그런 후에 이번 시간에 배울 내용과 학습 목표로 연결하고 있습니다. 자칫 학생들이 지루해하지 않게 역동적으로 진행할 필요가 있겠어요.

** 이 수업의 성패는 학생들이 지루해하지 않으면서 잘 따라올 수 있도록 하는 데 달려 있습니다. 정보 텍스트에 대한 독해 능력 향상은 중요한데, 이 교사는 독해 방법을 상세히 가르쳐 주는 수업을 하고 있네요.

*** 이번 수업은 50분 안에 일단락되지 않아 다음 차시로 연장해야 하기에 교사는 다음 차시를 예고하면서 수업을 마무리하고 있습니다. 학습 내용이 어느 정도 일단락되고 나면 배운 내용을 점검하는 활동을 하게 될 겁니다.

2. 질의 응답

질문1. 교과서 외 제재를 활용하고자 할 때 어떻게 해야 하나요?

교과서의 각 소단원은 성취기준에 근거한 학습 목표를 제시하고 있으며, 이를 달성하기에 적합한 제재를 수록하고 있습니다. 그러나 교과서에 수록된 제재가 항상 만족스러운 것은 아닙니다. 학습 목표를 달성하기에 부족하다고 느낄 수도 있고, 학기 초 진단 평가의 결과로 알게 된 학습자의 특성이나 관심사와 거리가 먼 제재일 수도 있으며, 교사가 구상한 수업에 어울리지 않는 경우도 있습니다.

이러한 상황에서 교과서 외 제재를 활용할 때에는 우선, 다른 출판사의 교과서 제재를 확인하는 것입니다. 필자의 경우 학교에서 사용하는 교과서를 포함하여 3~4개 정도의 타출판사 교과서를 비교·대조한 후 동일한 읽기 성취기준을 가장 효과적으로 가르칠 수 있는 제재와 학습 활동을 선택하여 수업을 준비합니다.

두 번째는 전국연합학력평가나 대학수학능력시험의 독서 지문을 활용하는 것입니다. 이 경우는 고등학교의 읽기 수업에서 활용할 수 있는 방안입니다. 읽기 영역에서 '인문, 예술, 사회, 문화, 과학, 기술 등 다양한 분야의 글'을 학습자들이 읽을 필요가 있는데, 위 평가의 지문을 수업 제재로 활용한다면 학습자가 다양한 분야의 글을 접해 볼 수 있습니다. 적절한 지문을 제재로 활용하여 문단의 중심 내용이나 중요도 평정, 요약을 통해 사실적 읽기를 가르치거나, 지문에서 제시하고 있는 주장·가치 등을 비판적으로 검토하거나 문제에 대한 해결 방안을 찾도록 하여 비판적·창의적 읽기를 가르칠 수도 있습니다. 이때 학습자에게 적절한 난도의 지문을 제시해야 합니다. 읽기 학업성취도가 낮은 학생에게 어려운 지문을 제시하면 독서 동기와 효능감의 감소 등 여러 부작용이 발생할 수 있습니다.

이밖에도 최신 신문 기사를 활용하거나 학습자들이 쓰기 활동으로 완성해 낸 결과물을 제재로 활용하는 방법도 있습니다.

질문2. 단어를 따로 찾지 않고 문맥 안에서 어휘 학습을 어떻게 할 수 있을까요?

학습자가 읽기 수업의 제재를 읽는 과정에서 어려운 어휘를 만나는 경우는 매우 흔합니다. 어휘의 의미를 알지 못한 상태로 글 읽기를 끝냈다면 독해를 제대로 했다고 할 수 없습니다. 그렇다고 학습자들이 모르는 단어를 하나씩 찾아가며 제재를 읽으면 독서의 흐름이 끊기기 마련입니다. 읽기 수업에서 어려운 어휘를 다루는 방안은 매우 다양하지만 여기에서는 독서의 흐름이 끊기는 것을 방지하기 위해 문맥 안에서 어휘 학습을 하는 방안에 대해 다루도록 하겠습니다.

우선 모둠을 구성한 후 각 단락의 내용과 글 전체의 내용을 제대로 이해했는지 확인하기 위한 질문이 담긴 학습지를 모둠별로 나눠줍니다. 그 다음 학습자들이 개별적으로 텍스트를 읽은 후 모둠원과 함께 학습지의 질문에 대한 답을 찾기 위한 토의를 진행합니다. 이때 내용 이해를 확인하는 질문의 구성이 매우 중요합니다. 글 내용 이해를 위해서는 어휘에 대한 이해가 우선되어야 합니다. 따라서 문맥 속에서 어휘의 뜻을 자연스럽게 파악할 수 있도록 하기 위해 어휘의 뜻을 알아야지만 질문에 답변할 수 있는 물음을 제시해야 합니다. 이러한 질문의 답을 찾아가는 과정에서 학습자들은 '○○의 뜻이 뭐지?', '~라는 뜻 아닐까?', '이 맥락에서는 ~(으)로 해석하는 게 의미상으로 적절할 것 같아' 등의 이야기를 나누며 어휘의 의미를 문맥 속에서 자연스럽게 파악할 수 있습니다. 또한 필요한 경우 휴대폰·사전·전자사전을 사용하여 어휘의 정확한 뜻을 찾아볼 수 있도록 지원해야 합니다.

질문3. 독해력 차이가 큰 아이들을 어떻게 지도해야 할까요?

학기 초 진단 평가, 이전 학기 성적, 학교생활기록부 등을 통해 학습사의 독해력에 대한 정보를 얻을 수 있습니다. 이 정보에 따라 독해력이 상이한 학생들을 하나의 모둠으로 구성하여 다양한 읽기 활동을 진행하도록 합니다. 모둠 활동을 통한 협동 학습은 독해력이 낮은 학생과 높은 학생 모두에게 이점이 있습니다. 먼저 독해력이 낮은 학생은 독해력이 높은 학생의 읽기 과정 또는 사고 과정을 배우고 스스로의 읽기 과정에 적용할 수 있으며, 혼자일 때는 달성하기 어려웠을 학습 목표를 모둠원과 함께 달성하는 과정에서 성취감을 얻을 수 있습니다. 독해력이 높은 학생은 다른 학생에게 도움을 주는 과정에서 자신이 이해한 바를 더욱 명료화할 수 있어서 도움이 됩니다.

모둠 활동을 할 때에는 첫째 직소(jigsaw) 모형을 활용하는 겁니다. 텍스트를 단락별로 나누어 각 단락을 구체적으로 분석하는 전문가 집단을 구성하고, 전문가 집단의 활동이 끝나면 다시 모둠으로 돌아가 모둠원에게 분석한 내용을 알려주는 것입니다. 자신이 맡지 않은 부분은 다른 모둠원의 설명을 듣고 파악하게 됩니다. 이 방법은 학습자에게 개별 책무성을 지니게 하는데, 이는 모든 학습자들이 독해력 수준에 상관없이 적극적으로 참여하는 분위기를 만드는 데 도움이 됩니다. 두 번째는 모둠 내에서 질문-대답 활동을 진행하는 것입니다. 이 활동은 다음과 같은 순서로 진행됩니다. '학습자들이 개별적으로 텍스트를 읽는다. → 질문을 만들어 종이에 적고 제비 뽑기 함에 넣는다. → 제비 뽑기를 진행한다. → 종이에 적힌 질문을 확인 후 일정 시간 동안 답을 찾는다. → 모둠원에게 본인이 구성하거나 찾은 답을 알려준다.' 이때, 질문의 단계를 나누어 진행하는 것이 중요합니다. 예를 들어 '1단계 내용 이해, 2단계 내용 추론, 3단계 내용·형식·맥락 비판, 4단계 해결 방안 제시' 등으로 단계를 나눈다면, 각 단계별로 질문-대답 활동을 진행하여 총 4번의 과정을 거치게 됩니다. 이 과정을 통해 학습자들은 '사실적·추론적·비판적·창의적 읽기'를 효과적으로 수행할 수 있습니다.

3. 수업 디자인 실습하기

읽기 영역의 성취기준 중 하나를 골라 앞의 〈표 7〉과 같이 한 성취기준에 대한 교수·학습 요소를 추출하여 교수·학습 전개를 정한 뒤, 교수·학습 활동을 구체화하면서 차시를 구분해 봅시다. 그런 다음 한 차시를 골라 아래 학급 정보를 고려하여 교수·학습 과정안을 작성해 보고 실행해 봅시다.

학년/학기	
학생 수	18명
학급 특성	① 읽기 학업성취도 상 4명, 중 7명, 하 7명으로, 읽기 학업성취도가 낮은 학생의 비율이 전체 학생의 약 40%이다. ② 대부분의 학생이 낮은 읽기 동기를 가지고 있어 독서량이 매우 적다. ③ 대부분의 학생이 교사의 설명식 수업에 흥미를 느끼지 못하는 편이다.

3장 | 모든 학생이 글을 쓰게 하려면

1. 쓰기 수업 디자인하기

1) 1단계: 쓰기 영역 내용 체계를 훑어보면서 성취기준 전(前), 후(後)의 교육 내용 확인하기

쓰기 영역의 한 성취기준을 바탕으로 수업을 디자인하기 위한 1단계는 초등학교 1학년에서 고등학교 1학년까지 쓰기 영역의 내용 전반을 살펴보며 해당 성취기준을 전후로 다루어지는 교육 내용을 확인하는 것입니다. 이렇게 한 성취기준을 중심으로 쓰기 영역의 교육과정을 훑어보면 초·중·고1 각각에서 무엇을 가르쳐야 하며 어떤 글을 써보게 해야 할지 알 수 있고, 내용 요소들이 담당 학년(군)에서 새롭게 등장한 것인지, 이전 학년(군)에서 다뤘는데 수준을 심화시킨 것인지 등을 파악할 수 있기 때문입니다. 이는 수업하고자 하는 쓰기 영역 성취기준을 해당 학년에서 어느 범위에서 어느 수준으로 가르쳐야 할지에 대해 가늠해 보기 위해 필요한 작업입니다. 즉 성취기준으로 진술되어 있는 교육 내용의 첫 출현 여부 및 계속성이나 계열성을 확인하는 일입니다.

이때 참고해야 할 것이 국어과 교육과정 쓰기 영역의 내용 체계입니다. 2022 개정 국어과 교육과정은 쓰기를 통한 의사소통 역량을 학생에게 실제적으로 길러줄 수 있도록 문제 해결 과정으로서의 쓰기 전략 학습, 사회·문화적 실천 행위로서의 쓰기 수행의 실제성 향상, 필자로서 성장하는 삶의 구현, 한글 학습 및 문식성 강화에 중점을 두고 있으며,[1] 이것이 반영되도록 쓰기 교육 내용을 체계화했습니다.

앞서 살펴본 영역들과 마찬가지로 〈표 1〉에는 지식·이해, 과정·기능, 가치·태도의 범주를 세로축으로, 학년군을 가로축으로 구분하여 내용 요소가 배치되어 있습니다. 지식·이해에서는 [쓰기 맥락]과 [글의 유형]을 하위 범주로, 과정·기능에서는 기초 문식성과 관련된 [쓰기의 기초] 및 쓰기 과정에 해당되는 [계획하기], [내용 생성하기], [내용 조직하기], [표현하기], [고쳐쓰기], [공유하기], [점검과 조정]을 하위 범주로 삼아, 각 하위범주에서 필요한 쓰기 전략을 내용 요소로 제시하고 있습니다. 마지막으로 가치·태도 범주에서는 글을 쓰는 필자의 주도성과 필자로서 성장해 가는 데 필요한 가치와 쓰기 윤리를 함양하는 내용 요소들을 다루도록 하고 있습니다. 이러한 범주별 내용 요소를 학습함으로써 학습자는 쓰기 영역의 핵심 아이디어로 진술되어 있는 지식을 이해하고 기능을 수행할 수 있게 되며, 태도를 갖추게 됩니다.

〈표 1〉 초등학교 1학년~고등학교 1학년 쓰기 영역 내용 체계

핵심 아이디어	• 쓰기는 언어를 비롯한 다양한 기호나 매체를 활용하여 인간의 생각과 감정을 글로 표현함으로써 의미를 구성하는 행위이다. • 필자는 상황 맥락 및 사회·문화적 맥락 속에서 자신의 의사소통 목적을 달성하기 위하여 다양한 유형의 글을 쓴다. • 필자는 쓰기 과정에서 부딪히는 문제를 해결하기 위하여 적절한 쓰기 전략을 사용하여 글을 쓴다. • 필자는 쓰기 경험을 통해 언어 공동체의 구성원으로 성장하고, 쓰기 윤리를 갖추어 독자와 소통함으로써 바람직한 의사소통 문화를 만들어 간다.					
범주	내용 요소					
	초등학교 〈국어〉			중학교 〈국어〉	고등학교 〈공통국어1, 2〉	
	1~2학년	3~4학년	5~6학년	1~3학년	1학년 1학기	1학년 2학기
지식·이해 — 쓰기 맥락		• 상황 맥락	• 상황 맥락 • 사회·문화적 맥락		• 사회·문화적 맥락	
지식·이해 — 글의 유형	• 주변 소재에 대해 소개하는 글 • 겪은 일을 표현하는 글	• 절차와 결과를 보고하는 글 • 이유를 들어 의견을 제시하는 글 • 독자에게 마음을 전하는 글	• 대상의 특성이 나타나게 설명하는 글 • 적절한 근거를 들어 주장하는 글 • 체험에 대한 감상을 나타내는 글	• 복수의 자료를 활용하여 다양한 형식으로 쓴 글 • 대상에 적합한 설명 방법을 사용하여 쓴 글 • 타당한 근거를 들어 주장하는 글 • 의견 차이가 있는 사안에 대해 주장하는 글 • 자신의 정서를 표현하는 글	• 사회적 쟁점에 대한 자신의 견해를 나타내는 글 • 개성이 드러나는 글	• 공동 보고서 • 논증이 효과적으로 나타나는 글

과정·기능	쓰기의 기초	• 글자 쓰기 • 단어 쓰기 • 문장 쓰기	• 문단 쓰기				
	계획하기		• 목적, 주제 고려하기	• 독자, 매체 고려하기	• 언어 공동체 고려하기	• 언어 공동체의 특성 고려하기	• 작문 관습 파악하기
	내용 생성하기	• 일상을 소재로 내용 생성하기	• 목적, 주제에 따라 내용 생성하기	• 독자, 매체를 고려하여 내용 생성하기	• 복합양식 자료를 활용하여 내용 생성하기	• 복수의 자료를 요약·활용하여 내용 생성하기	• 신뢰할 수 있는 자료를 종합하여 내용 생성하기
	내용 조직하기		• 절차와 결과에 따라 내용 조직하기	• 통일성을 고려하여 내용 조직하기	• 글 유형을 고려하여 내용 조직하기	• 내용 전개의 일반적 원리를 고려하여 내용 조직하기	• 효과적으로 내용 조직하기
	표현하기	• 자유롭게 표현하기	• 정확하게 표현하기	• 독자를 고려하여 표현하기	• 다양하게 표현하기	• 정교하게 표현하기	• 복합양식 자료를 활용하여 표현하기
	고쳐쓰기		• 문장, 문단 수준에서 고쳐쓰기	• 글 수준에서 고쳐쓰기	• 독자를 고려하여 고쳐쓰기	• 쓰기 맥락 고려하여 고쳐쓰기	• 작문 관습을 고려하여 고쳐쓰기
	공유하기	• 쓴 글을 함께 읽고 반응하기					
	점검과 조정		• 쓰기 과정과 전략에 대해 점검·조정하기				
가치·태도		• 쓰기에 대한 흥미	• 쓰기 효능감	• 쓰기에 적극적 참여 • 쓰기 윤리 준수	• 쓰기에 대한 성찰 • 윤리적 소통 문화 형성	• 다양한 언어 공동체에 참여 • 공동체 규범에 대한 인식과 글의 영향력에 대한 성찰	• 사회적 책임 인식 • 언어 공동체의 작문 관습과 규범의 내면화

우선 위 내용 체계의 가로축을 중심으로 하여 몇 가지 특징적인 내용 요소들을 살펴 보고자 합니다.

첫째, 지식·이해 내 하위 범주 [글의 유형]에 해당하는 내용 요소들을 재분류한 아래 〈표 2〉를 보겠습니다.

국어 교사를 위한 국어 수업 디자인 실습

〈표 2〉 초1~고1에서 다루어야 하는 글의 유형

		1~2학년군	3~4학년군	5~6학년군	중학교 1~3학년군	고등학교 1학년
정보 전달 의 글	설명 하는 글	• 주변 소재에 대해 소개하는 글		• 대상의 특성이 나타나게 설명하는 글	• 복수의 자료를 활용하여 다양한 형식으로 쓴 글 • 대상에 적합한 설명 방법을 사용하여 쓴 글	
	보고 하는 글		• 절차와 결과를 보고하는 글			• 공동 보고서
설득적 글			• 이유를 들어 의견을 제시하는 글	• 적절한 근거를 들어 주장하는 글	• 타당한 근거를 들어 주장하는 글 • 의견 차이가 있는 사안에 대해 주장하는 글	• 사회적 쟁점에 대한 자신의 견해를 나타내는 글 • 논증이 효과적으로 나타나는 글
표현적 글		• 겪은 일을 표현하는 글	• 독자에게 마음을 전하는 글	• 체험에 대한 감상을 나타내는 글	• 자신의 정서를 표현하는 글	• 개성이 드러나는 글

정보전달을 목적으로 하는 글 중 설명하는 글은 초등 1~2학년 때 주변 소재에 대해 소개하는 글을 다루는 것을 시작으로 5~6학년 대상의 특성이 나타나게 설명하는 글, 중학교 1~3학년 복수의 자료를 활용하여 다양한 형식으로 쓴 글과 대상에 적합한 설명 방법을 사용하여 쓴 글로 수준을 심화해 가면서 4차례에 걸쳐 다루게 됩니다. 보고하는 글은 2차례 다루게 되는데, 초등 3~4학년에서 절차와 결과를 보고하는 글을 쓰고 고등학교 1학년 때 '공동 보고서'라는 심화된 글쓰기를 하게 되어 있습니다.

설득 목적의 글은 초등 3~4학년 때 이유를 들어 의견을 제시하는 글, 5~6학년 적절한 근거를 들어 주장하는 글, 중학교 1~3학년 타당한 근거를 들어 주장하는 글, 의견 차이가 있는 사안에 대해 주장하는 글, 고등학교 1학년 사회적 쟁점에 대한 자신의 견해를 나타내는 글, 논증이 효과적으로 나타나는 글을 다루어 학년이 올라갈수록 내용이 심화되고, 중·고등학교 때에는 2회씩 다루어야 합니다. 특히 같은 학년군에서 2차례 이상 다루어지는 글과 관련된 성취기준을 가르칠 때에는 각 성취기준에서 중점을 두어야 할 내용이 무엇인지 교육과정의 지침을 확인해서 내용이 누락되거나 소홀해지지 않게 할 필요가 있습니다.

자기 표현적 글은 초등 1~2학년 때 겪은 일을 표현하는 글을 필두로 하여 독자에게 마음을 전하는 글, 체험에 대한 감상을 나타내는 글, 자신의 정서를 표현하는 글, 개성이 드러나는 글을 학년군이 올라가면서 각각 1차례씩 다루게 되어 있습니다.

종합하면 정보전달의 글쓰기가 국어과 교육에서 가장 비중있게 다루어지고(6회), 표현적 글쓰기와 설득적 글쓰기도 못지 않은 비중으로 다루어집니다(각 5회). 표현적 글쓰기는 초등 저학년때부터 학년군별로 빠짐없이 다루어지고, 설득적 글쓰기는 초등 저학년을 제외하고 중학교와 고등학교 때 비중있게 다루어집니다.

둘째, 과정·기능 내 [쓰기의 기초], [공유하기], [점검과 조정]을 제외한 하위 범주의 내용 요소들은 학년이 올라가면서 4차례 이상 다루어지면서 내용이 심화, 확장됩니다. 예컨대, [표현하기]에서는 초등 1학년부터 자유롭게 표현하기, 정확하게 표현하기, 독자를 고려하여 표현하기, 다양하게 표현하기, 정교하게 표현하기, 복합양식 자료를 활용하여 표현하기 순으로 학년군이 올라가면서 빠짐없이 다루되, 표현의 정확성과 다양성 수준을 높여가고 독자 고려, 복합양식 자료 활용까지 하도록 심화하고 있습니다.

셋째, 가치·태도 범주에서는 학년군별로 학습자들에게 강조해야 할 쓰기 영역 내 정의적(affective) 측면의 내용 요소들과 쓰기를 통한 사회적 소통 문화 형성과 참여에 관한 내용 요소들을 확인할 수 있습니다. 초등 저학년 때에는 학습자들이 쓰기에 대한 흥미를 느끼고 효능감을 갖도록 하고, 고학년부터 쓰기 윤리를 준수하는 태도로 쓰기에 적극적으로 참여하게 해야 합니다. 중학교 때에는 청소년 필자가 자신의 쓰기를 성찰하면서 윤리적 소통 문화를 형성하도록 하고 고등학교에서는 중학교 때까지 배운 작문 관습과 규범을 내면화하여 다양한 언어 공동체에 참여하되, 자신의 글쓰기에는 사회적 책임이 따름을 알고 글이 갖는 사회적 영향력을 성찰하면서 글을 쓰는 태도를 갖추도록 하는 내용을 다루어야 합니다.

다음으로, 국어 교사가 수업을 해야 하는 성취기준을 감안하면서 내용 체계를 다시 보겠습니다. 만약 중학교 교사라면 다음 〈표 3〉의 성취기준들을 가르쳐야 합니다. 이 중 네 개의 성취기준을 예로 들어 성취기준과 내용 요소를 비교하면서 짚어 보아야 할 점을 살펴 보겠습니다.

학년	성취기준
1학년	[9국03-02] 복수의 자료를 활용하여 다양한 형식으로 정보를 전달하는 글을 쓴다. [9국03-03] 주장을 뒷받침할 수 있는 타당한 근거를 들고 적절한 표현을 사용하여 주장하는 글을 쓴다. [9국03-05] 자신의 삶과 경험을 바탕으로 정서를 진솔하게 표현하는 글을 쓴다.
2학년	[9국03-01] 대상의 특성에 적합한 설명 방법을 활용하여 글을 쓴다. [9국03-07] 복합양식 자료를 활용하여 내용을 생성하고, 글의 유형을 고려하여 내용을 조직하여 글을 쓴다. [9국03-08] 쓰기 과정과 전략을 점검·조정하며 글을 쓰고, 독자를 고려하여 고쳐 쓴다.
3학년	[9국03-04] 의견 차이가 있는 사안에 대해 자료를 수집하고 사회·문화적 맥락을 고려하며 주장하는 글을 쓴다. [9국03-06] 다양한 표현을 활용하여 자신의 생각과 느낌이 드러나는 글을 쓰고, 독자와 공유한다. [9국03-09] 언어 공동체의 구성원인 필자로서 자신에 대해 성찰하며, 윤리적 소통 문화를 형성하는 데에 기여한다.

첫째, 중학교 1학년의 [9국03-02]"복수의 자료를 활용하여 다양한 형식으로 정보를 전달하는 글을 쓴다."에서 "정보를 전달하는 글"은 초등학교 때 '소개하는 글'과 '설명하는 글'에 대해 배웠으므로(〈표 1〉 참조) 이 성취기준으로 수업할 때 학생들이 쓰게 할 글의 종류를 무엇으로 할지 고민할 필요가 있습니다. 또한 설명하는 글을 쓰게 하더라도 '대상에 적합한 설명 방법을 사용하여 쓴 글'은 중학교 2학년의 다른 쓰기 성취기준에서 다루고 있으므로 이 요소와 관련된 것은 제외하는 것이 좋습니다. 그리고 이 성취기준에서 '복수의 자료를 활용하여 다양한 형식으로 쓴 글'은 초등학교와 고등학교 1학년 내용 요소에는 없고 중학교에서만 다룬다는 점을 염두에 두고 수업을 디자인할 필요가 있습니다. 학생들이 중학교 때 이 내용 요소를 배우지 못하면 2022 개정 국어 교육과정상에서는 다시 배울 기회가 없기 때문입니다.

둘째, [9국03-03] "주장을 뒷받침할 수 있는 타당한 근거를 들고 적절한 표현을 사용하여 주장하는 글을 쓴다."는 "주장하는 글"에 대해 배워야 하는 성취기준인데 이와 관련하여 초등학교 3~4학년 때부터 이유와 의견이 무엇인지를 배우기 시작하여 초등학교 5~6학년 때는 주장과 근거에 대해서까지 배웠음을 알 수 있습니다. 그러므로 교사는 중학교 1학년에 성취기준 [9국03-03]을 다룰 때 주장과 근거는 학생들이 알고 있다고 기대하고, 중학교 성취기준에 와서 추가된 "타당한 근거"와 주장하는 글에 "적절한 표현"에 초점을 맞춰 가르쳐야 함을 알 수 있습니다.[12] 또한 중학교 3학년 성취기준에서 이 유형의 글을 다시 다루게 되므로(성취기준 [9국03-04]) 두 성취기준 사이의 차이를 확인하여 3학년 때 배워야 할 성취기준의 내용 요소는 제외하도록 판단할 수 있습니다.

셋째, [9국03-01] "대상의 특성에 적합한 설명 방법을 활용하여 글을 쓴다."에서 다루는 글의 유형은 초등학교 5~6학년 때 배웠으므로 초등 5~6학년 때와 무엇을 다르게 가르칠 것인지를 해당 성취기준에 대한 교육과정의 지침을 보다 세부적으로 살펴보아야겠다고 판단할 수 있습니다.

넷째, [9국03-08] "쓰기 과정과 전략을 점검·조정하며 글을 쓰고, 독자를 고려하여 고쳐 쓴다." 의 경우 '쓰기 과정과 전략에 대한 점검·조정하기'에 대해서는 초등학교 3~4학년부터 배워온 것이므로 중학교에 와서 새롭게 등장한 내용 요소인 '독자를 고려하여 고쳐 쓰기'에 좀 더 집중해야 한다는 판단을 내릴 수 있습니다.

2) 2단계: 성취기준의 교수·학습 요소를 추출하고 교수·학습 전개를 구조화하기

2단계에서는 수업할 성취기준에 대한 교육과정의 지침을 확인해서 교수·학습을 위해 필요한 요소를 추출하고, 수업 시간에 펼칠 교수·학습의 전개를 구조화해야 합니다. 이를 위해 교육과정 문서에서 '성취기준 해설'과 '성취기준 적용 시 고려사항' 및 기타 교육과정의 요구 사항을 분석하여 교수·학습 요소를 추출해야 합니다.

이 절에서는 중학교 국어 교육과정에 처음 등장하고 고등학교 때는 다루지 않는 "[9국03-02] 복수의 자료를 활용하여 다양한 형식으로 정보를 전달하는 글을 쓸 수 있다."를 예로 들어 설명하고자 합니다. 이 성취기준은 2015 개정 교육과정에서도 '다양한 자료에서 내용을 선정하여 통일성을 갖춘 글을 쓴다.'와 같이 제시되었던 것으로, 글쓰기 과정에서 학생들에게 자료수집 및 자료 선정 과정을 학습시키기 위해 반드시 다루어야 하는 내용이므로 이후 교육과정이 개정된다 하더라도 지속적으로 다루어지게 될 것입니다. 이 성취기준과 관련해서 '성취기준 해설'과 '성취기준 적용 시 고려 사항' 외에도 '교수·학습 및 평가'에서도 참고할 만한 내용이 있다고 판단하여 아래 표에 제시했습니다.

〈표 4〉 교육과정 분석을 통한 [9국03-02]의 교수·학습 요소 추출하기

영역	쓰기	교수·학습 요소 추출하기
대상 학년	중학교 1학년	
성취기준	[9국03- 02] 복수의 자료를 활용하여 다양한 형식으로 ①정보를 전달하는 글을 쓴다.	• 정보를 전달하는 글쓰기 - 복수의 자료 활용하기(내용 생성 시 다양한 매체에서 정보 수집하기) - 수집한 정보의 중요도 분석하기 - 수집한 정보 통합하기 - 쓰기 윤리를 지키며 자료 활용하기 - 문자 언어와 함께 도표, 그림, 사진 등을 활용하여 정보 전달하기
내용 요소	• 지식·이해 [글의 유형] 복수의 자료를 활용하여 다양한 형식으로 쓴 글	
성취기준 해설	• 이 성취기준은 둘 이상의 자료를 활용하여 다양한 형식으로 보고서나 설명문을 쓰는데 필요한 능력을 기르기 위해 설정했다. 객관적인 정보의 공유와 소통을 위해 ② 다양한 정보를 담고 있는 복수의 자료 활용하기, 정보를 전달하는 글의 ③내용을 생성하는 과정에서 책, 신문, 인터넷 등 다양한 매체에서 정보 수집하기, ④수집한 정보의 중요도 분석하기, ⑤수집한 정보 통합하기, ⑤ 쓰기 윤리를 지키며 자료 활용하기, ⑥ 문자 언어와 함께 도표, 그림, 사진 등을 활용하여 정보를 전달하기 등을 학습한다.	
성취기준 적용 시 고려 사항	• ① 정보 전달을 목적으로 하는 글을 쓸 때는 설명 대상의 특성을 분석하여 내용을 구성하고 이를 ⑦ 독자가 이해하기 쉽게 표현해야 한다. ⑧ 정보 전달이라는 목적에 부합하는 정보를 선별하고, 정보를 체계적으로 구조화하며, 명료하게 표현해야 독자가 이해하기 쉬운 글을 쓸 수 있다. ⑨ 설명문, 보고서, 안내문, 보도 기사문 등 정보 전달을 목적으로 하는 다양한 유형의 글을 쓰는 기회를 제공하여 학습자가 쓰기 경험을 확장할 수 있도록 지도한다. • ⑩ 학습자의 수준과 관심을 고려하여 쓰기 과제를 제시하여 학습자가 한 편의 글을 온전히 쓸 수 있도록 한다. ⑪ 학습자가 한 편의 글을 쓸 수 있는 시간을 보장하여 필자로서 성공 경험을 획득할 수 있도록 지도하고, ⑫ 학습자가 쓴 글을 가능한 방법을 활용하여 발표하거나 출판하고 타인과 공유하여 그들의 반응을 접함으로써 필자로 성장할 수 있는 경험을 제공한다.	• 독자가 이해하기 쉽게 쓰기 - 목적에 부합하는 정보 선별 - 체계적인 구조화 - 명료한 표현 • 다양한 유형의 정보 전달 글 - 설명문, 보고서, 안내문, 보도 기사문 • 한 편의 온전한 글쓰기 - 학습자의 수준과 관심을 고려하여 쓰기 과제 제시 - 쓸 시간 보장 • 발표나 출판, 타인과 공유
교수·학습 및 평가 (2)교수·학습 방법 중 (라)	'국어' 수업 환경 및 학습자의 실제적인 언어 사용 환경을 고려하여 온오프라인 연계 수업 및 디지털 도구를 적극적으로 활용할 수 있다. • '국어'수업에서 ⑬ 학습자의 언어 활동 과정과 결과를 공유 문서나 온라인 플랫폼을 활용하여 실시간으로 공유하고 이를 교사나 동료와 상호 피드백하면서 학습을 개선할 수 있도록 한다.	• 글 공유 및 교사·동료 피드백

우선 ①에서 이 성취기준은 정보 전달을 목적으로 하는 글에 대한 것임을 알 수 있고, 이때 학생들에게 제시해야 할 구체적인 글 유형은 ⑨와 같이 명시하고 있으므로 이 부분을 놓쳐서는 안 됩니다. 그리고 ②~⑥과 같이 복수의 자료를 활용한 정보 전달 글쓰기 과정에서 활용할 쓰기 전략 (또는 쓰기 교육 내용)을 제시하고 있으므로 교수·학습 요소로 추출해야 합니다. 이때, 독자의 이해를 쉽게 하라는 ⑦의 주문 사항을 포착하고, 이를 위한 ⑧의 지침을 놓치지 않아야 합니다. ⑧ 정보 전달 목

적에 부합하는 정보 선별과 체계적 구조화, 명료한 표현이 독자의 이해를 돕는 데 필요하다는 지침은 ②~⑥에서 제시한 내용 생성과 선별, 조직, 정보 통합과 표현, 그 과정에서 쓰기윤리를 준수할 때 유념해야 할 교수·학습 원리로 파악할 수 있습니다.

그 외 이 성취기준 뿐만 아니라 글쓰기를 수행할 때 일반적으로 적용되는 지침인 ⑩ 학습자의 수준과 관심을 고려한 쓰기 과제 제시, ⑪ 글을 쓸 수 있는 시간 보장, ⑫ 발표나 출판을 통한 공유, ⑬ 다양한 도구를 활용한 공유와 상호 피드백 지침을 교수·학습 활동을 설계할 때 활용할 요소로 추출할 수 있습니다.

이제 추출한 교수·학습 요소에 대해 교수·학습 방법을 고려해 교수·학습 전개를 구조화해 보겠습니다.

〈표 5〉 교수·학습 요소를 토대로 교수·학습 전개 구조화하기

교수·학습 요소	교수·학습 전개 구조화
• ㉠ 정보를 전달하는 글쓰기 – 복수의 자료 활용하기(내용 생성 시 다양한 매체에서 정보 수집하기) – 수집한 정보의 중요도 분석하기 – 수집한 정보 통합하기 – 쓰기 윤리를 지키며 자료 활용하기 – 문자 언어와 함께 도표, 그림, 사진 등을 활용하여 정보 전달하기 • ㉡ 독자가 이해하기 쉽게 쓰기 – 목적에 부합하는 정보 선별 – 체계적인 구조화 – 명료한 표현 • ㉢ 다양한 유형의 정보 전달 글 – 설명문, 보고서, 안내문, 보도 기사문 • ㉣ 한 편의 온전한 글쓰기 – 학습자의 수준과 관심을 고려하여 쓰기 과제 제시 – 쓸 시간 보장 • ㉤ 발표나 출판, 타인과 공유 • ㉥ 글 공유 및 교사·동료 피드백	① 복수의 자료를 활용한 정보 전달 글의 특성 및 쓰는 방법 이해하기 1) 정보 전달 글의 특성 이해하기: 설명문으로 정보 전달 글 특성 이해하기 2) 정보 전달 글에서 복수 자료의 효과 및 정보 수집 방법 탐구하기 3) 쓰기 윤리를 지키며 복수의 자료를 활용하는 방법에 대해 알기 ② 가상 필자의 쓰기 과정을 따라가며 독자가 이해하기 쉽게 정보 전달 글을 쓰는 방법 파악하기(글쓰는 방법 시범 보이기) 1) 계획하기: 주제, 목적, 독자, 매체 정하기 2) 내용 생성하기 – 다양한 매체에서 정보 수집하기 – 수집한 정보의 중요도 분석하기 – 목적에 부합하는 정보 선별하기 3) 내용 조직하기 – 수집한 정보 통합하기 – 체계적으로 구조화하기 4) 표현하기, 고쳐쓰기 – 명료하게 표현 – 적절한 도표·그림·사진 활용, 출처 밝히기 ③ 실제 정보 전달하는 글 써보기(공유 문서 활용) 1) 계획하기 2) 내용 생성하기 3) 내용 조직하기 4) 표현하기 5) 교사 및 동료 피드백(타인과 글 공유) 6) 고쳐쓰기

앞에서 확인한 바와 같이 이 성취기준은 정보전달을 목적으로 하는 글에 대한 것이며, 내용 요소인 '복수의 자료를 활용하여 다양한 형식으로 쓴 글'은 쓰기 영역 내용 체계에서 지식·이해 범주(〔글의 유형〕)에 해당합니다. 그러므로 이 성취기준을 가르칠 때는 '복수의 자료를 활용하는 것'과 '정보를 전달하는 글'과 관련된 지식을 이해하게 한 후 글을 쓰게 해야 합니다. 또한, "복수의 자료를 활용하여 정보를 전달하는 글"을 어떻게 써야 하는지에 대한 이해 없이 바로 글을 쓰게 하면 중학생들은 어려움을 느낄 수 있으므로 글을 쓰는 방법에 대해 가상의 모범 필자를 동원해 시범 보이기 과정을 두고자 합니다. 이를 정리하면 ① 지식 이해 → ② 쓰기 과정별 쓰기 방법 이해(시범 보이기) → ③ 학습자 스스로 글쓰기 수행하기(적용하기)입니다. 이러한 교수·학습 방법에 따라 교수·학습 전개를 구조화해 보이면 〈표 5〉와 같습니다.

우선, 〈표 5〉 교수·학습 요소의 'ⓒ 다양한 유형의 정보 전달 글' 중 초등학교 때 이미 다룬 글 유형인 '설명문'을 활용하고자 합니다. 학생들이 다양한 매체에서 정보를 수집하여 글을 쓰는 것을 처음 배우기 때문에 중학생들에게 상대적으로 익숙한 글 유형을 바탕으로 하기 위해서입니다. 다음으로 '복수의 자료를 활용하는 것'에 대해서는 자료를 둘 이상 사용할 때의 효과와 자료 수집 방법, 이 자료들을 활용할 때 지켜야 할 쓰기 윤리에 대해 가르치고자 합니다(교수·학습 전개 ①). 다음으로 학생들이 실제 글쓰기에 앞서 가상의 모범 필자의 글쓰기 과정(계획하기→내용 생성하기→내용 조직하기→표현하기→고쳐쓰기)을 따라가며 연습 쓰기를 하는 활동을 하게 하고, 〈표 5〉의 ㉠, ㉡, ㉢을 이 과정 중 적절하게 배치합니다. 이때 계획하기 단계는 초등학교 때 배운 것(〈표 1〉)을 고려하여 가상 독자가 계획한 주제, 목적, 독자, 매체를 파악해보게 하여 실제 글쓰기 때도 이를 활용하게 합니다(교수·학습 전개 ②). 마지막으로 학생들이 실제 글을 쓰며(계획하기→내용 생성하기→내용 조직하기→표현하기→고쳐쓰기) 〈표 5〉의 ㉠, ㉡, ㉣, ㉤, ㉥의 요소들을 수행하게 합니다. 이 과정에서 ㉣을 감안하여 교사가 제시한 쓰기 과제와 시간에 맞춰 쓰게 하고, ㉠, ㉡, ㉤, ㉥의 요소를 반영하여 학급의 모든 학습자가 글을 쓰고 공유 문서를 통해 공유한 뒤 피드백을 주고 받아 고쳐쓰기까지 할 수 있게 전개하고자 합니다(교수·학습 전개 ③).

3) 3단계: 학급 특성을 고려하여 교수·학습 활동을 구체화하면서 차시 구분하기

3단계에서는 2단계에서 구조화한 교수·학습 전개를 학습자 수준, 학습 형태, 교실 여건 등을 감안해 교수·학습 활동으로 구체화하면서 차시를 어떻게 구분할 지를 결정해야 합니다. 이는 국어 수업을 할 때에 주어지는 학급 상황에 따라 달라질 수 있습니다. 아래에서는 필자가 현재 만나고 있는 한 학급의 특성을 반영하여 가상적으로 학급 정보를 제시했습니다.

[학급 정보]

학년/학기	중학교 1학년 2학기
학생 수	28명
학생 특성 및 교실 여건	① 글쓰기 평가 결과가 우수한 수준의 학생이 8명, 보통 수준이 12명, 미흡한 수준이 8명으로 구분된다. ② 남녀공학으로 남학생과 여학생의 비율이 약 50:50이며, 1학기 수업을 통해 서로 협력적으로 배우는 관계가 잘 형성되어 있다. ③ 학생 수만큼 크롬북이 교실에 비치되어 있고 자유롭게 사용할 수 있다. ④ 1학기 때 크롬북으로 국어 시간에 글쓰기 수업을 해 봤으며, 다른 교과에서도 크롬북을 활용하고 있다.

위에 제시된 학급의 특성을 반영하여 [9국03-02]에 대한 수업을 디자인하는 과정을 살펴 보겠습니다. 우선, 이 수업 대상 학급 정보 ③과 ④를 감안하면 이미 학생들이 기기의 사용에 익숙하다고 판단할 수 있으므로 이 도구를 활용하고자 합니다. 인터넷 연결이 원활한 교실에서 크롬북(크롬 OS를 운영 체제로 사용하는 컴퓨터로 노트북과 비슷하며, 팬데믹 시기에 학교에 많이 보급되었음)을 활용할 경우, 학생들이 자료를 수집하고 고쳐쓰기를 하는 작업을 훨씬 수월하게 할 수 있습니다. 쓰기 수업은 실제 글쓰기를 손으로 하게 할지, 기기(컴퓨터, 태블릿, 크롬북 등)을 활용하게 할지에 따라 쓰기 과제에서 요구할 수 있는 것(자료의 다양성, 쓰기 과제의 분량 등)이 달라질 수 있으며, 학생들의 참여도에도 영향을 미칠 수 있어 쓰기 도구를 결정하는 것이 중요합니다.

그리고 ①학생의 글쓰기 수준과 ②를 고려할 때, 학생의 글쓰기 수준과 남녀 비율을 고려해 모둠을 구성하고, 모둠별 공유 문서를 제공하면 학생들이 서로 모르는 것이 있을 때 좀 더 쉽게 상호작용할 수 있습니다. 이는 이 학급의 학생들이 서로 협력적으로 배우는 관계가 잘 형성되어 있어 글쓰기 과정에서 어려움이 있을 때 공유 문서 안의 다른 친구 글을 참고하거나, 모둠 친구에게 모르는 것을 직접 물어볼 수 있기 때문입니다.

그리고 쓰기 수업에서 학생들이 자주 '꼭 개요대로 써야 해요?' 혹은 '쓰다 보니 자료가 더 필요한데 찾아도 돼요?'라고 묻는데 이는 '쓰기 과정은 순서가 있으니까 앞으로 돌아가서 고치면 안 되겠지?'라는 오개념을 가지고 있어서입니다. 그러므로 학생들이 실제로 글을 쓸 때, 계획하기부터 초고 쓰기까지의 차시에서 학생들이 자기 속도에 맞춰 쓰기 활동을 하게 하고, 필요할 경우 앞 단계로 회귀하여 자기가 한 쓰기 활동을 점검, 조정할 수 있음을 안내할 필요가 있습니다.

아래 〈표 6〉은 학급 정보를 고려하여 〈표 5〉에서 제시한 학습 활동을 차시로 구분하고, 각 차시별로 전개할 구체적인 학습활동을 제시한 것입니다.

〈표 6〉 쓰기 [9국03-02] 수업의 교수·학습 활동 구체화와 차시 구분

교수·학습 단계	교수·학습 활동	시간	차시	준비물
① 복수의 자료를 활용한 정보 전달 글의 특성 및 쓰는 방법 이해하기	1) 정보 전달 글의 특성 이해하기 – 두 편의 설명문(모범문)을 읽고 목적, 구조, 내용 및 표현상의 공통점 알아보기	15분	1	활동지 빔프로젝터 PC
	2) 정보 전달 글에서 복수 자료의 효과 및 수집 방법 탐구하기 – 복수 자료(다양한 출처의 자료)가 있는 글(모범문)과 없는 글 비교하기 – 복수 자료의 다양한 출처(책, 인터넷, 신문 등) 파악하기	15분		
	3) 쓰기 윤리를 지키며 복수의 자료를 활용하는 방법에 대해 알기 – 쓰기 윤리의 개념 – 올바르게 인용하기 – 데이터 조작하지 않기, 출처의 신뢰성 확인하기, 출처 명확히 밝히기	15분		
② 가상 필자의 쓰기 과정을 따라가며 독자가 이해하기 쉽게 정보 전달 글을 쓰는 방법 파악하기(글쓰는 방법 시범 보이기)	1) 계획하기 – 주어진 쓰기 상황에 대한 맥락 분석하기 – 상황 맥락: 주제, 목적, 독자, 매체 2) 내용 생성하기 – 다양한 매체에서 정보 수집하기: 가상의 필자가 수집한 복수의 자료 분석하기 (1) 어떤 매체에서 자료를 수집했는지 (2) 수집한 자료의 출처가 믿을만하며 정확히 밝혀져 있는지 – 수집한 정보의 중요도 분석하기 및 목적에 부합하는 정보 선별하기 : 가상의 필자가 수집한 복수의 자료를 주제와의 관련성을 기준으로 평가하기 3) 내용 조직하기 – 수집한 정보 통합하기 및 체계적으로 구조화하기 (1) 제시된 개요에서 흐름 이상한 부분 찾기 (2) 제시된 개요의 각 부분에 활용될 자료의 적절성 판단하기 4) 표현하기, 고쳐쓰기 – 제시된 초고를 기준에 따라 점검하고 고쳐쓰기 (1) 표현이 명료한가 (2) 쓰기 윤리를 지키며 자료를 활용했는가 (3) 도표, 그림, 사진 등을 활용해 정보를 적절하게 전달하고 있는가?	90분	2~3	활동지 빔프로젝터 PC

	1) 첫 차시의 모범 글 두 편을 교사가 제시한 수행평가 평가 기준표(배움 성장표)를 근거로 평가해 보기 2) 글 쓰기 (디지털 도구 및 공유 문서 활용) (1) 계획하기 – 주제, 목적, 독자, 매체 정하기 (2) 내용 생성하기 – 다양한 매체에서 정보 수집하기 (3) 내용 조직하기 – 수집한 정보의 중요도 분석하기 – 목적에 부합하는 정보 선별하기 – 체계적으로 구조화하기(개요 작성하기) (4) 표현하기 – 명료하게 표현 – 적절한 도표·그림·사진 활용, 출처 밝히기 (5) 교사 및 동료 피드백(타인과 글 공유) (6) 고쳐쓰기		
③ 실제 정보 전달하는 글 써보기(공유 문서 활용)		270분	4~9

크롬북
공유문서
WiFi

1차시: 정보 전달 글의 특성과 유형 알고, 정보 전달 글에서 복수 자료 활용 방법 및 효과 탐구하기

※ 중학생들에게 장르 지식을 연역적으로 가르칠 수 있겠으나 이 학급 학생의 수준이 크게 높지 않은 것을 감안하여 이전에 배웠던 설명문을 토대로 하여 장르의 특징을 귀납적으로 추출해서 정리하는 방식을 택했습니다. 복수 자료 활용, 쓰기 윤리 지키기도 귀납적으로 학습하게 했습니다.

① 초등학교 때(5~6학년군)을 배웠던 설명문으로 두 편의 글(모범문)을 제시합니다. 이 글의 공통적인 목적, 구조, 내용 및 표현상 공통점이 무엇인지를 개별로 찾은 후 모둠에서 이야기를 나눠보게 합니다. 모둠 탐구 이후에 반 전체가 정보 전달하는 글의 내용 및 표현상 특징을 정리합니다.

② 다음으로 복수의 자료가 있는 글과 없는 글을 제공하여 이 두 글이 어떤 차이가 있는지를 분석하게 하고, 그 차이가 글을 이해하는 데 어떤 영향을 미치는지를 찾아 발표하게 합니다. 그리고 복수의 자료가 있는 글에서 어떤 매체를 활용했는지 탐구해보게 하여 복수의 자료를 얻는 방법에 대해 이해하게 합니다.

③ 다음으로 쓰기 윤리를 지키며 자료를 활용하는 방법에 대해 학습해야 합니다. 이때 표절과 패러디의 차이, 데이터 조작 및 불분명한 출처 자료 인용 사례 등을 제시하고, 무엇이 왜 문제가 되는지와 그것을 예방하기 위해 어떻게 해야 할지를 이야기하게 합니다. 학생들이 한 이야기를 정리하여 쓰기 윤리 점검 문항을 작성해 볼 수도 있습니다.

※ 이때 수업의 전 과정에서 학생의 수준과 학생들의 관계를 고려하여 개인 활동을 하게 할지 모둠에서 활동하게 할지 결정할 수 있습니다. 이 수업에서는 글쓰기 수준이 상인 학생보다 중,하인 학생들의 비율이 더 높고 협력적 관계가 잘 형성되어 있음을 고려하여 모둠 활동으로 수업 전체를 진행할 것이고, 모둠 내에서 서로 상의하면서 각자가 개별 글쓰기를 하도록 할 것입니다. 이렇게 모둠 활동을 하게 할 때 어려운 부분이 있으면 모둠원에게 물어보거나 함께 논의해 해결하도록 안내합니다. 이런 방식으로 수업이 진행되면 글쓰기 수준이 낮은 학생들도 옆 친구의 글을 모범문 삼아 글을 쓸 수 있게 됨으로써 쓰기 부담을 낮출 수 있습니다. 그리고 학습하는 과정에서 학생들의 이해 정도에 따라 차시 안의 시간 배분은 유연하게 조절합니다.

2-3차시: 독자가 이해하기 쉽게 정보 전달 글 쓰는 방법 이해하기

※ 정보 전달의 글을 쓰는 방법을 가상 학생의 글쓰기 과정을 통해 학습하는 차시입니다. 이 학급은 중, 하 수준의 학생이 전체의 70%에 달하는데, 이 학생들의 경우 혼자 한 편의 글을 쓰는 것에 정도의 차이는 있으나 어려움을 느낍니다. 그래서 이런 학생들을 위해 시범 보이기와 연습 쓰기를 함께 해보는 단계를 계획했습니다.

① 우선, 계획하기 단계에서 가상의 글쓰기 상황을 제시하고 상황 맥락(예상 독자, 목적, 주제, 글의 종류, 매체 등)을 분석하여 글쓰기 계획을 세우게 합니다. 상황 맥락은 초등학교 때 배운 내용이므로 아는 내용을 환기해 주도록 합니다. 이때 가상 필자의 글쓰기 상황은 학생들이 흥미를 느낄만한 상황으로 제시해야 합니다. 예컨대, 머리카락을 자를 때 왜 아프지 않은지에 대한 이유라는 주제로 학급 SNS에 공유하는 쓰기 상황을 제시할 수 있습니다.

② 내용 생성하기 단계에서는 계획하기 단계에서 제시한 글쓰기 상황과 관련하여 가상 필자가 수집한 자료를 보여주고, 이 자료들이 각각 어떤 매체(책, 인터넷, 뉴스, 사전, 다큐멘터리, 전문가 인터뷰 등)에서 수집된 것인지 파악하게 하고, 출처가 정확하게 밝혀져 있는지와 그 출처가 믿을만한지를 판단하게 합니다. 다음으로 이렇게 분석한 자료들을 주제와의 관련성을 기준으로 적절한지 아닌지 평가해 보도록 하여 수집한 자료를 선별하는 과정을 학습하게 합니다.

③ 내용 조직하기 단계는 개요표를 제시하여 글의 흐름이 자연스러운지, 통일성 있게 조직되었는지를 살펴보고 글의 각 부분에 맞게 ②에서 분석하고 선별한 자료를 배치해 보게 합니다. 각자 선별한 자료를 배치했다면 그것을 공유하여 학생에 따라 차이가 발생한 부분이 없는지

짝 또는 모둠을 활용하여 확인해보게 합니다. 차이가 발생한 부분이 있다면 왜 그렇게 배치했는지 이유를 발표하게 하여 어떻게 배치하는 것이 타당한지를 함께 판단해보면 나중에 실제 자기 글쓰기 과정에서 내용을 조직할 때 수집한 정보를 어떻게 활용할지를 결정하는 데 도움이 될 수 있습니다. 이 활동 후에 가상 필자는 어떻게 내용을 조직했는지 제시합니다.

④ 마지막으로 앞의 활동을 반영하여 작성된 초고를 나눠줍니다. 글을 읽으며 글의 표현이 명료한지, 다양한 매체에서 얻은 자료를 쓰기 윤리를 지키며 활용했는지, 이해를 도울 수 있는 그림, 사진, 그래프, 표, 동영상 등 다양한 유형의 자료를 적절하게 활용하고 있는지를 개별 및 모둠에서 평가해보게 하고 모둠별 평가 내용을 학급 전체와 공유합니다. 그리고 부족하다고 평가된 부분을 고쳐 써보게 한 후 이전 글과 비교해보게 합니다. 이때 학급 인원이 28명이나 되기 때문에 개별 평가와 개별 고쳐쓰기를 한 후 바로 전체와 공유하게 되면 공유 과정에서 일부 학생만 발표하게 되거나 개별 학생들의 활동에서 발생한 공통점과 차이점을 세밀하게 살피기 어려울 수 있습니다. 따라서 모둠별로 한 고쳐쓰기 결과를 학급 전체가 공유하게 하고자 합니다.

4~9차시: 독자가 이해하기 쉽게 정보 전달 글 써보기

※ 학생들이 흥미로운 주제를 선택하여 글쓰기 과정에 따라 실제로 글을 써보는 차시입니다. 학생마다 글쓰기 단계에서 걸리는 시간이 달라 각 단계별로 차시를 정확히 구분하여 지키게 하기보다는 모범 글 살펴보기 및 계획하기 1차시, 내용 생성하기 및 내용 조직하기 2차시, 표현하기 1차시, 고쳐쓰기 및 상호 피드백 2차시 정도로 학생들에게 안내하되 각자 성향에 맞게 다음 단계로 넘어가거나 이전 과정에 시간을 더 쓰는 것도 허용하는 것이 좋습니다.

① 실제 글쓰기를 시작하기 전에 읽었던 설명하는 글을 모범문으로 보여주고 앞으로 글쓰기 과정에서 이 모범문을 참고할 수 있음을 안내해 학생들이 글쓰기 과정에서 이 글들을 비계로 활용할 수 있게 해줍니다. 이처럼 중학생의 경우 장르에 대한 이해가 부족한 경우가 많으므로 글쓰기 수업에서 수업 때 학생이 써야 할 장르의 모범문을 제시해주는 것이 좋습니다. 그러면 학생들이 글쓰기 과정에서 어려움을 느낄 때, 그 부분을 모범문에서 어떻게 해결하고 있는지 찾아 비교해 볼 수 있습니다. 또한 이 글이 수행평가로 활용된다면 수행평가의 평가 기준표를 제시하여 이 모범문들을 학생들이 함께 평가해보도록 할 수 있습니다. 이런 과정은 학생들이 자신의 글을 고쳐쓰기 하는 과정에서 수행평가의 평가 기준을 적용해 상호 피

국어 교사를 위한 국어 수업 디자인 실습

드백하고 수정하는데 도움을 줄 수 있습니다.

② 다음으로 실제 글을 쓸 때는 공유 문서에 각 쓰기 단계별 활동지를 제공하고, 자유롭게 친구혹은 교사와 피드백을 주고받을 수 있다고 안내합니다. 공유 문서의 경우 교사가 학생들의진행 상황과 어려움을 파악해 도움을 주기가 손으로 글을 쓸 때보다 쉬우므로 메모 기능 등을 활용하여 피드백을 제공할 수 있습니다. 내용 조직하기(개요짜기) 단계에서는 학생들에게개요표를 주고 짜보라고 하면 어떻게 해야 할지 몰라 어려움을 겪는 경우가 많으므로 예시개요를 제공하는 것이 좋으며 3~4차시에 가상의 필자가 작성했던 개요를 참고하도록 피드백해 줄 수 있습니다.

지금까지 성취기준이 다루어야 하는 내용 요소를 확인하고, 성취기준에 대한 교육과정의 지침으로부터 교수·학습 요소를 추출하여 교수·학습 전개의 순서를 결정한 뒤 교수·학습 활동을 구체화하여 차시별로 구분한 것을 종합하여 보이면 다음 〈표 7〉과 같습니다. 이는 하나의 성취기준을토대로 하여 수업을 설계하고자 할 때 거쳐야 하는 절차에 따른 결과물입니다.

〈표 7〉 성취기준 [9국03-02]에 기초한 수업 디자인의 절차

성취기준	[9국03-02] 복수의 자료를 활용하여 다양한 형식으로 정보를 전달하는 글을 쓴다.			
내용요소	〈지식·이해〉 범주: 복수의 자료를 활용하여 다양한 형식으로 쓴 글			
교수·학습 요소	교수·학습 전개	교수·학습 활동 구체화		차시
• 정보를 전달하는 글 쓰기 - 복수의 자료 활용하기(내용 생성 시 다양한 매체에서 정보 수집하기) - 수집한 정보의 중요도 분석하기 - 수집한 정보 통합하기 - 쓰기 윤리를 지키며 자료 활용하기	① 복수의 자료를 활용한 정보 전달 글의 특성 및 쓰는 방법 이해하기 1) 정보 전달 글의 특성 이해하기: 설명문으로 정보 전달 글 특성 이해하기 2) 정보 전달 글에서 복수 자료의 효과 및 정보 수집 방법 탐구하기 3) 쓰기 윤리를 지키며 복수의 자료를 활용하는 방법에 대해 알기	1) 정보 전달 글의 특성 이해하기 - 두 편의 설명문(모범문)을 읽고 목적, 구조, 내용 및 표현상의 공통점 알아보기 2) 정보 전달 글에서 복수 자료의 효과 및 수집 방법 탐구하기 - 복수 자료(다양한 출처의 자료)가 있는 글과 없는 글 비교하기 - 복수 자료의 다양한 출처(책, 인터넷, 신문 등) 파악하기 3) 쓰기 윤리를 지키며 복수의 자료를 활용하는 방법에 대해 알기 - 쓰기 윤리의 개념 - 올바르게 인용하기 ◦ 데이터 조작하지 않기, 출처의 신뢰성 확인하기, 출처 명확히 밝히기		1

- 문자 언어와 함께 도표, 그림, 사진 등을 활용하여 정보 전달하기 • 독자가 이해하기 쉽게 쓰기 - 목적에 부합하는 정보 선별 - 체계적인 구조화 - 명료한 표현 • 다양한 유형의 정보 전달 글 - 설명문, 보고서, 안내문, 보도 기사문	② 가상 필자의 쓰기 과정을 따라가며 독자가 이해하기 쉽게 정보 전달 글을 쓰는 방법 파악하기(글쓰는 방법 시범 보이기) 1) 계획하기:주제, 목적, 독자, 매체 정하기 2) 내용 생성하기 - 다양한 매체에서 정보 수집하기 - 수집한 정보의 중요도 분석하기 - 목적에 부합하는 정보 선별하기 3) 내용 조직하기 - 수집한정보 통합하기 - 체계적으로 구조화하기 4) 표현하기, 고쳐쓰기 - 명료하게 표현 - 적절한 도표·그림·사진 활용, 출처 밝히기	1) 계획하기 -주어진 쓰기 상황에 대한 맥락 분석하기 -상황 맥락: 주제, 목적, 독자, 매체 2) 내용 생성하기 - 다양한 매체에서 정보 수집하기 : 가상의 필자가 수집한 복수의 자료 분석하기 (1) 어떤 매체에서 자료를 수집했는지 (2) 수집한 자료의 출처가 믿을만하며 정확히 밝혀져 있는지 - 수집한 정보의 중요도 분석하기 및 목적에 부합하는 정보 선별하기 : 가상의 필자가 수집한 복수의 자료를 주제와의 관련성을 기준으로 평가하기 3) 내용 조직하기 - 수집한정보 통합하기및 체계적으로 구조화하기 (1) 제시된 개요에서 흐름 이상한 부분 찾기 (2) 제시된 개요의 각 부분에 활용될 자료의 적절성 판단하기 4) 표현하기, 고쳐쓰기 - 제시된 초고를 기준에 따라 점검하고 고쳐쓰기 (1) 표현이 명료한가 (2) 쓰기 윤리를 지키며 자료를 활용했는가 (3) 도표, 그림, 사진 등을 활용해 정보를 적절하게 전달하고 있는가?	2~3
• 한 편의 온전한 글쓰기 - 학습자의 수준과 관심을 고려하 여 쓰기 과제 제시 - 쓸 시간 보장 • 발표나 출판, 타인과 공유 • 글 공유 및 교사·동료 피드백	③ 실제 정보 전달하는 글 써보기(공유 문서 활용) 1) 계획하기 2) 내용 생성하기 3) 내용 조직하기 4) 표현하기 5) 교사 및 동료 피드백(타인과 글 공유) 6) 고쳐쓰기	1) 첫 차시의 모범 글 두 편을 평가해 보기 2) 글 쓰기 (디지털 도구 및 공유 문서 활용) (1)계획하기 - 주제, 목적, 독자, 매체 정하기 (2) 내용 생성하기 - 다양한 매체에서 정보 수집하기 (3) 내용 조직하기 - 수집한 정보의 중요도 분석하기 - 목적에 부합하는 정보 선별하기 - 체계적으로 구조화하기(개요 작성하기) (4) 표현하기 - 명료하게 표현 - 적절한 도표·그림·사진 활용, 출처 밝히기 (5) 교사 및 동료 피드백(타인과 글 공유) (6) 고쳐쓰기	4~9

4) 4단계: 한 차시를 선택해 교수·학습 과정안을 작성하고 실행하기

　　4단계에서는 3단계에서 구분한 차시 중 한 차시를 선택하여 교수·학습 과정안을 작성해 봅니다. 〈표 7〉의 2차시에 해당하는 수업을 대상으로 1차시 45분 기준으로 다음과 같은 교수·학습 과정안을 작성해 본 것입니다. 3단계에서 제시한 2차시 수업 전개를 교사의 교수 행위와 학생의 학습 행위가 드러날 수 있도록 항목화했고, 필요한 경우에 교사의 발문과 예상되는 학생의 반응을 제시했습니다.

단원 학습목표		복수의 자료를 활용하여 정보를 전달하는 글을 쓸 수 있다.		
차시 학습목표		복수의 자료를 활용하여 정보 전달하는 글을 쓰기 위한 계획하기 및 내용 생성 방법을 이해한다.		
학습단계		교수·학습 활동	자료 및 기타	시간
* 도입	학습 동기 유발	▷ 동기 유발: 수업 내용과 관련된 예시를 해결하게 하여 자신감을 갖도록 하기 Q1: "지금부터 청소년에 대해 설명하는 글 두 가지를 보여줄 거예요. 두 글을 비교해 보고 어떤 차이가 있는지 자유롭게 말해볼까요?" 〈글1〉 요즘 많은 중·고등학생들이 우울감을 경험하고 있으며, 중학생보다 고등학생의 우울감 경험률이 높다고 한다. 또한 청소년이 스트레스를 받는 주된 원인은 성적, 진로, 외모, 친구 관계 등이 있다. 〈글2〉 요즘 많은 중·고등학생들이 우울감을 경험하고 있으며, 중학생보다 고등학생의 우울감 경험률이 높다고 한다. 청소년 건강행태 조사(2018)에서도 중학생(25.2%)보다 고등학생(28.7%)의 우울감 경험률이 높았다. ■중학생 ■고등학생 교육부·보건복지부·질병관리본부, 청소년건강행태조사 또한 청소년이 스트레스를 받는 주된 원인은 성적, 진로, 외모, 친구관계 등이 있다. 이 중 K 스피릿의 조사 결과에 따르면 1위는 성적과 진로 부담이었다.	▶ 자료의 개수가 다른 글 비교, 분석하기 -두 글의 차이를 비교, 분석하여 어렵지 않은 문제를 해결하면서 배울 내용에 대해 자신감을 갖는다. A1: "글1엔 없는 그래프가 있어요" "글1보다 글2에 제시된 정보가 더 자세해요" 빔프로젝트 PPT 활동지	8분

3장 모든 학생이 글을 쓰게 하려면

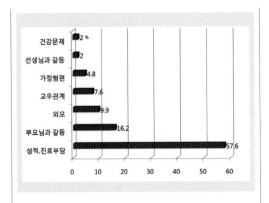

	Q2: "자, OO은 글1과 글2의 차이가 무엇일 것 같아요?" "또 □□이는 다른 것 찾은 게 있을까요?" …(중략)… "네 맞습니다. 차이점을 잘 찾아주었습니다." Q3: "그러면 이런 차이가 왜 중요할까요?, △△이 어떻게 생각해요?" "◇◇아, △△의 말에 대해 어떻게 생각해?"	A2: "글1보다 글2의 정보가 더 다양하게 나와 있어요." A3: "그래프가 두 개 나와 있어서 내용이 더 눈에 띄어요." "조사 결과가 있어서 내용이 더 풍부해진 것 같아요."	
학습 목표 제시 (전체 학습)	▷ 학습 내용과 학습 목표로 연결하기 "여러분이 지금까지 이야기한 것처럼 정보를 전달할 때, 하나의 자료보다 둘 이상의 자료를 활용하면 정보가 풍부해질 수 있습니다. 이것은 정보를 전달하는 글을 쓸 때도 마찬가지겠죠. 그래서 앞으로 2차시 동안 여러분과 친구인 민희의 글쓰기 과정을 함께 따라가며 복수의 자료를 활용하여 정보를 전달하는 글을 쓰는 방법에 대해 배워보려고 합니다. 오늘은 그중에서도 계획하기와 내용 생성하기 방법을 이해해 볼 겁니다."	▶ 학습 목표 확인 - 복수의 자료를 활용하여 정보전달 글을 쓰는 과정 중 계획하기와 내용 생성 단계에 이해해야 함을 인지한다.	
모둠 활동을 위한 자리 배치	"이번 글쓰기는 모둠 안에서 서로 상의하면서 각자 글을 써 볼 겁니다. 앉은 자리에서 책상과 의자를 돌려 4~5명씩 모둠을 만들어 봅시다." 		

국어 교사를 위한 국어 수업 디자인 실습

** 전개	계획하기 단계에 대해 이해하기 (전체/ 모둠 학습)	▷ 가상 필자의 글쓰기 사례를 통해 계획하기 단계 이해하기 "글을 쓸 때 가장 먼저 해야 할 것은 계획하기입니다. 계획하기는 무엇을 하는 단계인지 함께 읽어봅시다." • 계획하기 - 글의 주제, 목적, 예상 독자, 매체를 정한다. - 글쓰기 상황에서 예상 독자, 주제, 목적, 매체 분석하기 ※다음의 글쓰기 상황을 참고하여 글쓰기 계획을 세워보자. 국어 시간에 선생님께서 흥미로운 주제를 하나 선택해서 설명하는 글을 쓰고 그것을 학급 SNS에 올리자고 하셨어. 그래서 무엇에 대해 쓰면 좋을까 고민하다가 얼마 전에 친구들과 머리 스타일을 바꾸고 싶다는 이야기를 하면서 왜 머리카락을 자를 때 아프지 않을까가 궁금했던 것이 생각났어. 그래서 머리카락을 잘라도 아프지 않은 이유에 대해 우리 반 친구들에게 설명하는 글을 써보려고 해. 	예상 독자	
목적	
주제	
매체	| "다음은 민희가 글을 쓰려던 상황입니다. 이것을 보고 민희가 어떤 상황맥락을 고려하여 글쓰기 계획을 세웠을지 추측해봅시다. 예를 들어 글쓰기 상황에서 "우리 반 친구들에게"란 부분을 봤을 때, 예상 독자는 중1 학생들이라고 추측할 수 있습니다." Q4. "계획하기 단계에서 고려해야 할 사항들을 어떻게 채울 수 있을까요?"	▶ 계획하기 단계 이해하기 - 민희의 사례를 통해 계획 단계에서 고려해야 할 요소 4가지를 분석하고, 이해한다. - 4명씩 모둠을 이루어 서로 질문하며 탐구한다. A4: "주제는 머리카락을 자를 때 아프지 않은 이유예요" "목적은 정보를 전달하는 것이에요"	빔프로젝트 PPT 활동지	10분
	내용 생성하기 단계 이해하기 (전체 학습/ 모둠 학습)	▷ 가상 필자의 글쓰기 사례를 통해 내용 생성하기 단계 이해하기 "다음으로 해야 할 것은 내용 생성하기입니다. 내용 생성하기는 무엇을 하는 단계인지 함께 읽어봅시다." • 내용 생성하기 - 복수의 자료를 수집하고, 주제에 적합한 내용을 선정한다.	▶ 자료(가)~(바)를 출처와 자료 유형에 집중하여 개인과 모둠에서 분석하고, 교사의 질문에 자유롭게 답한다.	PPT 활동지 개인 태블릿	12분

– 민희가 수집한 복수 자료의 출처 분석하기

"다음은 민희가 글을 쓰기 위해 수집한 자료들입니다. 수업의 시작부분에서 여러분이 이야기했던 것처럼 둘 이상의 자료를 활용하면 정보의 객관성을 확보할 수 있었죠. 그래서 민희도 다양한 자료를 수집했는데, 각 자료들을 어떤 매체에서 수집했는지 분석해보겠습니다. 예를 들어, 머리카락의 내부 구조에 대한 정보인 (가)는 '전문 기관의 블로그'에서 찾았네요."

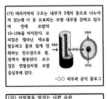

Q5. "(가)외에 (나)~(바)의 자료들은 어떤 매체에서 수집된 것일까요?"

A5. "(가)는 외국 서적에서 가져왔어요. (다)와 (라)는 신문이고 (마)는 는 인터넷 백과사전이에요"

Q6. "(가)~(바)의 자료들은 출처는 정확히 밝혀져 있나요? 그 출처는 믿을 만한가요?"
–제시된 자료의 출처를 필요하다면 개인 태블릿을 활용하여 직접 확인하고 신뢰성을 파악할 수 있게 한다.

A6. "(가), (나), (다), (라), (마)는 출처가 정확히 밝혀져 있고 전문성이 있는 블로그, 책과 신문 기사에요. (바)는 공동구매 카페 질문 게시판인데 주제와 관련해서 전문성도 없는 곳이고, 누가 답변한지 밝혀져 있지 않아서 정보가 정확하지 않을 것 같아요."

| | 생성한 자료의 적절성 판단 및 자료 선정하기 (모둠 학습) | ▷ 생성한 자료들을 주제와의 관련성을 기준으로 평가하고, 평가를 바탕으로 사용할 자료를 선정하게 하기
"지금부터는 이 자료들을 글의 주제와 관련이 있는지 평가해 보고, 어떤 자료를 글을 쓸 때 사용할지 정해보도록 하겠습니다."

Q7. "이 글의 주제는 무엇인가요? 이 주제와 관련이 있는 자료와 없는 자료는 무엇인가요? 왜 그렇게 생각했나요?"

Q8. "머리카락을 잘라도 아프지 않은 이유를 주제로 글을 쓴다면 어떤 자료를 선택할 건가요? 그 이유는 무엇인가요?" | ▶ (가)~(바)의 자료를 주제를 기준으로 적절성을 평가하고, 글을 쓴다면 사용할 자료를 선정하여 발표한다.

A7. "머리카락을 잘라도 아프지 않은 이유 예요, (가)는 머리카락의 구조에 대한 설명이라 관련이 있어요, (다)는 머릿결과 관련되어 있어 주제와의 관련성이 부족한 것 같아요"

A8. "(가), (나), (라), (마)요, (가)의 내용 일부와 구조 그림요, 머리카락의 구조를 알아야 머리카락을 잘라도 아프지 않은 이유를 설명할 수 있을 것 같아서요" | PPT
활동지
개인
태블릿

※ 교사는 학생들의 학습지 작성을 통해 자료를 적절하게 평가하고, 필요한 자료를 선정하는지 확인함 | 14분 |
| 정리 | 차시
예고 | ▷ 차시 예고
– 다음 시간에 내용 조직하기와 초고쓰기 및 고쳐쓰기 활동에 대해 배울 것임을 안내한다.

• 복수의 자료를 활용하여 정보를 전달하는 글쓰기 방법 2
(1) 내용 조직하기
(2) 표현하기 및 고쳐쓰기 | ▶ 차시 예고 인지
– 오늘 학습한 내용을 다음 시간에 이어서 할 것임을 인지한다. | | |

* 교사는 수업 내용과 관련된 글을 보여 주면서 그 차이를 묻습니다. 학생들은 질문에 답하면서 해볼만 하다는 생각을 할 수 있습니다. 이렇게 학생들이 작은 과제를 해결해 '자신감'을 가질 수 있게 유도하는 것도 학습 동기를 유발하는 한 방법입니다. 교사는 학습 동기 유발 이후에 학습 내용과 목표로 자연스럽게 연결하고 있습니다.

** 교사는 민희라는 모범적인 필자를 내세워서 학생들이 계획하기와 내용 생성하기 단계에서 해야 할 글쓰기 전략을 이해하도록 유도하고 있습니다.

2. 질의 응답

질문1. 학생들이 쓰기 수업 시간에 보이는 오개념은 어떤 것이 있나요?

학생들이 쓰기 수업에서 보이는 가장 큰 오개념은 글쓰기 과정을 선조적으로 여기는 것입니다. 학생들에게 글쓰기 과정을 단계별로 학습하게 하고, 단계별로 피드백하며 글을 쓰게 하기 위해 차시를 나누어 제시하는 경우가 많은데, 이 경우 학생들이 지나간 과정은 수정할 수 없는 것으로 생각하는 경우가 많습니다. 그래서 "선생님, 저 자료수집 때 수집 안 했던 자료가 있는데 글을 쓰다 보니 필요한데, 찾아서 추가해도 되나요?" 혹은 "글을 쓰다 보니 개요 작성했던 게 어색한데 바꿔도 되나요?"와 같은 질문을 많이 합니다. 그래서 학생들에게 글쓰기 단계를 설명할 때, 언제든 이전 단계로 돌아갈 수 있음을 알리고 글쓰기 평가 과정에서도 단계별로 차시를 나누어 시간을 주기보다는 학생들이 사용할 수 있는 시간 전체를 알리고 그것을 본인의 글쓰기 방식에 맞게 활용할 수 있게 하는 것이 좋습니다.

질문2. 효과적인 쓰기 수업 방법은 무엇일까요?

한 편의 글을 쓰는 단계를 자세히 보여주면서 각 단계별 활동이 학생의 실제 쓰기에 도움이 되게 해야 할 것입니다. 이를 위해 가상의 모범 필자를 설정하여 이 학생의 쓰기 단계를 학생들이 따라가며 각 단계에서 해야 할 것과 그것을 수행하는 방법, 주의점 등을 탐구해보게 할 수 있습니다. 이렇게 하면 학생들에게 한 편의 글을 어떻게 써야 하는지를 자세하게 보여줄 수 있고, 단계별로 탐구한 내용을 자신의 실제 쓰기 과정에 적용해 볼 수 있기 때문입니다. 이렇게 활동한 뒤 학생이 써야 하는 모범 글을 2~3편 정도 제공하면 쓰기 과정에서 어려움을 느낄 때 모범 글을 비계로 활용할 수 있습니다.

질문3. 쓰기 수업할 때 참고할 자료가 부족합니다. 어떻게 도움을 받을 수 있을까요?

가장 쉬운 것은 각 출판사의 교과서에서 제시하고 있는 쓰기 활동들을 모두 살펴보는 것입니다. 학교에서 선택한 출판사 교과서 외에 다른 교과서의 활동이 어떻게 구성되어 있는지, 어떤 과제 및 주제가 제시되고 있는지를 살펴보고 참고할 만한 자료가 있다면 그것을 그대로 또는 변형하여 활용할 수 있습니다. 다음으로 인터넷 검색을 활용하는 방법입니다. 예를 들어 수필 쓰기를 한다고 했을 때, '중학교 수필 쓰기 수업' 등으로 검색을 하면 동료 및 선배 선생님들의 SNS(블로그, 카페 등)를 통해 참고할 수 있는 수업 사례를 찾을 수 있습니다. 이 과정에서 나와 수업을 디자인하는 방식이 비슷한 선생님, 아이디어를 배우고 싶은 선생님을 발견하면 그 사이트를 저장해두고 운영하는 선생님과 소통을 시도해볼 수 있습니다. 또 전국 국어 교사 모임 누리집의 게시판을 활용할 수도 있으며, 쓰기 수업과 관련된 책을 참고할 수도 있습니다.

- 다른 출판사의 교과서 살펴보기
- 동료 및 선배 선생님들의 SNS 참고하기(블로그, 카페 등)
- 전국 국어 교사 모임 누리집(https://www.naramal.or.kr/)의 수업 자료 게시판
- 쓰기 수업과 관련된 서적
  (예) 이호철의 갈래별 글쓰기 교육(이호철, 보리, 2015)
  　　 이오덕의 글쓰기(이오덕, 양철북, 2017)
  　　 지금 여기 나를 쓰다(이상덕, 양철북, 2019)
  　　 내 문장이 그렇게 이상한가요(김정선, 유유, 2016)

질문4. 학생들의 사고를 막지 않게 예시를 제공하는 방법은 무엇인가요?

예시가 학생들의 사고를 막는 것은 학생들이 예시를 통해 무엇을 알아야 하는지를 탐구해 볼 기회가 없이 정답이 함께 제공되기 때문이라고 생각합니다. 그러므로 예시를 제공할 때는 학생들이 예시를 충분히 탐구해 볼 수 있는 시간을 주는 것이 중요합니다. 예를 들어, 정보를 전달하는 글의 구조를 알아야 한다고 할 때, "정보전달 글은 처음-중간-끝으로 이루어진다."라고 먼저 알려준 후 예시 글을 주기보다는 예시 글을 주어 각 글에서 발견할 수 있는 정보전달 글의 구조적 공통점이 무엇인지 찾아보라고 해볼 수 있습니다.

질문5. 학생들에게 구체적인 피드백을 해주려면 어떻게 해야 할까요?

평균적으로 한 반의 학생이 25명 전후라고 할 때 정해진 수업 시간 내에서 학생 모두에게 구체적 피드백을 제공하기 어려울 수 있습니다. 그래서 추천하는 방법은 글을 공유 문서에 쓰게 하는 것입니다. 코로나19 이후 대다수의 학교는 각 학급에 태블릿 또는 크롬북이 학생 수에 맞게 구비되어 있습니다. 이 태블릿 또는 크롬북에 공유 문서를 배부하고 그것을 활용해 글을 쓰게 하면 학

생의 글에 수시로 피드백을 할 수 있게 됩니다. 예를 들어 구글 문서(https://docs.google.com/)에서 선생님이 문서를 만들고 편집 권한을 주어 공유하기를 눌러 주소를 배포하거나, 학생들이 문서를 스스로 만들고 보기 권한이나 편집 권한을 주어 공유하기를 눌러 주소를 배포하게 하는 방법입니다. 구글 클래스룸(https://classroom.google.com/)을 만들면 링크 주소를 주고 받거나 피드백을 답글로 게시해 줄 수 있어서 편리합니다.

다만, 학생의 글에 피드백을 할 때 너무 구체적으로 피드백을 해주려고 하면 선생님이 지칠 뿐 아니라 학생은 선생님이 지적해준 부분만 수정할 뿐 글 전체를 다시 살펴보려 하지 않을 가능성이 큽니다. 그러므로 피드백을 할 때에는, 학생이 글 전체를 살펴보며 수정했으면 하는 부분을 3가지 내에서 이야기하고 그것을 학생이 수행한 후에 다음 피드백을 해주는 것이 좋습니다. 예를 들어, 문장이 어색한 부분이 있다면 정확하게 그 부분을 표시해주고 "이 부분의 문장이 어색하니 고쳐쓰기를 하라."라고 피드백을 하기보다는 "글 전체에서 문장이 어색한 부분이 있습니다. 찾아 고쳐 써 보세요."와 같이 피드백을 하는 것이 학생의 쓰기 능력 향상에 도움이 됩니다.

또한 학생 상호 간에 고쳐쓰기를 위해 피드백하게 할 수 있습니다. 학급의 분위기를 고려하여 공유 문서에 장난을 칠 가능성이 작다면 처음부터 피드백을 할 모둠별로 공유 문서를 배부하고, 장난을 칠 가능성이 크다면 초고 쓰기가 끝난 후에 피드백을 위한 공유 문서를 따로 배부하여 학생들이 서로 피드백을 하게 할 수 있습니다. 그리고 이때 편집 권한이나 보기 권한을 적절하게 부여할 수 있도록 하여 서로의 초고를 지우는 등의 실수가 없도록 할 필요가 있습니다.

3. 수업 디자인 실습하기

쓰기 영역의 성취기준 중 하나를 골라 앞의 〈표 7〉과 같이 한 성취기준에 대한 교수·학습 요소를 추출하여 교수·학습 전개 순서를 정한 뒤, 교수·학습 활동을 구체화하면서 차시를 구분해 봅니다. 그런 다음 한 차시를 골라 아래 학급 정보를 고려하여 교수·학습 과정안을 작성해 보고 실행해 봅시다.

학년/학기	
학생 수	28명
학급 특성	① 글쓰기 평가 결과가 우수한 수준의 학생이 8명, 보통 수준이 12명, 미흡한 수준이 8명으로 구분된다.
	② 남녀공학으로 남학생과 여학생의 비율이 약 50:50이며, 1학기 수업을 통해 서로 협력적으로 배우는 관계가 잘 형성되어 있다.
	③ 학생 수만큼 크롬북이 교실에 비치되어 있고 자유롭게 사용할 수 있다.
	④ 1학기 때 크롬북으로 국어 시간에 글쓰기 수업을 해 봤으며, 다른 교과에서도 크롬북을 활용하고 있다.

4장 | 문법, 학생들이 잘 배우는 순서는 무엇일까

1. 문법 수업 디자인 하기

'2022 개정 교육과정'에서 문법 영역의 특징은 '국어(언어) 실천'에 있습니다. 초등학교부터 중학교까지 '상황 맥락이 주어진 글과 담화', '실제 의사소통 과정'에서 학생들이 사례를 분석하거나 평가하도록 합니다. 고등학교에서는 이전 학년군에서 배운 내용을 바탕으로 총괄적으로 '실제 국어생활'에서 탐구하여 성찰하도록 합니다. 그러므로 국어 실천 중심의 문법 수업은 단순한 지식 제시와 정리로 흘러가지 않아야 합니다. 하지만 예비교사들은 교사가 되기 위해 대체로 문법 지식을 체계화하여 공부하며, 교육과정 내용을 등한시하기 쉽습니다. 문법 교수·학습 활동을 어떻게 해야 하는지에 대해서도 조언하고 있는 교육과정에 대한 이해가 없으면 활동 중심의 실천적인 문법 교육 내용을 충실히 반영한 수업을 구현하기 어렵습니다.

그래서 이 장에서는 지식 중심의 특징이 두드러지는 품사 관련 성취기준을 통해서 수업 디자인 과정을 살펴보고자 합니다. 그 이유는 첫째, 품사에 대한 수업을 고민하는 초보 교사들에게 도움을 주고 싶어서입니다. 예비교사들은 학생들이 배우기 쉬운 순서를 무시한 채, 문법 개론서가 품사를 제시하는 순서에 따라 수업을 구상할 가능성이 높습니다. 또한 초보 교사들은 품사 체계 표를 제시하거나 단순히 품사에 대한 개념과 예시를 제공하는 수준에서 머물 수 있는데, 품사 지식을 다루되 어떤 학습 활동으로 구현할 수 있는지를 이 장에서 예시하여 도움을 주고자 합니다. 둘째, 품사에 대한 이해는 국어 탐구를 위한 기초적이고 유용한 도구가 되므로 품사에 대해 충실히 가르치는 것이 중요하기 때문입니다. 품사에 대한 지식 없이 가르치기 어려운 개념이 많습니다. 음운, 단어, 문장 단위부터 올바른 표기까지 여러 성취기준을 다룰 때 품사에 대한 지식을 두루 필요로 합니다. 셋째, 품사는 2015 개정 이전의 교육과정부터 2022 개정 교육과정까지 꾸준히 제시된 교육 내용

이기 때문입니다. 국어 문법 체계 속에서 우리말 품사는 기초적이고 중요합니다. 그런 만큼 품사 성취기준은 문법 교육 내에서 항존성이 있는 성취기준으로 존재합니다. 따라서 중학교 1~3학년군 의 '[9국04-03] 품사의 종류와 특성을 이해하고 국어 자료를 분석한다.'를 통해 문법 수업 디자인 을 제시하고자 합니다.

1) 1단계: 문법 영역 내용 체계를 훑어보면서 성취기준 전, 후의 교육 내용 확인하기

교육과정에 담긴 내용 체계를 보면서 학생들이 배우는 내용을 전반적으로 확인해야 합니다. 특 히 문법은 지식의 체계가 뚜렷한 특징을 지녔습니다. 그래서 한 성취기준을 디자인할 때 해당 성취 기준 전후로 학생들이 어떤 것을 배우고 왔으며, 앞으로 어떤 것을 배울지 알고 있으면 지식의 범 위를 조절하는 데에 도움이 됩니다. 예를 들어 고등학교 교사가 중학교에서 음운 체계를 배우고 온 것을 알고 있으면 고1에서 배우는 음운 변동을 가르치면서 수업 범위를 조절할 수 있습니다. 또한 중학교 3학년 때 문장 성분과 문장의 짜임을 배울 것을 알고 있으면, 중1 대상으로 품사를 가르치 면서 문장을 배울 때 필요한 품사론의 세부 내용을 어느 정도까지 넣어서 가르칠 것인지 정할 수 있습니다. 그래서 1단계에서 초등학교, 중학교의 〈국어〉부터 고등학교 1학년의 〈공통국어1〉, 〈공 통국어2〉의 문법 교육 내용의 계열성을 분석하여 각 학년군마다 다루고 있는 문법 학습 내용을 위 계적으로 파악할 필요가 있습니다.

문법 교육 내용의 계열성을 한눈에 볼 수 있도록 2022 개정 국어과 교육과정에서는 〈표 1〉과 같이 내용 체계를 제공합니다. 그중 학생과 교사가 문법의 본질에 다가갈 수 있도록 기술한 것이 핵심 아이디어입니다. 문법 영역에서의 핵심 아이디어는 문법 영역의 모든 내용을 포괄하는 일반 적인 진술로, 각 진술이 범주로 연결되는 것을 확인할 수 있습니다. 예를 들어 핵심 아이디어에서 '규칙과 원리, 문법 탐구'는 범주에서 [국어의 분석과 활용]으로, '관습적 규약'은 범주에서 [국어 규 범]으로, '국어 현상 파악, 국어 문제 발견 및 성찰'은 범주에서 [국어 실천의 성찰과 비판]으로 연결 되고 있습니다.

〈표 1〉 초등학교 1학년~고등학교 1학년까지의 문법 영역 교육 내용 체계

핵심 아이디어	• 문법은 국어의 형식과 내용을 이루는 틀로서 규칙과 원리로 구성·운영되며, 문법 탐구는 문법에 대해 사고하는 활동으로 국어에 대한 총체적 앎을 이끈다. • 국어는 체계와 구조를 갖춘 의미 생성 자원이자, 사회적으로 구성된 관습적 규약이며, 공동체의 사고와 가치를 표상하는 문화적 산물이다. • 국어 자료는 다양한 맥락에서 만들어지는 의사소통의 결과물로서, 국어 현상을 파악하고 국어 문제를 발견할 수 있는 문법 탐구의 대상이다. • 국어 사용자는 일상생활에서 국어 현상과 국어 문제를 탐구하고 성찰하면서 언어 주체로서의 정체성과 국어 의식을 형성한다.					

범주		내용 요소					
		초등학교 〈국어〉			중학교 〈국어〉	고등학교 〈공통국어1, 2〉	
		1~2학년	3~4학년	5~6학년	1~3학년	1학년 1학기	1학년 2학기
지식·이해	언어의 본질과 맥락		• 의사소통과 관계 형성 수단으로서의 언어 • 참여자 간 관계 및 장면에 따른 언어	• 음성 언어 및 문자 언어의 특성과 매체 • 지역에 따른 언어와 표준어	• 국어의 음운 체계와 문자 체계 • 세대·분야·매체에 따른 언어	• 언어 공동체의 다변화에 따른 언어	• 시간의 흐름에 따른 언어
	언어 단위	• 글자·단어·문장	• 단어의 의미와 단어 간의 의미 관계 • 단어의 분류 • 문장의 기본 구조 • 글과 담화의 높임 표현과 지시·접속 표현	• 어휘 체계와 고유어 • 관용 표현 • 문장 성분과 호응 • 글과 담화의 시간 표현	• 단어의 형성 방법 • 품사의 종류와 특성 • 어휘의 양상과 쓰임 • 문장의 짜임과 확장 • 글과 담화의 피동·인용 표현	• 음운 변동	
	한글의 기초와 국어 규범	• 한글 자모의 이름과 소리 • 단어의 발음과 표기 • 문장과 문장부호	• 단어의 정확한 발음과 표기	• 단어와 문장의 정확한 표기와 사용	• 한글 맞춤법의 원리와 내용		• 한글 맞춤법과 국어 문제

과정·기능	국어의 분석과 활용	• 언어 단위 관찰하기	• 언어 단위 관찰하고 분석하기 • 국어사전 활용하여 문제 해결하기 • 글과 담화에 적절한 표현 사용하기	• 언어 표현의 특징 분석하기 • 글과 담화에 적절한 표현 사용하기	• 기준에 따라 분류하고 분석하기 • 원리 적용하여 표현 창안하기 • 글과 담화에 적절한 표현을 사용하고 효과 비교하기 • 자료를 해석하고 창의적으로 활용하기	• 언어 규칙을 발견하여 분석하고 적용하기 • 글과 담화에 나타난 문법 요소와 어휘의 특성과 사용 • 의미와 효과를 평가하여 적절한 표현 생성하기	
	국어 실천의 성찰과 비판	• 소리와 표기의 차이 인식하기	• 국어 규범 인지하고 수용하기	• 국어생활 점검하고 실천하기 • 언어 표현의 효과 평가하기	• 국어 규범의 원리 탐색하기 • 언어 표현의 의도 탐색하고 대안 모색하기 • 국어 문제 발견하고 실천 양상 비판하기		• 국어생활을 성찰하고 문제 해결하기 • 국어 및 국어 실천의 변화와 양상 탐구하기
가치·태도		• 한글에 대한 호기심	• 국어의 소중함 인식	• 국어생활에 대한 민감성 • 집단·사회의 언어와 나의 언어의 관계 인식	• 다양한 집단·사회의 언어에 대한 언어적 관용 • 언어로 구성되는 세계와 자아 인식	• 언어 실천에 대한 책임감	• 국어문화 발전에 참여

각 범주를 자세히 살펴보면, 각 학년군 수준의 학습 내용을 가로축에서 초등학교 1~2학년군, 3~4학년군, 5~6학년군, 중학교 1~3학년군과 고등학교 1학년 순으로 제시했습니다. 그리고 세로축에는 학습 내용을 지식·이해, 과정·기능, 가치·태도의 범주로 나누었으며, 지식·이해에는 [언어의 본질과 맥락], [언어 단위], [한글의 기초와 국어 규범]으로, 과정·기능에는 [국어의 분석과 활용], [국어 실천의 성찰과 비판]으로 하위 범주를 제시했고, 가치·태도에는 하위 범주를 따로 제시하지 않았습니다.

각 범주는 학년군 수준에서 더 자세하게 내용 요소로 나뉘어서 제시되고 있습니다. [언어의 본질과 맥락] 범주를 살펴보면, 맥락 측면이 초등학교 3~4학년군에서 '참여자 간 관계 및 장면', 5~6학년군에서 '지역', 중학교 1~3학년군에서 '세대·분야·매체', 고등학교 1학년에서 '언어 공동체의 다변화, 시간의 흐름'으로 계열화되어 있습니다. 내용 요소는 담화 장면 등 상황 맥락에서 지역, 세대 등 사회문화적 맥락으로 확장되고 있습니다.

[언어 단위]에서 '음운과 글자, 단어, 문장, 글과 담화'가 반복적으로 제시되어 계속성을 지닙니다. 동시에 학년군에 따라 언어 단위를 심화·발전시킨다는 점에서 계열성을 지니기도 합니다. 다른 학년군은 각 언어 단위가 반복적으로 제시되지만, 초등학교 1~2학년군에서 글자를 읽고 쓸 수 있는 기초 문식성에 초점을 맞추고 언어 단위가 여러 가지임을 인식하는 것에 중점을 두어 내용 요소로 제시하고, 고등학교 1학년에서 음운 변동을 내용 요소로 제시한 것이 두드러집니다.

[국어의 분석과 활용]은 초등학교 1~2학년군에서 '언어단위 관찰하기'로, 3~4학년군에서 '분석하기, 문제 해결하기, 사용하기'로, 5~6학년군에서 '분석하기, 사용하기', 중학교 1~3학년군에서 '분석하기, 창안하기, 비교하기, 활용하기', 고등학교 1학년에서 '적용하기, 사용하기, 생성하기'로 이어지고 있습니다. 즉 핵심 아이디어의 '규칙과 원리, 문법 탐구'는 [국어의 분석과 활용하기] 하위 범주로 연결되고, 이는 다시 내용 요소에서 '관찰하기, 분석하기, 사용하기, 활용하기' 등의 수행행위로 구분되고 있습니다. 수행행위는 학년군에서 관찰, 분석, 적용, 사용을 넘어서 창안, 생성 등 고차원적 수준으로 심화·확장되고 있습니다.

[언어 단위]의 내용이 [국어의 분석과 활용]로 이어지는 경우도 있습니다. [언어 단위]의 문법 요소가 초등학교 3~4학년군의 '높임, 지시, 접속 표현', 초등학교 5~6학년군의 '시간 표현', 중학교 1~3학년군의 '피동, 인용 표현'으로 수준에 따라 나뉘어 있습니다. 이는 [국어의 분석과 활용]에서 고등학교 〈공통국어1〉의 '글과 담화에 나타난 문법 요소'로 총괄되면서 지식의 계열성을 보여주고 있습니다. 중학교까지 배운 문법 요소의 지식·이해 범주의 내용이 고등학교에서는 과정·기능 범주의 내용으로 넘어가서 국어 자료를 분석하고 활용하는 데에 쓰이고 있습니다.

마지막으로 가치·태도 측면에서는 한글에 대한 호기심, 국어의 소중함 인식으로 시작하여 나·집단·사회 언어의 각 관계, 다양한 집단·사회에서 언어적 관용, 언어 실천에 대한 책임감, 국어문화 발전에 참여를 보면 개인에서 공동체로 확장되는 것을 알 수 있습니다.

이제, 중학교 성취기준 [9국04-03] "품사의 종류와 특성을 이해하고 국어 자료를 분석한다"와 관련하여, 이 성취기준을 다루기 전과 후에 어떤 내용 요소들을 다루게 되는지 성취기준과 함께 알아보고자 합니다. 1단계에서는 이들 성취기준들과 관련하여 내용 체계표를 중심으로 품사 성취기준을 전, 후로 하여 다루게 되는 내용 요소들을 대략적으로 살펴보고, 2단계에서 보다 자세하게 살펴보고자 합니다. 성취기준 [9국04-03]은 지식·이해 범주 [언어 단위]의 내용 요소인 '품사의 종류와 특성'과 과정·기능 범주 [국어의 분석과 활용]의 '기준에 따라 분류하고 분석하기'를 토대로 합니다. 〈표 1〉의 하위 범주 [언어 단위]의 가로축을 살펴보면, 초등학교 3~4학년군에서 '단어의 분류'와 [국어의 분석과 활용] 하위범주의 '언어 단위 관찰하고 분석하기', '국어사전 활용하여 문제 해결하기'가 있는데, 이는 품사와 관련된 내용임을 시사하기 때문에 이 내용 요소들을 다루는 성취기준과 교육과정 지침을 면밀히 살펴볼 필요가 있습니다(아래 2단계 참조). 그리고 중학교 1~3학년군에 있는 내용 요소 '단어의 형성 방법' 역시 품사 학습과 관련이 있기 때문에 어떤 성취기준인지 점검할 필요가 있습니다.

〈표 2〉 품사 성취기준 [9국04-03] 학습 전, 후에 다루는 성취기준

학년	성취기준
초등학교 3~4학년	[4국04-02] 단어를 분류하고 국어사전을 활용하여 능동적인 국어 활동을 한다.
중학교 1학년	[9국04-02] 단어의 짜임을 분석하여 새말 형성의 원리를 이해한다. [9국04-03] 품사의 종류와 특성을 이해하고 국어 자료를 분석한다. [9국04-07] 세대·분야·매체에 따른 어휘의 양상과 쓰임을 분석하고 다양한 집단과 사회의 언어에 관용적 태도를 지닌다.
중학교 2학년	[9국04-01] 국어의 음운 체계와 문자 체계를 이해하고 국어생활에 활용한다. [9국04-05] 피동 표현과 인용 표현의 의도와 효과를 분석하고 상황에 맞게 활용한다.
중학교 3학년	[9국04-04] 문장의 짜임을 이해하고 표현 효과를 고려하여 문장을 구성한다. [9국04-06] 한글 맞춤법의 기본 원리와 내용을 이해하고 국어생활에 적용한다. [9국04-08] 자신과 주변의 다양한 국어 실천 양상을 비판적으로 분석하여 언어와 자아 및 세계 사이의 관계를 인식한다.

성취기준[9국04-02]는 품사 성취기준[9국04-03]과 함께 중학교 1학년 때 다루게 되는데, 이 두 성취기준 중에 '단어의 형성 방법'을 다루는 [9국04-02]를 품사 성취기준 전에 다룰 필요가 있습니다. 품사를 분류할 때 단어가 무엇인지에 대한 개념과 단어를 나누는 기준에 대한 이해를 필요로 하기 때문에 단어의 짜임을 분석하고 단어 형성 방법에 대해 학습하는 [9국04-02]를 먼저 다루어야 합니다.

그리고 〈표 2〉 중학교 각 학년별 문법 성취기준과 각 성취기준의 내용 요소를 확인해 보면, 1학

년 때 단어의 형성 방법, 품사의 종류와 특성, 어휘의 양상과 쓰임을 다루게 되고, 2학년 때 국어의 음운 체계와 문자 체계, 글과 담화의 피동·인용 표현을, 3학년 때에는 문장의 짜임과 확장, 한글 맞춤법의 원리와 내용, 국어 문제 발견하고 실천 양상 비판하기 등에 대해 다루게 됩니다. 중학교 1학년 때 다루는 품사에 대한 이해를 바탕으로 중학교 3학년 때 다루는 "문장의 짜임을 이해하고 표현 효과를 고려하여 문장을 구성한다" 성취기준에서 문장의 짜임과 문장 성분 학습으로 이어질 수 있도록 해야 합니다. 또한 내용 체계를 보면, 중학교 1학년 때 품사를 배우고 그 뒤에 품사를 다시 반복하여 배우지 않음을 염두에 두고 중학교 1학년 때 품사 학습이 충실히 이루어질 수 있도록 해야 합니다.

2) 2단계: 성취기준의 교수·학습 요소를 추출하고 교수·학습 전개를 구조화하기

2단계에서는 수업할 성취기준에 대한 교육과정의 지침을 확인해서 교수·학습 요소를 추출하고, 수업 시간에 펼칠 교수·학습의 전개를 구조화합니다. 이때, 교육과정의 '성취기준 해설'과 '성취기준 적용 시 고려 사항'까지 꼼꼼하게 살펴봐야 합니다. 이들은 교수·학습 방향 및 방법을 정하는 데에 도움이 되는 정보를 제공합니다. 예를 들어 초등학교의 문법 수업에서는 '말놀이, 신체 놀이, 수수께끼'를 이용할 수 있다거나 가치·태도 관련 성취기준의 수업에서는 '점검표, 관찰 기록표, 성찰 일지, 자기 보고서' 등 다양한 평가 도구를 제공할 수 있다는 내용이 담겨 있습니다. 이러한 점을 알고, 수업 디자인을 위한 성취기준 [9국04-03] "품사의 종류와 특성을 이해하고 국어 자료를 분석한다."와 관련된 교육과정 지침을 살펴서 교수·학습 요소를 추출하고 학습 활동을 디자인해 보고자 합니다.

〈표 3〉 교육과정 분석을 통한 [9국04-03]의 교수·학습 요소 추출하기

영역	문법	
대상 학년	중학교 1학년	
성취기준	[9국04- 03] 품사의 종류와 특성을 이해하고 국어 자료를 분석한다.	
내용 요소	지식·이해 [언어 단위] ①품사의 종류와 특성 과정·기능 [국어의 분석과 활용] ②기준에 따라 분류하고 분석하기	
(가) 성취기준 해설	• 이 성취기준은 ①품사의 종류와 특성을 이해하고 이를 바탕으로 ②다양한 국어 자료를 분석할 수 있는 능력을 기르기 위해 설정했다. ②품사 분류를 통해 우리말에 대한 이해의 폭을 넓힘은 물론 ③품사의 특성을 고려해 정확하고 적절하게 단어를 사용할 수 있도록 한다. 또한, ②-1문장을 단어별로 나누어 문장 안에서의 쓰임을 분석하거나, ④글이나 담화에 쓰인 단어의 정확성·적절성을 평가하거나, ⑤단어 부류의 빈도나 분포에 따라 글이나 담화의 특성을 간략히 기술하는 등, 품사 지식을 활용해 국어 자료의 특성을 간단히 분석해 봄으로써 품사가 국어 탐구를 위한 기초적이고 유용한 도구임을 이해하도록 한다.	⇨
(나) 성취기준 적용 시 고려 사항	• 품사를 지도할 때는 ㉮초등학교 3~4학년에서 학습한 지식을 심화·확장하되, 품사가 우리 주변의 국어 자료를 분석하는 기초적이고 유용한 도구라는 점에 주목하여 그 실용성을 인식할 수 있도록 한다.	

교수·학습 요소 추출하기

• 품사의 종류와 특성 이해하기

• 기준에 따라 분류하고 분석하기
 - 다양한 국어 자료를 분석하기(문장을 단어별로 나누어 문장 안에서의 쓰임 분석하기)
 - 품사 분류하기
 - 품사의 특성을 고려하여 정확·적절한 단어 사용하기
 - 문장을 단어별로 나누어 문장 안에서의 쓰임 분석하기
 - 글이나 담화에 쓰인 단어의 정확성·적절성 평가하기
 - 단어 부류의 빈도나 분포에 따라 글이나 담화의 특성 간략 기술하기

• 초등학교 3~4학년에서 학습한 지식 심화·확장하기

우선 위 '성취기준 해설'은 이 성취기준과 관련해서 구체적으로 어떤 내용을 다루거나 활동을 해야 하는지 안내하고 있습니다. ①에서 이 성취기준을 다룰 때에는 품사의 종류와 특성에 대한 이해를 기반으로 ②와 같이 기준에 따라 국어 자료를 분류, 분석하게 하는 것이 주요하므로 교수·학습 요소로 추출합니다. 이때 국어 자료 분석과 관련하여 ②-1과 같이 구체적인 분석 내용을 제시하고 있으므로 놓치지 않고 교수·학습 요소로 추출합니다. 그리고 ③품사의 특성을 고려한 정확하고 적절한 단어 사용, ④단어의 정확성·적절성 평가, ⑤단어 부류의 빈도나 분포에 따른 글이나 담화의 특성 기술과 같은 내용을 다루도록 조언하고 있으므로 교수·학습 요소로 추출합니다.

그리고 초등학교 3~4학년에서 학습한 지식과 연결해서 심화·확장된 학습이 이루어지게 하라는 지침에 유념하여 해당 학년에서는 어떤 성취기준을 다루는지 확인할 필요가 있습니다. 아래 〈표 4〉는 해당 성취기준과 관련 교육과정 지침을 제시한 것입니다.

<표 4> 품사 관련 초등학교 3~4학년군 성취기준

성취기준	[4국04-02] 단어를 분류하고 국어사전을 활용하여 능동적인 국어 활동을 한다.
내용 요소	지식·이해 [언어 단위] 단어의 분류 과정·기능 [국어의 분석과 활용] 언어 단위 관찰하고 분석하기 / 국어사전 활용하여 문제 해결하기
(가) 성취기준 해설	이 성취기준은 **단어에 대한 기본적인 이해**를 바탕으로 국어사전에서 단어를 찾고 국어사전에 수록된 **정보를** 활용하여 능동적인 국어생활을 할 수 있는 능력을 기르기 위해 설정했다. **명사, 동사, 형용사에 대한 기본적인 이해**를 바탕으로 하되, 상황에 따라 다양하게 해석되는 단어의 의미를 국어사전에서 찾을 수 있도록 동형이의어와 다의어가 국어사전에 수록된 방식을 이해하고, **동사와 형용사의 기본형과 활용형을** 구분할 수 있도록 한다. 또한 **국어사전**을 통해 단어의 표기, 발음, **품사, 의미, 용례 등 다양한 정보를 확인할 수 있음을** 이해하고, 단어의 정확한 발음과 표기를 국어사전에서 찾아 어법에 맞는 국어생활을 할 수 있도록 한다.

위 '성취기준 해설'을 보면 이 성취기준에서 학생들은 단어에 대한 기본적인 이해를 하게 되고, 사전에서 단어를 찾는 활동을 하게 됩니다. 그리고 국어 사전에서 동형이의어와 다의어를 확인하고, 사전에 제시되는 단어의 표기, 발음, 품사, 의미, 용례 등의 정보를 확인하여 단어의 정확한 발음과 표기에 대해서 배우게 됩니다. 단어에 대한 기본적인 이해가 있다는 점에서 조사를 단어로 인식할 것을 기대해볼 수 있습니다. 또한 명사, 동사, 형용사에 대해 배우고, 동사와 형용사의 경우 기본형과 활용형을 구분하는 것을 배우게 됩니다. 즉, 중학생들은 이미 품사 중 명사, 동사, 형용사에 대해 배운 바 있음에 포착하여, 이 점을 품사 제시 순서를 고민할 때 고려해야 할 것입니다. 그리고 중학생들은 동사와 형용사의 기본형과 활용형에 대해 배우게 되므로 품사를 설명할 때 가변어와 불변어에 대해서는 비교적 쉽게 소개할 수 있을 것이라 짐작할 수 있습니다.

따라서 중학교 1학년 때 "품사의 종류와 특성을 이해하고 국어 자료를 분석한다." 성취기준을 다룰 때에는 학생들이 초등학교 때 다루었던 단어, 명사, 동사, 형용사 등 배웠던 내용들을 다시금 상기하거나 복습할 수 있게 하면서 중학교 때 새롭게 배우게 되는 품사들에 대한 학습으로 심화되도록 할 필요가 있습니다. 이러한 점은 중학생들에게 품사를 어떤 순서에 따라 제시할 것인지, 품사를 분류하는 기준이 되는 단어의 의미, 형태, 기능 이 세 가지를 다루는 순서 등을 고민할 때 염두에 두어야 합니다.

자, 이제 위 <표 3>의 오른쪽에 추출해 둔 교수·학습 요소들을 바탕으로 어떻게 교수·학습을 전개해 나갈지 결정하는 과정을 살펴보겠습니다.

교수·학습 요소	교수·학습 전개 구조화
• ㉠품사의 종류와 특성 이해하기 • ㉡기준에 따라 분류하고 분석하기 – 다양한 국어 자료를 분석하기(문장을 단어별로 나누어 문장 안에서의 쓰임 분석하기) – ㉢품사 분류하기 – ㉣품사의 특성을 고려하여 정확·적절한 단어 사용하기 – ㉤문장을 단어별로 나누어 문장 안에서의 쓰임 분석하기 – ㉥글이나 담화에 쓰인 단어의 정확성·적절성 평가하기 – ㉦단어 부류의 빈도나 분포에 따라 글이나 담화의 특성 간략 기술하기 • ㉧초등학교 3~4학년에서 학습한 지식 심화·확장하기	① 품사와 관련된 사전 지식 확인하기 1) 단어의 정의와 기준 2) 문장을 단어 단위로 나누기 3) 국어 사전 활용하기 ② 품사의 종류와 특성 이해하기 1) 단어 분류 기준 '형태'와 불변어, 가변어의 어간·어미 2) 동사·형용사의 개념과 특성 3) 조사의 개념, 종류와 특성 4) 명사·대명사·수사의 개념과 특성 5) 관형사·부사의 개념과 특성 6) 감탄사의 개념과 특성 7) 단어 분류 기준 '기능'(체언, 관계언, 수식언, 독립언, 용언) 8) 품사 표 정리하기 ③ 기준에 따라 분류하고 분석하기 1) 문장에서 단어를 분석하여 올바른 품사로 분류하기 2) 품사 통용 자료를 분석하여 올바른 품사로 분류하기 3) 글이나 담화를 분석하여 단어의 정확성·적절성 평가하고 올바르게 고쳐서 사용하기 4) 품사를 기준으로 단어 부류의 빈도나 분포를 분석하여 글이나 담화의 특성을 짧은 글로 설명해 보기

먼저, ㉧에 따라 우선적으로 중학교 1학년생들이 품사와 관련하여 가지고 있는 사전 지식을 확인하는 단계를 두고자 합니다. 이는 학생들이 이전에 배운 내용을 상기하는 것이기도 하면서, 만약 사전 지식이 없는 상태라면 복습을 하면서 기초적으로 필요한 내용을 학습시키기 위해서입니다. 이때에는 단어의 정의와 단어가 되는 기준을 짚고, 문장을 단어로 나누어 보면서 단어의 정의를 적용하며, 앞에서 살펴보았듯 초등학교 3~4학년군 때 다루었던 국어 사전을 활용해 학생들이 가지고 있는 품사에 관한 사전 지식을 확인하고자 합니다(교수·학습 전개 ①).

그런 다음 ㉠품사의 종류와 특성을 이해하는 단계를 다루고자 합니다. 이 과정에서 ㉢과 같이 단어들을 자연스럽게 9개 품사로 구분하고, 그 분류 기준을 학습할 수 있도록 합니다. 이때 9개의 품사를 어떤 순서에 따라 제시할지 고민할 필요가 있습니다. 앞에서 언급했듯이, 흔히 문법 개론서에서 품사를 제시하는 순서에 따라 제시하는 것보다는 중학교 1학년생에게 이미 노출된 적이 있는 명사, 동사, 형용사를 먼저 제시하고, 교수·학습이 전개되는 속에서 학생들이 이해를 쉽게 할 수 있는 품사를 우선적으로 제시할 필요가 있습니다. 이때에도 해당 품사에 대한 이해를 토대로 다음 번에 제시되는 품사에 대한 이해를 도모하는 등 제시 순서에 대해 고민할 필요가 있습니다. 중학생들이 이미 배운 명사, 동사, 형용사 중 동사, 형용사와 가변어, 불변어 즉 단어를 분류하는 형태를 먼저 제시할 것을 제안합니다. 왜냐하면 중1 학생들은 초등학교 때 국어 사전을 찾으면서 동사와 형용사의 기본형과 활용형 및 명사에 대해 배웠으므로 어떤 단어 중에는 형태가 바뀌는 것과 바뀌지 않는 것이 있다는 이전 학습 경험을 동원하면 비교적 쉽게 학습할 수 있다고 생각하기 때문입니다. 그리고 ①-2) 과정에서 문장을 단어로 나누는 활동을 하다 보면 학생들이 명사와 붙어 있는 조사를 따로 떼 내지 못하고 명사+조사를 하나의 단어로 인식하는 경우가 있는데, 이런 점을 활용해 동사와 형용사 다음으로 조사를 제시하고자 합니다. 그런 다음 학생들에게 이미 익숙한 명사를 필두로 하여 대명사, 수사를 제시합니다. 동사·형용사를 수식할 수 있는 부사와 명사·대명사·수사를 수식할 수 있는 관형사를 제시하며, 마지막으로 다소 독립적인 특성을 가지는 감탄사를 소개하고자 합니다. 9품사를 모두 이해한 뒤에 단어 분류 기준 중 하나인 기능에 대해 다룹니다. 이는 학생들이 9개 품사를 순차적으로 모두 이해한 뒤에 이들이 하는 기능에 따라 분류되는 바(체언, 관계언, 수식언, 독립언)를 학습할 수 있게 하기 위해서입니다(교수·학습 전개 ②).

9품사에 대한 이해를 바탕으로 마지막으로 ⓒ, ⓓ, ⓔ, ⓜ, ⓗ과 같은 분류와 분석 등의 활동이 이어지게 하고자 합니다. 문장에서 품사 분류하기, 품사통용을 품사로 분류하기, 단어의 정확성·적절성 평가 및 사용, 단어 분류의 빈도와 분포 분석을 짧은 글로 설명해 보기 순으로 활동 난도가 심화된다고 판단했습니다(교수·학습 전개 ③).

이렇게 함으로써 중학교 1학년생의 품사 관련 사전 지식 확인 → 새로운 품사를 포함하여 9품사에 대한 이해(이해) → 9품사에 대한 이해를 바탕으로 국어 자료 분석(적용) 단계로 나아가는 교수·학습 전개를 하고자 합니다.

3) 3단계: 학급 특성을 고려하여 교수·학습 활동을 구체화하면서 차시 구분하기

이제 앞에서 제시한 교수·학습 전개를 차시로 구분하고, 학급 정보에 맞게 학습 활동을 구체적으로 구안해 보고자 합니다.

학년/학기	중학교 1학년/ 1학기
학생 수	24
학급 특성	① 문법 진단평가를 했을 때, 초등학교 때 배운 내용에 대한 이해도가 떨어진다. ② 문법 영역 성적이 우수한 학생이 4명, 보통 수준이 10명, 미흡한 수준이 10명으로 구분된다. ③ 상위권 학생들은 수업 중 활동 과제가 쉬우면 금방 해결하고 엎드리거나 쉽게 지루해 한다. ④ 서로 모르는 것을 물어보는 관계가 잘 형성되어 있지 않다.

먼저 [학급 정보] ①을 감안하면 학생들이 초등학교의 교육 내용을 모두 알고 있다는 전제에서 출발하기 어렵습니다. 그래서 품사 수업의 시작 단계에서 품사를 배우기 위한 선행 지식을 채울 수 있도록 해야 합니다. [4국04-02]에서 확인했던 내용과 단어의 형성 방법에서 배운 내용을 품사 수업 시 필요한 내용으로 묶어서 1차시에 제시하고자 합니다.

②를 고려하여 학생들에게 제시할 과제의 난도를 조정해야 합니다. 학생들의 수준 차이가 상당하며 중·하위권 학생이 많으므로 매시간 학생들이 수업에서 활용해야 하는 지식을 온전히 갖췄다고 가정하기 어렵습니다. 탐구를 할 때 개념을 온전히 이해했다는 전제에서 수업을 진행한다면 중·하위권 학생들은 문법 탐구 과제를 어려워할 것입니다. 이 경우, 그 개념들을 교사가 모두 반복적으로 설명하는 방식으로 과제의 난도를 조절하려고 할 수 있습니다. 그러나 중·하위권 학생들은 교사의 설명이 길어질수록 수업에서 벗어나려고 합니다. 그 대안으로 교사의 설명을 자료로 대신하여 제시하고, 이를 '설명 상자'라고 부르고자 합니다. 모든 수업마다 탐구를 할 때 활용해야 하는 개념은 활동지 내에 맨 앞에 설명 상자로 제공합니다. 교사가 말로 한 번 설명하면 다시 찾아볼 수 없으나 자료로 제공한다면 학생들이 계속해서 확인할 수 있습니다. 이는 중·하위권 학생에게 필요한 개념을 반복적으로 노출시키는 효과도 있습니다. 탐구 활동을 진행하면서 설명 상자를 계속해서 참고해야 하므로 중·하위권 학생들이 개념을 반복적으로 확인해서 자연스럽게 습득하는 것을 유도할 수 있습니다. 또한 수업 중 학생들의 질문이나 탐구 오류에 대해 피드백할 때, 학생들에게 필요한 내용을 말로 설명하지 않고 설명 상자를 가리키는 것만으로 필요한 정보를 충분히 제공할 수 있습니다.

②와 같이 학급 내 성적 차이가 상당하고 상위권이 적을 때, 대개 중·하위권에게 맞추어 과제를 쉽게 설정합니다. 그러나 ③을 보면 상위권 학생들이 수업에 흥미를 잃을 수 있으므로 상위권 학생

에게도 도전이 될 만한 과제를 부여함으로써 배울 기회를 제공해야 해야 합니다. 이렇게 하면 상위권 학생들이 다양한 의견을 받아들여 문제를 해결하기 위해서 중·하위권 학생들에게 물어보는 등 협력적으로 배우는 관계가 형성되고, 배움의 즐거움을 느낄 수 있습니다. 이때 처음부터 어려운 과제를 제시하면, 중·하위권 학생들이 흥미를 잃을 수 있으니 점차 난도를 올려가는 방식으로 수업을 디자인해야 합니다. 그래서 수업 주제를 확인한 후 쉬운 과제를 모둠에서 해결하고 반 전체와 공유하는 데에 15분, 탐구 과제를 모둠에서 해결하고 반 전체와 공유하는 데에 15분, 어려운 과제를 모둠에서 해결하고 반 전체와 공유하는 데에 15분이 적절해 보이며, 이는 수업 상황에 따라 유연하게 조절할 수 있습니다. 또한 탐구를 할 때 활용해야 하는 개념이 설명 상자로 주어진다면, 교사의 설명을 듣고 이해해야 한다는 부담 없이 설명 상자를 반복적으로 참고하면서 난도가 높은 과제도 해볼 만하다는 도전 의욕을 불러일으킬 수 있습니다.

④와 같이 학생들이 서로 모르는 것을 물어보는 관계가 덜 형성되어 있는 상황에서 모둠이 아닌 개인의 과제로 제공하는 방식을 선택하기도 합니다. 하지만 개인 과제로 제공하면 교사가 모든 학생의 질문과 어려운 점을 해소해줄 수 없게 됩니다. 따라서 학생들 간 관계를 형성하도록 유도하여 서로에게 묻고 답하는 방향으로 수업하고자, 모둠 활동으로 디자인하려고 합니다. 이는 학생이 배우면서 어려운 점을 해결할 수 있는 상황을 만들어 주려는 것입니다. 학생들이 모든 활동을 모둠에서 진행하여 서로 묻고 답하는 방식에 익숙해지게 할 수 있습니다. 이렇게 반복된 수업 상황을 통해 모둠 속에서 서로 물어볼 수 있는 안전한 관계가 형성되면 동료 평가가 자연스럽게 이루어지고, 학생들이 직접 구성한 지식이 타당한지를 모둠에서 1차적으로 따져볼 수 있는 장점이 생깁니다. 또한 교사가 모둠을 돌아다니며 서로에게 묻고 답하는 모습에서 학생들의 탐구 방법을 관찰하여 형성적 피드백을 수월하게 할 수 있고, 2차적으로 학생의 대화에서 포착되는 오개념을 줄여 줄 수 있는 기회가 더 많아지게 됩니다.

이제 학급 정보를 감안하여 위 〈표 5〉에서 제시한 교수·학습 전개를 교수·학습 활동으로 구체화하고 차시를 구분해 보겠습니다.

<표 6> 문법 [9국04-03] 수업의 교수·학습 활동 구체화와 차시 구분

교수·학습 단계	교수·학습 활동	시간	차시	준비물
① 품사와 관련된 사전 지식 확인하기	1) 단어의 정의와 기준 • 설명 상자를 통해 단어 이해하기 − 단어의 정의 − 단어의 기준 • 주어진 단어가 단어인지 설명 상자를 참고하여 판단하기	15분	1	활동지 국어사전 (스마트폰 웹사전)
	2) 문장을 단어 단위로 나누기 • 주어진 여러 문장을 단어 단위로 나누기 − 2~3어절로 구성된 문장부터 4어절 이상으로 구성된 문장으로 확대 − 조사가 생략된 문장부터 조사가 붙은 문장으로 확대 − 활용형이 없는 문장부터 활용형이 있는 문장으로 확대	15분		
	3) 국어 사전 활용하기 • 주어진 여러 문장을 단어 단위로 나눈 것을 국어 사전을 통해 확인하기(검색하기) • '조사'의 국어 사전 결과를 통해서 단어의 개념에서 '조사'에 해당하는 부분 찾기 • 동사·형용사 활용형의 국어 사전 결과를 통해서 동사·형용사의 특징 정리하기	15분		
② 품사의 종류와 특성 이해하기	1) 단어 분류 기준 '형태'와 불변어, 가변어의 어간·어미 • 설명 상자를 통해 단어 분류 기준 '형태'에 대해 알고, '불변어', '가변어'의 개념 이해하기 • 주어진 단어를 불변어와 가변어로 나누기 • 주어진 문장에서 몇 개의 단어가 사용되었는지 파악하고, 용언의 활용형과 체언과 조사 결합을 불변어로 볼 것인지, 가변어로 볼 것인지 토의하기 2) 동사·형용사의 개념과 특성 • 설명 상자를 통해 동사·형용사와 그 특성 이해하기 • 동사·형용사 분류하기 • 품사 통용 형동류 탐구하기 • 긴 글에서 동사·형용사 탐구하기 3) 조사의 개념과 특성 • 설명 상자를 통해 조사와 그 특성 이해하기 • 주어진 자료에서 조사 찾기 • 주어진 자료에서 조사의 특징 탐구하기 • 주어진 자료에서 '이다'의 특징 탐구하기 4) 조사의 종류와 특성 • 설명 상자를 통해 조사의 종류 이해하기 • 주어진 자료에서 격조사의 특징 탐구하기 • 주어진 자료에서 보조사의 특징 탐구하기 • 격조사, 보조사, 접속조사 분류하기 5) 명사·대명사·수사의 개념과 특성 • 설명 상자를 통해 명사·대명사·수사와 그 특성 이해하기 • 명사·대명사·수사 분류하기 • 추상명사, 구체명사, 의존명사 탐구하기 • 긴 글에서 명사·대명사·수사 탐구하기	매 차시 45분	2~9	활동지

	6) 관형사·부사의 개념과 특성 • 설명 상자를 통해 관형사·부사와 그 특성 이해하기 • 주어진 자료에서 관형사·부사의 특징 탐구하기 • 관형사·부사 분류하기 • 긴 글에서 관형사·부사 탐구하기 7) 감탄사의 개념과 특성, 단어 분류 기준 '기능'(체언, 관계언, 수식언, 독립언, 용언) • 설명 상자를 통해 감탄사와 그 특성 이해하기 • 주어진 자료에서 감탄사의 특징 탐구하기 • 설명 상자를 통해 단어 분류 기준 '기능' 이해하기 • 9품사를 기능에 따라 묶어보기 • 체언, 관계언, 수식언, 독립언, 용언 분류하기 8) 품사 체계 정리하기 • 형태, 기능, 의미에 따라 품사의 종류를 체계화하고 특성을 설명하여 정리하기			
③ 기준에 따라 분류하고 분석하기	1) 문장에서 단어를 분석하여 올바른 품사로 분류하기 • 설명 상자를 통해 품사 분류 기준과 아홉 가지 품사를 체계적으로 확인하기 • 문장에서 단어 단위로 나눈 뒤 각 단어를 분석하여 기능 기준에 따라 분류하기 • 문장에서 단어 단위로 나눈 뒤 각 단어를 분석하여 의미 기준에 따라 분류하기 2) 문장에서 품사 통용을 분석하여 올바른 품사로 분류하기 • 품사 통용 명감류 분석하고 분류하기 • 품사 통용 명부류, 명관류 분석하고 분류하기 • 품사 통용 수관류 분석하고 분류하기 • 품사 통용 명조류 분석하고 분류하기 • 품사 통용 관대류 분석하고 분류하기 • 품사의 특성을 정리하여 분류하는 방법 탐구하기 3) 글이나 담화를 분석하여 단어의 정확성·적절성 평가하고 올바르게 고쳐서 사용하기 • 글에서 띄어쓰기 오류를 분석하여 문제점 찾아서 평가하기 • 띄어쓰기를 올바르게 고치고 그 이유를 품사의 특성을 참고하여 설명하기 • 글이나 담화에서 문장 구성이 어색한 자료를 분석하여 문제점 찾아서 평가하기 • 문장 구성이 어색한 것을 올바르게 고치고 그 이유를 품사의 특성을 참고하여 설명하기 4) 품사를 기준으로 단어 부류의 빈도나 분포를 분석하여 글이나 담화의 특성을 짧은 글로 설명해 보기 • 주어진 글과 담화에서 단어 부류의 빈도나 분포 분석하여 설명하기 • 단어 부류의 빈도나 분포의 이유를 탐구하기	매 차시 45분	10~13	활동지

위와 같이 구체적인 학습활동을 구성한 뒤에 문법 수업에 필요한 국어 자료를 찾아야 합니다. 이때 국어 자료는 교과서에서 제시한 자료를 그대로 사용할 수 있고, 학생들의 흥미와 관심에 부합하는 국어 자료를 추가할 수 있습니다. 하지만 교과서에서 제시한 국어 자료를 검토하거나 일상 속 자료를 활용할 때 전형적인 특징을 보여주는 자료인지 따져봐야 합니다. 예를 들어, '빨간'이라는

단어를 제시하고 형태가 바뀌는 부분과 바뀌지 않는 부분을 나누라고 했을 때, 학생들은 '빨'과 '간'으로 나누는 오류를 범할 수 있습니다. 학생들은 '빨간'을 분석하기 위해 '불규칙 용언'과 관련된 지식이 있어야 합니다. '빨간'은 '빨갛-'과 '-ㄴ'으로 나누기 어렵다는 점에서 '붉-'과 '-은'으로 나누기 쉬운 '붉은'이 학생들이 이해하기에 더 전형적인 예시가 됩니다. 즉 다른 지식이 개입할 여지가 없는지 판단하여 전형적인 특징을 배울 수 있는 국어 자료를 활용해야 합니다.

1차시: 품사와 관련된 사전 지식 확인하기

① 설명 상자에 '단어의 정의'와 '단어 구분 기준'을 제시하고, 그 기준에 따라 단어에 해당하는 예시와 단어에 해당하지 않는 예시를 학생들이 이해하게 하고자 합니다. 품사를 배우기 전이므로 초등학교 3~4학년 때 배운 내용과 중학교의 '단어의 형성 방법'에서 배운 내용을 환기하는 수준에서 단어의 정의와 예시를 제시합니다. 그리고 기초 활동으로 설명 상자 속 예시와 수준이 비슷한 자료를 제시하여 모둠에서 단어에 해당하는 것와 단어가 아닌 것들을 판단하게 합니다. 교사는 모둠을 돌아다니면서 학생들의 대화를 듣고 어떤 학생의 답변을 공유시킬 것인지 정리해 둡니다. ⅔가 활동을 끝내면 어떻게 생각했는지 학생 한 명 한 명을 짚어가면서 답변을 전체적으로 공유할 수 있습니다. 이때 교사는 전체적으로 공유하는 과정에서도 탐구가 될 수 있도록 학생들의 의견에 또 다른 의견을 이어서 보강하는 방식으로 답변이 점차 타당성을 갖춰가는 흐름으로 전개합니다.

② 앞에서 단어를 다루었다면, 두 번째 탐구 활동에서는 문장 단위 자료를 제시합니다. 학생들은 앞선 설명 상자를 바탕으로 문장에서 단어 단위로 쪼개어 봅니다. 처음에는 2~3어절로 구성된 문장과 조사가 생략되어 나누기 쉬운 것을 탐구 활동으로 제시하고, 두 번째에는 2~3어절 이상으로 구성된 문장과 조사가 붙어 있어 단어로 나누기 어려운 문장을 제시해 과제의 난이도를 올려서 심화 활동을 제시합니다. 이때 체언에 조사가 결합한 경우를 하나의 단어로 인식하는 학생을 따로 지도하지 않고 다음 활동으로 넘어갑니다. 다음 활동에서 학생 스스로 이 부분을 조정할 기회를 마련하기 때문입니다.

③ 앞서 문장을 단어로 쪼갠 것을 사전을 찾아보며 등재되어 있는지 확인합니다. 등재되어 있는 것은 단어이며, 등재되지 않은 것은 단어가 아님을 학생들이 깨달을 수 있습니다. 이때 학생들이 알게 된 것들을 모둠을 돌아다니면서 관찰하여 전체적으로 공유합니다. '체언에 조사가 결합한 경우를 사전에서 찾아보거나 검색하면서 조사를 따로 나누어서 단어로 파악해야

하는 것', '조사도 단어라는 것', '용언의 활용형을 사전에서 찾을 때에는 기본형으로 바꾸어야 하는 것'을 깨달은 학생의 말을 전체 학생에게 공유하여 용언의 특성을 가르칠 수 있습니다. 종이 사전이 아닌 인터넷 사전을 이용할 때는 활용형을 검색해도 기본형으로 등재된 것을 확인하고, 왜 기본형으로 나오는지 되물어봄으로써 기본형의 필요성을 이해시킬 수 있습니다.

2-9차시: 품사의 종류와 특성 이해하기

① 단어 분류 기준 중 형태에 따라 불변어와 가변어로 나눌 수 있다는 것을 이해시키고, 이를 제시한 설명 상자를 읽게 할 수 있습니다. 그리고 학생 수준에 맞는 단어를 제시하여 모둠별로 불변어와 가변어를 나눠보게 하고 나뉘지 않는 것은 불변어로, 나뉘는 것은 가변어로 분류하게 합니다. 이어서 어절, 문장 순으로 심화시킨 국어 자료를 제시하고 모둠에서 토의하여 불변어와 가변어로 나누게 합니다. 이때 체언과 조사를 결합한 어절을 가변어로 파악한 학생의 의견과 체언과 조사를 나누고 불변어로 파악한 학생의 의견을 전체 학생과 공유한 뒤, 어느 학생의 의견이 타당한지 모둠에서 토의하게 합니다. 자료를 분석하고 서로의 의견을 주고받으며 타당성을 확보하는 탐구 과정이 원활하게 일어나면 수업이 활발해집니다. 타당성을 확보하기 위해 이전 차시에서 배운 내용을 연결할 수 있고, 단어의 개념 중 '자립할 수 있는 말 뒤에 붙어서 쉽게 분리되는 말'에 초점을 맞추도록 할 수 있습니다.

② 〈표 6〉의 '2-2)'의 동사·형용사부터 '2-7)'의 감탄사 및 기능에 따른 분류까지 수업하는 방식은 2차시의 흐름과 동일합니다. 학생들에게 개념을 반복적으로 노출시키기 위해서 설명 상자를 이용하여 개념 이해를 돕고, 동사·형용사의 개념에 대한 이해를 바탕으로 주어진 기초 활동을 수행하여 많은 예시를 제공하고, 탐구 활동을 통해 지식을 활용하여 답을 찾아가며 본인만의 지식으로 재구성하고, 심화 활동에서 보다 어려운 과제를 탐구함으로써 그 지식을 심화시키도록 합니다. 그 심화 활동을 디자인할 때 동사·형용사에서 품사 통용의 사례, 조사에서는 서술격 조사 '이다' 등 의견이 엇갈려 활발한 탐구가 이루어질 수 있는 내용을 선정할 수 있습니다.

③ 〈표 5〉의 교수·학습 전개 구조화에서 '2-3) 조사의 개념, 종류와 특성'을 〈표 6〉의 교수·학습 활동에서는 '3) 조사의 개념과 특성'(4차시)과 '4) 조사의 종류와 특성'(5차시) 2차시로 나누어 제시했습니다. 이는 조사 개념이 난도가 높고 학습 내용이 많아서 학생들이 이해하는 데에 시간이 더 걸린다고 판단했기 때문입니다. 반면에 〈표 5〉의 '2-6) 감탄사의 개념과 특성'와 '2-7) 단어 분류 기준 '기능'(체언, 관계언, 수식언, 독립언, 용언)'은 하나로 합쳐서 8차시로 제

시했습니다. 이는 감탄사 개념이 난도가 낮고, 기능 분류 기준이 이전 차시에서 품사마다의 특징으로 다뤄지므로 시간이 적게 걸린다고 판단했기 때문입니다.

④ 모든 품사의 종류와 특성을 배우고 활동지에 하나의 표를 제시하여 체계적으로 정리하는 활동으로 마무리합니다. 이 차시는 품사의 종류와 특성을 형성 평가하는 수업으로 진행합니다. 지난 활동지를 모두 참고하여 '품사 체계표'를 완성함으로써 교사는 학생들이 어디에서 오개념이 발생하는지, 어떤 점을 피드백해야 하는지 확인할 수 있고, 학생들은 지난 시간의 내용을 다시 확인함으로써 복습하고, 자신의 부족한 지점을 채울 수 있습니다. 학생이 직접 표를 채워 나가면서 문법의 체계를 깨닫게 될 수 있습니다. 또한 체계적으로 정리한 활동지는 뒤에서 기준에 따라 분류하고 분석하는 활동에서 참고할 수 있는 설명 상자가 되며, 교사의 설명을 대신하여 학생들이 언제든지 참고할 수 있는 자료로서 기능합니다.

10~13차시: 기준에 따라 분류하고 분석하기

① 10차시에는 앞에서 배운 내용을 활용하여 주어진 단어들을 형태, 기능, 의미 기준에 따라 분류하는 활동을 합니다. 이 차시는 품사의 종류와 특성을 이해했는지에 대해 형성평가를 하는 것으로 수업을 진행할 수 있습니다. 주어진 단어를 올바른 품사로 분류하게 하고, 이 과정에서 학생들이 어떤 품사를 어려워하는지 파악합니다. 11~13차시에서 품사 통용을 분석하고 단어의 정확성·적절성을 평가하고 단어 부류의 빈도나 분포를 분석하기 전에 10차시에서 학생들이 품사의 개념과 특성을 알고 있는지를 진단할 필요가 있습니다. 진단 과정에서 학생들이 품사의 개념과 특성에 대한 이해가 미비하여 계획된 11~13차시로 넘어가기 어렵다면, 교사가 학생들에게 재설명하거나 이해가 미비한 품사에 대해 가르치는 추가 차시를 넣어서 복습시킬 수 있습니다.

② 11차시에는 주어진 문장에서 같은 형태의 단어가 어떤 품사인지 분석하게 합니다. 품사 통용은 같은 형태를 띠므로 학생들이 쉽게 혼동할 수 있으나, 품사의 특성에 대한 명확한 이해가 기반이 된다면 쉽게 구분할 수 있습니다. 즉 품사 통용에 해당하는 사례를 분석하여 올바른 품사로 분류하는 것은 품사 특성에 대한 이해를 심화할 수 있는 활동입니다. 마지막 활동으로 학생들이 분류하는 방법을 탐구하여 품사의 특성을 재정리하게 할 수 있습니다.

③ 글이나 담화에 쓰인 단어의 정확성·적절성을 품사를 기준으로 평가하기는 학생들이 보다 쉽게 다가갈 수 있는 띄어쓰기를 평가하고 고치는 활동으로 시작합니다. 예를 들어, '만큼'의

띄어쓰기가 제대로 이루어지지 않은 것을 평가하고, 앞에 체언이 있어 조사로 쓰일 때는 붙여 쓰도록 하고, 앞에 꾸며주는 말이 있어 의존명사로 쓰일 때는 띄어 쓰도록 하는 활동입니다. 그리고 문장 구성을 평가하고 고치는 활동으로 넘어갑니다. 예를 들어, 부사가 용언 앞에 있지 않아 어색한 경우, 관형어가 체언 앞에 있지 않아 어색한 경우 등을 제시하여 평가하고 이를 꾸밈을 받는 대상과 어울리게 고치는 활동입니다.

④ 마지막으로 글이나 담화에서 품사의 분포도가 상이한 것을 탐구하는 활동을 합니다. 이때 자료로 '대화', '연극 대본', '뉴스 제목', '신문 기사'를 제시할 수 있습니다. 대화에서 하고 싶은 말을 강조하기 위해 쓰이는 부사 사용, 연극 대본에서 감정 전달을 위한 감탄사 사용, 뉴스 제목과 신문 기사에서 중요 내용 전달을 위한 명사 사용을 탐구할 수 있도록 지도합니다. 이를 통해 문장 단위를 넘어서 일상생활 속의 품사 사용의 빈도를 분석하여 품사의 특징을 일상의 국어 자료에 접목하여 이해하게 합니다.

〈표 7〉 성취기준 [9국04-03]에 기초한 수업 디자인의 절차

성취기준	[9국04-03] 품사의 종류와 특성을 이해하고 국어 자료를 분석한다.		
내용요소	• 지식·이해[언어단위] 품사의 종류와 특성, • 과정·기능[국어의 분석과 활용] 기준에 따라 분류하고 분석하기		
교수·학습 요소	교수·학습 전개	교수·학습 활동 구체화	차시

	① 품사와 관련된 사전 지식
	1) 단어의 정의와 기준
	2) 문장을 단어 단위로 나누기
	3) 국어 사전 활용하기
		1) 단어의 정의와 기준
		• 단어 설명 상자 읽기
		  – 단어의 정의
		  – 단어의 기준
		• 주어진 단어가 단어인지 설명 상자를 참고하여 판단하기
		
		2) 문장을 단어 단위로 나누기
		• 주어진 여러 문장을 단어 단위로 나누기
		  – 2~3어절로 구성된 문장부터 4어절 이상으로 구성된 문장으로 확대
		  – 조사가 생략된 문장부터 조사가 붙은 문장으로 확대
		  – 활용형이 없는 문장부터 활용형이 있는 문장으로 확대
		
		3) 국어 사전 활용하기
		• 주어진 여러 문장을 단어 단위로 나눈 것을 국어 사전을 통해 확인하기(검색하기)
		• '조사'의 국어 사전 결과를 통해서 단어의 개념에서 '조사'에 해당하는 부분 찾기
		• 동사·형용사 활용형의 국어 사전 결과를 통해서 동사·형용사의 특징 정리하기
			1

• 품사의 종류와 특성 이해하기 • 기준에 따라 분류하기하고 분석하기 – 다양한 국어 자료를 분석하기(문장을 단어별로 나누어 문장 안에서의 쓰임 분석하기) – 품사 분류하기 – 품사의 특성을 고려하여 정확·적절한 단어 사용하기 – 문장을 단어별로 나누어 문장 안에서의 쓰임 분석하기 – 글이나 담화에 쓰인 단어의 정확성·적절성 평가하기 – 단어 부류의 빈도나 분포에 따라 글이나 담화의 특성 간략 기술하기 • 초등학교 3~4학년에서 학습한 지식 심화·확장하기	② 품사의 종류와 특성 이해하기 1) 단어 분류 기준 '형태'와 불변어, 가변어의 어간·어미 2) 동사·형용사의 개념과 특성 3) 조사의 개념, 종류와 특성 4) 명사·대명사·수사의 개념과 특성 5) 관형사·부사의 개념과 특성 6) 감탄사의 개념과 특성 7) 단어 분류 기준 '기능'(체언, 관계언, 수식언, 독립언, 용언) 8) 품사 표 정리하기	1) 단어 분류 기준 '형태'와 불변어, 가변어의 어간·어미 • 설명 상자를 통해 단어 분류 기준 '형태'에 대해 알고, '불변어', '가변어'의 개념 이해하기 • 주어진 단어를 불변어와 가변어로 나누기 • 주어진 문장에서 몇 개의 단어가 사용되었는지 파악하고, 용언의 활용형과 체언과 조사 결합을 불변어로 볼 것인지, 가변어로 볼 것인지 토의하기 2) 동사·형용사의 개념과 특성 • 설명 상자를 통해 동사·형용사와 그 특성 이해하기 • 동사·형용사 분류하기 • 품사 통용 형동류 탐구하기 • 긴 글에서 동사·형용사 탐구하기 3) 조사의 개념과 특성 • 설명 상자를 통해 조사와 그 특성 이해하기 • 주어진 자료에서 조사 찾기 • 주어진 자료에서 조사의 특징 탐구하기 • 주어진 자료에서 '이다'의 특징 탐구하기 4) 조사의 종류와 특성 • 설명 상자를 통해 조사의 종류 이해하기 • 주어진 자료에서 격조사의 특징 탐구하기 • 주어진 자료에서 보조사의 특징 탐구하기 • 격조사, 보조사, 접속조사 분류하기 5) 명사·대명사·수사의 개념과 특성 • 설명 상자를 통해 명사·대명사·수사와 그 특성 이해하기 • 명사·대명사·수사 분류하기 • 추상명사, 구체명사, 의존명사 탐구하기 • 긴 글에서 명사·대명사·수사 탐구하기 6) 관형사·부사의 개념과 특성 • 설명 상자를 통해 관형사·부사와 그 특성 이해하기 • 주어진 자료에서 관형사·부사의 특징 탐구하기 • 관형사·부사 분류하기 • 긴 글에서 관형사·부사 탐구하기 7) 감탄사의 개념과 특성, 단어 분류 기준 '기능'(체언, 관계언, 수식언, 독립언, 용언) • 설명 상자를 통해 감탄사와 그 특성 이해하기 • 주어진 자료에서 감탄사의 특징 탐구하기 • 설명 상자를 통해 단어 분류 기준 '기능' 이해하기 • 9품사를 기능에 따라 묶어보기 • 체언, 관계언, 수식언, 독립언, 용언 분류하기 8) 품사 체계 정리하기 • 형태, 기능, 의미에 따라 품사의 종류를 체계화하고 특성을 설명하여 정리하기	2~9

③ 기준에 따라 분류하고 분석하기 1) 문장에서 단어를 분석하여 올바른 품사로 분류하기 2) 품사 통용 자료를 분석하여 올바른 품사로 분류하기 3) 글이나 담화를 분석하여 단어의 정확성·적절성 평가하고 올바르게 고쳐서 사용하기 4) 품사를 기준으로 단어 부류의 빈도나 분포를 분석하여 글이나 담화의 특성을 짧은 글로 설명해 보기	1) 문장에서 단어를 분석하여 올바른 품사로 분류하기 • 단어의 종류와 특성 설명 상자 읽기 • 주어진 단어를 기능 기준에 따라 분류하기 • 주어진 단어를 의미 기준에 따라 분류하기 2) 품사 통용 자료를 분석하여 올바른 품사로 분류하기 • 품사 통용 명감류 분석하고 분류하기 • 품사 통용 명부류, 명관류 분석하고 분류하기 • 품사 통용 수관류 분석하고 분류하기 • 품사 통용 명조류 분석하고 분류하기 • 품사 통용 관대류 분석하고 분류하기 • 품사의 특성을 정리하여 분류하는 방법 탐구하기 3) 글이나 담화를 분석하여 단어의 정확성·적절성 평가하고 올바르게 고쳐서 사용하기 • 글에서 띄어쓰기 오류를 분석하여 문제점 찾기 • 띄어쓰기를 올바르게 고치고 그 이유를 품사의 특성을 참고하여 설명하기 • 글이나 담화에서 문장 구성이 어색한 자료를 분석하여 문제점 찾기 • 문장 구성이 어색한 것을 올바르게 고치고 그 이유를 품사의 특성을 참고하여 설명하기 4) 품사를 기준으로 단어 부류의 빈도나 분포를 분석하여 글이나 담화의 특성을 짧은 글로 설명해 보기 • 주어진 글과 담화에서 단어 부류의 빈도나 분포 분석하여 설명하기 • 단어 부류의 빈도나 분포의 이유를 탐구하기	10~13

4) 4단계: 한 차시를 선택해 교수·학습 과정안을 작성하고 실행하기

이번 단계에서는 13차시 중에 한 차시를 골라 교수·학습 과정안을 작성해 보려 합니다. 〈표 7〉의 3차시에 해당하는 수업을 대상으로 1차시 45분을 기준으로 아래 지도안과 같이 제시해 보았습니다. 특히 교수·학습 활동에서 교사의 발화에 따른 수업 흐름을 구체화했습니다. 학생이 어떻게 배우는지 드러내고 수업의 흐름을 상상해볼 수 있도록 학생의 예상 반응을 넣었으나, 이는 계획대로 되지 않을 수 있음을 인지하고 학생의 반응마다 어떻게 교사가 대응할 것인지 고민해야 합니다.

단원 학습목표	1. 품사의 종류와 특성을 이해하고 국어 자료를 분석할 수 있다.			
차시 학습목표	1. 동사·형용사의 개념과 특성을 이해할 수 있다. 2. 주어진 자료를 특성에 따라 분석하여 분류할 수 있다.			
학습단계		교수·학습 활동	자료 및 기타	시간
* 도입	학습 동기 유발	▷ 동기 유발: 지적 갈등을 제공하여 탐구심 유발하기 - 오늘은 동사와 형용사에 대해서 배우려고 합니다. 동사랑 형용사는 영어 시간에도 많이 사용하고 있는 용어입니다. - 그렇다면 (칠판에 적으면서) '크다'는 동사일까요? 형용사일까요? 궁금한 거는 물어봐도 괜찮습니다. + 학생들이 동사, 형용사가 무엇인지 질문할 때 '동작이나 움직임'를 알려주는 것은 동사, '성질이나 상태'를 알려주는 것은 형용사로 안내한다. + 크다가 동사일지, 형용사일지 대답하면 그 이유를 물어본다. 또한 질문에 따른 정답을 밝히지 않고, 의견을 듣는다.	▶ 지적 호기심 갖기 - 동사 또는 형용사에 대해서 질문한다. ▶ 교사의 질문에 대해 대답하기 - '크다'가 동사일지, 형용사일지 이유를 들어 대답한다.	칠판	3분
		"크다는 형용사일 것 같아요." - 왜요? "크다는 영어로 big이니까, big은 형용사에요" - 다르게 생각하는 학생 있나요? "'나무가 크다'에서 나무의 상태를 알려주니까 형용사에요" - 그렇다면 여러분, '자랄수록 키가 큰다'라고 하면 어때요? "동사 같아요"			
	학습 목표 제시	- 여러분의 의견을 잘 들었습니다. 이 수업을 통해서 크다가 동사일지, 형용사일지 구분해낼 수 있습니다. ▷ 학습 내용과 학습 목표 제시 - 이번 수업에서는 '동사·형용사에 대한 설명'이 무엇인지 이해하고, 주어진 단어와 문장에서 동사·형용사를 분류해 보고, 같은 형태이지만 다르게 쓰이는 동사·형용사를 분류하는 활동을 이어서 하고, 노래 가사에서 동사·형용사를 찾아보겠습니다. 이번 차시 목표는 위에 적힌 것과 같습니다.	▶ 학습 순서와 학습 목표 확인 - 질문에 대한 대답을 생각해보면서 동사, 형용사에 대해 알고 있는 것을 떠올리며 이를 분류하기 위한 어떤 것을 고려해야하는지 집중하여 이번 시간 학습 목표에 대해 인지한다.	칠판	1분
** 전개	기초 활동	▷ 학습 활동에 필요한 개념 설명 확인시키기 활동지 맨 위에 동사와 형용사에 대한 설명이 있습니다. 다 같이 소리 내어 읽어보겠습니다. - 동사·형용사 설명 상자를 읽게 한 뒤, 이해가 되지 않거나 궁금한 것이 있는지 질문한다.	▶ 설명을 읽고 학습 활동에 필요한 개념 확인하기 동사·형용사에 대한 설명을 소리 내어 읽는다. - 활동지에 제시된 설명 상자를 읽고 이해가 되지 않거나 궁금한 것이 있으면 질문한다.	활동지	13분

▷ 기초 활동으로 개념과 특성 이해시키기

모둠을 만들어서 1번 활동 시작하겠습니다. 주어진 단어를 설명 상자를 참고해서 동사, 형용사로 나누어 보세요.
- 3~4명씩 모둠을 만들게 한다.
- 주어진 단어를 동사, 형용사로 분류하게 하고 모둠을 돌아다니며 질문에 필요한 적절한 피드백을 제공한다. 이때 정답을 알려주지 않는다. 모둠을 돌아다니면서 질문 Q1~4를 던지면서 근거를 들면서 협력적인 대화를 이어나갈 수 있도록 돕는다.

▶ 단어를 분류하여 동사, 형용사 개념과 특성 이해하기

활동지에 제시된 설명 상자를 참고하여 주어진 단어를 동사, 형용사로 분류하기
- 4명씩 모둠을 이루어 서로 질문하며 주어진 단어가 동사인지 형용사인지 분류한다.

Q1. 이 모둠에서 찾은 동사에 해당하는 단어는 무엇인가요?

Q2. 그 이유는 무엇인가요?

Q3. 그러면 형용사에 해당하는 단어는 무엇인가요?

Q4. 그 이유는 무엇인가요?

Q5. (대답이 없는 모둠 내 학생에게) 모둠 친구들의 의견에 어떻게 생각해요?

Q6. 왜 그렇게 생각했어요?
- 주어진 문장에서 동사, 형용사에 해당하는 단어를 찾아 분류하게 한다. 70%에 해당하는 모둠이 1번 활동을 끝마쳤을 때, 전체적으로 활동의 답을 공유한다.

Q7. 여러분, 동사에 해당하는 단어는 무엇인가요?

Q8. 여러분, 형용사에 해당하는 단어는 무엇인가요?

Q9. 동사인지, 형용사인지 의견이 달랐던 단어에는 무엇이 있었나요?

A1. '입다, 벗고'입니다.

A2. 움직임이나 작용을 나타내기 때문이에요.

A3. '어둡다, 예쁘고'입니다.

A4. 상태나 성질을 나타내기 때문이에요.

A5. 동의해요/동의하지 않아요.

A6. 이 단어는 움직임을, 저 단어는 상태를 나타내기 때문이에요.
- 주어진 문장에서 동사, 형용사를 찾아 분류한다.

A7. 동사는 '추면서, 먹네, 되다, 웃으니, 좋아'입니다.

A8. 형용사는 '붉은, 짧고, 많다, 되다, 웃으니, 좋아'입니다.

A9. '되다, 웃으니, 좋아'에요.

▷ 기초 활동으로 구분 방법 활용시키기

아래 동사·형용사의 특성을 설명하는 〈참고 자료〉를 제시하여, 학생들에게 의견이 달랐던 단어를 분류하게 한다.

동사·형용사를 구분하는 방법
① 어미를 명령문(-라), 청유문(-자)로 바꿔보고, 바꿀 수 있다면 동사이고 아니면 형용사이다.
② 어미를 진행형(-고 있다.)로 바꿔보고, 바꿀 수 있다면 동사이고 아니면 형용사이다.

▶ 구분 방법으로 동사, 형용사의 차이점 이해하기

교사가 제시하는 설명 상자를 보고 모둠에서 '되다, 웃으니, 좋아'를 탐구하여 동사, 형용사로 분류한다.

		– 모둠에서 필요한 피드백을 제공하며 정답과 관련된 내용을 대화하는 모둠을 관찰한다. – 정답과 관련된 내용을 대화하는 모둠의 내용을 전체적으로 공유시킨다.			

"선생님, 명령문, 청유문으로 바꿔보라는 게 무슨 뜻이에요?"
– 설명 박스에 '읽고, 가면서, 기쁘며, 푸르고'를 볼까요? 이 단어들의 기본형은 무엇인가요?
"'-다'로 끝나는 거요"
– 네, 이 기본형에서 '-다'를 대신하여 명령하는 의미로 바꿔주는 '-라'와 청유 즉 부탁하는 의미로 바꿔주는 '-자'로 넣어 보라는 거에요. '읽고'를 '읽어라, 읽자'로, '가면서'를 '가라, 가자'처럼요.

– 여러분, 여러분이 찾았던 동사, 형용사가 설명 상자에 따라 구분해봤더니, '되다, 웃으니, 좋아'는 어떤 품사인가요?
"'되다'는 '되어라, 되자'가 되니까 동사에요"
"'웃으니'는 '웃어라, 웃자'가 되니까 동사에요"
"'좋아'는 '좋아라'가 되니까 동사에요"
"아니에요, '좋아'는 '좋자'가 안 되니까 형용사에요"
– ○○학생은 어떻게 생각하나요? 친구들에게 얘기해 주세요.
"근데, '좋아라'는 되지 않아? 그래서 동사라고 생각했어"
– ●●학생은 ○○학생의 의견에 대해서 어떻게 생각해요?
"저는 두 번째 방법을 사용했더니, '좋고 있다'로 바꿨더니 어색해서 형용사라고 생각했어요."
– ◎◎학생은 ○○학생과 ●●학생 의견 중 어디와 생각이 비슷한가요?
"저는 ●●이처럼 생각했어요.
– ●●이가 뭐라고 했었는지 다시 친구들에게 설명해줄까요?
"두 번째 방법까지 사용하면 '좋고 있다'인데, 문장이 어색하니까 형용사에요"

탐구 활동	▷ 모둠에서 동사, 형용사의 개념과 특성 탐구시키기 활동 2번으로 넘어가겠습니다. 2번에서 '밝다'의 별과 네모에 들어갈 품사와 '크다'의 동그라미와 세모에 들어갈 품사를 찾아 보세요. – 같은 형태의 단어가 지니는 의미를 분석하여 별, 네모, 동그라미, 세모에 들어갈 품사가 동사와 형용사 중에 무엇인지 탐구하게 한다. – 이때 모둠을 돌아다니며 입장이 서로 다른 모둠을 관찰하여, 전체적으로 공유할 때 발언해줄 것을 미리 요청해 놓는다. 	▶ 모둠에서 동사, 형용사의 개념과 특성 익히기 '밝다'의 의미를 분석하여 별과 네모에 들어갈 품사와 '크다'의 의미를 분석하여 동그라미와 세모에 들어갈 품사를 탐구한다. A1. 별과 네모에 들어갈 품사를 추측한다.	활동지	12분

4장 문법, 학생들이 잘 배우는 순서는 무엇일까

	▷ 전체에서 동사, 형용사의 오개념 확인하기 거의 모든 모둠이 한 것 같아서 전체적으로 공유해보겠습니다. 다 못한 모둠은 다른 모둠에서 찾은 내용을 토대로 배우도록 합니다. - 별과 네모에 들어갈 품사를 서로 다르게 찾은 모둠에서 찾은 내용과 그 이유를 발표하도록 시킨다. Q1. 여러분은 두 모둠의 입장 중에 어디에 가깝게 생각하나요? Q2. 그 이유는 무엇인가요? ※ 이때, 교사가 정답을 얘기하지 않고 관찰하면서 발견한 모둠의 의견을 공유하고 연결하는 데에 집중한다. ▷ 동사, 형용사의 오개념 수정하기 의견이 달랐던 단어가 동작·움직임에 해당하는지, 성질·상태에 해당하는지 주목하여 다시 분류하도록 탐구시킨다. - 모둠에서 필요한 피드백을 제공하며 정답과 관련된 내용을 대화하는 모둠을 관찰한다. - 정답과 관련된 내용을 대화하는 모둠의 내용을 전체적으로 공유시킨다.	▶ 전체에서 동사, 형용사의 개념과 특성을 논리적으로 설명하기 서로 다르게 찾은 모둠에서 별과 네모에 해당하는 품사와 그 이유를 발표하고, 다른 모둠에서는 발표하는 모둠의 이야기를 경청한다. A1. 두 모둠의 입장 중에 동의하는 입장에 대해 모둠에서 나눈 얘기를 대답한다. A2. 각 의미에서 동작·움직임과 상태·성질에 근거하여 그 이유를 대답한다. ▶ 동사, 형용사의 개념과 특성 정확하게 파악하기 다른 모둠의 의견을 듣고 다시 품사를 분류해 본다. - 의견이 달랐던 단어가 지니는 의미와 설명 상자를 연결하여 올바르게 분류하도록 서로 질문하며 탐구한다. - 모둠 내에서 나눈 내용을 전체에게 말함으로써 공유하고, 다른 모둠에서는 전체적으로 공유할 때 다른 모둠의 의견을 경청한다.		
심화 활동	▷ 동사, 형용사 분류 연습시키기 세 번째 활동으로 넘어가겠습니다. 여러분들이 좋아하는 노래 가사입니다. 여기에서 동사와 형용사를 최대한 많이 찾아 보세요. - 학생들이 좋아하는 노래 가사의 일부분을 가져와 동사와 형용사를 찾게 한다. Q1. 동사인지, 형용사인지 헷갈렸던 단어가 무엇인가요? - 헷갈린다고 말한 '말까'에 대해서 다른 모둠의 의견을 듣는다. 이때 활동을 진행하면서 관찰했을 때 타당성 있는 근거로 분류한 모둠의 의견을 발표시킨다.	▶ 동사, 형용사를 올바르게 분류하기 노래 가사에서 동사, 형용사에 해당하는 단어를 찾아 표시한다. A1. '말까'가 헷갈렸어요. - 다른 모둠의 의견을 들음으로써 분류하기 힘들었던 단어를 다시 분류한다.	활동지	12분

		Q2. 동사에 해당하는 단어는 무엇인가요? Q3. 그 이유는 무엇인가요? Q4. 형용사에 해당하는 단어는 무엇인가요? Q5. 그 이유는 무엇인가요? – 근거가 동사의 의미와 특성을 바탕으로 이루어지지 않을 때, 학생이 말한 내용이 설명 상자의 어느 부분에 있는지 말하도록 한다. – 위와 같은 방식으로 노래 가사에서 단어를 찾아 동사와 형용사로 분류하게 한다.	A2. '들려오면'요. A3. '들려오다'는 귀에 소리가 전달되어 동작의 의미가 있고, '들려오고 있다'로 바꿔서 진행형으로 바꿀 수 있기 때문이에요. A4. '서늘한'요. A5. 날씨가 춥다고 성질이나 상태를 나타내주고 있고, '서늘해라, 서늘하자'라고 명령형, 청유형으로 바꿀 수 없어서 형용사에요. – 교사가 설명 상자 중 어느 부분에 해당하는지 물어볼 때, 설명 상자에 해당하는 부분을 찾아 읽고 대답한다.		
*** 정리	내용 정리	▷ 학습 내용 최종 확인하기 여러분 맨 처음에 선생님이 던진 질문에 대한 대답을 찾았나요? '크다'는 동사였나요? 형용사였나요? 오늘 배운 내용과 궁금한 점을 활동지 맨 아래에 한 줄로 적어보세요.	▶ 학습 내용 정리하기 활동지 맨 아래에 배운 내용과 궁금한 점을 한 줄로 적는다. 크다는 '자라다'의 뜻으로 변화, 움직임을 나타낼 때에는 동사, ~보다 크다와 같이 상태를 나타낼 때에는 형용사이다.		4분
	차시 예고	▷ 다음 차시 안내하기 다음 시간에는 형태가 변하는 것처럼 보이게 만드는 조사에 대해서 배우겠습니다.	▶ 다음 차시 확인하기 다음 차시 내용을 인지한다.		

* 교사는 질문을 도입부에 제시하고 수업 말미에 그 해답을 학생이 찾을 수 있도록 하고 있습니다. 학생들은 이 간단한 질문을 통해 자신이 쓰는 단어를 대상으로 메타적으로 문법적 탐구를 할 태세를 갖추게 되어 학습 동기 부여가 될 수 있습니다.

** 이 수업의 성패는 기초-탐구-심화 단계에 따라 학생들이 거쳐야 할 문제를, 쉬운 것에서 어려운 것으로 단계화되도록 학습지를 체계적으로 구성하는 일, 학생들이 모둠에서 주어진 문제를 협력적으로 해결하려는 팀워크를 발휘하는 일이 원활하게 이루어지느냐에 달려 있습니다. 교사가 사전에 준비해야 할 일이 많고, 학생들도 주도성을 가지고 탐구하는 자세를 요구하는 수업이지만 두 가지 조건이 모두 충족된다면 문법을 깊이 이해하고 즐겁게 공부할 수 있는 수업이 될 것입니다.
[학급 정보]에 의하면 학생들 간에 서로 모르는 것을 물어보는 관계가 잘 형성되어 있지 않지만, 이 교사는 역으로 이런 활동을 하게 함으로써 학생들이 서로 협력적 학습을 할 수 있도록 유도하고 있습니다.

*** 이 차시 동안 학생들은 교사가 제공한 활동지의 물음에 지속적으로 답해야 하므로 수업 말미에 별도로 형성평가를 하지 않고 다음 차시를 예고하면서 마무리 하고 있네요.

2. 질의 응답

질문1. 문법을 가르칠 때 수준 설정을 어떻게 해야 할까요?

우선 교육과정을 종적으로 살펴봐야 합니다. 교육과정이 나선형으로 제시되기 때문에 이전 학년군보다 높은 수준으로 다뤄야 하고, 다음 학년군에서 다룰 내용을 도입하는 것을 주의해야 합니다. 구체적으로 확인할 수 있는 것은 교과서입니다. 교과서에서 제시하고 있는 학습 활동과 예시를 눈여겨보면 가르칠 학년에서 다루는 문법의 수준을 확인할 수 있을 겁니다. 이때, 교과서 수준으로만 수업을 진행하면 다소 단조롭게 흘러가거나 학생 수준이 다르기 때문에 학생들마다 격차를 보일 수 있습니다. 그 격차를 최소화하려면 학생들이 서로 모르는 것을 물어볼 수 있는 안전한 분위기를 조성하는 것이 중요합니다. 교사 한 명이 모든 학생의 질문을 해결해줄 수 없기 때문에 친구끼리 배우면서 어려운 것을 함께 해결할 수 있어야 합니다. 따라서 수업의 시작은 교과서 수준으로 설정하되, 수업의 중반부터는 너무 쉽지 않은 내용을 다루어서 학업성취 수준이 다른 학생들이 서로 협력하면서 배울 수 있게 할 수 있습니다.

질문2. 교사의 개념 설명과 학습자의 학습 활동 간의 조화는 어떻게 이루어야 할까요?

수업은 교과, 영역, 성취기준과 차시마다 다 다르게 흘러가므로 교사의 개념 설명과 학습자의 학습 활동 간의 조화(비율)은 정해진 것은 없습니다. 다만, 교사 중심의 설명으로만 흘러가는 수업은 주의해야 한다고 생각합니다. 학습 피라미드에서 알 수 있듯 교사 중심의 수동적 학습 방법은 비효율적이며, 교사 중심으로 계속해서 설명한다면 지금껏 반성해온 수업 방식을 회귀하는 것에 지나지 않습니다. 교사가 학생에게 모든 개념을 설명하고자 많은 시간을 들여 이끌어나가는 것은 학습자의 주도성을 길러주지도 못합니다. 그래서 학습자에게 수업의 주도권을 넘겨주어 문법을 탐구할 수 있는 수업을 계속 디자인하고 도전하기를 권해 봅니다.

문법 수업을 디자인할 때 연역 방식 수업은 교사 중심으로, 귀납 방식 수업은 학생 중심으로 오해하는 경우가 있습니다. 하지만 연역 수업에서 교사가 제시한 일반적인 내용과 그 예시를 학생이 먼저 이해하고, 교사가 제시하는 언어 예시들을 보고 학생이 어떤 특징이 있는지 탐구하게 한다면 학생 중심으로 흘러갈 수 있습니다. 귀납 수업도 교사가 제시한 다양한 예시를 학생이 먼저 분석하고, 그것을 일반화하는 원리를 이끌어내면 교사가 이를 검토하면서 학생 중심으로 이끌 수 있습니다.

더불어, 교사가 설명해야 하는 부분이 분명히 있으나 이를 설명하지 않을 수 있는지 의문이 생길 수 있습니다. 이럴 때에는 교사가 직접 설명하는 시간은 줄이고, 학생들이 교사가 설명할 내용을 계속 확인할 수 있는 텍스트를 제공하는 방식을 추천합니다. 이에 더해 학생들이 해볼 만하다고 생각할 수 있는 도전적 과제까지 제시한다면, 학생들은 과제 해결 활동을 하면서 설명 텍스트를 여러번 참고함으로써 개념을 다질 수 있고, 다양한 과제를 해결하면서 자기 지식으로 구성할 수 있게 됩니다.

학생 중심으로만 넘길 수 없는 부분도 명확합니다. 학생들이 예시를 통해 원리를 도출하는 방식의 수업에서 학생들이 이해한 일반화된 원리는 부정확할 수 있습니다. 언어 자료 분석을 통해 학생이 일반화된 원리를 스스로 발견하고 이해하더라도. 학생이 발견한 것은 개념의 의미 부분이고, 학생은 그 의미를 어떻게 부르는지 발견하지 못합니다. 그러므로 교사는 학생이 발견한 개념의 의미 부분에 이름을 덧붙여 설명해야 합니다. 또한 교사는 학생들이 문법에서 사용해야 하는 개념(용어)을 정확하게 알려줄 필요가 있습니다.

질문3. 문법 수업 도중에 학생들이 예외 사례를 가져오면 어떻게 설명해야 할지 곤란해요. 어떻게 해야 할까요?

만약 한 학생이 예외 사례에 대해 질문한다면, 배운 내용을 다시 돌이켜 분석할 수 있는 기회가 되므로 반 전체와 공유할 것을 추천합니다. 그리고 해당 학생에게 예외 사례에 대해 어떻게 생각하는지 먼저 물어보는 것도 필요합니다. 왜냐하면 배움은 결국 학생의 몫이기 때문에 본인이 직접 분석하여 설명할 수 있어야 합니다. 이때 교사가 학생이 스스로 분석하는 과정에서 힌트를 제공할 수 있습니다.

그리고 교사가 갖춰야 할 역량 중 하나가 교과 전문성입니다. 지속적으로 공부하지 않는 교사는 시간이 흐르면서 도태될 수밖에 없습니다. 교과 전문성이야말로 학생 중에 누가 질문을 하더라도 바로 도움을 줄 수 있는 자신감의 근원입니다. 그리고 예외 사례를 가져왔을 때 교사가 단순하게 넘어가면 방어적 수업이 될 수 있습니다. 만약 해당 수업에서 예외 사례를 다루어 줄 자신이 없다면 다음 시간에 다룰 것을 예고한 뒤, 교사가 준비를 한 뒤에 다루어 주는 것도 방법이겠지요.

질문4. 활동 구성을 할 때, 적절한 예시문장을 제시하는 것이 어렵습니다. 적절한 예시를 통해 개념을 이해하게 하는 활동 구성은 어떻게 해야 할까요?

문법에서 예시 문장과 더불어 학생에게 제공하는 자료(단어, 문장 등)는 엄밀하게 선별해야 합니다. 해당 내용을 배우는 것 외에 다른 지식이 필요한 예시일 경우, 활동을 막막하게 느끼거나 오개념을 생기게 할 수 있기 때문입니다. 예를 들어 어간과 어미를 배울 때, '아름다워(아름답-/어)'처럼 불규칙 용언이 활용된 예시를 가져올 때 학생들은 더 헷갈릴 수 있습니다. 그러므로 개념을 이해하는 활동에서 전형적인 예시를 주고, 학생들이 분석하는 활동 시에 전형적인 예시에서 다소 벗어난 경우를 제시할 필요가 있습니다. 전형적인 예시로 배우고 난 다음 고민이 더 필요한 예시로 심화 활동을 구성할 수 있습니다.

질문5. 문법 영역을 왜 배워야 하는지 의문을 갖는 아이들에게 문법 영역을 배우는 이유를 설득해서 아이들이 수업을 잘 듣도록 하고 싶어요. 어떻게 할 수 있을까요?

많은 학생들이 어려워하는 문법을 왜 배워야 하는지 잘 설득해서 학생들이 수업에 적극적으로 참여하게 만들고 싶은 마음에 공감합니다. 그렇게 설득하고자 국어를 왜 배우는지, 공부를 왜 해야 하는지 생각하면서 주로 떠올리는 이유는 실용성일 때가 많습니다. 우리가 살아가면서 유용하게 쓰인다면 의미있는 공부라고 설득하는 논리를 많이 펼치곤 합니다. 이 측면에서 문법은 정확하게 국어를 사용할 수 있는 능력을 갖출 수 있도록 돕습니다. 예를 들어 우리가 맞춤법이 틀린 기사문을 읽으면 그 기사는 신뢰성이 낮아지고, 문장 구조가 이상한 웹툰을 읽으면 그 웹툰의 가독성이 떨어집니다. 원활한 의사소통을 위해 모국어 화자로서 언어 규범을 익히는 것이 중요하다고 볼 수 있습니다.

그러나 영역별로 배우는 이유가 다르듯, 문법은 다른 영역처럼 실용성만 따져서 배우는 이유를 찾기 어렵습니다. 수학과 비슷한 문법은 국어 사례를 분석해내는 탐구력을 키우는 영역입니다. 문법을 배우지 않는다면 언어의 구조를 배우고 탐구할 수 있는 기회가 줄어들겠죠.

마지막으로 문법 탐구 자체가 가지는 학문적 즐거움이 있습니다. 일상적으로 사용하는 언어를 분석하여 그 구조를 이해하고, 문법 개념을 활용하여 일상 언어가 어떻게 구성되는지 파악하는 과정에서 한 현상을 하나의 개념이나 원리로 설명해낼 수 있을 때 느끼는 뿌듯함이 있습니다. 특히 학생들이 지적 호기심을 가지도록 예외 사례를 제시하여, 학생들이 어떤 논리를 펼쳐서 분석하면 좋을지 고민하여 끝내 설명해냈을 때 느끼는 희열은 문법을 재밌는 영역으로 느끼게 만들어줄 유인가가 될 수 있습니다.

질문6. 수업과 관련성이 있는 학습자 동기 유발을 어떻게 해야 하나요?

동기 유발 단계에서 흔히 하는 실수가 주의집중을 위해 재미만을 추구하는 방식이라고 생각합니다. 특히 학생들이 문법을 지루해한다는 생각에 학습 목표와 관련 없이 흥미만을 유발하는 자료를 제시하는 경우가 있습니다. 하지만 학습 목표와 관련이 있으면서도 학생들이 궁금증이 생겨서 고민해볼 수 있는 질문을 던지는 것만으로 동기를 유발할 수 있습니다. 그리고 문법은 언어를 탐구하는 영역이므로 우리 삶에 있는 언어 자료를 제시하는 것으로 동기를 유발할 수 있습니다. 삶과 밀접한 자료는 학생들에게 문법이 우리와 떨어져 있는 지식이 아니라 가까이 있는 지식이라는 인식을 심어준다고 생각합니다. 예를 들어 학생들이 SNS 상에서 쉽게 접할 수 있는 '일해라 절해라 하지마'와 같은 틀린 맞춤법을 활용하여 일상에서 틀린 맞춤법을 사용하는 사람에 대한 느낌을 공유하고 올바르게 고치는 퀴즈를 통해 맞춤법 학습 동기를 유발할 수 있습니다. 또한 '이래라 저래라'를 왜 '일해라 절해라'로 인식했을지 질문을 던져서 음운 변동 학습 동기를 자극할 수 있습니다.

질문7. 학생들이 수업 시간에 보이는 오개념은 어떤 것이 있나요?

품사 수업을 예로 들면 학생들은 영어 문법과 헷갈려하는 경우가 많습니다. 영어 문법에서 형용사를 국어 문법에서 관형어로 해석하다 보니, 관형사를 형용사로 인식하는 경우가 있습니다. 이때는 불변어로서 관형어와 가변어로서 형용사가 차이점이 있다는 것을 활용하여 오개념을 잡을 수 있습니다. 또한 체언과 조사의 결합을 용언의 활용으로 인식하는 경우가 있습니다. 이때는 명사, 대명사, 수사가 지니는 의미와 동사, 형용사가 지니는 의미를 구분하여 안내하거나 '-다' 기본형으로 만들 수 있는지 확인하는 것을 통해 오개념을 잡을 수 있습니다. 부사형 어미 '-게'가 붙은 용언을 모두 부사로 처리하는 오개념도 발생할 수 있습니다. 이때는 학생들이 혼동하지 않도록 활용형이 단어로 굳어진 부사를 예시로 가져오기보다 '아주'와 같이 활용형이 보이지 않는 단어로 예를 들 필요가 있으며, 학생들이 적극적으로 사전을 찾아보도록 권장할 수 있습니다. 마지막으로 수관형사를 수사로 혼동하는 경우, 지시관형사를 대명사로 혼동하는 경우가 있습니다. 이들은 오히려 학생들에게 이를 구분하는 기준을 찾아보도록 하는 활동을 제시하여, 정확하게 품사를 분류하는 기준을 배우도록 수업을 디자인할 수 있습니다.

하지만 중요한 것은 수업 시간에 학생들이 보이는 오개념은 매우 다양한데 중요한 것은 오개념을 어떻게 찾아서 정정할 것인가 고민하는 것입니다. 교사가 설명식 수업을 하다 보면 학생들이 어떤 오개념을 가지고 있는지 발견하기 어렵습니다. 그러므로 활동식 수업에서 학생들의 대화를 듣거나 학생들의 활동 답안을 관찰하면서 오개념을 발견하는 것부터 시작해야 합니다.

오개념을 정정하는 방법으로 첫째, 모둠의 대화를 들으면서 오개념을 발견했을 때 바로 알려주어 모둠에서 다시 이야기를 나누어 보라는 방식으로 피드백을 줄 수 있습니다. 둘째, 오개념을 정정할 수 있는 기준이 있어야 하므로, 일정한 정보를 제공해야 합니다. 그 정보는 교사의 설명이 될수 있지만, 앞에서 디자인한 수업의 경우 설명 상자가 오개념을 다시 점검할 수 있는 정보로 기능할 수 있습니다. 셋째, 학생 한 명이 아닌 전체가 알면 좋겠다고 판단한 오개념은 전체적으로 공유합니다. 수업 중간에 한 모둠에서 갖고 있는 오개념에 대한 생각을 말하게 하여, 칠판에 적은 뒤에 모둠에서 고민하게 합니다. 첫째부터 셋째까지는 모두 학생들이 지식을 재구성하면서 자신의 지식으로 만드는 과정에서 오개념을 정정하는 방법입니다. 넷째, 학생들이 직접 재구성할 수 없는 수준이면 교사가 설명해야 합니다. 활동에 방해가 되는 오개념이라면 즉시 활동을 중단해서 설명하고, 활동에 방해가 되지 않는다면 수업이나 활동 끝에 설명하는 것이 좋습니다.

3. 수업 디자인 실습하기

문법 영역의 성취기준 중 하나를 골라 앞의 〈표 7〉과 같이 한 성취기준에 대한 교수·학습 요소를 추출하여 교수·학습 전개 순서를 정한 뒤, 교수·학습 활동을 구체화하면서 차시를 구분해 봅시다. 그런 다음 한 차시를 골라 아래 학급 정보를 고려하여 교수·학습 과정안을 작성해 보고 실행해봅시다.

학년/학기	
학생 수	26명
학급 특성	① 문법 진단평가를 했을 때, 초등학교 때 배운 내용에 대한 이해도가 떨어진다. ② 문법 영역 성적이 우수한 학생이 4명, 보통 수준이 10명, 미흡한 수준이 10명으로 구분된다. ③ 상위권 학생들은 수업 중 활동 과제가 쉬우면 금방 해결하고 엎드리거나 쉽게 지루해 한다. ④ 서로 모르는 것을 물어보는 관계가 잘 형성되어 있지 않다.

5장 | 문학 수업을 지루하지 않게 하려면

1. 문학 수업 디자인하기

1) 1단계: 문학 영역 내용 체계를 훑어보면서 성취기준 전, 후의 교육 내용 확인하기

문학 수업을 디자인하기 위해서는 먼저 초등학교에서 중학교 3학년까지의 국어과 공통 교육과정의 문학 영역과, 고등학교 선택 중심 교육과정의 공통 과목 〈공통국어1〉, 〈공통국어2〉의 문학 영역 교육 내용을 확인해야 합니다. 국어과 교육과정 내에서 문학 영역이 갖는 특징을 살펴보고, 내용 범주와 발달 단계별 내용 요소를 살펴보면서 자신이 디자인해야 하는 성취기준이 전체 교육과정에서 차지하는 위치를 가늠해보아야 하기 때문입니다.

2022 개정 국어과 교육과정에서 문학 영역이 추구하는 핵심 아이디어를 〈표 1〉에서 확인할 수 있는데, 핵심 아이디어 ①은 문학 작품을 즐거움과 깨달음의 대상으로 삼고, 그 속에 담긴 인간의 삶을 이해하면서 타인과의 소통을 꾀하는 것이 문학 교육이 추구하는 바임을 드러냅니다. 이는 문학을 향유하고 소통하는 행위가 2022 개정 교육과정의 핵심 역량인 '협력적 소통 역량'과 '공동체 역량', '심미적 감성 역량'을 함양하는 근간이 되고 있음을 강조한 것이라 할 수 있습니다.

핵심 아이디어 ②는 문학 작품을 통한 소통이 다양한 맥락에서 이루어지고 있음을 보여주고 있습니다. 작품이 속한 갈래적 특징을 파악하고, 작품과 작가, 작품과 독자와의 관계를 이해하며, 문학사의 흐름 속에서 작품이 갖는 의미 및 변화 양상을 이해해 나가는 것이 중요함을 드러내고 있습니다.

핵심 아이디어 ③에서는 해석, 감상, 비평, 창작 활동이 문학 수용 및 생산 능력 향상에 필요한 과정으로 보았습니다. 문학 작품을 해석하고 느낀 점을 표현하며, 비평하고 새롭게 창작하는 활동

은 문학 수용과 생산의 중추적 활동이며, 이 과정을 통해 문학을 향유하는 능력이 향상될 것임을 시사하고 있습니다.

핵심 아이디어 ④에서는 문학 작품이 자신과 타인은 물론 공동체를 이해하는 토대가 됨을 제시하고, 학생들이 문학 향유자로 성장하는 것을 목표로 하고 있음을 나타내고 있습니다. 인간은 문학을 즐기고 사람들과 문학 작품을 공유하면서 자신을 되돌아보고 타인을 이해하게 되며 성숙한 구성원으로 발전하게 된다는 것입니다.

〈표 1〉 초등학교~고등학교 1학년 문학 영역 내용 체계

핵심 아이디어	• ① 문학은 인간의 삶을 언어로 형상화한 작품을 통해 즐거움과 깨달음을 얻고 타자와 소통하는 행위이다. • ② 문학 작품을 통한 소통은 작품의 갈래, 작가와 독자, 사회와 문화, 문학사의 영향 등을 고려하며 이루어진다. • ③ 문학 수용·생산 능력은 문학의 해석, 감상, 비평, 창작 활동을 통해 향상된다. • ④ 인간은 문학을 향유하면서 자아를 성찰하고 타자를 이해하며 공동체의 일원으로 성장한다.						
범주	내용 요소						
		초등학교 〈국어〉			중학교 〈국어〉	고등학교 〈공통국어1, 2〉	
		1~2학년	3~4학년	5~6학년	1~3학년	1학년 1학기	1학년 2학기
지식·이해	갈래	• 시, 노래 • 이야기, 그림책	• 시 • 이야기 • 극	• 시 • 소설 • 극 • 수필	• 서정 • 서사 • 극 • 교술		
	맥락		• 독자 맥락	• 작가 맥락 • 독자 맥락	• 작가 맥락 • 독자 맥락 • 사회·문화적 맥락	• 작가 맥락 • 독자 맥락 • 사회·문화적 맥락 • 문학사적 맥락	

과정·기능	작품 읽기와 이해	• 낭송하기, 말놀이 이해하기 • 말의 재미 느끼기	• 자신의 경험을 바탕으로 읽기 • 사실과 허구의 차이 이해하기	• 작가의 의도를 생각하며 읽기 • 갈래의 기본 특성 이해하기	• 사회·문화적 상황을 생각하며 읽기 • 연관된 작품들과의 관계 이해하기	• 문학 소통의 특성을 고려하며 읽기	• 한국 문학사의 흐름 이해하기
	해석과 감상	• 작품 속 인물 상상하기 • 작품 읽고 느낀 점 말하기	• 인물의 성격과 역할 파악하기 • 이야기의 흐름 생각하며 감상하기	• 인물, 사건, 배경 파악하기 • 비유적 표현에 유의하여 감상하기	• 근거를 바탕으로 작품 해석하기 • 갈등의 진행과 해결 과정 파악하기 • 보는 이, 말하는 이의 효과 파악하기 • 운율, 비유, 상징의 특성과 효과를 생각하며 감상하기	• 구성 요소들의 유기적 관계 파악하기 • 갈래에 따른 형상화 방법을 고려하며 수용하기	• 주체적인 관점에서 작품 해석하기
	비평		• 마음에 드는 작품 소개하기	• 인상적인 부분을 중심으로 작품에 대해 의견 나누기	• 다양한 해석 비교·평가하기		• 작품의 가치를 설명하며 평가하기
	창작	• 시, 노래, 이야기, 그림 등 다양한 형식으로 표현하기	• 감각적 표현 활용하여 표현하기	• 갈래 특성에 따라 표현하기	• 개성적 발상과 표현으로 형상화하기	• 맥락에 유의하여 창작하기	
가치·태도		• 문학에 대한 흥미	• 작품 감상의 즐거움	• 문학을 통한 자아 성찰 • 문학 소통의 즐거움	• 문학을 통한 타자 이해 • 문학을 통한 공동체 문제에의 참여 • 문학의 가치 내면화	• 문학 소통에의 참여	• 문학 수용·생산의 생활화

이러한 핵심 아이디어를 중심으로 구성된 문학 영역 교육 내용 체계를 살펴보면, 세로축은 지식·이해, 과정·기능, 가치·태도의 세 가지 범주로 분류되어 있으며, 가로축은 학년군에 따라 단계적으로 구분했습니다. 지식·이해 범주에서는 [갈래]와 [맥락]으로, 과정·기능 범주에서는 [작품 읽기와 이해], [해석과 감상], [비평], [창작]을 하위 범주로 삼아, 해당 학년 군에서 다루어야 할 내용 요소를 제시하고 있습니다. 가치·태도 범주의 경우는 문학을 향유하고 소통에 적극 참여하면서 자신과 타인을 이해하는 태도를 형성할 수 있도록 내용을 체계화하고 있습니다.

〈표 1〉의 가로축을 중심으로 내용 요소를 좀더 구체적으로 살펴보도록 합시다. 첫째, 지식·이

해 내 하위 범주 [갈래]를 살펴보면, 초등학교 1~2학년에서는 주변에서 접하기 쉬운 문학 작품을 대상으로 하다가 3~4학년에서 극에 대해 배우고, 5~6학년 교육과정에 들어와서 비로소 문학의 네 갈래를 대표하는 양식, 즉 시, 소설, 극, 수필에 대한 기본 학습이 이루어지게 됩니다. 중학교에서는 이를 포괄하는 갈래별 문학 교육이 이루어지며, 이는 고등학교의 [해석과 감상]의 '갈래에 따른 형상화 방법을 고려하며 수용하기'에 대한 학습에서 심화되는 양상을 띱니다.

둘째, 지식·이해 내 하위 범주 [맥락]을 살펴보면, 초등학교 3~4학년에서는 '독자 맥락'을, 5~6학년에서는 여기에 추가해 '작가 맥락'을 학습하게 되며, 중학교에서는 작품이 담고 있는 '사회·문화적 맥락'까지 내용 요소가 확대됩니다. 또한 '문학사적 맥락'은 고등학교에서 다루도록 배치되어 있어, 발달 단계에 따라 문학 작품 이해에 영향을 미치는 맥락이 점차 확대되도록 내용 요소를 배치했습니다. 고등학교에서 다루어지는 '문학사적 맥락'의 경우는 문학사의 흐름 속에서 개별 작품들이 가진 특징과 영향 관계 등을 살펴보는 활동이 이루어지게 됩니다.

과정·기능의 [작품 읽기와 이해] 범주는 이러한 [맥락] 범주와 긴밀하게 연결되어 있습니다. 초등학교 1~2학년 때는 학습자 흥미 위주의 활동이 중심이 되고, 3~4학년 때는 학습자 자신(독자)의 경험을 기준으로 문학을 수용하고 이해하는 활동을 하며, 5~6학년 때는 작가의 의도까지 고려한 읽기 활동이 중심이 됩니다. 중학교에서는 사회문화적 상황이나 연관된 작품들과의 관계를 이해하고, 고등학교에 이르러서는 한국 문학사의 흐름까지 이해함으로써 문학의 이해에 영향을 주는 맥락의 폭이 확장됩니다.

셋째, 과정·기능 내 하위 범주 [해석과 감상]에서 중학교와 고등학교를 비교해 보면, 중학교에서는 문학 작품의 특징을 구성 요소에 초점을 두어 해석·감상하게 하던 것이, 고등학교에서는 구성 요소들이 가지는 유기적 관계를 통해 작품을 감상하는 것과 주체적인 관점에서 작품을 해석·감상하는 것으로 심화됩니다. 중학교에서는 '근거를 바탕으로 작품 해석하기', '갈등의 진행과 해결 과정 파악하기', '보는 이, 말하는 이의 효과 파악하기', '운율, 비유, 상징의 특성과 효과를 생각하며 감상하기'로 내용 요소를 구분하여 작품이 가진 세부적인 특징과 효과에 대해 학습할 수 있도록 구성했습니다. 반면에 고등학교에서는 '구성 요소들의 유기적 관계 파악하기', '주체적인 관점에서 작품 해석하기'를 통해, 전 단계에서 배웠던 세부적 특징들이 어떤 짜임을 통해 전체적으로 조화를 이루고 있는지 파악함과 동시에 주체적인 시각으로 작품을 이해하는 법을 학습할 수 있도록 내용을 조직했습니다.

넷째, 과정·기능 내 하위 범주 [비평]의 경우, 초등학교와 중학교에서는 다양하고 자유로운 비평 활동이 중심이 되지만, 고등학교에서는 갈래나 문학사에 대한 지식을 바탕으로 한 비평 활동이 중심이 되고 있습니다. 초등학교는 '마음에 드는 작품 소개하기', '인상적인 부분을 중심으로 작품에 대해 의견 나누기'와 같이 개인적인 취향에 맞는 작품이나 부분에 대해 비평하는 활동으로 구성되어 있는데 반해, 중학교에서는 '다양한 해석 비교·평가하기'를 통해 객관적이고 보편적인 비평 활동을 할 수 있는 기본적인 내용을 다루고, 고등학교에서는 '작품의 가치를 설명하며 평가하기'를 통해 문학 작품의 가치를 평가하는 수준으로 심화되도록 내용 요소를 배치하고 있습니다.

다섯째, 과정·기능 내 하위 범주 [창작]에서는 지식·이해 범주의 내용을 수용하여 자신만의 것으로 창작해 내는 활동을 내용 요소로 하고 있습니다. '시, 노래, 이야기, 그림 등 다양한 형식으로 표현하기', '감각적 표현 활용하여 표현하기', '갈래 특성에 따라 표현하기', '개성적 발상과 표현으로 형상화하기', '맥락에 유의하여 창작하기'를 통해 학습자는 문학을 수용하여 자기 것으로 만들어내는 학습 경험을 할 수 있게 되며, 문학적 소통의 발판을 마련하게 됩니다.

여섯째, 가치·태도 범주는 문학을 통해 학습자가 가지게 되는 태도 및 가치 형성과 관련된 것들을 내용 요소로 하고 있습니다. '문학에 대한 흥미', '작품 감상의 즐거움', '문학 소통의 즐거움'을 통해 문학을 즐기는 자세를 기르고, '문학을 통한 자아성찰', '문학을 통한 타자 이해'를 통해 자기 이해와 세계 이해의 폭을 넓히며, '문학을 통한 공동체 문제에의 참여', '문학의 가치 내면화', '문학 소통에의 참여', '문학 수용·생산의 생활화'를 통해 문학 향유의 주체로서 문학을 통한 소통 문화 형성에 기여하는 내용을 배치하고 있습니다.

문학 영역의 내용 요소를 전반적으로 살펴보았다면, 다음으로 성취기준을 토대로 내용 요소의 첫 출현 여부 혹은 내용 요소의 심화·확장 여부를 살펴볼 필요가 있습니다. 고등학교 1학년 〈공통국어〉 과목의 문학 영역 성취 기준은 〈표 2〉와 같이 5가지이며, 이후 고등학교 2, 3학년 단계에서 선택되는 〈문학〉 과목의 경우는 세분화되어 12가지로 제시됩니다. 여기에서는 모든 학생들이 배우는 〈공통국어〉 과목의 성취기준을 중심으로 살펴 봅시다.

과목	성취기준
공통국어1	[10공국1-05-01] 문학 소통의 특성을 고려하며 문학 소통에 참여한다.
	[10공국1-05-02] 갈래에 따른 형상화 방법의 특성을 고려하며 작품을 수용한다.
	[10공국1-05-03] 작품 구성 요소의 유기적 관계와 맥락에 유의하여 작품을 수용하고 생산한다.
공통국어2	[10공국2-05-01] 한국 문학사의 흐름을 고려하여 작품을 수용한다.
	[10공국2-05-02] 주체적인 관점에서 작품을 해석하고 평가하며 문학을 생활화하는 태도를 지닌다.

첫째, 성취기준 [10공국1-05-01] "문학 소통의 특성을 고려하며 문학 소통에 참여한다."는 과정·기능 범주의 [작품 읽기와 이해]에서 '문학 소통의 특성을 고려하며 읽기'와, 가치·태도 범주의 '문학 소통에의 참여' 내용 요소를 포함하고 있습니다. 문학 소통은 초등 5~6학년에서 처음 다루어지는 내용 요소인데, 초등학교에서는 한 작품을 둘러싸고 있는 작가 맥락, 독자 맥락을, 중학교에서는 거기에 사회·문화적 맥락까지를, 고등학교에서는 이와 더불어 문학사적 맥락까지를 고려하여 해석의 다양성을 열어놓고 풍부한 소통 활동이 펼쳐지게 됩니다. 고등학교에서는 작품에 대한 독자들의 다양한 해석들이 소통될 때 대두되는 해석의 보편성과 개별성을 이해하면서 작품을 읽는 데 초점을 두도록 합니다. 초등 5~6학년에서는 '문학 소통의 즐거움'을 느끼게 하는 데 초점을 둔다면, 고등학교에서는 다양한 해석들이 교류되는 문학 소통에 참여하는 태도를 갖추는 데 초점을 둡니다.

둘째, 성취기준 [10공국1-05-02] "갈래에 따른 형상화 방법의 특성을 고려하며 작품을 수용한다."는 과정·기능 범주의 [비평]에서 '갈래에 따른 형상화 방법을 고려하며 수용하기' 내용 요소를 포함하고 있습니다. 중학교의 지식·이해 범주 중 [갈래]의 내용 요소 '서정', '서사', '극', '교술'은 중학교에서 먼저 다루어지지만, 갈래적 특성에 대한 내용 요소가 별도로 제시되어 있지 않아 대표적인 작품들을 통해 갈래를 이해하는 정도에서 그치고 있습니다. 고등학교에서는 갈래적 특성에 맞는 형상화 방법을 이해하고 이를 통해 작품을 세부적으로 감상하는 데 초점을 둡니다.

셋째, 성취기준 [10공국1-05-03] "작품 구성 요소의 유기적 관계와 맥락에 유의하며 작품을 수용하고 생산한다."는 지식·이해 범주의 [맥락] 중 '작가 맥락', '독자 맥락', '사회·문화적 맥락', '문학사적 맥락'과, 과정·기능 범주의 [해석과 감상] 중 '구성 요소들의 유기적 관계 파악하기', [창작]

의 '맥락에 유의하여 창작하기' 내용 요소를 포함하고 있습니다. 하나의 문학 작품을 구성하는 수많은 요소들의 유기적 관계를 파악하는 것은 물론, 구성 요소와 전체가 유기적인 관계를 맺고 있는 구조물임을 이해하며 작품을 감상하는 데 중점을 둡니다.

넷째, 성취기준 [10공국2-05-01] "한국 문학사의 흐름을 고려하여 작품을 수용한다."는 지식·이해 [맥락]의 내용 요소 '문학사적 맥락'과 과정·기능 [작품 읽기와 이해]의 내용 요소 '한국 문학사의 흐름 이해하기'를 기반으로 합니다. 이 성취기준은 고등학교에서 처음 나타나는 것으로, 이 성취기준을 다룰 때에는 문학 작품들이 한국 문학사의 흐름 속에서 어떤 위상과 가치를 지녔는지를 파악하면서 작품을 이해할 필요가 있습니다. 또한 중세 국어로 표기된 고전 문학 작품을 대상으로 하기 때문에 문법 영역의 성취기준과 연계하여 수업을 디자인하는 것이 불가피한 경우가 많습니다.

다섯째, 성취기준 [10공국2-05-02] "주체적인 관점에서 작품을 해석하고 평가하며 문학을 생활화하는 태도를 지닌다."는 과정·기능 [해석과 감상]의 내용 요소 '주체적인 관점에서 작품 해석하기', [비평]의 내용 요소 '작품의 가치를 설명하며 평가하기', 가치·태도 범주의 '문학 수용·생산의 생활화'를 포함하고 있습니다. 여기에서 우리는 '주체적인 관점'에 주목할 필요가 있습니다. 작품을 주체적으로 해석하기 위해서는 주체적 판단의 근거가 객관적인 것이어야 하며, 구성 요소들을 기반으로 한 자신의 비평이 합리적 설득의 요소를 갖추어야 합니다. 문학과 관련한 다양한 측면, 즉 작가와 작품 세계, 사회·문화적 배경, 한국 문학사 등과 관련한 자료들을 근거로 작품의 의미를 파악하고, 이를 통해 학습자가 자신의 관점을 정립하도록 해야 합니다. 학습자는 이러한 활동을 통해 다른 사람들의 생각을 존중하고, 자신의 생각을 설득력 있게 표현하는 경험하게 될 것이며, 문학을 주체적으로 즐기며 생활화할 수 있는 태도를 형성할 수 있습니다.

2) 2단계: 성취기준의 교수·학습 요소를 추출하고 교수·학습 전개를 구조화하기

2단계에서는 성취기준을 세부적으로 분석하여 교수·학습 요소를 추출하고 이를 토대로 수업 시간에 펼칠 교수·학습 전개를 구조화해야 합니다. 여기에서는 고등학교 교육과정에서 처음 등장하는 [10공국2-05-01] "한국 문학사의 흐름을 고려하여 작품을 수용한다."를 예로 들어 설명하고자 합니다. 이는 중학교 교육과정에서 다루지 않는 것으로, 고등학교 1학년 학습자들이 학습에 대한 부담감을 많이 느끼는 성취기준이라 할 수 있습니다.

이 성취기준은 2015 개정 교육과정에서도 '문학사의 흐름을 고려하여 대표적인 한국 문학 작품을 감상한다'와 같은 형태로 제시되어 있으며, 문학 작품에 대한 통시적 접근을 위해 반드시 다루어야 하는 것이므로 교육과정이 개정된다 하더라도 빠지지 않고 다루어지게 될 것입니다. 또한 이 성취기준은 선택과목인 〈문학〉 과목의 교육과정에서 더욱 세분화되는 것이므로 고등학교 2학년 교육과정을 위한 기본 교육내용이 될 수 있습니다. 이 성취기준과 관련해서 '성취기준 해설'과 '성취기준 적용 시 고려 사항'에서 참고할 만한 내용을 아래 〈표 3〉의 왼쪽에 제시하고, 거기에서 교수·학습 요소를 추출하여 오른쪽에 정리했습니다.

〈표 3〉 교육과정 분석을 통한 [10공국2-05-01]의 교수·학습 요소 추출하기

영역	문학	교수·학습 요소 추출하기
대상 학년	고등학교 1학년	
성취기준	[10공국2-05-01]한국 문학사의 흐름을 고려하여 작품을 수용한다.	• 한국 문학사의 흐름 속에서 개별 작품 파악 및 그 가치 이해 - 한국 문학사 전개 과정에 나타난 특성 - 갈래나 작품 형식의 변화 - 향유층의 다양화를 고려한 작품 수용
내용 요소	지식·이해 [맥락] '문학사적 맥락' 과정·기능 [작품 읽기와 이해] '한국 문학사의 흐름 이해하기'	
성취기준 해설	• 이 성취기준은 ①개별 작품을 한국 문학사의 흐름 속에서 파악하고 그 가치를 이해하는 능력을 기르게 하기 위해 설정했다. ②한국 문학사가 전개되는 과정에 나타나는 특성, 갈래나 작품 형식의 변화, 향유층의 다양화 등을 고려하며 작품을 수용하게 되면, 개별 작품의 가치와 의미를 더 입체적으로 파악할 수 있게 된다. ③한 작품이 다른 여러 작품들과 관계 맺는 양상은 물론 그 관계들로 형성되는 문학사의 맥락 속에서 개별 작품이 가지는 가치와 의의 등을 생각하면서 작품을 수용하도록 한다.	• 한 작품과 다른 작품이 관계 맺는 양상 및 그 관계들로 형성되는 문학사의 맥락 속에서 개별 작품의 가치 및 의의 파악하기
성취기준 적용 시 고려 사항	• 개별 문학 작품은 다른 여러 작품들과 다양하게 상호 작용하며 문학의 역사를 형성하게 된다. ④작가 맥락, 독자 맥락, 사회·문화적 맥락과 함께 이러한 문학사적인 맥락을 고려하면서 작품을 대할 때 작품에 대한 깊이 있고 입체적인 이해가 가능해지므로 학습자들이 평소에도 개별 작품들의 문학사적 의미나 가치에 대해 생각하는 습관을 가질 수 있게 지도한다. • 한국 문학사의 흐름을 고려하며 작품을 수용하는 능력을 기르는 수업을 할 때 ⑤작품에 관련된 한국 문학사의 중요한 사항이나 흐름을 조사하고 파악하며 작품에 대한 이해를 심화할 수 있게 하는 것이 필요하다. 이때 ⑥한국 문학사 전반에 대해 지나치게 많은 분량의 내용을 다루거나, 연표 중심의 암기형 지식 교육이 되지 않도록 유의한다.	• 다양한 맥락 파악하기 - 작가 맥락 - 독자 맥락 - 사회·문화적 맥락 - 문학사적 맥락 • 한국 문학사의 중요한 사항이나 흐름 파악하기 - 과다 분량 및 연표 중심 암기형 지식 교육 지양

①에서는 개별 작품들을 명확히 이해하고, 그 작품이 한국 문학사의 흐름 속에서 가지는 가치를 이해하는 것을 교수·학습 요소로 추출해야 합니다. 이때 ②의 요소들을 고려하여 작품을 수용

하면 개별 작품에 대한 이해도가 향상될 수 있습니다.

문학사의 흐름 속에서 개별 작품을 입체적으로 이해하기 위해서는 ③과 같이 다른 작품들과의 관계를 파악하거나 ④와 같이 다양한 맥락을 고려해야 하므로, 교수·학습 요소로 추출해야 합니다. 문학 작품에 대한 이해를 심화시키기 위해서는 ⑤를 선제적으로 학습해야 할 필요가 있으므로 교수·학습 요소로 추출하되, 지식 전달 위주의 수업이 되지 않도록 ⑥에 유의할 필요가 있습니다.

이제 추출한 교수·학습 요소에 대해 교수·학습 방법을 고려해 교수·학습 전개를 구조화해 봅시다.

〈표 4〉 교수·학습 요소를 토대로 교수·학습 전개 구조화하기

교수·학습 요소	교수·학습 전개 구조화
• 한국 문학사의 흐름 속에서 개별 작품 파악 및 그 가치 이해 – 한국 문학사 전개 과정에 나타난 특성 – 갈래나 작품 형식의 변화 – 향유층의 다양화를 고려한 작품 수용 • 한 작품과 다른 작품이 관계 맺는 양상 및 그 관계들로 형성되는 문학사의 맥락 속에서 개별 작품의 가치 및 의의 파악하기 • 다양한 맥락 파악하기 – 작가 맥락 – 독자 맥락 – 사회·문화적 맥락 – 문학사적 맥락 • 한국 문학사의 중요한 사항이나 흐름 파악하기 – 과다 분량 및 연표 중심 암기형 지식 교육 지양	① 개별 작품 이해하기 1) 문학 작품의 내용 이해하기 : 어휘, 구절의 의미 파악하기, 표기방식 이해하기 2) 구성 요소 파악하기 : 구성 요소의 특징, 유기적 관계 파악하기 3) 개별 작품을 다각도에서 이해하기 : 작가 맥락, 독자 맥락, 사회·문화적 맥락, 문학사적 맥락 4) 주체적 관점에서 작품 해석하기 : 객관적 근거를 중심으로 작품 해석하기 ② 갈래 파악하기 1) 다른 작품과의 관계 이해하기 : 공통점과 차이점 파악하기 2) 갈래의 특성, 작품 형식의 변화 등 이해하기 : 갈래의 특성과 관련한 자료 조사하기, 자료 분석하기 3) 향유층의 특성 파악하기 ③ 한국 문학사의 흐름 이해하기 1) 한국 문학사의 흐름과 중요 사항 이해하기 2) 한국 문학사에서 해당 갈래의 가치 이해하기 3) 개별 작품이 갖는 한국 문학사에서의 가치 이해하기

앞에서 확인한 바와 같이 이 성취기준은 한국 문학사의 흐름을 파악하고 작품을 수용하는 것으로 〈표 1〉의 내용 요소 '문학사적 맥락'과 '한국 문학사의 흐름 이해하기'와 연관됩니다. '문학사적 맥락'은 내용 체계에서 지식·이해 범주에 해당하고, 또 다른 내용 요소인 '한국 문학사의 흐름 이해하기'는 과정·기능 범주에 해당합니다. 한국 문학사의 흐름 속에서 나타나는 작품이나 갈래가 가진

특징을 파악하고 문학사에 대한 지식을 이해하는 것이 주된 내용 요소라 할 수 있습니다.

이 성취기준을 가르칠 때는 한국 문학사의 흐름과 관련한 대표적인 개별 작품을 선정하는 것이 우선적입니다. 작품에 따라 표기 방식이 다르고 사용된 어휘도 달라 이를 이해하는 활동이 선제적으로 이루어져야 하며, 내용에 대한 이해가 이루어진 후에는 작품의 구성 요소를 분석해 그 특징과 유기적 관계를 파악해야 합니다. 또한 문학사적 맥락만을 짚어내기보다는 작품이 가진 다양한 맥락을 함께 분석해야 작품이 가진 가치를 파악할 수 있으므로 작가 맥락, 독자 맥락, 사회·문화적 맥락까지 다각도로 살펴보면서 이를 통합적으로 이해할 수 있도록 지도할 필요가 있습니다. 이때, 관련된 자료들을 근거로 하여 각각의 맥락에서 주체적인 관점을 가지고 작품을 해석할 수 있도록 지도합니다.(교수·학습 전개①)

이와 더불어 같은 갈래에 속하는 또 다른 개별 작품들을 선정해 비교함으로써 작품이 속한 갈래의 특징을 파악하게 해야 합니다. 하나의 개별 작품만으로는 갈래가 가진 특징을 학습자가 명확히 인식하기 어렵고 단순히 암기 중심의 이해로 이어질 수 있으므로, 또 다른 개별 작품들과의 비교 활동이 중심이 되어야 합니다. 이때 개별 작품의 분량이 지나치게 길 경우 일부분만을 제시하여 비교하는 것이 적절합니다.

이후 해당 갈래가 한국 문학사의 흐름 속에서 어떤 가치를 지니는지를 확인하도록 교수·학습을 전개할 필요가 있습니다. 이때, 교사가 관련 자료를 제시하고 학습자들은 이를 토대로 작품과의 상관성을 따져보며 갈래의 특성을 파악하는 방법을 사용할 수 있습니다. 혹은 학습자가 해당 갈래에 대한 자료들을 조사하여 내용을 선정하고 조직해 발표하는 교수·학습 전개 방법을 사용해도 좋을 것입니다. 일반적으로 학습자들은 이 후자의 방법을 어려워하는 경향이 있으며, 무엇보다 국어과 교육과정에서 처음으로 한국 문학사에 대해 학습하는 단계이므로 전자의 방법이 조금 더 효과적일 수 있다고 생각합니다.(교수·학습 전개②)

개별 작품을 해석하고 갈래의 특징을 파악했다면 이제 한국 문학사의 흐름 속에서 이를 이해하는 것이 필요합니다. 한국 문학사의 흐름을 설명하는 글을 제시하여, 한국 문학사에 대해 파악하도록 수업을 전개해 나가는 것이 효과적입니다. 시대별, 갈래별 문학사의 특징을 설명하는 글을 읽고, 개별 작품 속에서 그러한 특징들이 어떻게 구현되고 있는지를 찾아보게 하는 방식이 좋을 것입니다. 이를 통해 학습자는 한국 문학사의 흐름 속에서 해당 작품이 가지는 가치를 이해할 수 있는 근거를 찾을 수 있을 것입니다.(교수·학습 전개③)

〈표 4〉의 ①, ②, ③ 단계가 순차적으로 전개되기도 하지만, 필요에 따라 순서를 바꾸어 전개할

수도 있습니다. 이는 다음 3단계에서 구체적으로 설명하도록 하겠습니다.

3) 3단계: 학급 특성을 고려하여 교수·학습 활동을 구체화하면서 차시 구분하기

3단계에서는 2단계에서 구조화한 교수·학습 전개를 현실적인 여건을 고려해 교수·학습 활동으로 구체화하는 단계입니다. 성취기준을 통해 추출한 교수·학습 요소와 교수·학습 전개를 고려하고, 학습자의 수준, 학습 형태, 교실 여건 등은 물론 학습 내용에 대한 적절한 차시 안배까지 세부적인 요소들을 결정해야 합니다. 아래의 학급 정보는 필자가 현재 만나고 있는 소규모 학교의 한 학급의 특성을 반영하여 가상적으로 제시한 것입니다.

[학급 정보]

학년/학기	고등학교 1학년 2학기
학생 수	22명
학급 특성 및 교실 여건	① 문학 영역 성취도가 우수한 수준의 학생이 6명, 보통 수준이 12명, 미흡한 수준이 4명으로 구분된다. ② 평소 문학 작품을 즐겨 읽는 학생이 한두 명에 불과하지만, 대부분의 학생들이 대중 가요나 영상을 즐겨 듣거나 보는 경향이 있다. ③ 소규모 학교로 초등학교 때부터 함께 학습한 학생들이 대부분이라 서로에 대한 친숙함과 신뢰도가 높고, 한 학급당 인원이 적어 발표의 경험이 타학교 학생들보다 많아서 발표 수업에 적극적이고 익숙한 태도를 보인다. ④ 학생 1인당 1개씩의 태블릿 PC가 교실에 비치되어 있어 자유롭게 사용이 가능하다. ⑤ 문학 작품에 대한 감상 태도에서는 개인별, 남녀 간의 차이가 존재하기도 하나, 문학사의 특징을 파악하는 데에서는 큰 차이를 보이지 않는다.

학급 정보는 수업을 디자인하는 데에 중요한 요소이므로 학급이 각기 지니고 있는 특성을 파악해 각각에 적합한 수업 형태를 적용해야 합니다. 교사가 학습자의 특성을 이해하고 있고, 특히 학습에 흥미를 느끼지 못하는 학생들의 관심사까지 파악하고 있다면 학습자 특성에 맞게 동기 유발 방법이나 예시를 탄력적으로 변용하여 수업의 효과를 높일 수 있습니다.

위 학급 학생들은 문학에 대한 관심도가 낮은 편이나 자신의 취향에 맞는 대중 문화를 즐기는 경향이 뚜렷하고(②), 표현하는 활동에 거부감이 없을 뿐 아니라 적극적인 태도를 보이고 있어서 (③), 문학 작품에 접근하는 동기로 대중예술이라는 요소를 사용하는 것이 효과적으로 보입니다. 수업을 '친숙함'으로 받아들인 학습자가 자신이 좋아하는 콘텐츠에 담긴 인간의 삶에 개방적인 수용의 태도를 보일 것이라 생각합니다. 태블릿 PC를 사용해 문학사와 관련된 자료를 검색하거나, 문서 공유를 통해 자료를 분석하는 활동을 할 수 있으며, 모둠별 토론 내용을 정리하고 프리젠테이션을 준비할 수 있습니다.(④) 성취도를 고려해 모둠을 구성하면 견인 효과를 얻을 수 있지만(①), 실제로 학습자들은 친교적 관계끼리, 혹은 성취도가 유사한 친구끼리 모둠을 형성하고 싶어하는 경향이 있어 교실 현장에서 어려움을 겪기도 합니다. 모둠별 학습 격차가 너무 크면 모둠별 학습 활동 내용을 항목별로 나누어 배분하고, 모든 모둠의 학습 결과가 모여 하나의 학습 목표를 이룰 수 있도록 구성하면 많은 학습자들이 만족하게 될 것입니다.

아래 〈표 5〉는 학급 정보를 고려하여 교수·학습 활동을 차시로 구분하고, 각 차시별로 전개할 교수·학습 활동을 보다 구체적으로 제시한 것입니다. 표현 활동에 활발한 모습을 보이는 학생들로 구성된 학급이라는 점을 감안하여, 수업의 중심을 학생에게 두고, 교사가 지원하는 형태의 수업으로 구체화했습니다. 한국 문학사의 흐름 속에 담긴 주요한 문학적 갈래와 대표적 작품이 학습 내용이므로 병렬식 짜임으로 차시를 구성했습니다.

문학사의 흐름에서 대표적인 갈래인 서정 갈래, 서사 갈래를 대상으로 하여 향가, 고려가요, 고전소설의 대표적인 작품을 중심으로 교수·학습 활동을 구체화했습니다. '1 개별작품 이해하기', '2 갈래 파악하기', '3 한국 문학사의 흐름 이해하기' 단계에 맞게 수업을 구성해 보았으며, 필요에 따라 단계를 바꾸어 수업을 디자인하여, 단계의 순서에 대한 유연성을 확보해 보았습니다.

〈표 5〉 문학 [10공국2-05-01] 수업의 교수·학습 활동 구체화와 차시 구분

교수·학습 단계	교수·학습 활동	시간	차시	준비물
① 개별 작품 이해하기	1) 문학 작품의 내용 이해하기 – 〈제망매가〉 • 작품에 드러난 향찰 표기상의 특징 알아보기(한문과 비교) • 중세 국어에 사용된 어휘와 구절 의미 파악하기(현대국어와 비교)	25분	1	활동지 빔프로 젝터
	2) 구성 요소 파악하기 • 상징적 소재의 의미 이해하기(배경 설화 참고) • 시적 화자의 정서 및 태도 이해하기	25분		
	3) 개별 작품을 다각도에서 이해하기 • 작가 맥락에서 이해하기(〈옥수수밭에 당신을 묻고〉와 비교) • 사회·문화적 맥락에서 이해하기(윤회론적 세계관 조사하기) • 독자 맥락에서 이해하기(대중 가요 중 사별한 이를 그리워하는 노래 몇 가지를 더불어 제시하고 작품들에 대한 자신의 생각 이야기하기)	50분	2	활동지 빔프로 젝터 태블릿
② 갈래 파악하기	1) 다른 작품과의 관계 이해하기 • 공통점과 차이점 파악하기(〈안민가〉, 〈찬기파랑가〉와 비교하기) 2) 갈래의 특성, 작품 형식의 변화 등 이해하기 • 향가의 형식 이해하기(〈서동요〉, 〈처용가〉 예로 들어 형식의 변화 알아보기) • 작품 형식의 변화 이해하기(4, 8, 10구체 향가와 발전 과정 알아보기) 3) 향유층의 특성 파악하기 • 향유층의 특성, 내용상의 특징 파악하기	35분	3	활동지 빔프로 젝터
③ 한국 문학사의 흐름 이해하기	1) 한국 문학사의 중요한 사항이나 흐름 이해하기 • 3단 구성과 낙구의 전통성 이해(시조와의 비교) 2) 한국 문학사에서 해당 갈래의 가치 이해하기 • 향가 문학의 국문학사적 가치 3) 개별 작품이 갖는 한국 문학사에서의 가치 이해하기 • 〈제망매가〉의 가치 이해하기	15분		
① 개별 작품 이해하기	1) 문학 작품의 내용 이해하기– 〈가시리〉 • 현대어 해석을 통한 내용 이해	15분	4	활동지 빔프로 젝터 태블릿
	2) 구성 요소 파악하기 • 시어의 의미 알아보기(주체에 따른 다양한 해석 등) • 표현상의 특징 알아보기(종결어미 '– ㄹ셰라' 등) • 화자의 상황·정서·태도('기승전결'의 시상 전개 방식과 연관)	35분		
③ 한국 문학사의 흐름 이해하기	1) 한국 문학사의 흐름과 중요 사항 이해하기 • 화자의 정서 및 태도 파악하기(〈속미인곡〉, 〈진달래꽃〉과의 비교) • 한국 문학의 전통성 알아보기 • 현대의 대중가요에 나타난 전통성과 변화 이해하기	50분	5	활동지 빔프로 젝터 태블릿
② 갈래 파악하기	1) 다른 작품과의 관계 이해하기(〈동동〉과 비교) • 공통적 특징 파악하기 2) 갈래의 특성, 작품 형식의 변화 등 이해하기 • 고려 가요의 특징 이해하기(내용적, 형식적 특징 등) 3) 향유층의 특성 파악하기	35분	6	활동지 빔프로 젝터 태블릿
③ 한국 문학사의 흐름 이해하기	2) 한국 문학사에서 해당 갈래의 가치 이해하기 • 고려 가요의 국문학사적 가치 알아보기 • 후렴구의 기능이 갖는 가치 알아보기	15분		

① 개별 작품 이해하기	1) 문학 작품의 내용 이해하기- 〈허생전〉 • 어휘의 의미, 관련 중국 고사 이해하기	50분	7	활동지 빔프로 젝터 태블릿
	2) 구성 요소 파악하기 • 사건 파악하기(공간의 이동 중심, 사건 전개 중심) • 인물의 성격 파악하기(대화, 행동을 기준으로) • 인물 간의 갈등 이해하기	50분	8	활동지 빔프로 젝터 태블릿
	3) 개별 작품을 다각도에서 이해하기 • 사회·문화적 맥락(외교적 관점, 경제적 관점 등) – 유통구조, 불안정한 사회 상황, 불합리한 인재 등용, 무능력한 지배층, 북벌론의 허상 4) 주체적 관점에서 작품 해석하기 • 인물의 행동에 대한 자신의 의견 표현하기	50분	9	활동지 빔프로 젝터 태블릿
② 갈래 파악하기	1) 다른 작품과의 관계 이해하기(〈홍길동전〉과 비교) • 공통점 파악하기 2) 갈래의 특성, 작품 형식의 변화 등 이해하기 • 고전 소설의 특징 이해하기 3) 향유층의 특성 파악하기 • 시대 현실에 대한 비판 의식 이해하기(〈장끼전〉과 비교)	50분	10	활동지 빔프로 젝터 태블릿
③ 한국 문학사의 흐름 이해하기	1) 한국 문학사의 흐름과 중요 사항 이해하기 • 고전 소설의 발전 단계에서 나타난 사회적 상황 이해하기 2) 한국 문학사에서 해당 갈래의 가치 이해하기 • 고전 소설의 위상과 가치 이해하기 3) 개별 작품이 갖는 한국 문학사에서의 가치 이해하기 • 연암 박지원의 실학 사상 및 문체반정 이해하기 • 연암 박지원의 작품의 가치 이해하기	50분	11	활동지 빔프로 젝터 태블릿

한국 문학의 역사적 변천 과정에서 나타난 갈래적 특징을 고등학교에 와서 처음 배우게 되는 만큼 학습자들이 흥미를 잃지 않도록 수업을 디자인하는 것이 중요합니다. 한국 문학사의 흐름과 관련하여 원시·고대 문학부터 현대문학까지의 방대한 한국 문학사의 흐름을 어디까지 가르치고 어떤 것을 가르칠 것인가에 대한 고민이 있습니다. 고등학교 공통 교육과정에서 가르쳐야 할 한국 문학사의 흐름에 대해 세부적인 지침이 있지 않고, 시간 안배 면에서도 현실적인 어려움이 있어 어떤 작품들을 다루면서 한국 문학사를 일별해야 할지 결정하기 어렵습니다. 또한 한국 문학사와 관련한 성취기준이 중학교에는 제시되지 않고, 고등학교 2~3학년이 선택하는 〈문학〉 과목에서 세부적인 내용을 다룰 예정이므로, 고등학교 1학년 과정에서는 한국 문학사의 대표적인 서정 갈래인 향가와 고려 가요, 서사 갈래인 고전소설에 대해 교수·학습하도록 디자인하는 것이 적절하다고 봅

니다.

한국 문학사의 흐름과 관련한 수업은 문학적 지식에 대한 이해가 중심이 되기 때문에 교사 중심의 활동이 이루어지기 쉽습니다. 하지만 학생들이 작품을 입체적으로 수용하여 가치·태도 면에서 작품의 문학사적 의미나 가치를 생각하는 습관을 가질 수 있도록 수업을 디자인하는 것도 필요합니다. 고전 문학 작품을 현대어로 풀이하는 과정에서 학습자들은 외국어 과목에 준하는 어려움을 겪는다고 호소하는 경우가 많으며, 이것이 흥미 및 학습 의욕을 저하시키는 원인이 되기도 합니다. 따라서 작품 해석의 어려움으로 인한 흥미 저하를 막으면서, 문학사의 흐름과 관련한 교수·학습 내용들이 학습자에게 거부감 없이 스며들 수 있도록 수업을 디자인할 필요가 있습니다.

개별 작품을 다루는 과정에서 교사는 갈래의 개념과 형식, 내용상의 특징, 작품의 주제와 의의, 특징 등을 얼마나 깊이 있게 가르쳐야 하는가에 대해 고민하게 됩니다. 한국 문학사의 흐름과 갈래에 대해 먼저 설명하고 작품을 가르쳐야 할지, 개별 작품을 먼저 학습하고 문학사의 흐름을 설명해야 할지 결정하는 것도 난제입니다. 교사가 전달하는 학습 내용이 일반적이고 추상적일 경우 학생들은 문학에 대한 흥미를 잃기 쉽고, 이는 작품에 대한 이해도를 떨어뜨리는 이유가 될 수 있습니다. 고등학교 교육과정 중 도입 단계라 할 수 있는 1학년 〈공통국어〉 과목에서는 개별적인 작품을 통해 의미를 이해하고 특징을 파악한 후 한국 문학사의 흐름 속에서 작품이 가지는 가치를 학습하게 하는 것이 더 바람직하다고 생각합니다. 즉, 한국 문학사에 대해 처음 배우는 것이니만큼 작품부터 먼저 다루고 나서 해당 작품의 갈래 및 한국 문학사에서의 위상과 가치를 논하는 순으로 접근하려는 것입니다.

1~3차시: 향가의 이해

고전 시가 작품 수업을 디자인할 때, 어떻게 하면 이 작품에 대해 쉽게 접근하게 만드느냐가 관건이 되는데, 단어 하나하나를 번역하여 문맥을 이해하는 접근 방식을 지양할 필요가 있습니다. 우리의 학습목표는 작품을 이해하게 하려는 것이지 번역 능력을 향상시키는 것이 아님을 명심할 필요가 있습니다. 현대어로 해석된 글을 함께 제시하여 작품에 대한 이해와 흥미를 높이고 중세 언어와 현대 언어를 비교하면서 언어의 변화에 대해서까지 자연스럽게 파악하게 하는 방법이 효과적입니다.

서정 갈래 중 하나인 향가에 대해 학습하기 위해 〈제망매가〉를 대상으로 선정했습니다. 교수·학습 전개는 '① 개별 작품 이해하기 → ② 갈래 파악하기 → ③ 한국 문학사의 흐름 이해하기'의 순서로 구성해 보았습니다.

① 개별 작품 이해하기 단계로, 문학 작품의 표기법을 이해하고 사용된 어휘와 구절의 의미를 파악하는 활동을 합니다. 먼저 작품 〈제망매가〉를 향찰로 표기된 것과 현대 국어로 된 풀이된 것, 두 가지를 나란히 펼쳐 놓고 비교하면서 향찰 표기가 가진 특징을 분석하여 이해하도록 지도합니다. 작품 전체를 분석하기보다는 1, 2행 정도만 비교하여 표기 방식이 가진 특징을 파악하는 것이 적절하며, 향찰의 특징을 설명하기 위해서는 한문과의 비교가 필요합니다. 한자에 대한 교육이 일반화된 학습자가 아니므로 지나치게 세밀한 설명은 피하며 향찰을 우리말로 번역하는 과정에서 일어날 수 있는 다양한 해석의 가능성은 언급하도록 합니다. 또한 중세 국어로 기록된 것과 현대 국어로 풀이된 것을 비교하여 국어의 변화를 구체적으로 파악할 수 있게 할 수 있습니다.

이어서 작품의 구성 요소를 파악해 세부적인 내용을 이해할 수 있게 합니다. 배경 설화를 제시하여 〈제망매가〉에 담긴 심층적 의미를 추론하게 한 후, 모둠 활동을 통해 '가을', '이른 바람', '한 가지' 등의 상징적 소재의 의미에 대해 탐구하는 활동을 전개합니다. 또한 죽은 '누이'에 대해 '시적 화자'가 가지는 태도 및 정서에 대해 학습하게 합니다. '머뭇거리'는 구체적 행동에 담긴 화자의 심리, '못다 이르고 어찌 갑니까'에 담긴 화자의 정서, '가는 곳 모르겠구나'에 담긴 인생에 대한 깨달음, '도 닦으며 기다리겠노라'에 담긴 화자의 태도 등에 대해 모둠별로 토론할 수 있도록 구성합니다. 가까운 이, 소중한 존재와의 이별로 인해 힘들어했던 자신의 경험과 연결지어 생각해보고 이야기하는 활동을 덧붙인다면 이해의 정도를 심화시킬 수 있습니다.

그 다음은 작가, 독자, 사회·문화적 맥락에서 작품을 이해하는 활동을 전개합니다. 동일한 소재와 정서 및 태도를 지닌 현대시 작품과 비교하면서 작가 맥락을 이해하는 것도 좋을 것입니다. 도종환의 〈옥수수밭에 당신을 묻고〉와 비교하면서 두 작품의 작가가 가졌던 정서와 태도를 이해하고 공감할 수 있게끔 지도합니다. 또한 두 작품에 공통적으로 깔린 불교의 윤회론적 세계관에 대해 학습 자료를 제시하고 사회·문화적 맥락에서 이를 이해하는 활동을 전개할 수 있습니다. 마지막 독자 맥락과 관련해서는 학습자의 문학 작품 수용과 관련해 학습활동을 구체화할 수 있습니다. 화자가 이별의 아픔을 극복하는 방식에 대해 현재의 독자인 학습자의 생각을 주체적 관점에서 해석하는 활동을 전개합니다.

② 갈래 파악하기 단계입니다. 10구체 향가의 대표적인 작품인 〈안민가〉, 〈찬기파랑가〉를 제시하고 〈제망매가〉와의 공통점을 파악하게 함으로써 향가의 갈래적 특징을 이해하게 합니다. 이때 작품들이 가진 차이점까지 간단히 파악하게 하면 2학년 〈문학〉 과목 교육과정과의 연계 부분에서

도움이 될 것입니다. 〈서동요〉와 〈처용가〉를 제시하여 향가의 형식이 4구체에서 8구체를 거쳐 10구체로 정형화되는 변천 과정을 이해하게 합니다. 또한 10구체 향가 작품들을 제시하고 〈제망매가〉의 3단 구성과 낙구가 다른 작품에서도 공통적으로 나타나는지 확인하게 합니다. 또한 향가를 주로 향유했던 계층들에 대한 자료를 제시하여 향유층과 내용상의 특징이 관련되어 있음을 이해하게 합니다. 갈래가 가진 형식적 특성에 대해 공부하는 단계이므로, 예시 작품의 형식에 초점을 맞추어 활동을 전개하며, 지나치게 내용 파악에 중심을 두지 않도록 합니다.

③ 한국 문학사의 흐름 이해하기 단계입니다. 〈제망매가〉와 시조 작품을 비교하여 형식적인 공통점을 찾고 향가 장르가 가진 전통적 특성과 변화 양상 및 가치를 이해하게 합니다. 이때 해당 시조 작품으로 평시조는 물론 사설시조, 현대시조 작품까지 추가적으로 제시하여 한국 문학이 가진 전통성이 오랜 기간에 걸쳐 유지되면서 변화되었음을 강조한다면 더욱 효과적일 것입니다.

4~6차시: 고려 가요의 이해

서정 갈래 중 하나인 고려 가요에 대해 학습하기 위해 〈가시리〉를 대상으로 선정했습니다. 교수·학습 전개는 '① 개별작품 이해하기 → ② 한국 문학사의 흐름 이해하기 → ③ 갈래 파악하기 → ② 한국 문학사의 흐름 이해하기'의 순서로 구성해 보았습니다.

① 개별 작품 이해하기 단계로 작품 〈가시리〉의 내용을 이해하고 구성 요소를 파악하게 합니다. 내용적 측면을 살펴 보면 〈가시리〉는 우회적 어법이 아닌 솔직하고 직설적인 화법을 사용하고 있는 작품이므로 학습자가 접근하기에 용이합니다. 내용 파악을 위해서는 운율을 맞추기 위해 생략한 행동의 '주체' 또는 '객체'를 찾는 것이 우선적입니다. 'ᄇ리고' 앞에 '나를', '잡스와' 앞에는 '내가 임을', '선ᄒ면' 앞에는 '임이'를 넣어서 내용의 공백을 메우는 활동이 필요합니다. 또한 후렴구의 의미 파악을 통해 주제와 후렴구가 내용적 통일을 이루지 못했다는 것을 인지하게 하는 것이 중요합니다. 이는 이후 차시에서 심화하여 학습할 내용의 토대가 되므로 중요한 활동이라 할 수 있습니다.

이어서 작품을 구성하는 요소와 이들의 유기적 관계를 파악할 수 있도록 지도합니다. '가시는 듯 도셔 오쇼셔'의 태도를 통해 앞 구절에 사용된 종결 어미 '-ㄹ셰라'의 의미를 추측해 보는 활동을 한다든지, '셜온 님'이 가진 중의적 속성에 대해 학습자 간에 토론을 하는 활동을 제시할 수 있습니다. '셜온'의 주체가 '임'이냐 '화자'냐에 따라 해석이 다양하고 풍부해지는 점을 학습자가 파악하여 느낄 수 있게 함으로써 문학적 표현이 갖는 특징을 학습하게 합니다. 기승전결 구조에서 나타나는 화자의 정서 및 태도 변화를 정리하면서 학습을 마무리합니다.

② 한국 문학사의 흐름 이해하기 단계입니다. 앞서 '향가'(1~3차시)의 경우와 달리 ③단계를 ② 단계보다 먼저 적용했습니다. 이는 〈가시리〉가 가진 내용적 측면이 한국 문학사에서의 전통성과 연관되어 있기 때문입니다. 화자의 정서 및 태도와 관련한 전통성에 대해 먼저 학습한 후 ②단계로 돌아가 '고려 가요'의 형식적 특징 및 전통성에 대해 학습하는 것이 보다 자연스러운 전개라 생각됩니다. 〈가시리〉에 나타난 이별의 정한과 상황에 대한 화자의 태도를 가사 작품 〈속미인곡〉, 현대시 〈진달래꽃〉과 비교하여 공통점과 차이점을 파악하는 활동을 진행합니다. 주제 면에서 가지는 공통점과 시적 화자의 태도 면에서의 차이점을 비교하는 활동이므로 〈속미인곡〉의 경우 현대어 풀이본을 중심으로 학습활동을 전개하고 상징적 시어인 '낙월'과 '궂은 비'에 담긴 화자의 태도를 살펴보는 활동을 전개합니다. 또한 현대 작품인 〈진달래꽃〉에서 시어 '진달래꽃'의 의미와 산화공덕(散花功德)의 전통, '사뿐히 즈려밟고'에 담긴 희생적 태도, '죽어도 아니 눈물 흘리우리다'에 담긴 애이불비(哀而不悲)의 정서를 학습하고, 주제가 가진 전통성과 정한의 극복 방식에 대해 학습하게 합니다. 더불어 대중가요 가사를 활용해 이별의 태도에 대한 학습자 각각의 견해를 이야기하는 시간을 갖게 함으로써 학습에 대한 흥미를 높일 뿐 아니라 인간의 다양한 삶의 모습을 이해하고 타자를 이해하는 태도를 기르게 함과 동시에 이별을 대하는 태도의 변화 양상을 파악하게 할 수 있습니다.

③ 갈래 파악하기 단계로, 고려 가요의 특징을 살펴보는 활동을 전개합니다. 작품 〈동동〉의 일부 연을 제시하고 〈가시리〉와 비교하면서 고려 가요가 가진 형식적 특징들을 찾아내는 활동을 하게 합니다. 3음보의 운율, 후렴구의 발달, 분절체 등 갈래가 가진 특징에 관한 글을 제시하고 세부적 특징을 작품 속에서 파악하게 하는 것도 효과적일 것입니다. 작품들을 통해 갈래의 특징을 찾아내게 해도 좋고, 특징에 대한 자료를 제시하여 이를 이해하게 한 후 작품에서 그 특징을 찾아내게 하는 것도 좋습니다. 이러한 활동을 통해 고려 가요의 내용적, 형식적 특징은 물론 향유층에 대해 이해하는 힘을 기를 수 있을 것입니다.

④ 한국 문학사의 흐름 이해하기 단계로, 고려 가요의 특징들이 한국 문학사의 흐름 속에서 변모되는 양상을 살펴보게 합니다. 고려 가요의 형식적 특징과 '구전(口傳)'이라는 전승 방식과의 상관 관계를 따져 보는 것도 필요합니다. 또한 고려 가요가 발달 과정에서 궁중악으로 사용되면서 겪게 된 변화를 구체적 작품들을 통해 확인하도록 수업을 전개합니다. 이때, 한국 문학사의 흐름이나 중요한 사항이 담긴 글을 자료로 제시하여 토론하게 해도 좋고, 학습자 스스로가 자료를 조사하여

발표하게 해도 좋습니다. 제시문을 분석하거나 자료를 조사하는 과정에서 학습자들의 이해력과 어휘력이 향상될 수 있으며, 이를 통해 다양한 사람들의 삶을 이해할 수 있게 됩니다. 필요에 따라 교사의 지식 전달 중심의 수업이 이루어질 수 있지만, 가급적 수업의 중심 활동이 교사가 아닌 학습자가 될 수 있도록 유의합니다.

7~11차시: 고전 소설의 이해

〈허생전〉을 통해 서사 갈래 중 하나인 고전 소설의 특징과 한국 문학사적 가치에 대해 이해하게 합니다. 소설의 내용을 파악하고 인물이 가진 특성이나 작품에 담긴 사회상을 심층적으로 분석해야 하기 때문에 개별 활동보다는 모둠 활동이 더 효과적일 수 있습니다. 교수·학습 전개는 '1 개별 작품 이해하기 → 2 갈래 파악하기 → 3 한국 문학사의 흐름 이해하기'의 순서로 구성해 보았습니다. 서사 갈래의 수업은 모둠별 활동을 중심으로 전개하여 학습자들이 소통을 통해 서사 갈래의 특징을 이해하게끔 디자인했으므로, 학습자들의 이해 정도에 따라 차시 배분을 탄력적으로 하는 것이 좋습니다.

① 개별작품 이해하기 단계로, 먼저 모둠별로 어휘 및 구절, 중국 고사 등의 의미를 파악하여 내용을 이해하고, 이를 통해 소설의 줄거리를 정리하는 활동을 합니다. 공간의 이동을 중심으로 주요 사건을 다섯 대목으로 나눈 후 모둠이 각각의 대목을 맡아 사건을 정리하고 발표하게 함으로써 하나의 이야기를 완성하게 하면, 세부적인 사건 파악도 용이하고, 무엇보다 다른 모둠의 발표 내용을 경청하는 태도까지 기를 수 있게 됩니다. 모둠 발표 후 해당 사건에 대한 질의 응답을 통해 소설 내용 이해의 완성도를 높일 수도 있습니다.

이어서 소설의 구성 요소인 인물의 특징을 파악하게 합니다. 변 씨, 이완, 허생이 한 말과 행동을 찾아 정리하고 이를 통해 인물의 성격을 파악하고 각 장면에서 일어난 인물 간의 갈등을 이해하는 활동을 진행합니다. 이 또한 모둠 토론 형식으로 진행하면 인물에 대한 학습자의 다양한 이해가 공유되면서 인물에 대한 독자의 공통적인 평가와 새롭고 독특한 입장에서의 평가를 함께 들을 수 있어서 인물 이해의 폭을 넓힐 수 있습니다. 한 모둠이 한 인물에 대해 발표하면, 이후 다른 모둠들이 자유롭게 이에 대한 추가적 의견을 드러내는 형태로 수업을 전개합니다. 특히 허생의 성격을 파악할 때는 작가의 의도까지 추론해 보는 활동을 덧붙여 진행해 봅니다. 이는 다음 차시에 이루어질 작가에 대한 이해 활동과 연관됩니다.

인물 간의 갈등을 파악하면서 작품이 지닌 사회·문화적 맥락과 연계해 이해하게 합니다. 당대 사회의 유통 구조, 불안정한 사회 상황, 불합리한 인재 등용, 무능력한 지배층, 외교 정책의 허상 등에 대해 관련 자료들을 조사하고 '허생전'을 통해 드러난 사회의 현실에 대해 토론함으로써 작품을 심층적으로 이해하게 합니다. 등장 인물에 대해 지지하거나 비판하는 말하기 활동을 추가적으로 구성하여 학습자의 생각과 감정을 자유롭게 표현함으로써 문학적 소통이 이루어질 수 있게 합니다.

② 갈래 파악하기 단계에서는 고전 소설의 특성에 대해 이해하는 활동을 전개합니다. 〈홍길동전〉과의 비교를 통해 공통적인 특징들을 파악하고 이를 통해 고전 소설이 갖는 전형적인 특징들을 구체적으로 정리해보게 합니다. 〈홍길동전〉 작품 전체를 읽고 특징을 파악하기에는 시간이 부족하므로, 주제, 구성, 인물, 사건, 문체 등의 특징이 나타나는 부분만을 발췌하여 제시하고 특징을 이해하게 하는 것이 적절할 것입니다. 또한 고전 소설이 발달하는 단계에서 향유 계층이 확대되는 상황과 이를 통해 내용이 다양해졌음을 자료를 통해 설명하면 좋습니다.

③ 한국 문학사의 흐름 이해하기 단계에서는 고전 소설이 향유층에게 전달되는 과정에서 단순한 독서만이 아닌 연행, 강독 등의 대상으로 확장되었음을 살펴보게 합니다. 전기수(傳奇叟), 세책가(貰冊家), 판소리계 소설 등과 관련한 자료나, 고전 소설이 새로운 형식과 매체를 이용해 현대적으로 변용된 사례들을 제시하고 이를 이해하게 하면 좋을 것입니다. 이를 통해 학습자들은 서사 갈래로서의 고전 소설이 한국 문학사에서 가지는 위상과 가치를 이해하게 될 것입니다.

개별 작품이 갖는 한국 문학사에서의 가치를 이해하기 위해서 연암 박지원의 실학사상과 '허생전'에 드러난 작가적 특성을 탐색하는 활동을 진행합니다. '예덕선생전'이나 '호질' 등의 작품을 추가적으로 제시하고 한국 문학사에서 연암 문학이 갖는 가치에 대해 토론하게끔 수업을 전개합니다. '문체반정'에 관한 글을 제시하면서 전통에 대한 학습자 각각의 생각에 대해 논의하는 자리를 만들어도 좋습니다.

지금까지 성취기준이 다루어야 할 내용 요소를 확인하고, 성취기준에 대한 교육과정 지침에서 교수·학습 요소를 추출하여 교수·학습 전개의 순서를 결정한 뒤, 교수·학습 활동을 구체화하여 차시별로 구분한 것을 종합하면 다음 〈표 6〉과 같습니다. 이는 하나의 성취기준을 토대로 하여 수업을 설계하고자 할 때 거쳐야 하는 절차에 따른 결과물입니다.

〈표 6〉 성취기준 [10공국2-05-01]에 기초한 수업 디자인의 절차

성취기준	[10공국2-05-01] 한국 문학사의 흐름을 고려하여 작품을 수용한다.		
내용요소	• 지식·이해[맥락] 문학사적 맥락 • 과정·기능[작품읽기와 이해] 한국 문학사의 흐름 이해하기		
교수·학습 요소	교수·학습 전개	교수·학습 활동 구체화	차시
• 한국 문학사의 흐름 속에서 개별 작품 파악 및 그 가치 이해 – 한국 문학사 전개 과정에 나타난 특성 – 갈래나 작품 형식의 변화 – 향유층의 다양화를 고려한 작품 수용 • 한 작품과 다른 작품이 관계 맺는 양상 및 그 관계들로 형성되는 문학사의 맥락 속에서 개별 작품의 가치 및 의의 파악하기 • 다양한 맥락 파악하기 – 작가 맥락 – 독자 맥락 – 사회·문화적 맥락 – 문학사적 맥락 • 한국 문학사의 중요한 사항이나 흐름 조사하기 – 과다 분량 및 연표 중심 암기형 지식 교육 지양	1 개별 작품 이해하기 1) 문학 작품의 내용 이해하기 : 어휘, 구절의 의미 파악하기, 표기방식 이해하기 2) 구성 요소 파악하기 : 구성 요소의 특징, 유기적 관계 파악하기 3) 개별 작품을 다각도에서 이해하기 : 작가 맥락, 독자 맥락, 사회·문화적 맥락, 문학사적 맥락 4) 주체적 관점에서 작품 해석하기 : 객관적 근거를 중심으로 작품 해석하기 2 갈래 파악하기 1) 다른 작품과의 관계 이해하기 : 공통점과 차이점 파악하기 2) 갈래의 특성, 작품 형식의 변화 등 이해하기 : 갈래의 특성과 관련한 자료 조사하기, 자료 분석하기 3) 향유층의 특성 파악하기 3 한국 문학사의 흐름 이해하기 1) 한국 문학사의 흐름과 중요 사항 이해하기 2) 한국 문학사에서 해당 갈래의 가치 이해하기 3) 개별 작품이 갖는 한국 문학사에서의 가치 이해하기	1 개별 작품 이해하기 1) 문학 작품의 내용 이해하기 – 〈제망매가〉 • 작품에 드러난 향찰 표기상의 특징 알아보기(한문과 비교) • 중세 국어에 사용된 어휘와 구절 의미 파악하기(현대국어와 비교) 2) 구성 요소 파악하기 • 상징적 소재의 의미 이해하기(배경 설화 참고) • 시적 화자의 정서 및 태도 이해하기 3) 개별 작품을 다각도에서 이해하기 • 작가 맥락에서 이해하기(〈옥수수밭에 당신을 묻고〉와 비교) • 사회·문화적 맥락에서 이해하기(윤회론적 세계관 조사하기) • 독자 맥락에서 이해하기(대중 가요 중 사별한 이를 그리워하는 노래 몇 가지를 더불어 제시하고 작품들에 대한 자신의 생각 이야기 하기) 2 갈래 파악하기 1) 다른 작품과의 관계 이해하기 • 공통점과 차이점 파악하기(〈안민가〉, 〈찬기파랑가〉와 비교하기) 2) 갈래의 특성, 작품 형식의 변화 등 이해하기 • 향가의 형식 이해하기(〈서동요〉, 〈처용가〉 예로 들어 형식의 변화 알아보기) • 작품 형식의 변화 이해하기(4, 8, 10구체 향가와 발전 과정 알아보기) 3) 향유층의 특성 파악하기 • 향유층의 특성, 내용상의 특징 파악하기 3 한국 문학사의 흐름 이해하기 1) 한국 문학사의 흐름과 중요 사항 이해하기 • 3단 구성과 낙구의 전통성 이해(시조와의 비교) 2) 한국 문학사에서 해당 갈래의 가치 평가하기 • 향가 문학의 국문학사적 가치 3) 개별 작품이 갖는 한국 문학사에서의 가치 이해하기 • 〈제망매가〉의 가치 이해하기	1~3

① 개별 작품 이해하기 1) 문학 작품의 내용 이해하기-〈가시리〉 • 현대어 해석을 통한 내용 이해 2) 구성 요소 파악하기 • 시어의 의미 알아보기(주체에 따른 다양한 해석 등) • 표현상의 특징 알아보기(종결어미 '-ㄹ셰라' 등) • 화자의 상황·정서·태도('기승전결'의 시상 전개 방식과 연관)	
③ 한국 문학사의 흐름 이해하기 1) 한국 문학사의 흐름과 중요 사항 이해하기 • 화자의 정서 및 태도 파악하기(《속미인곡》, 〈진달래꽃〉과의 비교) • 한국 문학의 전통성 알아보기 • 현대의 대중가요에 나타난 전통성과 변화 이해하기	4~6
② 갈래 파악하기 1) 다른 작품과의 관계 이해하기(《동동》과 비교) • 공통적 특징 파악하기 2) 갈래의 특성, 작품 형식의 변화 등 이해하기 • 고려 가요의 특징 이해하기(내용적, 형식적 특징 등) 3) 향유층의 특성 파악하기	
③ 한국 문학사의 흐름 이해하기 2) 한국 문학사에서 해당 갈래의 가치 이해하기 • 고려가요의 국문학사적 가치 알아보기 • 후렴구의 기능이 갖는 가치 알아보기	
① 개별 작품 이해하기 1) 문학 작품의 내용 이해하기-〈허생전〉 • 어휘의 의미, 관련 중국 고사 이해하기 2) 구성 요소 파악하기 • 사건 파악하기(공간의 이동 중심, 사건 전개 중심) • 인물의 성격 파악하기(대화, 행동을 기준으로) • 인물 간의 갈등 이해하기 3) 개별 작품을 다각도에서 이해하기 • 사회·문화적 맥락(외교적 관점, 경제적 관점 등) – 유통구조, 불안정한 사회 상황, 불합리한 인재 등용, 무능력한 지배층, 북벌론의 허상 4) 주체적 관점에서 작품 해석하기 • 인물의 행동에 대한 자신의 의견 표현하기	7~11
② 갈래 파악하기 1) 다른 작품과의 관계 이해하기(《홍길동전》과 비교) • 공통점 파악하기 2) 갈래의 특성, 작품 형식의 변화 등 이해하기 • 고전 소설의 특징 이해하기 3) 향유층의 특성 파악하기 • 시대 현실에 대한 비판 의식 이해하기(《장끼전》과 비교)	

국어 교사를 위한 국어 수업 디자인 실습

③ 한국 문학사의 흐름 이해하기
1) 한국 문학사의 흐름과 중요 사항 이해하기
• 고전 소설의 발전 단계에서 나타난 사회적 상황 이해하기
2) 한국 문학사에서 해당 갈래의 가치 이해하기
• 고전 소설의 위상과 가치 이해하기
3) 개별 작품이 갖는 한국 문학사에서의 가치 이해하기
• 연암 박지원의 실학 사상 및 문체반정 이해하기
• 연암 박지원의 작품의 가치 이해하기

4) 4단계: 한 차시를 선택해 교수·학습 과정안을 작성하기 실행하기

4단계에서는 3단계에서 구분한 차시 중 한 차시를 선택하여 교수·학습 과정안을 작성해 봅니다. 〈표 6〉의 6차시에 해당하는 수업을 대상으로 1차시 50분 기준으로 다음과 같은 교수·학습 과정안을 작성해 보았습니다. 이 차시는 고려 가요를 학습하는 모듈의 세 번째 차시로 단원의 마무리 활동이 이루어지는 단계입니다. 고려 가요의 특징을 파악하고 고려 가요의 특징이 한국 문학사의 흐름 속에서 갖는 가치를 파악할 수 있도록 항목화했습니다.

도입 부분에서는 '가시리'가 고려 시대를 대표하는 대중적 노래라는 점에 초점을 맞추어, 학습자들이 공감할 수 있는 오늘날의 대중 가요를 끌어들여 학습 동기를 유발합니다. 현대의 대중가요나 세계적으로 선풍적인 인기를 끌고 있는 K-pop 대부분이 쉽게 따라할 수 있는 반복적인 부분을 의도적으로 배치한 후크송(hook song)임을 제시하고, 고려 시대의 고려 가요 또한 유사한 특징을 지니고 있음을 확인하게 합니다. 이를 통해 학습자는 천 년 전에 대중들이 향유했던 노래가 가진 특징을 자연스럽게 이해할 수 있게 될 것이며, 본 차시의 학습에 대해 흥미를 느끼게 될 것입니다.

전개의 첫 번째 부분에서는 제시문을 사용하여 학습자들이 '고려 가요'의 특징을 추출해서 파악하게 합니다. 주어진 제시문은 '고려 가요'에 대한 갈래적 특징을 설명하는 글로, 이를 통해 파악된 갈래적 특징을 전 차시에 배웠던 개별 작품 속에서 확인하는 활동을 하게 됩니다. 학습자가 제시문의 내용을 스스로 학습할 수 있도록 교수·학습 활동을 전개하면, 갈래의 특징을 정확히 이해하고 개별 작품에 적용할 수 있는 능력이 자연스럽게 형성되게 됩니다. 이 과정에서는 모둠별 학습이 중요합니다. 학습자 간 상호 작용이 이루어지고, 정보나 지식에 대한 자유로운 검색이 이루어질 수 있도록 허용적 분위기를 조성하면서 학습자 주도 학습이 이루어질 수 있도록 합니다. 갈래의 특징을 파악하고 난 뒤 전 차시에서 배운 작품과 연계하여 설명할 수 있도록 수업 활동을 디자인하면

좋을 것입니다. 시간이 허용된다면 교사가 또 다른 고려 가요 작품을 제시하고 갈래의 특징을 설명하며 강조하는 것도 좋습니다.

전개의 두 번째 부분은 좀더 심화된 제시문을 이용하여 고려 가요에 대한 깊이 있는 지식을 학습시키고, 고려 가요가 지닌 한국 문학사적 가치를 이해하게 하는 단계입니다. 학습자는 고려 가요가 궁중악에 수용되는 과정을 알게 됨으로써 '가시리'나 '동동'에서 나타나는 내용적 불일치의 양상을 이해할 수 있게 됩니다. 〈제시문2〉의 경우는 다소 어려운 어휘와 내용이 담겨 있으므로, 제시문 분석의 단계에서 교사의 개입이 〈제시문1〉보다 많아질 것으로 예상되지만, 가급적 학생들이 스스로 해석할 수 있도록 조언을 최소화하는 것이 중요합니다.

정리 단계에서는 학습한 고려 가요의 특징을 재확인하는 형성평가를 실시한 후, 차시 예고로 마무리합니다. 형성평가의 경우 간단한 문답 형식, 학습 일지 등이 가능하며, 새로운 고려 가요 작품인 '서경별곡'과 같은 작품을 제시하고 학습자들이 본 차시에서 배운 특징들을 확인해보게 하는 것도 좋을 것입니다.

단원 학습목표	1. 한국 문학사의 흐름을 고려하여 작품을 수용할 수 있다.		
차시 학습목표	1. 고려 가요의 특징을 이해한다. 2. 한국 문학사의 흐름 속에서 고려 가요가 가진 의의를 이해한다.		

학습단계		교수·학습 활동	자료 및 기타	시간
도입	학습 동기 유발	▷ 동기유발: 대중 가요를 활용해 주의집중하게 함 "세계적으로 유행하고 있는 K-pop 노래를 들어 보고, 따라 부를 수 있는 부분이 어디인지 찾아봅시다."(노래 영상을 보여 준다) Q: 해외 팬들이나 여러분들이 이 노래를 듣고 쉽게 따라할 수 있는 부분은 어디인가요?(아이브의 'I AM'을 들려준다) Q: 처음 듣는 노래임에도 해당 부분을 따라할 수 있었던 이유는? "이러한 특성을 지닌 노래를 후크송(hook song)이라고 합니다. 후크송에 대해 알아봅시다."(자료를 제시한다) 후크송: '청자를 사로잡는 짤막한 음악 구절'을 뜻하는 대중 음악 용어. 청자의 각인을 유도하는 반복적인 구절이 핵심적 요소가 되는 형태의 곡	A: Life is 아름다운 갤럭시 Be a writer 장르로는 판타지, I'm on my way 넌 그냥 믿으면 돼 I'm on my way 보이는 그대로야 등 A: 반복되어 기억이 잘 나기 때문에 – 제시된 자료를 살펴 보면서 후크송이 가진 특징을 파악한다.	빔프로젝트 PPT, 활동지	7분

<table>
<tr>
<td></td>
<td></td>
<td>"반복적인 부분이 많이 들어가면 따라부르기 쉬워, 노래를 익히기 쉽습니다. 가사를 전달할 문자가 없거나 가사가 어려운 외국어로 되어 있는 경우, 후크송은 가사를 익히는 데 대한 부담을 줄여 주지요. 그래서 향유층의 범위를 넓히는 데 효과적입니다. 고려시대 서민들은 글자가 없어서 구전되는 노래를 즐겨야 했어요. 고려 시대에 서민들이 즐겼던 노래도 이와 같은 특성을 지니고 있습니다."</td>
<td>- 구전되는 노래에서 반복되는 부분이 가지는 장점에 대해 이해한다.</td>
<td></td>
<td></td>
</tr>
<tr>
<td></td>
<td>학습
목표
제시</td>
<td>▷ 학습 내용과 학습목표로 연결하기
"오늘은 고려 시대의 대중 가요였던 고려 가요에 대해 공부할 텐데요, 이번 차시 학습 목표는 고려 가요의 특징에 어떤 것들이 있고, 우리 한국 문학사에서 고려 가요가 어떠한 의의를 갖는지 이해하는 것입니다."</td>
<td>▶ 학습 목표 확인
- 고려 가요의 특징과 문학사적 의의에 대한 이해가 학습 목표임을 인지한다.</td>
<td></td>
<td></td>
</tr>
<tr>
<td>전개</td>
<td>고려
가요의
특징
파악
하기</td>
<td>▷ 다른 작품과의 관계 이해하기
• [제시문1]을 읽고 고려 가요의 특징 분석하기

  '고려 가요'란 고려 시대에 창작된 시가로, '속요', '여요', '장가'라고도 한다. 신라 시대의 향가가 쇠퇴하고 평민들의 노래인 고려 가요가 고려 시대의 주요 서정시로 자리를 잡게 되었다. 고려 가요는 구전되거나 한역되어 전하다가 한글 창제 이후에 기록된 것들이 지금까지 전하고 있다.
  작자 미상의 작품이 대부분이며, 평민층이 주된 작가층이자 향유층이었다. 형식적 특징을 살펴보면, 대체로 3·3·2조의 3음보 율격이 많이 나타나는 분절체이고, 후렴구가 발달했다. 내용면에서 보면 남녀 간의 사랑, 이별의 안타까움, 자연에 대한 예찬 등 서민들의 풍부한 감정과 정서를 진솔하게 표현하여 문학사적인 가치가 높다. 조선 시대에 문자로 정착되는 과정에서 남녀 간의 애정을 노래한 작품들을 '남녀상열지사(男女相悅之詞)'라 하여 문헌에서 삭제하기도 했다.

- 학습자가 스스로 읽으면서 내용 파악하게 하되, 충분한 검색과 토론이 가능하도록 모둠별 활동으로 전개한다.
- 총 6개의 모둠을 구성하되, 각 모둠에는 성취도가 높은 학생이 한 명씩 들어가게 구성한다.

Q: 제시문을 통해 새롭게 알게 된 내용은 무엇입니까?"</td>
<td>▶ 고려 가요의 특징 확인
- 모둠 활동을 통해 모르는 단어와 문맥을 파악한다.

A: 고려 시대의 시가, 향유층이 민중임, 속요나 여요 또는 장가로도 불림, 향가 쇠퇴 후 고려 시대 서정시로 자리잡음, 구전되다가 한글 창제 후 기록됨, 기록 과정에서 남녀상열지사에 해당되어 삭제된 작품도 있음, 대부분 작가 미상, 3·3·2조의 3음보, 분절체, 후렴구 발달, 서민들의 풍부한 감정과 정서를 진솔하게 표현함</td>
<td>빔프로젝트
PPT,
활동지</td>
<td>18분</td>
</tr>
</table>

/개별 작품 에서의 고려 가요의 특징 분석 하기	Q: 이 중 고려 가요의 형식적, 내용적 특징들은 무엇인가요?	A: 형식적 특징으로는 3·3·2조의 3음보, 분절체, 후렴구 발달, 내용적 특징으로는 서민들의 풍부한 감정과 정서를 진솔하게 표현함		
	▷ 〈가시리〉에 드러난 고려 가요 특징 확인하기	▶ 〈가시리〉 속 고려 가요 특징		
	Q: 〈가시리〉에서 확인할 수 있는 고려 가요의 형식적, 내용적 특징을 찾고, 그 근거를 말해 볼까요?	A: 3·3·2조의 3음보–가시리/가시리/잇고, 분절체–4연, 후렴구 발달–위 증즐가 대평성대, 내용적 특징–이별의 정한(붙잡고 싶은 마음을 솔직하게 표현하고, 4연에서 가시자마자 곧 돌아와달라고 부탁함)		
	▷ 〈동동〉에 드러난 고려 가요 특징 확인하기 – 작품 〈동동〉을 제시하고 여기에 드러난 고려 가요의 특징을 교사가 설명한다.(〈동동〉은 학습자들이 처음 접하는 작품이므로 교사 주도의 학습활동으로 전개한다.) - 3음보 : 덕으란/곰비예/받줍고 - 분절체: 전체 13연 - 후렴구: 아으 동동다리 - 진술한 감정: 임에 대한 송축과 연모, 원망	▶ 〈동동〉 속 고려 가요 특징 – 앞서 확인한 고려가요의 특징이 '동동'에서도 확인되는지 교사의 설명에 집중하면서 살펴본다.		
	▷ 갈래의 특징 이해하기 – 고려 가요의 특징을 간략하게 다시 정리하여 설명한다. "구전되어 소통되기 쉽도록 반복적인 요소들을 지니고 있네요. 3음보, 분절체, 후렴구가 바로 그러한 요소라 할 수 있습니다."	– 갈래의 특징을 재확인한다.		
고려 가요의 한국 문학 사적 의의 이해 하기	▷ 한국 문학사에서 고려가요의 의의 이해하기 • 고려가요에 대한 [제시문2] 읽고 분석하기 　　고려 속요는 고려 시대 궁중에서 형성되어 조선 시대까지 궁중 연향(宴饗)에서 전승되어 불린 노래를 가리킨다. 고려 속요의 기원과 형성에는 민간의 노래가 관여되었다. 　　민간의 노래가 궁중 잔치의 노래로 사용된 연원은 중국의 오래된 시집인 『시경(詩經)』의 '풍(風)'에서 찾을 수 있다. '풍'에는 민간의 노래가 실려 있는데 사랑 노래가 대부분이다. '풍'에 실린 노래는 중국은 물론 고려와 조선의 궁중 잔치에서도 불렸다. 또한 조선의 궁중에서는 이를 참고하여 연향 악곡을 선정했다.	▶ 갈래의 변화 양상 파악하기 – 모둠 활동을 통해 모르는 단어와 문맥을 파악한다.	빔프로젝트 PPT, 활동지 태블릿	20분

국어 교사를 위한 국어 수업 디자인 실습

남녀 간의 사랑 노래를 포함한 민간의 노래가 궁중악으로 수용될 수 있었던 까닭은 무엇일까? 왕을 정점으로 하는 통치 구조에서는 왕권을 공고히 하고 풍속을 교화(敎化)하는 수단이 필요했는데, 예법(禮法)과 음악도 중요한 역할을 했다. 이때 그 과정에서 민중의 생활상을 진솔하게 반영한 노래 가운데 인륜의 차원으로 확장될 가능성이 있는 노래들은 통치 질서를 구현하기에 적합한 노래로 여겨져 궁중악으로 편입되었다. 특히 남녀 간의 사랑 노래는 그 화자와 대상이 '신하'와 '임금'의 구도로 치환되기 용이했기 때문에 궁중악으로 편입될 수 있었다. 이처럼 민간 가요의 궁중 악곡으로의 전환은 하층에서 상층으로의 편입·흡수 과정을 통해 상·하층이 노래를 함께 향유한 화합의 차원으로 볼 수 있다.

關關雎鳩(관관저구) 꾸욱꾸욱 우는 물수리 한 쌍
在河之洲(재하지주) 하수(河水)의 모래톱에 있도다.
窈窕淑女(요조숙녀) 요조숙녀는
君子好逑(군자호구) 군자의 좋은 짝이로다.

위의 시는 '풍'에 실린 「관저(關雎)」편 첫째 작품으로 작품의 짜임은 대칭 구조를 이루고 있다. 이미 짝을 지은 물수리 암수의 모습과 앞으로 짝을 이룰 요조숙녀와 군자의 모습이 상응하면서 자연과 사람, 사람과 사람 사이의 조화로움을 노래한 것으로 해석되어 왔다. 문왕(文王)과 후비(后妃)의 덕을 읊은 것, 부부간의 화락(和樂)과 공경(恭敬)을 읊은 것, 풍속 교화의 시초 등 이 노래에 대한 평(評)이 이를 짐작하게 한다. 이러한 점에서 이 노래는 궁중에서 불렸을 때 국가적 차원의 의미까지 담게 될 여지를 갖게 된다.

한편, 고려 속요와 『시경』의 '풍'은 공통점이 있지만 고려 속요는 '풍'과 구별되는 특성을 지니고 있기도 하다. 고려 속요는 민간의 사랑 노래가 궁중악으로 정제되어 편입되는 과정에서 변화를 겪기도 했다. 즉 작품의 특정 부분에 긴밀한 유기적 관계를 맺을 수 있는 형식적 장치를 마련하여 한 작품이 구성될 때 작품 전체에 통일성을 부여하는 기능을 더했다. 그리고 궁중 연향을 고려한 것으로 보이는 특정한 부분이 덧붙여지기도 했다. 예컨대, 전체적으로 애틋한 그리움의 정서를 보이는 작품에 송축의 내용을 담거나 이별의 상황과 동떨어진 시어를 붙이기도 한다. 「동동」과 「가시리」는 이러한 변화를 비교적 잘 보여 주고 있다.

-2017학년도 6월 모의평가 '국어' 25-27 지문

- [제시문1]에 드러난 특징 외에 새롭게 알게 된 내용을 확인하게 한다.(모둠 활동을 기반으로 하되, 어려운 개념들이 포함되어 있어 모둠 활동에 대해 교사가 수시로 확인하면서 지원 설명을 한다.)
- [제시문2]을 토대로 질문에 답변하게 한다.

Q: 민간의 노래가 궁중악으로 사용된 이유는?

A: 통치 질서를 구현하기에 적합했기 때문에 (남녀 간의 사랑 노래가 군신 간의 충정의 노래로 치환되기 용이했기 때문)

		Q: 민간의 사랑 노래가 궁중악으로 편입되는 과정에서 겪게 된 변화는?(〈가시리〉, 〈동동〉을 예로 들어)	A: 작품의 특정 부분에 유기적 관계를 맺을 수 있는 형식적 장치 마련, 궁중 연향을 고려한 것으로 보이는 특정한 부분을 덧붙이기도 함. 〈가시리〉 위 증즐가 大平聖代(대평성디), 〈동동〉 제1연 송축의 내용		
		▷ 고려 가요의 한국 문학사적 의의 이해하기	▶ 고려 가요의 한국 문학사적 의의 이해하기		
		Q: 오늘의 활동을 통해 알게 된 고려 가요의 의의는 무엇일까요"	A: 고려 민중들의 애환을 담은 노래였으나, 지배층의 필요에 의해 변용되기도 함		
정리	학습 내용 정리	▷ 학습 내용 정리 - 고려 가요의 특징과 의의를 다시 한번 설명한다. - 고려 가요가 궁중악으로 편입되는 과정에서 일어난 변화에 대해 다시 한번 설명한다.	▶ 학습 내용 이해 - 학습 일지 작성을 통해 오늘 배운 고려 가요의 특징 및 한국 문학사적 의의를 정리한다.	활동지	5분
	차시 예고	▷ 차시 예고 - 고전 소설 〈허생전〉에 대해 배울 것임을 안내한다.	▶ 차시 내용 인지 - 차시 내용을 인지한다.		

2. 질의 응답

질문 1. 문학 영역에서의 오개념 내지 난개념에는 어떤 것들이 있나요?

학습자들이 어려워하는 개념들에는 반어와 역설, 비유와 상징, 추상적 개념의 구체화 등이 있습니다. 각각의 개념들을 설명하고 예를 들어 이해를 돕는 과정으로 수업을 설계하는 경우가 많은데, 학습자들이 어려워하는 개념들에 대해서는 다양한 예시를 구체적으로 제시하면 좋을 것입니다.

여러 가지 예시를 보여주고 공통적인 특징이나 차별화된 특징을 찾게 한다면 개념을 이해하는 데 도움이 됩니다. 신경림의 〈농무〉, 김소월의 〈진달래꽃〉, 김명수의 〈하급반 교과서〉, 황지우의 〈새들도 세상을 뜨는구나〉 등을 제시하고, 반어와 역설이 가진 공통점과 차이점을 파악해보게 한 후 개념을 재확인하는 설명을 곁들일 수 있습니다. 비유와 상징을 이해시키기 위해서는 김영랑의 〈거문고〉 중 '기린', 김동명의 〈호수〉 중 '촛불', 유치환의 〈생명의 서〉 중 '사막', 이육사의 〈광야〉 중 '강물' 등의 의미를 파악하게 한 후 비유가 가진 특징을 먼저 파악하게 하고, 상징이 가진 포괄적 맥락에 대해 이해시키는 것이 좋습니다.

고등학교에서 배우는 문학적 표현 방법 중 '추상적 개념의 구체화(형상화)'는 학습자들이 많이 어려워하는 개념입니다. '추상적 개념', '구체화(형상화)' 이 두 개념 모두 학습자들에게는 모두 추상적이어서 단어를 바꾸어서 학습자들에게 이해시키는 것이 좋습니다. '추상적 관념의 구체화(형상화)'를 '안 보이는 것을 보이게'로 바꾸어 설명하면 생각보다 많은 학생들이 쉽게 이해합니다. 황진이의 시조 '동짓달 기나긴 밤을~'에서 밤의 허리를 잘라 내는 상황을 상상하게 해보고, 밤이라는 시간이 눈에 보이지 않는 것임을 인지하게 합니다. 그리고 그 '밤'에 '허리'라는 모습을 설정하고 그걸 '잘라 낼' 수 있는 것으로 바꾸어 '보이는' 것처럼 변용했음을 이해시키면 좋을 것입니다. 신동집의 〈오렌지〉 중 '시간이 똘똘/배암의 또아리를 틀고 있다', 김천택의 시조 중 '전원(田園)에 남은 흥(興)을 전나귀에 모두 싣고' 등도 마찬가지로 설명하면 좋습니다.

질문2. 학생의 해석을 바탕으로 문학 수업을 구성할 때, 해석의 기반이 되는 문학 지식 전달은 어떻게 해야 하는지, 학생의 오독에 대해서는 어떻게 지도해야 하나요?

문학 작품 해석의 기반이 되는 문학 지식은 대체로 작품 자체가 가지고 있는 내적 구조나 표현 방식에 대한 지식이 될 것 같습니다. 학생이 작품의 내적 구조나 표현 방식을 제대로 분석하고 그것이 주는 효과나 의미를 읽어낼 수 있다면 심각한 오독에까지 이르지는 않을 수 있지요. 작품의 내적 구조나 표현 방식에 대한 지식은 작품 해석의 힌트가 되고, 해석의 보편성을 입증할 근거가 됩니다. 따라서 문학 작품을 해석하기에 앞서 작품의 내적 구조나 표현 방식을 학습자들과 함께 짚고 나서 작품의 의미를 해석하도록 수업을 구조화하는 방법을 쓸 수 있겠습니다.

예를 들어 볼게요. 고전 시가 작품들 중에는 이별의 원인이 자신에게 있음을 이야기하는 경우가 많은데, 황진이의 시조나 정철의 가사 작품들은 '제 구태여', '내 몸의 지은 죄 뫼ʔ티 쌓였으니' 등의 표현을 통해 자신의 문제를 부각하고 임에 대한 원망의 마음을 전혀 드러내지 않지요. 그래서 학생들은 가사 작품 〈규원가〉를 해석할 때도 '내 얼골 내 보거니 어느 님이 날 괼소냐 스스로 慙愧(참괴)ㅎ니 누구를 怨望(원망)ㅎ리'를 확인하고 화자의 자책이 담겨 있다고 해석하는 것으로 쉽게 단정짓기도 합니다. 하지만 작품의 마지막 부분에 '弱水(약수)'와 관련한 중국 고사를 차용한 부분을 통해 화자가 우회적으로 드러내려는 감정이 무엇인지, 맨 마지막 '이 님의 지위로 살동말동 ㅎ여라'라는 표현이 의미하는 바까지 확인한 뒤에 총체적으로 화자의 감정이 무엇인지 판단하고 해석해야 합니다. 교사는 이 작품을 해석할 때 다른 시조나 가사 작품과 달리 작품의 말미에 나타난 화자의 정서에도 주목할 필요가 있음을 미리 짚고 학생들이 해석할 수 있도록 안내할 필요가 있지요. 이렇게 학생들이 해석하기 전에 작품의 특기할 만한 내적 구조나 표현 방식을 꼼꼼히 살필 수 있도록 도와준다면 학생의 오독을 줄이고, 학생이 오독을 한다고 하더라도 작품 내에서 뒷받침되지 않는 오독을 수정할 수 있도록 이끌 수 있지 않을까 합니다.

질문3. 학생들이 집중할 수 있는 최적의 시간은 어느 정도인가요?

학습자들을 지도해 본 경험상, 일반적으로 학습자들은 하나의 학습 내용에 대해 15분 이상 집중하기 힘들어합니다. 한 차시의 수업 활동 중 10분 내외에 해당하는 도입이나 정리 단계에서는 문제가 되지 않지만, 50분 중 40분 내외에 해당하는 전개 단계에서는 학습 내용을 적절히 구분하지 않으면 학습자의 집중도가 떨어지는 것을 발견할 수 있습니다. 개인별 차이가 있기는 하지만 전개 단계에서 주요 학습 내용을 두 가지 이상으로 나누어 전개하는 것이 효과적일 것입니다.

질문4. 수업 중 형성 평가를 어떻게 다양하게 할 수 있을까요?

매시간 해당 차시의 내용을 재확인하고 정리하는 것은 교사에게나 학생에게나 필수적이므로 형성 평가는 매우 중요한 활동입니다. 매시간 마지막 단계에서 배운 내용을 확인하는 일을 학생의 활동지 마지막에 학습 일지의 형식으로 기록하게 하는 것을 추천합니다. 활동지 마지막에 오늘 새롭게 배운 내용을 간략히 정리하고, 그중에서 중요한 것이 무엇인지를 서술하게 함으로써 차시의 학습 목표를 재확인하면서 목표 달성도를 학습자 스스로 점검하게 하는 것이 가능합니다. 이렇게 매시간 쓰는 활동지를 한 학기(학년)동안 모으면, 학습자만의 국어 학습 포트폴리오가 완성됩니다.

질문5. 어떻게 하면 소설의 긴 지문을 읽게 할 수 있을까요?

긴 소설 지문을 수업 내에서 읽고 학습하는 것은 쉬운 일이 아닙니다. 시간적 한계 문제도 있지만, 무엇보다 학습자 간 읽는 속도의 차이로 인해 수업 진행 시간 조절이 어려울 때가 많습니다. 중요한 부분을 발췌하여 학습하고 중간 내용을 간략한 줄거리 형태로 제시하여 수업을 하는 것이 적절합니다. 줄거리 형태로 제시한 지문은 과제(활동지)를 통해 추가로 읽게 하는 학습이 이루어져야 합니다.

학습자 간 읽는 속도 차이의 문제를 해결하기 위해서 읽는 속도가 빠른 학생들에게는 학습지를 통해 읽은 내용 이해 여부를 확인하게 하는 과제를 부여하는 것이 좋습니다. 글을 읽고 인물 간 갈등의 원인이 무엇인지 파악하게 하거나, 특정한 소재가 가진 상징적인 의미가 무엇인지 파악하게 해볼 수 있습니다. 긴 글을 빨리 읽은 학생들은 학습지를 하면서 글을 읽는 속도가 느린 친구들과의 시간 격차를 줄일 수 있게 됩니다. 물론 읽는 속도가 느린 학생들이 활동지까지 하기에는 시간이 부족하겠지만, 함께 소설의 내용을 정리하는 활동이 가능해지므로 효과적인 방법이라 할 수 있습니다.

질문6. 학생들이 문학작품을 해석할 때, 자신의 경험이나 배경지식이 없어서 이해를 못하는 경우가 많습니다. 학생들이 구체적인 장면을 떠올리도록 어떻게 할 수 있을까요?

학습자들이 관련 배경지식이나 경험이 없어 문학 작품을 이해하는데 어려움을 겪는 경우가 있습니다. 가르치는 교사도 작품 속에 드러난 현실에 대해 공감할 수 있는 경험이 없어 '~더라' 식의 설명을 할 때가 왕왕 있습니다.

이때 필요한 것이 시각적 자료입니다. 시대적 현실을 드러내는 그림이나 사진, 동영상 자료 등을 활용해 작품에 대한 배경지식을 만들어가는 과정이 병행된다면 작품에 대한 심층적 이해가 가능해질 수 있을 것입니다. 시 작품의 경우는 학습자가 화자가 되어 상황을 설정하고 스토리텔링을 한 후 시화 그리기 활동을 덧붙인다면 구체적인 장면을 떠올리는 데 효과적일 것입니다. 학습자들이 모둠을 중심으로 이와 같은 활동을 하면서 서로 의견을 나눈다면 좀 더 섬세하게 작품을 떠올릴 수 있으며 작품을 이해하는 데 도움이 될 것입니다.

질문7. 학생 해석의 다양성을 존중하면서 문학 작품 해석의 보편성을 확보하는 방법은 무엇일까요?

작품에 대해 학습자들이 보여주는 해석은 생각보다 다양합니다. 교사는 이러한 해석들에 대해 존중하고 포용하는 자세를 보여줌으로써 학습자들이 능동적으로 문학 감상을 할 수 있는 환경을 제공해야 합니다. 하지만 작품이 가진 보편적 해석은 평가에 있어서 매우 중요한 요소로 작용하기도 하니, 학생들이 선입견 없이 느끼는 바를 자유롭게 말할 수 있는 기회를 제공하되 다양성을 존중하는 선에서 포용하고, 문학 교육의 해석 공동체가 용인하는 보편적 해석이 존재함에 대해서 이야기해야 합니다.

동일 과목을 함께 담당하고 있는 국어 교사들도 해석의 허용 범위에 대해 견해차를 보이는 경우가 있습니다. 또한 이것이 평가 문제로 발전하게 될 경우 곤란한 상황이 발생할 수도 있습니다. 학년(학기) 초부터 교원학습공동체를 주기적으로 운영하고 수업활동 내용을 공유하면서 해석의 다양성에 대해 논의함으로써 다양성에 대한 허용의 범위가 교사 간에 이질적이지 않게 노력하는 것이 필요합니다.

간혹 자신이 느끼는 바대로 해석하면 왜 안 되는지에 대해 강하게 반문하는 학생들을 만나게 됩니다. 국어 선생님이 주입식 교육을 한다며 자신의 해석을 수용할 것을 요구하기도 합니다. 학습자의 적극적인 감상 태도에 대해 칭찬해 줄 필요가 있다고 생각합니다. 다만 학생의 자의적인 해석이 학교교육의 평가 상황에서 용인되기 어렵다는 점을 이야기해야 합니다. 학생이 평가 제도의 문제점을 성토하면서도 보편적 해석이 존재한다는 사실을 받아들일 가능성이 있습니다.

질문8. 문학 수업을 재미있게 하는 방법은 무엇이 있나요?

수업을 시작하는 단계에서 대부분의 학습자들은 수업을 시작하는 것 자체가 부담스럽고 재미없는 일이라 생각합니다. "오늘은 어디 할 차례지?", "지난 시간에 배웠던 게 뭐니?"로 수업을 시작할 것이라 예상했던 선생님이 "애들아, 오늘 뉴스 봤니? BTS 뷔가 신곡을 냈다는데?", "어제 영화 '콘크리트 유토피아'를 봤는데, 사람이 어떻게 그렇게 이기적일 수 있지?"로 수업을 시작하면 학생들은 평상시보다 조금 더 수업에 대한 흥미를 보이게 됩니다. 즉, 학생들의 관심사에 부합하는 소재를 활용해서 주의집중하게 하는 거지요. 수업에 해당하는 이야깃거리를 매번 찾기가 쉽지 않을 거라 생각할 수 있습니다. 하지만 생각보다 아침뉴스에서 다루는 내용은 다양하며, 학생들은 '최신 뉴스'라는 단어에 매우 민감하게 반응하는 편입니다.

문학적 개념들을 문학 교과서나 문제집이 아닌 일상 생활에서 찾아내 제시할 경우 학생들의 흥미가 올라가는 경향이 있습니다. 문학 영역의 특성상 노래 가사들 속에서 흥미 있는 요소를 찾는 것은 매우 쉬운 일입니다. 트로트 가사 중 '서러워서 웃는다'를 들려주고 그 의미를 곱씹어 보게 하면서 역설의 효과를 설명하거나, 다이나믹듀오의 '내 인생은 언제나 삐딱선~, 세상이란 학교에 입학 전~, 나는 꿈이라는 보물 찾아 유랑하는 해적선~'과 같이 랩의 라임을 들려주고 각운을 설명한다면 수업을 참여하는 학생들의 자세가 적극적으로 변모하는 것을 느끼게 될 것입니다. 물론, 상황에 따라 다소 산만해질 수 있음에 주의해야 하는 것도 잊지 말아야 합니다.

3. 수업 디자인 실습하기

문학 영역의 성취기준 중 하나를 골라 앞의 〈표 6〉과 같이, 한 성취기준에 대한 교수·학습 요소를 추출하여 교수·학습 전개를 정한 뒤, 교수·학습 활동을 구체화하면서 차시를 구분해 봅니다. 그런 다음 한 차시를 골라 아래 학급 정보를 고려하여 교수·학습 과정안을 작성해 보고 실행해 봅시다.

학년/학기	
학생 수	22명
학급 특성	① 문학 영역 성취도가 우수한 수준의 학생이 6명, 보통 수준이 12명, 미흡한 수준이 4명으로 구분된다. ② 평소 문학 작품을 즐겨 읽는 학생이 한두 명에 불과하지만, 대부분의 학생들이 대중 가요나 영상을 즐겨 듣거나 보는 경향이 있다. ③ 소규모 학교로 초등학교 때부터 함께 학습한 학생들이 대부분이라 서로에 대한 친숙함과 신뢰도가 높고, 한 학급당 인원이 적어 발표의 경험이 타학교 학생들보다 많아서 발표 수업에 적극적이고 익숙한 태도를 보인다. ④ 학생 1인당 1개씩의 태블릿 PC가 교실에 비치되어 있어 자유롭게 사용이 가능하다.

6장 | 매체는 도대체 수업을 어떻게 해야 할까

1. 매체 수업 디자인하기

디지털 매체 사용이 보편화되고 미디어 환경이 급속하게 변화하는 상황 속에서 미디어·디지털 리터러시 교육에 대한 요구가 높아졌습니다. 그동안 학생들의 삶 속에서 디지털 매체 사용이 빈번하게 이루어져 있지만 이에 대한 적절한 교육이 이루어지지 않았습니다. 따라서 2022 개정 국어과 교육과정에서는 '디지털·미디어 역량'을 국어과 역량으로 설정하여 이를 국어과 '성격'과 '목표'에 반영했고, 매체 영역을 신설하면서 다른 영역에서도 매체 관련 내용이 유기적으로 연계되도록 했습니다. 기존의 국어과 교육과정에서도 매체와 관련된 내용이 다루어졌지만, 2022 개정 국어과 교육과정에서 매체를 하나의 영역으로 독립시켜 본격적으로 체계적이고 위계화된 매체 교육이 이루어지게 된 것이죠. 하지만 이러한 위상의 변화에 따라 도대체 매체를 어떻게 수업해야 하는가에 대한 문제는 여전히 물음표에 머물러 있습니다. 여기에서는 국어과 교육과정과 학생들의 실제 매체 사용 양상을 바탕으로 그 해답을 찾아가고자 합니다.

1) 1단계: 매체 영역 내용 체계를 훑어보면서 성취기준 전, 후의 교육 내용 확인하기

매체 영역에서 하나의 성취기준을 바탕으로 수업을 디자인하기 위한 1단계는 초등학교 1학년에서 고등학교 1학년까지 매체 영역의 내용 전반을 살펴보며 해당 성취기준을 전후로 다루어지는 교육 내용을 확인하는 것입니다. 이렇게 하나의 성취기준을 중심으로 매체 영역의 교육과정을 훑어보면 초·중·고1 각각에서 무엇을 가르쳐야 하며 어떤 수준의 매체와 매체 자료를 활용하고 이를 통해 어떠한 능력을 신장시킬 것인지, 내용 요소들이 담당 학년(군)에서 새롭게 등장한 것인지, 이전 학년(군)에서 다뤘는데 수준을 심화시킨 것인지 등을 파악할 수 있습니다. 이는 수업하고자 하는 매체 영역 성취기준을 해당 학년에서 어느 범위에서 어느 수준으로 가르쳐야 할지에 대해 가늠해 보는 것으로, 성취기준으로 진술되어 있는 교육 내용의 출현 여부 및 계속성이나 계열성을 확인하는 일이죠. 이때 참고해야 할 것이 〈표 1〉의 매체 영역의 내용 체계인데, 지식·이해, 과정·기능, 가치·태도의 범주를 세로축으로, 학년군을 가로축으로 구분하여 내용 요소가 배치되어 있습니다. 지식·이해 범주에서는 [매체 소통 맥락], [매체 자료 유형]에 대한 지식을 이해하도록 하고, 과정·기능 범

> 2022 개정 국어과 교육과정에서는 '매체'를 소통을 매개하는 도구, 기술, 환경으로, 책, TV, 스마트폰, 컴퓨터, 태블릿, 인터넷 등으로 정의하는 한편 '매체 자료'를 그림책, 만화, 뉴스, 광고, 웹툰, 애니메이션, 영화 등으로 정의하여, '매체'와 '매체 자료'를 구분하고 있습니다.

주에서는 [접근과 선택], [해석과 평가], [제작과 공유], [점검과 소통] 등과 관련된 매체 소통의 과정에서 전략을 수행하도록 되어 있습니다. 가치·태도 범주에서는 매체 소통에 대한 흥미·관심·성찰·참여, 매체 소통의 윤리·책임·권리·주체적 수용과 생활화 등을 다루도록 되어 있습니다. 이러한 범주별 내용 요소를 학습함으로써 학습자는 매체 영역의 핵심 아이디어로 진술되어 있는 지식을 이해하고 기능을 수행하며, 태도를 갖출 수 있게 됩니다.

〈표 1〉 초등학교 1학년~고등학교 1학년 매체 영역 내용 체계

핵심 아이디어	• 매체는 소통을 매개하는 도구, 기술, 환경으로 당대 사회의 소통 방식과 소통 문화에 영향을 미친다. • 매체 이용자는 매체 자료의 주체적인 수용과 생산을 통해 정체성을 형성하고 사회적 의미 구성 과정에 관여한다. • 매체 이용자는 매체 및 매체 소통의 영향력에 대한 이해와 자신과 타인의 권리를 지키기 위한 적극적인 노력을 통해 건강한 소통 공동체를 형성한다.					

범주		내용 요소					
		초등학교 〈국어〉			중학교 〈국어〉	고등학교 〈공통국어1, 2〉	
		1~2학년	3~4학년	5~6학년	1~3학년	1학년 1학기	1학년 2학기
지식·이해	매체 소통 맥락		• 상황 맥락	• 상황 맥락 • 사회·문화적 맥락			• 소통 문화
	매체 자료 유형	• 일상의 매체 자료	• 인터넷의 학습 자료	• 뉴스 및 각종 정보 매체 자료	• 대중매체와 개인 인터넷 방송 • 광고·홍보물	• 다양한 유형의 매체 자료	• 매체 비평 자료

과정·기능	접근과 선택	• 매체 자료 접근하기	• 인터넷 자료 탐색·선택하기	• 목적에 맞는 정보 검색하기			
	해석과 평가		• 매체 자료 의미 파악하기	• 매체 자료의 신뢰성 평가하기	• 매체의 특성과 영향력 비교하기 • 매체 자료의 재현 방식 분석하기 • 매체 자료의 공정성 평가하기	• 매체 자료 비판적으로 분석하기	• 다양한 매체 자료 비평하기 • 매체 소통 문화 탐구하기
	제작과 공유	• 글과 그림으로 표현하기	• 발표 자료 만들기 • 매체 자료 활용·공유하기	• 복합양식 매체 자료 제작·공유하기	• 영상 매체 자료 제작·공유하기	• 소통 맥락과 매체 특성을 고려하여 매체 자료 제작하기	
	점검과 조정		• 매체 소통의 목적 점검하기	• 매체 이용 양상 점검하기	• 상호 작용적 매체를 통한 소통 점검하기		
가치·태도		• 매체 소통에 대한 흥미와 관심	• 매체 소통 윤리	• 매체 소통에 대한 성찰	• 매체 소통의 권리와 책임	• 참여	• 주체적 수용과 생활화

위 내용 체계의 가로축을 중심으로 하여 몇 가지 특징적인 내용 요소들을 살펴봅시다.

첫째, 지식·이해의 [매체 자료 유형] 하위 범주에서, 1~2학년에서는 일상의 매체 자료, 3~4학년에서는 인터넷의 학습 자료, 5~6학년에서는 뉴스 및 각종 정보 매체 자료로 범위를 넓혀가게 됩니다. 중학교 1~3학년에서는 대중 매체와 개인 인터넷 방송, 광고·홍보물로, 고등학교 1학년에서는 다양한 유형의 매체 자료, 매체 비평 자료로 매체 자료의 범위를 넓혀가게 됩니다. 이는 학년군별로 학습자가 주로 사용하게 되는 매체 자료를 고려한 것으로 보입니다. 학년군이 올라갈수록 매체 자료의 유형이 사회·문화적 맥락과 비판적 사고 능력을 바탕에 두면서 다루어야 하는 것으로 심화됩니다. 또한 중·고등학교 때에는 매체 자료의 유형이 2개씩 제시되는 만큼, 초등학교보다 다양한 유형의 매체 자료를 다룬다는 것을 알 수 있습니다.

둘째, 과정·기능의 [해석과 평가]라는 하위 범주는 내용 요소가 초등학교 1~2학년에는 존재하지 않고, 3~4학년과 5~6학년에는 각각 1개씩 존재하다가, 중·고등학교 때는 각각 3개씩 늘어난다는 것을 알 수 있습니다. 이는 학습자의 인지 발달 단계와 학습자가 매체에 노출되는 환경 등을 고려하여 배치한 것으로 보입니다. 또한, 과정·기능의 [제작과 공유]라는 하위 범주는 다른 하위 범주와는 달리 모든 학년군에서 빠짐없이 다루어지고 있다는 것을 알 수 있습니다. 초등학교 1~2학년에서는 글과 그림으로 표현하기, 3~4학년에서는 발표 자료 만들기와 매체 자료 활용·공유하기, 5~6학년에서는 복합양식 매체 자료 제작·공유하기로 학년군 학생들의 생활과 밀접한 매체를 다루도록 하고 있습니다. 중학교 1~3학년에서는 영상 매체 자료 제작·공유하기로, 고등학교 1학년에서는 소통 맥락과 매체 특성을 고려하여 매체 자료 제작하기로 매체의 제작과 공유의 차원이 심화된다는 것을 알 수 있습니다. 이는 앞서 제시한 지식·이해의 [매체 자료 유형] 하위 범주와도 관련되어, 발달 단계에 따라 보다 복잡하고 심화된 매체 자료를 제작하고 공유하는 내용으로 위계적으로 제시되어 있습니다.

셋째, 가치·태도 범주에서는 학년군별로 학습자들에게 강조되는 매체 영역 내 정의적 측면의 내용 요소를 확인할 수 있습니다. 1~2학년에서는 매체 소통에 대한 흥미와 관심, 3~4학년에서는 매체 소통 윤리, 5~6학년에서는 매체 소통에 대한 성찰로 확장되며, 개인적 차원에서의 태도가 강조됩니다. 중학교 1~3학년에서는 매체 소통의 권리와 책임으로, 고등학교 1학년에서는 참여, 주체적 수용과 생활화로 자신의 매체 활동을 사회적 차원으로 확대하여 이때 필요한 가치와 태도를 다룰 수 있도록 하고 있습니다.

다음으로, 국어 교사가 수업을 해야 하는 성취기준을 감안하면서 내용 체계를 살펴봅시다. 만약 중학교 교사라면 다음 〈표 2〉의 성취기준들을 가르쳐야 합니다. 이 중 세 개의 성취기준을 예로 들어 성취기준과 내용 요소를 비교하면서 짚어 보아야 할 점을 살펴보고자 합니다.

〈표 2〉 2022 개정 국어과 교육과정 중 중학교 매체 영역 성취기준

학년	성취기준
1학년	[9국06-01] 대중매체와 개인 인터넷 방송의 특성과 영향력을 비교한다. [9국06-02] 소통 맥락과 수용자 참여 양상을 고려하여 상호 작용적 매체를 분석한다.
2학년	[9국06-03] 복합양식성을 고려하여 영상 매체 자료를 제작하고 공유한다. [9국06-05] 매체 자료의 재현 방식을 이해하고 광고나 홍보물을 분석한다.
3학년	[9국06-04] 매체 소통에서의 권리와 책임을 이해하고, 수용자의 반응을 고려하며 매체 자료의 제작 과정을 성찰한다. [9국06-06] 사회·문화적 맥락을 고려하여 매체 자료의 공정성을 평가한다.

첫째, 중학교 1학년의 [9국06-01] 성취기준에는 '대중매체와 개인 인터넷 방송', '매체의 특성과 영향력 비교하기'라는 내용 요소가 있습니다. 초등학교 5~6학년에서 '뉴스 및 각종 정보 매체 자료'를 배운 바 있으므로 대중매체의 일부분으로 뉴스를 다루더라도, 중학교에서는 쌍방향의 뉴미디어인 개인 인터넷 방송과 대비되는 전통적인 일방향 매체인 대중매체 사례로서 뉴스의 특성을 부각시켜야 한다는 판단을 내릴 수 있습니다.

둘째, 중학교 3학년의 [9국06-04] 성취기준은 '매체 소통에서의 권리와 책임'이라는 내용 요소와 관련됩니다. 초등학교 3~4학년에서 다룬 '매체 소통 윤리'를 배웠으므로 이에 대한 성취기준이나 성취기준 해설을 살펴보고, 중학교에서는 어떻게 가르쳐야 하는지를 고민할 필요가 있습니다. 초등학교 3~4학년에서는 저작권과 초상권 침해, 개인 정보 유출 등 매체를 사용할 때 생기는 문제와 이에 대한 일반적인 윤리를 다루었다는 것을 파악해야 합니다. 중학교에서는 알 권리, 저작자의 권리, 공정하게 매체 자료를 이용할 권리, 표현의 자유, 사생활을 존중받을 권리, 잊힐 권리 등 권리와 책임의 양방향적 측면의 문제[13]를 다룬다는 것도 파악해야 합니다. 예를 들어, 알 권리는 개개인이 모든 정보를 자유롭게 알 수 있다는 권리이기도 하지만, 과도한 알 권리로 인해 사생활이 침해되는 결과를 낳기도 합니다. 따라서 중학교에서는 일반적으로 지켜야 할 매체 윤리를 넘어서서 사회 구성원으로서 권리와 책임의 양방향성을 탐구하도록 초점을 맞추어야 한다고 판단할 수 있습니다.

셋째, 중학교 3학년의 [9국06-06] 성취기준은 '매체 자료의 공정성 평가하기'라는 내용 요소와 관련되어 있습니다. 이는 중학교 2학년 [9국06-05] 성취 기준의 '광고·홍보물', '매체 자료의 재현 방식 분석하기'와 관련지어 가르칠 필요가 있습니다. 이때, 광고·홍보물을 재현할 때는 제작자의 의도와 관점이 투영되어 선택과 배제가 나타나고 특정한 사상이나 고정 관념이 나타날 수 있다는 것을 [9국06-05]에서 배우게 됩니다. [9국06-06]에서는 광고·홍보물에서의 공정성 문제를 바탕으로 다양한 매체 자료에 나타나는 공정성 문제를 평가하도록 수업을 디자인할 필요가 있습니다.

2) 2단계: 성취기준의 교수·학습 요소를 추출하고 교수·학습 전개를 구조화하기

2단계에서는 수업할 성취기준에 대한 교육과정의 지침을 확인해서 교수·학습을 위해 필요한 요소를 추출하고, 수업 시간에 펼칠 교수·학습의 흐름을 구조화해야 합니다. 이를 위해 교육과정 문서에서 '성취기준 해설'과 '성취기준 적용 시 고려사항' 및 기타 교육과정의 요구 사항을 분석하여 교수·학습 요소를 추출해야 합니다.

이 절에서는 중학교 국어 교육과정에서 유일하게 매체 이용을 점검하고 조정하는 [9국06-02] "소통 맥락과 수용자 참여 양상을 고려하여 상호 작용적 매체를 분석한다."를 예로 들어 설명하고자 합니다. 디지털 매체의 발달로 인해 쌍방향 의사소통이 이루어지면서 매체를 사용하는 사람들은 더 이상 매체의 수용자로만 머무르지 않고 생산자로서 매체를 활용하여 매체 자료를 생산하고 창조하는 주체가 되었습니다. 이러한 상호 작용적 매체는 학습자들이 일상적으로 사용하고 있으므로 소통 맥락을 분석하고 자신의 소통을 점검하는 것은 학습자의 삶과 직결되는 문제이지요. 따라서 매체 영역이 신설되고 매체 교육이 강화되는 교육적 환경 속에서 이 성취기준은 학습자들에게 교육과정이 개정되더라도 제시될 가능성이 높습니다.

이 성취기준과 관련해서는 '성취기준 해설'과 '성취기준 적용 시 고려 사항' 외에도 '교수·학습 및 평가'에서도 참고할 만한 내용이 있다고 판단하여 아래 〈표 3〉의 왼쪽에 제시하고, 그 속에서 교수·학습 요소를 추출하여 오른쪽에 정리했습니다.

〈표 3〉 교육과정 분석을 통한 [9국06-02]의 교수·학습 요소 추출하기

영역	매체	교수·학습 요소 추출하기
대상 학년	중학교 1학년	
성취기준	[9국06-02] 소통 맥락과 수용자 참여 양상을 고려하여 상호 작용적 매체를 분석한다.	
내용 요소	상황 맥락, 사회·문화적 맥락, 상호 작용적 매체를 통한 소통 점검하기	
성취기준 해설	• 이 성취기준은 ①상호 작용적 매체의 특성을 이해하고 ②상황 맥락과 ③사회·문화적 맥락에 맞게 소통하는 능력을 기르기 위해 설정했다. 예를 들어 ④사회 관계망 서비스(SNS)는 생각, 의견, 관점 등을 비교적 자유롭게 공유할 수 있는 개방적인 공간이며, 학교나 학급의 ⑤누리집은 공적인 정보를 공유하는 데 초점을 둔 공간이다. 이처럼 ⑥소통 목적, 소통 공간의 특성에 따라 참여자들이 소통하는 방식이 어떻게 달라지는지 다양한 각도에서 분석해 보고 ⑦자신의 소통 방식의 적절성에 대해서도 점검해 보도록 한다.	• 상호 작용적 매체의 특성, 상황 맥락, 사회·문화적 맥락 – 사회관계망 서비스(SNS) – 누리집 • 소통 목적, 소통 공간 특성에 따른 소통 방식 분석하기 • 자신의 소통 방식의 적절성 점검하기 • 바람직한 매체 소통 태도 및 소통 문화 • 학습자가 수용·생산·공유한 매체 자료 활용
성취기준 적용 시 고려 사항	• 학습자 개인의 매체 소통 태도 및 우리 사회의 매체 소통 문화를 점검하거나 성찰할 때는 학습자 스스로 ⑧바람직한 매체 소통 태도 및 소통 문화의 필요성에 대해 탐구하고 개선의 방향을 제안해 보도록 안내하는 것도 가능하다.	
교수·학습 및 평가 (2) 교수·학습 방법 중 (바)	• 매체 영역의 학습 과정에서 지면을 통해 간접적으로 구현된 매체 자료를 일부 활용할 수 있으나, ⑨되도록 디지털 기기를 활용하여 실제적인 매체 자료를 수용·생산할 수 있도록 하고, 학습자가 생산한 매체 자료를 다양한 온라인 플랫폼을 활용하여 공유할 수 있도록 안내한다. 또한 '매체' 영역에서는 '국어' 과목의 타 영역과 긴밀하게 연계함으로써, 학습자가 국어생활 전 영역에서 매체를 능동적이고 책임감 있게 사용할 수 있도록 지도한다.	

우선 ① 상호 작용적 매체의 특성을 이해하도록 해야 하는데, ②와 ③을 고려하여야 합니다. 구체적인 상호 작용적 매체의 사례로 ④, ⑤가 명시되어 있습니다. 이와 같은 상호 작용적 매체의 특성, 상황 맥락, 사회·문화적 맥락을 교수·학습 요소로 추출하고자 합니다. 그리고 ⑥과 같이 상호 작용적 매체가 소통 목적이나 소통 공간의 특성에 따라 소통 방식이 어떻게 달라지는지 분석하는 것을 교수·학습 요소로 추출합니다. 다음으로 상호 작용적 매체를 사용하는 학습자의 ⑦을 점검할 수 있도록 교수·학습 요소로 추출하고, ⑧과 같이 소통 방식의 적절성 점검과 관련되는 바람직한 매체 소통 태도와 소통 문화를 교수·학습 요소로 추출합니다. 그리고 ⑨의 지침처럼 가능한 한 학습자가 실제로 수용·생산·공유한 매체 자료나 실재성을 띤 매체 자료를 수업에서 활용하는 것이 필요하다고 보아 교수·학습 요소로 추출합니다.

이제 추출한 교수·학습 내용 요소에 대해 교수·학습 방법을 감안하여 〈표 4〉와 같이 교수·학습 전개를 구조화해 보았습니다.

〈표 4〉 교수·학습 요소를 토대로 교수·학습 전개 구조화하기

교수·학습 요소	교수·학습 전개 구조화

• 상호 작용적 매체의 특성, 상황 맥락, 사회·문화적 맥락
– 사회 관계망 서비스(SNS)
– 누리집
 	
• 소통 목적, 소통 공간 특성에 따른 소통 방식 분석하기
 	
• 자신의 소통 방식의 적절성 점검하기
 	
• 바람직한 매체 소통 태도 및 소통 문화
 	
• 학습자가 수용·생산·공유한 매체 자료 활용
	1 사례를 통해 상호 작용적 매체의 특성, 상황 맥락 이해하기
	 1) 상호 작용적 매체 사용 경험에 대해 이야기 나누기
	 2) 상호 작용적 매체에 따른 개별 특성, 상황 맥락 이해하기
	  – 사회 관계망 서비스(SNS)
	  – 누리집
	  – 온라인 대화
	 3) 상호 작용적 매체의 공통적 특성 이해하기
	
	2 사례를 통해 소통 목적, 소통 공간 특성에 따른 소통 방식 분석하기
	 1) 누리집과 온라인 대화 비교하여 소통 방식 분석하기
	 2) 사회 관계망 서비스(SNS)에 게시글을 작성하면서 소통 방식 분석하기
	
	3 사례를 통해 사회·문화적 맥락을 고려한 바람직한 소통 태도와 소통 문화 이해하기
	 1) 사례의 사회·문화적 맥락과 문제점, 지켜야 할 소통 태도 파악하기
	 2) 바람직한 소통 태도와 소통 문화 이해하기
	
	4 매체 사용 경험을 떠올려 보며 자신의 소통 방식 적절성 점검하기
	 1) 자신의 소통 방식 적절성 점검하기
	 2) 앞으로 매체를 사용할 때 유의하여 지켜야 할 내용을 모둠별로 다짐하기

앞에서 확인한 바와 같이 이 성취기준은 상호 작용적 매체에 대한 것입니다. 내용 요소인 '상황 맥락'과 '사회·문화적 맥락'은 지식·이해의 [매체 소통 맥락]에 해당하며 '상호 작용적 매체를 통한

소통 점검하기'는 매체 영역 내용 체계에서 과정·기능 범주의 [점검과 조정]에 해당합니다.

교수·학습 전개의 모든 단계에서 〈표 3〉의 다섯 번째 교수·학습 요소인 '학습자가 수용·생산·공유한 매체 자료'를 활용하고자 합니다. 왜냐하면 불과 몇 년 전에 사용자 수가 가장 많았던 사회 관계망 서비스(SNS)가 또 다른 SNS의 경쟁에서 밀려 사용자 수가 줄어드는 경우처럼 상호 작용적 매체는 유행에 따라 빠르게 변화하기 때문에, 학생들이 실제로 사용하는 매체를 우선적으로 고려해야 합니다. 또한 학생들은 상호 작용적 매체를 삶 속에서 빈번하게 사용하고 있으므로, 이를 자신의 삶과 충분히 연결 지어 학습시킬 필요가 있습니다. 학습을 위한 학습이 아닌, 학습을 통해 실제 삶에서의 지식과 기능, 태도를 배울 수 있게 해야 합니다. 그리고 매체 영역이 처음으로 독립되어 교육되는 만큼 다른 영역과 달리 교수·학습 내용의 적정성이 충분히 검증되었다고 보기 힘듭니다. 따라서 실재성을 띤 매체 자료의 구체적인 사례를 통해 지식과 기능, 태도를 습득하도록 하고 배워야 할 내용을 도출하고 정리하는 귀납적인 방법이 더 적절하다고 할 수 있으며 이것을 교수·학습 전개의 모든 단계에 적용하고자 합니다.

교수·학습을 전개할 때 첫째, 상호 작용적 매체의 특성과 상황 맥락, 사회·문화적 맥락과 관련된 지식을 이해하게 해야 합니다. 이러한 지식을 먼저 나열하고 가르치는 것보다는 학습자의 경험이나 사례로부터 지식을 구성하게끔 하는 것이 학습자 스스로의 배움과 참여를 이끌어 낼 수 있지요. 따라서 처음에는 학습자들이 상호 작용적 매체를 사용했던 경험을 이야기하는 것부터 시작하고자 합니다. 또한 이러한 관점에서 상호 작용적 매체의 사례로 제시된 사회 관계망 서비스(SNS), 누리집 이외에 온라인 대화도 추가하고자 합니다. 사회 관계망 서비스(SNS)를 사용하지 않는 학습자도 많으며, 누리집도 일상적으로 사용하지 않는 학습자도 많습니다. 반면 온라인 대화는 거의 대부분 학습자가 매일매일 사용하는 상호 작용적 매체이기 때문에, 이를 사례로 추가해야 합니다. 다음으로 각각의 상호 작용적 매체가 갖는 공통적인 특성과 개별적인 특성이 있으므로 이를 나누어 파악하게 할 필요가 있습니다. 이때는 학습자들이 상호 작용적 매체를 사용하는 상황 맥락에 중점을 두고, 사회·문화적 맥락은 나중에 배울 학습 요소인 바람직한 매체 소통 태도 및 소통 문화와 관련지어 학습할 수 있게 하려고 합니다.

둘째, 앞서 배운 내용을 바탕으로 상호 작용적 매체를 비교하면서 소통 목적, 소통 공간 특성에 따른 소통 방식을 분석하게 하고자 합니다. 이때는 가급적 동일한 화제를 다룬 상호 작용적 매체가 소통 목적과 소통 공간에 따라 어떻게 소통 방식이 달라지는지 제시하는 것이 소통 방식의 차이를 밝히는 데 효과적일 것입니다. 이러한 비교를 바탕으로 동일한 화제를 다른 매체로 표현할 때 어떻게 소통 방식이 달라지는지를 학습하게 하고자 합니다.

셋째, 자신의 소통 방식 적절성을 점검해야 하는데, 이러한 적절성을 점검하기 위해서는 기준을 마련하는 것이 우선되어야 합니다. 학습자들은 바람직한 매체 소통 태도와 소통 문화가 무엇인지를 먼저 알아야, 그 기준에 비추어 자신의 소통 방식이 적절했는지를 판단할 수 있기 때문입니다. 따라서 사회·문화적 맥락과 관련지어 특정한 사례를 통해 소통의 문제점과 해결 방안을 제시해 보도록 하고, 이를 종합하고 일반화하여 바람직한 매체 소통 태도와 소통 문화를 제시할 수 있도록 합니다.

넷째, 앞서 마련한 점검 기준을 통해 자신의 소통 방식의 적절성을 점검하도록 합니다. 지금까지 배운 내용을 바탕으로 자신의 매체 사용 경험에서의 문제점과 해결 방안을 점검해 보도록 합니다. 그리고 모둠별 활동을 통해 다양한 사례를 함께 공유할 수 있게 하고, 자신의 점검 내용이 사회·문화적 맥락에 맞는지 확인할 수 있도록 합니다. 또 이러한 배움을 삶에서 실천할 수 있도록, 앞으로의 매체 사용에서 유의하여 지켜야 할 내용을 모둠별 다짐으로 만들어 발표하게 하는 것으로 마무리하고자 합니다.

이를 정리하면 ① 사례를 통해 상호 작용적 매체의 특성, 상황 맥락 이해하기 → ② 사례를 통해 소통 목적, 소통 공간 특성에 따른 소통 방식 분석하기 → ③ 사례를 통해 사회·문화적 맥락을 고려한 바람직한 소통 태도와 소통 문화 이해하기 → ④ 자신의 소통 방식 적절성 점검하기의 순으로 교수·학습 전개를 구조화할 수 있습니다.

* 매체 영역의 경우 교육과정 문서에서 생략된 매체 영역의 성취기준 해설은 다음과 같다.[14]

성취기준	성취기준 해설
[9국06-01] 대중매체와 개인 인터넷 방송의 특성과 영향력을 비교한다.	이 성취기준은 대중매체와 개인 인터넷 방송의 특성과 영향력을 비교해 보는 활동을 통해 매체 유형의 다양성을 이해하고 매체 유형에 따른 바람직한 이용 방법에 대해 점검해 보도록 하기 위해 설정했다. 전문성, 상호 작용성, 신속성, 책무성, 구성원의 역할 분담, 수익 창출 방식 등 여러 측면에서 대중매체와 개인 인터넷 방송의 특성을 비교해 보고, 이들 매체가 개인과 사회에 미치는 영향력의 차이에 대해서도 비교해 보는 활동을 통해 매체의 유형에 따른 바람직한 이용 방법에 대해 생각해 보도록 한다.

국어 교사를 위한 국어 수업 디자인 실습

[9국06-03] 복합양식성을 고려하여 영상 매체 자료를 제작 하고 공유한다	이 성취기준은 복합양식성을 고려하여 영상 매체 자료를 제작하고 공유하는 능력을 기르기 위해 설정했다. 일상적인 경험이나 사회적으로 관심 있는 사안에서 주제를 선정하고, 카메라의 거리와 각도, 자막 등의 시각적 요소와 배경 음악이나 효과음 등의 청각적 요소를 고려하여 장면을 구성 하며, 주제와 의도가 잘 드러나도록 편집하여 영상 매체 자료를 완성하도록 한다. 제작된 영상 매 체 자료를 공유하는 활동을 통해 영상 매체 자료의 특성을 이해하고 즐겨 감상하는 태도를 기르 도록 한다.
[9국06-04] 매체 소통에서의 권리 와 책임을 이해하고, 수 용자의 반응을 고려하 여 매체 자료의 제작 과 정을 성찰한다.	이 성취기준은 매체 소통의 과정에 권리와 책임의 문제가 수반된다는 점을 이해하고 보다 성숙 한 자세로 매체 소통에 참여하는 태도를 기르기 위해 설정했다. 매체 소통에서는 알 권리, 저작자 의 권리, 공정하게 매체 자료를 이용할 권리, 표현의 자유, 사생활을 존중받을 권리, 잊힐 권리 등 다양한 문제가 부각될 수 있다. 이러한 문제를 권리와 책임의 양방향적 측면에서 탐구하고 보다 성숙한 자세로 매체 소통에 참여할 수 있는 다양한 방안에 대해 의견을 나누어 본다. 아울러 댓글 이나 감정 표시 등 수용자 반응을 통해 자신이 제작하고 공유한 매체 자료가 타인의 삶과 우리 사 회에 어떤 영향을 미칠 수 있는지 성찰해 보도록 한다.

3) 3단계: 학급 특성을 고려하여 교수·학습 활동을 구체화하면서 차시 구분하기

3단계에서는 2단계에서 구조화한 교수·학습 전개를 학습자 수준, 학습 형태, 교실 여건 등을 감안해 교수·학습 활동으로 구체화하면서 차시를 어떻게 구분할지 결정해야 합니다. 이는 국어 교사에게 주어지는 학급 상황에 따라 달라질 수 있습니다. 아래에서는 필자가 현재 만나고 있는 한 학급의 특성을 반영하여 가상적으로 학급 정보를 제시했습니다.

[학급 정보]

학년/학기	중학교 1학년 1학기
학생 수	26명
학생 특성 및 교실 여건	① 담임 교사가 휴대전화를 조회 시간에 수거하여 종례 시간에 돌려주지만, 여러 수업 시간에서 휴대 전화가 필요할 때 교과 교사가 휴대전화를 사용하게 할 수 있으며, 교실에 무선 인터넷 환경이 구 축되어 있다. ② 학생 대부분이 온라인 대화를 이용하고 있으며, 학급의 단체 온라인 대화방이 존재한다. ③ 사회 관계망 서비스(SNS)를 이용하는 학생이 14명 정도이고 나머지는 이용하지 않는다. ④ 남녀공학으로 남학생과 여학생의 비율이 약 50:50이며, 대체로 여학생들이 남학생들에 비해 학습 활동에 적극적으로 참여하는 편이다.

학급의 특성을 감안하여 [9국06-02] 수업을 디자인하는 과정을 살펴봅시다. 우선, 이 학급 정보 ①을 감안하면 학생들이 무선 인터넷과 휴대전화를 수업 시간에 활용할 수 있으므로 학생들의 상호 작용적 매체 사용 경험을 휴대전화를 통해 확인할 수 있습니다. 특히 교수·학습 전개 '② 사례를 통해 소통 목적, 소통 공간 특성에 따른 소통 방식 분석하기'와 '④ 매체 사용 경험을 떠올려 보며 자신의 소통 방식의 적절성 점검하기'에는 상호 작용적 매체 사용 경험을 떠올려 보거나 직접 게시물을 작성해야 하므로 휴대전화 사용이 필요합니다. 다만 학생들이 휴대전화를 사용할 때 수업과 관련 없는 활동을 할 수 있으므로 이에 대한 주의를 주고 교사가 적절히 확인할 필요가 있습니다.

　　학급 정보 ②를 감안하여 상호 작용적 매체의 사례로 학생들이 자주 활용하는 온라인 대화를 상호 작용적 매체의 하나로 추가하고자 합니다. 교수·학습 전개 '① 사례를 통해 상호 작용적 매체의 특성, 상황 맥락 이해하기'와 '② 사례를 통해 소통 목적, 소통 공간 특성에 따른 소통 방식 분석하기'에서 온라인 대화의 실제 사례를 토대로 학습 자료를 구성하여 활용하고자 합니다. 또한 교수·학습 전개 '③ 사례를 통해 사회·문화적 맥락을 고려한 바람직한 소통 태도와 소통 문화 이해하기'에서는 학급 온라인 대화의 실제 사례를 토대로 학습 자료를 구성하여 활용하고자 합니다.

　　학급 정보 ③과 ④를 감안하여 모둠을 구성할 때, 사회 관계망 서비스(SNS)를 이용하는 학생과 그렇지 않은 학생, 남학생과 여학생을 적절히 섞을 필요가 있습니다. 모둠 활동을 통해 SNS를 이용해 보지 않은 학생들이나 학습 활동에 적극적이지 않은 학생들이 다른 학생들과 상호 작용을 통해 협력적으로 배우는 계기를 마련할 수 있기 때문이지요. 대체로 학생들은 같은 모둠의 학습자에게 모르는 점을 묻는 것에 대해 심리적인 장벽이 낮은 편입니다. 교수·학습 전개 '② 사례를 통해 소통 목적, 소통 공간 특성에 따른 소통 방식 분석하기'와 '④ 매체 사용 경험을 떠올려 보며 자신의 소통 방식의 적절성 점검하기'에서 모둠 활동이 필요하므로 학급 정보 ③과 ④를 감안한 모둠을 구성해 교수·학습을 보다 원활하게 진행하고자 합니다.

　　아래는 [학급 정보]를 고려하여 교수·학습 활동을 차시로 구분하고, 각 차시별로 전개할 교수·학습 활동을 보다 구체적으로 제시한 것입니다.

교수·학습 단계	교수·학습 활동	시간	차시	준비물
① 사례를 통해 상호 작용적 매체의 특성, 상황 맥락 이해하기	1) 상호 작용적 매체 사용 경험에 대해 이야기 나누기 – 상호 작용적 매체 활용 점검의 중요성 제시, 학습 동기 유발	10분	1	활동지 빔프로젝터 PC
	2) 상호 작용적 매체에 따른 개별 특성, 상황 맥락 이해하기 – 누리집의 특성과 상황 맥락 – 사회 관계망 서비스(SNS)의 특성과 상황 맥락 – 온라인 대화의 특성과 상황 맥락	25분		
	3) 상호 작용적 매체의 공통적 특성 이해하기	10분		
② 사례를 통해 소통 목적, 소통 공간 특성에 따른 소통 방식 분석하기	1) 누리집과 온라인 대화 비교하여 소통 방식 분석하기 – 소통 방식(생산자, 수용자, 주요 내용, 매체 자료)과 소통 목적의 특징 분석하기	10분	2	활동지 빔프로젝터 PC 휴대전화 무선 인터넷
	2) 사회 관계망 서비스(SNS)에 게시글을 작성하면서 소통 방식 분석하기	15분		
③ 사례를 통해 사회·문화적 맥락을 고려한 바람직한 소통 태도와 소통 문화 이해하기	1) 사례의 사회·문화적 맥락과 문제점, 지켜야 할 소통 태도 파악하기	10분		활동지 빔프로젝터 PC
	2) 바람직한 소통 태도와 소통 문화 이해하기	10분		
④ 매체 사용 경험을 떠올려 보며 자신의 소통 방식 적절성 점검하기	1) 자신의 소통 방식 적절성 점검하기	10분	3	휴대전화 무선 인터넷 빔프로젝터 PC
	2) 앞으로 매체를 사용할 때 유의하여 지켜야 할 내용을 모둠별로 다짐하기	35분		

1차시: 사례를 통해 상호 작용적 매체의 특성, 상황 맥락 이해하기

① 상호 작용적 매체를 사용해 본 경험을 떠올리면서 상호 작용적 매체가 무엇인지, 우리의 일상에서 얼마나 자주 사용하는지, 따라서 자신의 매체 사용을 점검하는 일이 얼마나 중요한지를 학습자들이 스스로 깨닫고, 자신의 삶과 관련지을 수 있도록 학습 동기를 유발합니다. 교사는 학생들에게 자신들이 사용하는 상호 작용적 매체를 말하게 하고, 그것을 사용하는 상황을 떠올려 보게 합니다. 그리고 이에 대해 자연스럽게 피드백을 해주면서 학습의 중요성을 강조합니다.

② 학생들이 자주 사용하는 상호 작용적 매체로는 성취기준 해설에 나타난 사례처럼 사회 관계망 서비스(SNS)와 누리집이 있습니다. 그런데 SNS를 사용하는 학생들도 있지만 사용하지 않는 경우도 있고, 누리집을 매일 수시로 사용하지 않는 경우도 있지요. 이 두 가지 보다 오히려 학생들이 일상에서 빈번하게 사용하는 상호 작용적 매체는 온라인 대화이므로 이를 추가

할 필요가 있습니다. 교수·학습 전개를 위해 각각의 매체에 따른 구체적인 메시지의 모습과 개별 특성과 공통 특성, 상황 맥락 등을 〈표 6〉처럼 정리해 볼 필요가 있습니다. 앞서 강조한 것처럼 학습자가 접할 수 있는 실제적인 사례를 중심으로 제시하여 교수·학습 내용이 학습자의 삶과 긴밀하게 연관될 수 있도록 합니다. 또한 각각의 매체들이 가진 개별 특성과 공통 특성, 상황 맥락을 미리 정리하여 교수·학습 내용을 준비하고, 학습자들이 특성을 탐구하게 하되 미처 탐구하지 못한 특성을 교사가 보충할 수 있도록 합니다. 학습지를 활용하여 상호 작용적 매체의 메시지 사례를 제시하고, 이들의 개별 특성과 상황 맥락에 대해 질문하고 학생들이 탐구하는 방식을 취하고자 합니다.

〈표 6〉 상호 작용적 매체의 메시지 사례, 특성, 상황 맥락

개별 특성	• 주로 개인적인 생각이나 의견, 관점을 자유롭게 공유할 때 사용된다. • 이모티콘을 활용해 감정을 표현할 수 있다. • 프로필이나 상태 메시지로 자신을 표현할 수 있다. • 댓글과 대댓글로 게시물에 대해 추가적으로 소통할 수 있다. • 해시태그(#)를 통해 관심 주제를 표현할 수 있다.	• 주로 공적인 정보를 공유할 때 사용된다. • 댓글로 참여할 수 없는 게시판이 존재한다.	• 주로 개인적인 생각이나 의견을 자유롭게 공유할 때 사용된다. • 이모티콘을 활용해 감정을 표현할 수 있다. • 프로필이나 상태 메시지로 자신을 표현할 수 있다. • 생산자와 수용자의 구분 없이 쌍방향 소통이 이루어진다. • 개인 사이의 대화방, 단체 대화방이 존재한다.
공통 특성	• 정보를 거의 실시간으로 전달할 수 있다. • 시간과 장소의 제약 없이 내용을 전달할 수 있다. • 다수의 사람에게 동시에 정보를 전달할 수 있다. • 대면하지 않기 때문에 표정, 억양 등이 전달되지 않는다. • 문자, 그림, 사진, 영상, 링크, 파일 등의 매체 자료를 함께 게시할 수 있다.		
상황 맥락의 사례	• 개인적인 생각이나 의견을 자유롭게 공유할 때 • 학생회 행사를 홍보하기 위한 게시물을 올릴 때	• 학교 행사를 홍보하기 위한 게시물을 올릴 때 • 학급 행사 사진을 공유할 때	• 개인적인 대화를 한 명의 친구나 가족, 선생님 등과 주고받을 때 • 모둠별 과제를 해결하기 위해 여러 명의 친구와 의견을 나눌 때 • 학급 단체 대화방에서 다양한 정보를 공유할 때

③ 학습지를 활용하여 상호 작용적 매체의 개별 특성과 상황 맥락을 이해하고 나서, 학생들이 상호 작용적 매체의 공통적 특성을 직접 탐구하여 추출하도록 합니다. 이러한 과정을 통해 상호 작용적 매체의 특성을 정리할 수 있도록 유도합니다.

2차시: 사례를 통해 소통 목적, 소통 공간 특성에 따른 소통 방식 분석하기와 사례를 통해 사회·문화적 맥락을 고려한 바람직한 소통 태도와 소통 문화 이해하기

① 동일한 화제를 다룬다고 하더라도, 소통 목적이나 소통 공간의 특성에 따라 소통 방식이 다르다는 것을 누리집과 온라인 대화의 비교를 통해 학습 내용으로 제시합니다. 〈표 7〉과 같이 학생들이 학교 생활 속에서 경험할 만하면서 동일한 화제를 다룬 실제적인 자료를 구성하여 소통 방식(생산자, 수용자, 주요 내용, 매체 자료)과 소통 목적을 학생들이 탐구할 수 있도록 학습 지를 구성할 필요가 있습니다. 〈표 7〉은 '창작 시화 대회'에 대한 학교 누리집 공지 내용과 이에 대한 학생들의 온라인 대화를 가정하여 소통 방식을 생산자, 수용자, 주요 내용, 매체 자료로 나누고 소통 목적을 제시하여 학생들이 탐구할 수 있도록 했습니다.

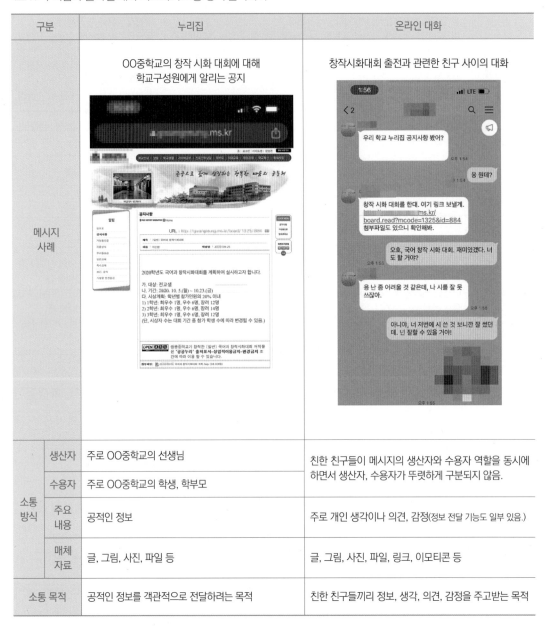

구분		누리집	온라인 대화
메시지 사례		OO중학교의 창작 시화 대회에 대해 학교구성원에게 알리는 공지	창작시화대회 출전과 관련한 친구 사이의 대화
소통 방식	생산자	주로 OO중학교의 선생님	친한 친구들이 메시지의 생산자와 수용자 역할을 동시에 하면서 생산자, 수용자가 뚜렷하게 구분되지 않음.
	수용자	주로 OO중학교의 학생, 학부모	
	주요 내용	공적인 정보	주로 개인 생각이나 의견, 감정(정보 전달 기능도 일부 있음.)
	매체 자료	글, 그림, 사진, 파일 등	글, 그림, 사진, 파일, 링크, 이모티콘 등
소통 목적		공적인 정보를 객관적으로 전달하려는 목적	친한 친구들끼리 정보, 생각, 의견, 감정을 주고받는 목적

② 위에서 제시한 온라인 대화에 참여한 '나'의 입장에서 '창작 시화 대회'에 대한 자신의 생각이나 의견, 정보를 학습자가 직접 사회 관계망 서비스(SNS) 게시글로 작성하고 이를 공유하여 소통 방식을 분석하게 합니다. 이를 통해 동일한 화제라도 소통 목적과 소통 공간이 달라지면, 소통 방식이 달라질 수 있다는 점을 알 수 있도록 합니다. 사회 관계망 서비스 게시글을

작성할 때 모둠을 구성하여, 사회 관계망 서비스를 실제로 활용하는 학생의 휴대전화로 모둠 구성원들이 함께 작성해 보면서 소통 방식을 분석해 보게 할 수 있습니다. 〈표 8〉은 사회 관계망 서비스에 올린 게시글의 사례와 소통 방식 분석의 사례입니다. 게시글을 어떻게 작성하느냐에 따라 분석의 내용은 다를 수 있으므로 사례를 먼저 제시하여 학생들이 이와 유사한 방식으로 분석할 수 있도록 교사가 피드백을 해 주어야 합니다. 휴대전화의 사용과 모둠별 활동을 준비할 수 있도록 하여야 하며, 휴대전화 사용과 모둠별 활동에서의 주의할 점을 학생들에게 주지시켜야 합니다. 아울러 [학급 정보]에 제시된 바와 같이 사회 관계망 서비스를 활용하는 학습자들이 적극적으로 모둠을 이끌며 활동할 수 있도록 촉진합니다.

〈표 8〉 사회 관계망 서비스(SNS) 게시글과 소통 방식 분석 사례

구분	사회 관계망 서비스(SNS)의 게시글
메시지 사례	

소통 방식	생산자	창작시화대회 개최를 들은 '나'(대댓글을 통해 수용자와 쌍방향 소통을 활발하게 함.)
	수용자	'나'의 사회 관계망 서비스의 '친구들'(대댓글을 통해 생산자와 쌍방향 소통을 활발하게 함.)
	주요 내용	'나'의 생각과 감정, 창작시화대회의 공지사항 링크
	매체 자료	글, 사진, 링크 이모티콘 등
소통 목적		창작시화대회에 참여하려는 자신의 의도(생각과 감정)을 전달하려는 목적

③ 상호 작용적 매체는 소통 목적이나 소통 공간의 특성에 따라 소통 방식이 다르다는 점을 위에서 제시했습니다. 따라서 상호 작용적 매체를 사용할 때 이러한 점에 유념해야 하는데, 상황 맥락 이외에도 상호 작용적 매체를 둘러싼 사회·문화적 맥락 또한 고려해야 합니다. 같은 상호 작용적 매체라 하더라도 어떠한 사회·문화적 맥락에 놓여 있느냐에 따라 소통 방식이 다를 수 있지요. 〈표 9〉는 단체 온라인 대화의 사례입니다. 이 온라인 대화는 학급의 온라인 대화방으로, 학급의 누리집처럼 안내 사항을 전달하는 등의 공적인 정보 전달 기능을 띤다는 점에서 친한 친구들끼리 모여 있는 온라인 대화방과는 사회·문화적 맥락이 다릅니다. 따라서 이 점을 유념하지 않는다면 다음 사례에 나타난 문제를 일으킬 수 있습니다. 학습자에게 사례에서 나타난 문제점과 지켜야 할 소통 태도를 탐구하게 하고자 합니다.

<표 9> 단체 온라인 대화 사례에서의 사회·문화적 맥락과 문제점, 지켜야 할 소통 태도

종류	단체 온라인 대화
사례	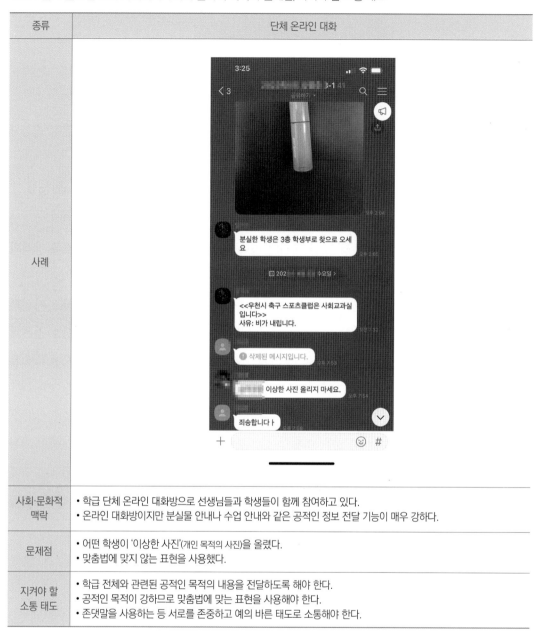
사회·문화적 맥락	• 학급 단체 온라인 대화방으로 선생님들과 학생들이 함께 참여하고 있다. • 온라인 대화방이지만 분실물 안내나 수업 안내와 같은 공적인 정보 전달 기능이 매우 강하다.
문제점	• 어떤 학생이 '이상한 사진'(개인 목적의 사진)을 올렸다. • 맞춤법에 맞지 않는 표현을 사용했다.
지켜야 할 소통 태도	• 학급 전체와 관련된 공적인 목적의 내용을 전달하도록 해야 한다. • 공적인 목적이 강하므로 맞춤법에 맞는 표현을 사용해야 한다. • 존댓말을 사용하는 등 서로를 존중하고 예의 바른 태도로 소통해야 한다.

④ 위에서 제시한 것처럼 사회·문화적 맥락을 잘못 파악하여 생길 수 있는 문제점의 사례와 해결 방안을 자신의 주변에서 더 탐구할 수 있도록 하고, 이를 통해 상호 작용적 매체를 사용할 때 바람직한 소통 방식의 기준을 도출하도록 유도합니다. 이를 다음과 같이 교사가 미리 내용을 정리하고, 학습자가 도출한 내용이 부족하다면 이를 보충합니다. 이를 학습자의 소통

방식의 적절성을 점검하는 기준으로 제시합니다.

바람직한 소통 방식의 기준	• 의사소통의 목적에 맞게 매체를 선택했는가? • 매체의 소통 방식 특징을 고려하여 메시지를 작성했는가? • 매체 소통의 상황 맥락과 사회·문화적 맥락을 고려했는가? • 매체 수용자의 상황이나 처지, 특성을 고려하여 표현했는가? • 생산자와 수용자가 서로를 존중하고 예의 바른 태도로 소통했는가?

3차시: 매체 사용 경험을 떠올려 보며 자신의 소통 방식의 적절성 점검하기

① 이 성취기준의 가장 핵심적인 부분을 다루는 차시로, 자신의 상호 작용적 매체 사용에서 소통 방식의 적절성을 점검하게 하는 부분입니다. 학습 주제를 자신의 삶과 관련지어 자신이 사용했던 매체와 수용자 특성, 소통 목적과 맥락, 매체 자료를 분석하게 하고, 소통 방식의 적절성을 점검할 수 있도록 합니다.

② 자신의 소통 방식 적절성 점검 결과를 모둠에서 공유하여 다양한 사례를 학습하고 자신의 점검 내용이 사회·문화적 맥락에 맞는지를 확인하도록 합니다. 이후 모둠별로 상호 작용적 매체 사용에서 문제가 있었던 사례를 한 가지 고르고, 이를 통해 앞으로의 매체 사용에서 유의할 내용을 모둠별 다짐으로 만들어 발표하게 합니다.

　지금까지 성취기준이 다루어야 하는 내용 요소를 확인하고, 성취기준에 대한 교육과정의 지침으로부터 교수·학습 요소를 추출하여 교수·학습 전개의 순서를 결정한 뒤 교수·학습 활동을 구체화하여 차시별로 구분한 것을 종합하여 보이면 다음 〈표 11〉과 같습니다. 이는 하나의 성취기준을 토대로 하여 수업을 설계하고자 할 때 거쳐야 하는 절차에 따른 결과물입니다.

성취기준	[9국0-02] 소통 맥락과 수용자 참여 양상을 고려하여 상호 작용적 매체를 분석한다.		
내용요소	〈지식·이해〉 상황 맥락, 사회·문화적 맥락 〈과정·기능〉 상호 작용적 매체를 통한 소통 점검하기		
교수·학습 요소	교수·학습 전개	교수·학습 활동 구체화	차시
• 상호 작용적 매체의 특성, 상황 맥락, 사회·문화적 맥락 – 사회 관계망 서비스(SNS) – 누리집 • 소통 목적, 소통 공간 특성에 따른 소통 방식 분석하기 • 자신의 소통 방식의 적절성 점검하기 • 바람직한 매체 소통 태도 및 소통 문화 • 학습자가 수용·생산·공유한 매체 자료 활용	① 사례를 통해 상호 작용적 매체의 특성, 상황 맥락 이해하기 1) 상호 작용적 매체 사용 경험에 대해 이야기 나누기 2) 상호 작용적 매체에 따른 개별 특성, 상황 맥락 이해하기 3) 상호 작용적 매체의 공통적 특성 이해하기	1) 상호 작용적 매체 사용 경험에 대해 이야기 나누기 – 상호 작용적 매체 활용 점검의 중요성 제시, 학습 동기 유발 2) 상호 작용적 매체에 따른 개별 특성, 상황 맥락 이해하기 – 누리집의 특성과 상황 맥락 – 사회 관계망 서비스(SNS)의 특성과 상황 맥락 – 온라인 대화의 특성과 상황 맥락 3) 상호 작용적 매체의 공통적 특성 이해하기	1
	② 사례를 통해 소통 목적, 소통 공간 특성에 따른 소통 방식 분석하기 1) 누리집과 온라인 대화 비교하여 소통 방식 분석하기 2) 사회 관계망 서비스(SNS)에 게시글을 작성하면서 소통 방식 분석하기	1) 누리집과 온라인 대화 비교하여 소통 방식 분석하기 – 소통 방식(생산자, 수용자, 주요 내용, 매체 자료)과 소통 목적의 특징 분석하기 2) 사회 관계망 서비스(SNS)에 게시글을 작성하면서 소통 방식 분석하기	2
	③ 사례를 통해 사회·문화적 맥락을 고려한 바람직한 소통 태도와 소통 문화 이해하기 1) 사례의 사회·문화적 맥락과 문제점, 지켜야 할 소통 태도 파악하기 2) 바람직한 소통 태도와 소통 문화 이해하기	1) 사례의 사회·문화적 맥락과 문제점, 지켜야 할 소통 태도 파악하기 • 바람직한 소통 방식 기준 제시 2) 바람직한 소통 태도와 소통 문화 이해하기	
	④ 매체 사용 경험을 떠올려 보며 자신의 소통 방식 적절성 점검하기 1) 자신의 소통 방식 적절성 점검하기 2) 앞으로 매체를 사용할 때 유의하여 지켜야 할 내용을 모둠별로 다짐하기	1) 자신의 소통 방식 적절성 점검하기 • 수용자 특성, 소통 목적과 맥락, 매체 자료 분석 2) 앞으로 매체를 사용할 때 유의하여 지켜야 할 내용을 모둠별로 다짐하기 • 문제적 사례 제시 후 개선 방법 모색	3

4) 4단계: 한 차시를 선택해 교수·학습 과정안을 작성하고 실행하기

4단계에서는 3단계에서 구분한 차시 중 한 차시를 선택하여 교수·학습 과정안을 작성해 봅니다. 〈표 10〉의 3차시에 해당하는 수업을 대상으로 1차시 45분 기준으로 다음과 같은 교수·학습

과정안을 작성해 본 것입니다. 수업 전개 중 교사의 교수 행위와 학생의 학습 행위가 드러날 수 있도록 항목화했고, 필요한 경우에 교사의 발문과 예상되는 학생의 반응을 제시했습니다.

단원 학습목표	소통 맥락과 수용자 참여 양상을 고려하여 상호 작용적 매체를 분석할 수 있다.		
차시 학습목표	상호 작용적 매체 사용 경험을 떠올려 보며 자신의 소통 방식의 적절성을 점검할 수 있다.		
학습단계	교수·학습 활동	자료 및 기타	시간

학습단계		교수·학습 활동		자료 및 기타	시간
*도입	전 차시 학습 내용 환기	▷ 전 차시 학습 내용 환기	▶ 전 차시 학습 내용 떠올리기 – 교사의 발문을 듣고, 이전 차시에서 배웠던 내용을 떠올린다.	빔프로젝트 PPT 학습지	5분
		Q1: "우리는 지난 시간에 상호 작용적 매체의 바람직한 소통 방식에 대해서 공부했습니다. 기억이 나나요? 학급의 온라인 대화방에 개인적인 사진을 올렸던 친구 기억 나죠? 온라인 대화방이 모두 그렇지는 않지만 학급의 온라인 대화방은 정보를 안내하는 공적인 소통 목적이 강하잖아요? 그래서 우리는 이러한 점을 유념하여 소통을 해야 합니다. 그러면 지난 시간에 배웠던 바람직한 매체 소통을 위한 기준을 말해 볼까요?	A1: "의사 소통 목적에 맞게 매체를 선택해야 해요."		
	학습 목표 제시	▷ 이번 차시 학습 내용과 학습 목표로 연결하기	▶ 학습 목표 확인 – 자신의 매체 소통 방식의 적절성을 점검할 수 있게 되는 것이 학습 목표임을 인지한다.		
		Q2: "네, 맞아요. 우리는 지난 시간에 배웠던 기준(《표 10》)을 바탕으로, 오늘은 여러분들 자신의 상호 작용적 매체 사용 경험을 떠올려 보며 소통 방식이 적절했는지 아닌지를 점검해 보도록 하겠습니다. 학습 목표를 읽어볼까요? 자 그러면 먼저 개별 활동으로 자신의 매체 소통 방식을 떠올려 보고 나서, 다음으로는 모둠별로 활동을 하겠습니다."	A2: "매체의 소통 방식의 특징을 고려하여 메시지를 전달해야 해요." …(중략)…		

국어 교사를 위한 국어 수업 디자인 실습

| ** 전개 | 기준을 자신의 경험에 적용 (개별 학습) | ▷ 자신의 매체 소통 방식의 적절성 점검
– 자신의 상호 작용적 매체 사용 경험을 적어보기

Q3: "우리가 처음 상호 작용적 매체를 배울 때 이런 매체를 사용했던 경험을 떠올린 적이 있지요? 우리가 그동안 상호 작용적 매체를 분석하는 방법을 배웠으니, 이제 매체를 사용했던 경험을 학습지에 제시된 것처럼 사용한 매체, 수용자의 특성, 매체를 활용한 목적과 소통 맥락, 자신이 활용한 매체 자료로 나누어 내용을 써 보도록 해요."(학습지 활동 ④)

– 자신의 상호 작용적 매체 소통 방식의 적절성 점검하기
Q4: "자, 거의 내용을 적어본 것 같아요. 앞서 우리가 배웠던 대로, 온라인 대화나 사회 관계망 서비스, 누리집을 많이 사용한 경험이 있습니다. 자 이제 그러면 자신의 매체 소통 방식의 적절성을 학습지 하단에 있는 기준에 따라 잘함, 보통, 미흡으로 나누어 점검해 보겠습니다." | ▶ 자신의 경험을 떠올리며 내용을 적는다.

A3: "선생님, 친한 친구들이 여러 명 있는 온라인 대화방이 사용한 매체라면, 친한 친구들이 수용자의 특성이 되는 것이죠? 그냥 친구들과 시시콜콜한 대화를 했으면, 활용한 목적은 내 생각이나 감정을 표현했다고 쓰면 되나요? 이모티콘 활용한 것도 매체 자료라고 할 수 있죠?"

A4: "나는 사실 친한 친구들과 온라인 대화를 할 때, 비속어를 가끔 쓰긴 했으니, 매체 소통 방식의 기준에 따르면 이 항목은 미흡하다고 할 수 있겠네." | 교사는 순회하면서 학생들이 적는 내용을 관찰하고 적절히 피드백한다. | 10분 |
| | 소통 방식의 적절성 점검하기 (모둠 학습) | ▷ 모둠별로 자신의 매체 소통 방식의 적절성을 공유하기
– 모둠별로 자신의 매체 소통 방식을 함께 이야기해 보고, 사회·문화적 맥락에 맞는지를 함께 판단하기

Q5: "모둠별로 자리 이동해주세요. 모둠 구성은 학급 온라인 대화방에 미리 공지한 대로 다음과 같습니다." | ▶ 6개의 모둠으로 나누어 매체 소통 방식의 사례를 공유하기

A5: "나는 사회 관계망 서비스에서 게시글을 실수로 전체 공개했던 적이 있어. 사적인 내용이라 친구들한테만 공유하려고 했었는데 말야. 뒤늦게 알고 얼른 공개 범위를 바꿨어." | 학습지
휴대전화
무선 인터넷

모둠을 순회하며 활동을 촉진하고, 학생의 질문 내용에 답변, 피드백해 주기, 시간 조절해 주기 | 10분 |

모둠	명수	여학생	남학생	사회 관계망 서비스 이용 학생
1	5명	김○○, 김○○	남○○, 이○○, 한○○	김○○, 김○○, 한○○
2	5명	고○○, 구○○, 김○○	안○○, 최○○	구○○, 김○○, 최○○
3	4명	남○○, 변○○	임○○, 황○○	변○○, 황○○
4	4명	배○○, 김○○	이○○, 한○○	배○○, 김○○
5	4명	신○○, 김○○	정○○, 한○○	신○○, 한○○
6	4명	안○○, 윤○○	이○○, 장○○	윤○○, 장○○

	Q6: "모둠별로 자신의 매체 소통 방식을 함께 공유해 보세요. 그것이 바람직한 소통 방식이었는지 사회·문화적 맥락을 함께 판단해 보세요. 특히 사회 관계망 서비스를 실제로 활용하는 학생들은 자신의 계정에서 있었던 경험을 제시해 주어도 됩니다. 다만 휴대전화를 활용할 때는 관련된 활동만 할 수 있도록 주의해 주세요. 활동을 하면서 발표자도 정해주세요. 그리고 사례들 중에서 매체를 사용할 때 유의하여 지켜야 할 우리들의 다짐을 만들 때 적절한 사례를 골라주세요."	A6: "나는 지난 번에 학급 단합 대회 내용을 새벽 1시에 우리 학급 단체 대화방에 올렸었잖아. 나는 정말 중요한 일이라고 생각해서 올렸던 건데, 그 때 담임 선생님께서 너무 늦은 시간에 올리는 건 다른 친구들을 배려하지 못한 행동이라고 다음날 말씀해주셨는데 얼마나 얼굴이 화끈거리던지."	
	▷ 모둠별로 앞으로 매체를 사용할 때 유의하여 지켜야 할 내용을 다짐하기 – 모둠별로 매체 소통 방식이 적절하지 않았던 사례를 통해 앞으로 지켜야 할 다짐 만들고 발표하기 Q7: "자, 이제 모둠별로 매체 소통 방식이 적절하지 않았던 사례를 통해 깨달았던 내용을 앞으로 지켜야 할 다짐의 형식으로 만들어 주세요. 단, 지나치게 개인적인 것이라 발표하기 힘든 사례를 고르면 안 됩니다. 발표할 수 있을 만한 사례를 제시해 주세요. 다른 모둠 학생들은 그 내용을 학습지에 간단히 정리해 보겠습니다. 5분 후에 모둠 자리에서 일어나서 발표해 보겠습니다." Q8: "네, 맞습니다. 문자로만 전달되는 매체의 특성상 오해를 불러일으킬 수 있습니다. 또 다른 모둠의 사례도 들어 볼까요?"	▶ 모둠별로 소통 방식이 적절하지 않았던 사례를 발표하기 A7: "맞아, 너무 늦은 시간에 온라인 대화방에서 메시지를 올리면 알림이 울려서 다른 사람을 배려하지 못하는 것 같아. 이 내용을 우리 모둠의 다짐 내용으로 발표하자." A8: "저희 모둠에서는 사회 관계망 서비스를 활용할 때, 저희끼리 오프라인에서 하는 말장난처럼 댓글과 대댓글을 달았었는데, 오프라인에서의 말장난을 모르는 저희 부모님께서 댓글을 보시고는 오해하셔서 놀라셨던 적이 있습니다. 그래서 앞으로는 서로의 표정이나 말투가 전해지지 않고 문자로만 전해지는 상호 작용적 매체에서는 말장난을 주의해야겠다고 생각했습니다."	학습지	15분

		Q9: "맞아요. 너무 늦은 시간에 보내는 것은 매체 사용의 사회·문화적 맥락을 고려하지 못한 것입니다. 이 다짐도 우리가 꼭 지켜야 하겠네요. 그러면 여러분들이 발표한 내용을 바탕으로 우리가 상호 작용적 매체를 사용할 때 지켜야 할 다짐을 정리해 볼까요? 1. 공적인 목적, 사적인 목적에 따라 적절히 매체를 선택합니다. 2. 매체의 소통 방식을 고려하여 메시지를 작성합니다. 3. 상대방을 배려하는 표현을 사용합니다. 4. 지나친 말장난을 하지 않습니다. 5. 너무 늦은 시간에 메시지를 보내지 않습니다. 이렇게 우리의 다짐을 정리해 볼 수 있겠네요."	A9: "저희 모둠에서는 너무 늦은 시간에 온라인 대화방에서 메시지를 올려서 난처했던 적이 있었는데, 앞으로는 너무 늦은 시간에 온라인 대화방에 메시지를 올리지 않겠다고 다짐했습니다."		
*** 정리	학습 내용 정리	▷ 학습 내용 정리 – 지금까지 배웠던 내용에 대한 학생들이 깨달았던 점, 흥미로웠던 점 묻기 Q10: "지금까지 상호 작용적 매체에 대해 배웠던 내용에서 깨달았던 점, 흥미로웠던 점이 있다면 무엇이었는지 발표해 볼 사람 있나요?" Q11: "네 지금까지 여러분들이 말한 것처럼 상호 작용적 매체는 우리가 일상적으로 사용하는 것이므로 항상 자신의 소통 방식을 점검해 보면서 매체를 사용하는 것이 중요합니다. 아까 우리가 발표했던 다짐을 잘 지켜나가길 바라겠습니다."	▶ 학습 내용 정리 A10: "학급의 온라인 대화방에서는 사적인 내용을 올리는 것이 적절하지 않고, 대신 모두가 알아야 할 내용을 위주로 전달해야 한다는 것을 새롭게 알았어요." A11: "친구에 대해 좋지 않은 이야기를 올린 게시물을 봤을 때 문제가 있다고 생각했어요. 그래서 사회 관계망 서비스 게시글을 쓸 때는 수용자를 고려해야한다는 점을 깨달았어요."	학생들의 의견에 대해 적절히 피드백하면서 앞으로의 매체 활용에서 적절성을 점검하는 것을 강조한다.	5분

* 이번 차시는 이전 차시에서 배웠던 기준을 활용하는 연장선상에 있습니다. 그래서 교사는 이전 차시에서 배운 내용을 상기하면서 이번 차시에서 배울 내용과 학습 목표로 연결하고 있네요.

** 이 수업의 성패는 학생들의 매체 활용 상황을 수업 시간에 끌어들이고 그것을 대상으로 분석과 평가가 원활하게 이루어지도록 하는 데 달려 있습니다. 학생들이 어떤 매체 생활을 하는지 사전에 파악해서 수업 준비를 하고, 모둠을 구성할 때에도 이를 고려할 필요가 있습니다. 매체 활용은 학생들의 삶과 밀착되어 있기 때문에 학습자의 현재적 언어 생활에 대해 분석하고 성찰하는 실제성이 높은 수업이 되도록 하면 좋겠어요.

*** 수업 말미에 별도로 형성평가를 하지 않아도 수업의 흐름 속에서 배운 내용을 자신의 언어 생활에 적용, 평가해 보는 일이 자연스럽게 전개되면서 수업이 마무리되고 있습니다.

2. 질의 응답

질문 1. 매체 수업 사례와 자료가 필요해요. 플랫폼이 따로 있나요?

교육부에 매체 교육과 관련된 전담 기관이나 플랫폼이 아직 따로 존재하지 않습니다. 앞으로 만들어질 것이라고 생각해요. 실제로 프랑스에는 CLEMI(국립미디어교육센터-정보와 미디어 연계 센터)라는 교육부, 문체부, 다양한 단체들이 연계하여 미디어를 전문적으로 연구하고 연수하는 교육 기관이 있다고 해요. 현재 한국언론진흥재단, 시청자미디어센터, 한국문화예술교육진흥원 등의 기관에서 미디어 리터러시 교육과 관련된 뉴스 교육, 신문 활용 교육, 미디어 제작 교육, 만화·애니메이션, 영화, 사진 교육 등을 위한 강사와 기자재를 지원하는 사업을 하고 있습니다. 이 단체의 홈페이지를 방문해 보면 수업 사례와 자료가 있으니 적절히 활용하실 수 있습니다.

- 한국언론진흥재단 미디어교육 플랫폼 https://meca.or.kr
- 한국문화예술교육진흥원 arte라이브러리 https://lib.arte.or.kr/index.do
- 시청자미디어재단 https://kcmf.or.kr

질문 2. 디지털 매체를 활용하는 수업에 필요한 기초적인 매체 활용 능력이 학생들에게 부족한 경우 어떻게 해야 할까요?

학생들이 디지털 매체를 많이 사용하지만 생각보다 디지털 활용 능력이 뛰어나지만은 않습니다. 휴대전화를 사용하여 게임이나 검색, 사회 관계망 서비스를 이용한다든지, 동영상이나 웹툰을 보는 활동은 매우 잘합니다. 하지만 문서를 작성하거나 메일을 보내거나 첨부 파일을 보내는 실용적인 활동을 잘하지는 못합니다. 심지어 중학생들은 아예 메일 아이디가 없거나 아이디는 알지만 비밀번호는 모르거나, 아니면 보호자 계정으로 되어 있어 보호자의 허락이 필요한 경우들이 있어 메일로 무엇인가를 주고받기 쉽지 않습니다. 또한 노트북이나 컴퓨터로 문서를 작성하는 것, 파일을 저장하는 방법을 모르는 등 교사 입장에서 매우 쉽다고 생각하는 활용 능력이 없는 경우가 많습니다.

그래서 매체를 활용하는 국어 수업을 할 때 때때로 국어 내용을 가르치는 것보다 이 방법을 가르치는데 시간이나 노력을 들이는 경우가 많아 허탈해지기도 합니다. 결국은 하나하나 가르쳐 주어야 합니다. 선생님께서 기획하는 활동에 가장 어울리는 방법을 생각해 보고 최종적으로 만들어 내야 할 매체 자료가 무엇인지를 생각해야 합니다.

먼저 어떤 매체(휴대전화, 태블릿, 노트북, 크롬북이나 PC)를 활용할지, 어떤 프로그램(워드프로세스, PPT 등) 혹은 플랫폼(메일, 오픈 채팅방, 온라인 문서, 구글 클래스룸 등)을 활용할지 정하셔야 합니다. 그리고 매체를 활용하는 방법과 과정을 문서로 제공해 학생들이 보면서 따라오게 하거나 빔프로젝트를 통해 전체 학습을 하게 하는 것이 필요합니다. 그다음은 단계별로 수업을 진행하면서, 못 따라오는 학생을 단계를 완수한 학생들이 돕게 하거나 교사가 개별 지도를 해야 합니다.

이러한 매체 활용을 다른 수업에서도 하는 경우가 있기 때문에 정보 교과나 기술·가정 교과와 연계하거나, 아니면 학기 초에 학교 차원에서 정보 담당 선생님과 연계하여 매체 활용 교육을 계획할 수도 있습니다. 특히 학교별 구글 아이디를 생성해서 부여해 주거나 태블릿PC를 활용하는 경우도 많아 이에 대한 기본적인 방법을 교육하는 것도 좋습니다.

3. 수업 디자인 실습하기

매체 영역의 성취기준 중 하나를 골라 앞의 〈표 10〉과 같이, 한 성취기준에 대한 교수·학습 요소를 추출하여 교수·학습 전개를 정한 뒤, 교수·학습 활동을 구체화하면서 차시를 구분해 봅시다. 그런 다음 한 차시를 골라 아래 학급 정보를 고려하여 교수·학습 과정안을 작성해 보고 실행해 봅시다.

학년/학기	
학생 수	26명
학생 특성 및 교실 여건	① 담임 교사가 휴대전화를 조회 시간에 수거하여 종례 시간에 돌려주지만, 여러 수업 시간에서 휴대전화가 필요할 때, 교과 교사가 휴대전화를 사용하게 할 수 있으며 교실에 무선 인터넷 환경이 구축되어 있다. ② 학생 대부분이 온라인 대화를 이용하고 있으며, 학급의 단체 온라인 대화방이 존재한다. ③ 사회 관계망 서비스(SNS)를 이용하는 학생이 14명 정도이고 나머지는 이용하지 않는다. ④ 남녀공학으로 남학생과 여학생의 비율이 약 50:50이며, 대체로 여학생들이 남학생들에 비해 학습 활동에 적극적으로 참여하는 편이다.

3부

교육과정 재구성 기반 국어 수업,
교육 현장에 대비하다

3부에서는 다양한 방식으로 교육과정을 재구성하여 국어 수업을 디자인하는 과정을 살펴보고자 합니다. 이때 교과 영역 내 통합 수업과 교과 간 융합 수업은 고등학교 성취기준을, 교과 영역 간 통합 수업과 교과와 창의적 체험활동 통합 수업은 중학교 성취기준을 선택했습니다. 이처럼 학교급을 다르게 선정한 이유는 아래와 같습니다.

교과 영역 내 통합 수업은 같은 영역이더라도 고등학교 성취기준이 중학교보다 어떤 수준으로 어떻게 통합할지 어려워서 고등학교 성취기준을 선택했습니다. 고등학교 성취기준이 중학교 성취기준보다 범위가 넓게 진술되어서 영역 내 통합 여부를 결정하기 까다롭기 때문입니다. 더욱이 고등학교 〈공통국어1〉의 문학 영역에서 중첩되는 내용이 있어 영역 내 통합에 적합한 성취기준이 있기에 이들을 선택했습니다.

교과 영역 간 통합 수업에서 중학교 성취기준을 선택한 이유는 교육과정에서 통합 수업을 권장하는 수업 디자인을 보여주고자 했기 때문입니다. 교과 영역 간 통합은 교사마다 다양하게 할 수 있는데, 교육과정 내 요구로 통합 수업이 권장되는 경우가 보편적으로 도움이 될 것으로 판단했습니다. 그중 중학교의 문학과 매체 영역의 교육과정에서 이를 잘 드러내고 있어서 이들 영역을 선택했습니다.

교과 간 융합 수업에서 고등학교 성취기준을 선택한 것은 최근 고등학교 자율적 교육과정에서 타교과 융합형의 프로젝트 수업이 보다 확대되어 운영되고 있기 때문입니다. 타교과 융합형의 프로젝트는 분과적 지식과 경험들을 융합하여 통합적 사고력과 문제해결력을 향상시키고, 진학 및 취업을 앞둔 학습자들에게 유의미한 교육 경험을 제공합니다.

교과와 창의적 체험활동 간 통합 수업에서는 중학교 성취기준의 내용 요소가 고등학교에 비해 뚜렷하다는 점에서 창의적 체험활동과 연계한 활동 구성을 보다 구체적으로 보여줄 수 있기 때문에 중학교 성취기준을 선택했습니다. 또한 고등학교에 비해 중학교에서 교사들이 창의적 체험 활동에 대한 평가를 어렵게 느낀다는 점에서 교과와의 연계를 통해 창의적 체험활동 과정을 다양하게 평가, 기록할 수 있는 방법을 제시하고자 했습니다.

> 고등학교의 학교 자율적 교육과정은 한 학기(17회 기준) 중 1회의 수업을 학교가 정한 기간에 학교가 정한 형태로 운영한다. 이때 타교과 융합형의 프로젝트 수업, 보충 수업, 동아리 활동 연계 수업, 과제 탐구 수업 등의 형태로 운영된다. 통상적으로 학기의 마지막 기간에 교과 간의 경계를 허물고 새로운 통합의 형태로 운영하는 경우가 많다.

교육과정 재구성은 학교의 상황 및 교사의 수업·평가 계획에 따라 다양하게 이루어질 수 있습니다. 이 책의 사례들을 참고하여 다른 학교급 및 학년에 창의적으로 적용해 볼 수 있을 것입니다.

7장 | 영역 내 성취기준을 어떻게 통합할 수 있을까

국어과의 특정 영역에 대한 수업을 설계할 때 성취기준을 모두 개별적으로 다루는 것은 시간적인 제약 때문에 어려울 수 있습니다. 때로는 같은 영역 내 성취기준을 적절히 통합하여 수업을 설계함으로써 시간을 절약할 수 있고, 학습자의 학습 부담을 줄이면서도 학습 효과를 증대할 수 있습니다. 둘 이상의 성취기준을 통합해 겹치는 내용의 불필요한 반복을 줄일 수 있고, 그 결과로 발생하는 잉여 시간을 더욱 알차게 활용할 수 있습니다. 2022 개정 국어과 교육과정의 쓰기 영역 고등학교 1학년 "언어 공동체가 공유하는 작문 관습의 특성을 이해하고 쓰기 과정과 전략을 점검하며 책임감 있게 글을 쓴다."와 "신뢰할 수 있는 정보를 종합하여 복합양식 자료가 포함된 공동 보고서를 쓴다."로 예를 들어 보겠습니다. 학습자는 복합양식 자료가 포함된 공동 보고서를 실제로 작성하는 과정에서 언어 공동체가 공유하고 있는 보고서 작문 관습의 특성에 대해 이해할 수 있으며, 직접적인 쓰기 수행을 통해 일련의 쓰기 과정과 쓰기 전략에 대한 지식을 내면화할 수 있습니다. 이에 더해 신뢰할 수 있는 정보를 종합하여 글을 쓰는 과정에서 쓰기 윤리를 인식하게끔 하여 책임감 있게 글을 쓰는 태도를 갖추게 할 수 있습니다. 이처럼 성취기준의 통합은 여러 내용 요소를 자연스럽게 연결지어 학습 효과를 배가할 수 있습니다. 이 장에서는 문학 영역 내 성취기준을 통합하는 수업에 대해 다루어보고자 합니다.

1. 문학 영역 내 성취기준 통합 수업 디자인하기

1) 1단계: 영역 내 통합할 성취기준 선정하기

1단계에서는 한 학년 또는 학기 단위 내에서 서로 내용적 관련도가 높거나 연계하여 수업을 설계했을 때 학습 효과를 배가시킬 수 있는 성취기준을 찾는 것입니다. 이때 서로 내용적 관련도가 높은지, 서로 연결해서 공부했을 때 각각을 개별적으로 다루었을 때보다 교육 내용이 심화되는지, 연계해서 수업했을 때 학습자의 학습 부담이 줄어드는지 등을 기준으로 통합할 성취기준을 선정할 수 있습니다.

2022 개정 국어과 교육과정의 고등학교 문학 영역 성취 기준을 살펴보면서 영역 내 통합에 대한 구상을 해보고자 합니다. 여기에서는 〈공통국어1〉의 문학 영역에서 연계할 수 있는 성취기준을 찾아보고자 합니다.

〈표 1〉 〈공통국어1〉 과목 문학 영역 성취기준

[10공국1-05-01] 문학 소통의 특성을 고려하며 문학 소통에 참여한다. [10공국1-05-02] 갈래에 따른 형상화 방법의 특성을 고려하며 작품을 수용한다. [10공국1-05-03] 작품 구성 요소의 유기적 관계와 맥락에 유의하여 작품을 수용하고 생산한다.

〈공통국어1〉 과목에서는 문학 영역 성취기준으로 세 가지가 있습니다. 여기에서는 [10공국1-05-02]와 [10공국1-05-03]을 통합하여 하나의 수업을 설계하는 과정을 보여주고자 합니다. [10공국1-05-02]는 문학 갈래의 형상화 방법과 특성에 대한 지식을 바탕으로 하여 개별 문학 작품을 보다 깊이 있게 감상하는 능력을 기르도록 강조하고 있습니다. [10공국1-05-03]는 작품의 구성 요소가 작품 내에서 분절적으로 존재하는 것이 아니라 유기적으로 관계를 맺고 있음을 제시하고, 이러한 유기물로서의 문학 작품은 작품의 외적인 맥락을 고려하여 이해되어야 함을 강조하고 있습니다. 또한 이들을 총체적으로 고려하여 문학 작품을 수용하고 직접 생산하는 활동까지 나아가도록 유도하고 있습니다. 두 성취기준을 개별적으로 수업할 때보다 연계하여 수업을 진행할 때 학습 효과가 증대될 것으로 기대하는 이유는 [10공국1-05-03]이 제시하고 있는 작품 구성 요소가 [10공국1-05-02]에서 제시되고 있는 갈래에 따른 형상화 방법과 연결되는 부분이 있기 때문입니다. 이러한 요소를 별도로 가르치게 되면 학습량이 많아지고, 갈래의 형상화 방법과 작품의 구성 요소에 대해 분절적으로 이해하게 될 우려가 있습니다. 반면 두 성취기준을 연계하여 수업을 설계하게 된다면 학습자는 문학 갈래의 형상화 방법과 관련이 있는 문학 작품의 구성 요소를 이해하게 되고, 이러한 이해를 바탕으로 작품 구성 요소 간에 유기적 관계를 맺고 있으며 작품 바깥의 맥락과 연관되어 있음을 이해하게 되며 나아가 작품을 적극적으로 수용하고 직접 문학 텍스트를 생

산해보는 활동으로 나아갈 수 있게 될 것입니다.

2) 2단계: 통합할 성취기준의 교수·학습 요소를 추출하고 교수·학습 전개 구조화하기

1단계에서 통합할 성취기준을 선정했다면, 2단계에서는 통합할 성취기준들에 대한 교육과정 문서의 내용을 확인하여 교수·학습 요소를 추출하고 이를 구조화함으로써 수업의 대략적인 흐름을 구상합니다. 1단계에서 "갈래에 따른 형상화 방법의 특성을 고려하며 작품을 수용한다"와 "작품 구성 요소의 유기적 관계와 맥락에 유의하여 작품을 수용하고 생산한다"를 통합하기로 했으므로, 2부의 각 영역별 내용 체계표와 2022 개정 국어과 교육과정 문서에 있는 해당 성취기준들의 '성취 기준 해설'과 '성취기준 적용시 고려사항' 등을 분석하여 교수·학습 요소를 추출하고 이를 교수·학습 전개로 구조화하고자 합니다.

〈표 2〉 교육과정 분석을 통한 [10공국01-05-02]와 [10공국1-05-03]의 교수·학습 요소 추출하기

과목	공통국어1	교수·학습 요소 추출하기
대상 학년	고등학교 1학년	
성취기준	[10공국1-05-02] 갈래에 따른 형상화 방법의 특성을 고려하며 작품을 수용한다.	• 문학 갈래의 개념과 특징 이해하기 (서정, 서사, 교술, 극) • 문학 갈래에 따른 형상화 방법 이해하기 • 문학 갈래별 형상화 요소의 역할 이해하기 – 작품 주제의 효과적 전달 – 작품의 심미성에 미치는 영향
내용 요소	• 지식·이해 [갈래] 서정, 서사, 극, 교술 • 과정·기능 [해석과 감상] 갈래에 따른 형상화 방법을 고려하며 수용하기	
성취기준 해설15	• [10국05-02] 이 성취기준은 ①문학 갈래의 개념과 특징을 이해하고 대표적인 작품을 통해 ②문학적 형상화의 방법을 이해하며 문학 활동을 하도록 하기 위해 설정했다. ③문학의 이론적 갈래인 서정, 서사, 극, 교술의 4분법 체계에 따라 각각의 갈래에서 삶을 형상화하는 데 어떠한 요소들이 주요한 역할을 하는지를 이해하도록 한다.	
성취기준 적용 시 고려 사항	• 문학의 갈래에 대한 학습은 초등학교 성취기준([6국05-05])에서 간단히 다루고, '공통국어1'을 거쳐 선택 과목 '문학'([12문학01-02])에서 종합적으로 다루게 되는, 문학 영역의 대표적인 반복·심화 학습 내용 중 하나이다. '공통국어1'에서는 ④서정, 서사, 극, 교술 갈래별로 나타나는 특성이 작품의 주제를 효과적으로 전달하거나 작품에서 아름다움을 느끼게 하는 데에 어떻게 작용하는지 살피면서 작품을 수용하도록 한다.	

성취기준	[10공국1-05-03] 작품 구성 요소의 유기적 관계와 맥락에 유의하여 작품을 수용하고 생산한다.	• 문학 작품의 내적 구성 요소의 유기적 관계 이해하기 - 구성 요소들의 합을 넘어서는 고유한 가치와 개성을 가지게 되는 점 유의
내용 요소	• 과정·기능 [해석과 감상] 구성 요소들의 유기적 관계 파악하기 • 지식·이해 [맥락] ⑥작가 맥락, 독자 맥락, 사회·문화적 맥락, 문학사적 맥락 • 과정·기능 [창작] 맥락에 유의하여 창작하기	• 문학 작품의 외적 맥락과의 연관성 파악하기(작가 맥락, 독자 맥락, 사회·문화적 맥락, 문학사적 맥락) - 문학 작품이 외적 맥락에 의해 이전과는 다른 각도에서 조명되며 새로운 의미와 가치를 가지게 되는 점 중요하게 인식
성취기준 해설	• [10공국1-05-03] 이 성취기준은 ⑤문학 작품 내적으로는 구성 요소들이 유기적 관계를 형성하고 있고, ⑥외적으로는 다양한 맥락들과 연관되어 있음을 이해하며 작품을 수용하고 생산하는 능력을 기르게 하기 위해 설정했다. 문학을 수용하고 생산할 때는 ⑦문학 작품의 각 구성 요소들이 유기적 관계를 맺음으로써 개별 요소의 합을 넘어서는 고유한 가치와 개성을 가지게 된다는 점에 유의할 필요가 있다. 또 ⑧문학 작품은 시간이 흐름에 따라 새로운 독자와 새로운 시대를 만나게 되고 다른 작품들과의 관계도 새롭게 형성되기 때문에 이전과는 다른 각도에서 조명되며 새로운 의미와 가치를 가지게 된다는 점도 중요하게 인식할 필요가 있다. 이러한 점들에 유의하면서 ⑨작품 구성 요소들의 관계, 그리고 작품을 둘러싼 맥락을 다각도로 살피며 작품을 수용하고 생산할 수 있게 한다.	• 내적 구성 요소의 관계와 외적 맥락을 살피며 작품 수용하고 생산하기 • 작품 생산 활동에 대해 평가하기 - 학습자의 작품 생산 의도를 설명하기 - 학습자의 작품 생산 의도를 고려하여 작품의 완성도를 상호 평가
성취기준 적용 시 고려 사항	• ⑩작품 구성 요소의 유기적 관계와 맥락에 유의하며 작품을 생산하는 활동에 대해 평가할 때는 ⑪최종 결과물에 대해서만 평가하지 말고, 학습자들이 어떤 의도를 가지고 작품을 생산했는지 설명하는 말이나 글을 덧붙이게 할 필요가 있다. ⑫그러한 설명을 고려하면서 작품의 완성도를 학습자들끼리 상호 평가할 수 있도록 하고, ⑬작품 판단에 대한 기준을 함께 만들어 가면서 작품 구성 요소의 유기성을 분석 및 판단하는 데 필요한 안목을 형성했는지 평가하도록 한다.	- 작품 판단 기준을 함께 만들며 작품 구성 요소의 유기성 분석·판단에 필요한 안목을 형성했는지 평가

〈표 2〉를 통해 두 성취기준이 요구하는 주요 내용을 정리해 보면 [10공국1-05-02]은 '문학 갈래의 개념, 특징, 형상화 방법의 특성', [10공국1-05-03]은 '문학 작품의 내적 구성 요소의 유기적 관계, 문학 작품과 외적 맥락의 연관성'에 대해 이해한 후 이를 바탕으로 작품을 수용하는 것을 요구하고 있습니다. 따라서 [10공국1-05-02]에서 ①~③을 교수·학습 요소로 추출할 수 있습니다. 이때, 문학 갈래의 형상화 방법을 구체적으로 학습하는 방향을 ④와 같이 제시하고 있으므로 이 역시 교수·학습 요소로 추출하도록 합니다. [10공국1-05-3]에서는 ⑤, ⑥을 교수·학습 요소로 추출할 수 있는데, '성취기준 해설'을 참고하면 학습 시 유의할 점에 대해서도 제시하고 있음을 파악할 수 있습니다. 즉, ⑤를 배울 때는 ⑦을 유의해야 하며, ⑥을 배울 때는 ⑧을 유의해야 한다는 것입니다. 따라서 ⑦과 ⑧도 교수·학습 요소로 뽑아낼 수 있습니다. 또한 [10공국1-05-03]의 경우 ⑨처

럼 학습자가 배운 내용을 활용하여 작품을 수용하고 생산하는 것을 최종 목표로 두고 있으므로, 이를 교수·학습 요소로 추출해 수용과 생산 활동을 진행할 수 있습니다. 마지막으로 [10공국1-05-03]의 '성취기준 적용 시 고려 사항'에서 학습자의 작품 생산 활동 이후 평가 활동 시 유의점을 제시하고 있습니다. ⑩을 교수·학습 요소로 추출하고자 하며, 평가 활동 과정에서 유의해야 할 점(⑪~⑬)을 제시하고 있으므로 이 역시 주의하여 살피기로 하겠습니다.

이제 추출한 교수·학습 요소와 유의점을 반영하여 교수·학습 전개를 구조화해 보도록 하겠습니다.

〈표 3〉 교수·학습 내용 요소를 토대로 교수·학습 전개 구조화하기

교수·학습 요소	교수·학습 전개 구조화
• ㉠문학 갈래의 개념과 특징 이해하기(서정, 서사, 교술, 극) • ㉡문학 갈래에 따른 형상화 방법 이해하기 • ㉢문학 갈래별 형상화 요소의 역할 이해하기 – 작품 주제의 효과적 전달 – 작품의 심미성에 미치는 영향 • ㉣문학 작품의 내적 구성 요소의 유기적 관계 이해하기 – 구성 요소들의 합을 넘어서는 고유한 가치와 개성을 가지게 되는 점 유의 • ㉤문학 작품의 외적 맥락과의 연관성 파악하기 (작가 맥락, 독자 맥락, 사회·문화적 맥락, 문학사적 맥락) – 문학 작품이 외적 맥락에 의해 이전과는 다른 각도에서 조명되며 새로운 의미와 가치를 가지게 되는 점 중요하게 인식 • ㉥내적 구성 요소의 관계와 외적 맥락을 살피며 작품 수용하고 생산하기 • ㉦작품 생산 활동에 대해 평가하기 – 학습자의 작품 생산 의도를 설명하기 – 학습자의 작품 생산 의도를 고려하여 작품의 완성도를 상호 평가 – 작품 판단 기준을 함께 만들며 작품 구성 요소의 유기성 분석·판단에 필요한 안목을 형성했는지 평가	① 서정 갈래의 특성, 형상화 방법, 작품의 구성 요소 간의 관계, 맥락 파악하기 1) 서정 갈래의 특성이 잘 드러난 작품의 내용 이해하기 　(예 가는 길) 2) 서정 갈래의 특성 이해하기 3) 서정 갈래의 형상화 방법 및 구성 요소 간의 관계 파악하기 4) 작품을 둘러싼 맥락 파악하기 ② 서사 갈래의 특성, 형상화 방법, 작품의 구성 요소 간의 관계, 맥락 파악하기 1) 서사 갈래의 특성이 잘 드러난 작품의 내용 이해하기 　(예 황만근은 이렇게 말했다.) 2) 서사 갈래의 특성 이해하기 3) 서사 갈래의 형상화 방법 및 구성 요소 간의 관계 파악하기 4) 작품을 둘러싼 맥락 파악하기 ③ 극 갈래의 특성, 형상화 방법, 작품의 구성 요소 간의 관계, 맥락 파악하기 1) 극 갈래의 특성이 잘 드러난 작품의 내용 이해하기(예 세상에서 가장 아름다운 이별) 2) 극 갈래의 특성 이해하기 3) 극 갈래의 형상화 방법 및 구성 요소 간의 관계 파악하기 4) 작품을 둘러싼 맥락 파악하기

④ 교술 갈래의 특성, 형상화 방법, 작품의 구성 요소 간의 관계, 맥락 파악하기
  1) 교술 갈래의 특성이 잘 드러난 작품의 내용 이해하기 (예 경설)
  2) 교술 갈래의 특성 이해하기
  3) 교술 갈래의 형상화 방법 및 구성 요소 간의 관계 파악하기
  4) 작품을 둘러싼 맥락 파악하기

⑤ 내적 구성 요소의 관계와 외적 맥락을 살피며 작품 생산하기
  1) 내적 구성 요소의 유기적 관계와 외적 맥락과의 연관성이 나타나는 작품 생산하기

⑥ 작품 생산 활동에 대해 상호 평가하기
  1) 평가 기준 만들기
  2) 창작한 작품과 생산 의도 발표하기
  3) 생산 의도를 고려하여 작품의 완성도 상호 평가하기

〈표 2〉를 통해 두 성취기준의 특성을 분석해 보면 [10공국1-05-02]는 '문학 갈래'라는 상위 범주에 대해 다루고 있어 포괄성을 가지는 반면, [10공국1-05-03]은 서정·서사·극·교술 각각의 문학 갈래에 포함되는 개별 작품을 다루게 되므로 [10공국1-05-02]에 비해 좀 더 구체적이고 개별적이라 할 수 있습니다. 문학 갈래별 대표 작품을 선정하여 '서정 → 서사 → 극 → 교술 갈래'의 순서에 따라 각 문학 갈래를 다루는 동시에 개별 작품을 구체적으로 분석, 감상함으로써 [10공국1-05-02]와 [10공국1-05-03]을 효과적으로 통합하고자 합니다.

〈표 3〉의 교수·학습 요소 ㉠~㉫을 토대로 다음과 같이 교수·학습 전개를 구조화하고자 합니다. 첫째, '서정·서사·극·교술'이라는 문학의 네 가지 갈래를 대표하는 작품을 각각 선정합니다. 둘째, ㉠~㉢을 감안하여 선정한 개별 작품을 활용해 문학 갈래별 개념·특성·형상화 방법을 학습합니다(교수·학습 전개 ①~④의 2)~3)항목). 셋째, ㉣과 ㉤을 고려하여 선정한 작품에 나타나는 내적 구성 요소의 유기적 관계, 외적 맥락과의 연관성을 세부적으로 분석합니다(교수·학습 전개 ①~④의 3), 4)항목). 이때, 문학 작품의 외적 맥락(작가 맥락, 독자 맥락, 사회·문화적 맥락, 문학사적 맥락)에 대한 구체적인 개념 설명은 이를 가장 먼저 언급하는 서정 갈래 작품의 수업에서 다루려고 합니다. 또한 갈래별 작품마다 네 가지 외적 맥락과의 연관성을 모두 다룰 수도 있겠지만 여기에서는 시간적 제약을 고려해 개별 작품과 가장 연관성이 높은 맥락을 1~2가지를 골라 다루고자 합니다. 넷째, ㉫을 감안하여 학습자가 앞에서 배운 내용을 능동적으로 적용하며 작품을 생산하게 합니다(교수·학습 전개⑤).

다섯째, Ⓐ이 시사하는 바와 같이 학습자가 생산한 작품을 학습자들끼리 서로 상호 평가하는 활동을 진행합니다(교수·학습 전개⑥). 이때 학습자들이 평가 기준을 직접 만들고 평가하는 과정에서 작품 구성의 유기적 관계를 분석하고 판단하는 능력을 효과적으로 기를 수 있게 됩니다.

3) 3단계: 학급 특성을 고려하여 교수·학습 활동을 구체화하면서 차시 구분하기

2단계에서 학습에 필요한 교수·학습 요소를 추출했다면, 3단계에서는 실제 수업 현장에 적용할 수 있도록 교수·학습 활동을 구체화합니다. 이를 위해 중점적으로 고려할 것은 아래 [학급 정보]입니다. 수업 대상인 학습자 수와 국어 학업성취도 수준, 학급 특성을 총체적으로 고려함으로써 학습자에게 적합한 형태의 수업을 구상할 수 있습니다. 물론 실제 수업이 이루어지는 교실은 다양한 변인이 작용하는 공간이기에 유연하게 대응할 필요가 있음을 잊지 말아야 합니다.

[학급 정보]

학년/학기	고등학교 1학년/ 1학기
학생 수	18명
학생 수준	국어 학업성취도 상 3명 / 중 9명 / 하 6명
학급 특성	① 문학적 개념에 대한 교사의 설명과 작품 해석에 대해 대부분의 학생이 이해한다. 그러나 새로운 작품에 배운 내용을 적용하여 스스로 해석하는 것에 절반 이상의 학생이 어려움을 겪는다. ② 농촌 지역의 소규모 학교로 초등학교 때부터 함께 학습한 학생들이 대부분이라 친밀감이 잘 형성되어 있어 모둠 활동 시 학습 효과를 극대화할 수 있다.

이 학급은 학업성취도가 '상' 수준인 학생이 상대적으로 적고 학급 특성①을 통해 학생들이 문학의 이론적인 부분에 대해 이해하는 것은 크게 어려워하지 않으나, 새로운 작품에 학습 내용을 적용하여 능동적으로 해석하는 데에는 난항을 겪고 있음을 알 수 있습니다. 이는 수업 방법을 고민할 때 문학 개념에 대한 단순한 이해를 넘어, 학습자 스스로 배운 내용을 직접 활용함으로써 작품 감상·해석 능력을 기를 수 있는 활동에 충분한 시간을 할애해야 함을 시사합니다. 이러한 사실을 감안하여 세 가지의 방법을 교수·학습 활동에 적용할 수 있습니다. 첫째, 교사가 문학적 개념(여기에서는 갈래별 특성, 형상화 방법, 작품을 둘러싼 외적 맥락의 종류 등이 해당한다.)을 설명한 후, 이를 학생들

이 개별 작품에서 찾아내는 활동을 진행하여 문학적 개념에 대해 습득한 지식을 능동적으로 활용할 기회를 줍니다. 둘째, 학습자가 배운 내용을 적용하여 작품을 생산하는 활동을 합니다. 셋째, 각자 생산한 작품에 대해 학습자들이 상호 평가를 진행하는 과정에서 학습한 내용을 내면화합니다. 이러한 세 가지 방법을 통해 학급 특성①에 대응하고자 합니다. 또한 학습 효과를 극대화하기 위해 학급 특성 ②를 고려할 수 있습니다. 학생들의 친밀도가 높기 때문에 교수·학습 활동 과정에서 모둠 활동을 진행하면 활기차고 적극적인 학습 분위기를 유도해 유의미한 학습 효과를 자아낼 수 있습니다.

아래 〈표 4〉는 [학급 정보]를 고려하여, 〈표 3〉의 교수·학습 전개를 적절한 차시로 구분하고, 각 차시별로 전개할 구체적인 활동을 제시한 것입니다.

〈표 4〉 문학 [10공국1-05-02]-문학 [10공국1-05-03] 통합 수업의 차시 구분 및 차시별 학습 활동 전개

교수·학습 단계	교수·학습 활동	시간	차시	준비물
① 서정 갈래의 특성, 형상화 방법, 작품의 구성 요소 간의 관계, 맥락 파악하기	1) 서정 갈래의 특성이 잘 드러난 작품의 내용 이해하기(예 가는 길) (1) 시적 화자의 상황과 태도 파악하기 (2) 시 구절의 의미 파악하기 (3) 작품의 주제 파악하기	50분	1	활동지 빔프로젝터 PC
	2) 서정 갈래의 특성 이해하기 : 운율, 심상, 표현 방법, 함축적 의미의 시어	50분	2	활동지 빔프로젝터 PC
	3) 서정 갈래의 형상화 방법 및 구성 요소 간의 관계 파악하기 – 모둠활동 (1) 작품 구성 요소 간의 유기적 관계를 탐구하여 서정 갈래의 형상화 방법 이해하기 – 1·2연과 3·4연의 '운율, 시행의 길이, 호흡의 속도' 관련 차이점 찾기 – 1·2연과 3·4연의 차이가 유발하는 효과 추측하기 – 내용과 형식의 유기적 관계 이해하기 (2) 다른 모둠과 탐구 결과 공유하기	50분	3	활동지 빔프로젝터 PC
	4) 작품을 둘러싼 맥락 파악하기 – 모둠활동 (1) 맥락의 종류 이해하기 : 작가 맥락, 사회·문화적 맥락, 상호 텍스트적 맥락 (2) 작품의 상호텍스트적 맥락 파악하기	50분	4	활동지 빔프로젝터 PC

2 서사 갈래의 특성, 형상화 방법, 작품의 구성 요소 간의 관계, 맥락 파악하기	1) 서사 갈래의 특성이 잘 드러난 작품의 내용 이해하기 (예 황만근은 이렇게 말했다.) (1) 소설 구절의 의미 파악하기 (2) 작품의 주제 파악하기	100분	5~6	활동지 빔프로젝터 PC
	2) 서사 갈래의 특성 이해하기 : 인물, 사건, 배경, 시점 등	50분	7	활동지 빔프로젝터 PC
	3) 서사 갈래의 형상화 방법 및 구성 요소 간의 관계 파악하기 - 모둠 활동 (1) 작품 구성 요소 간의 유기적 관계를 탐구하여 서사 갈래의 형상화 방법 이해하기 – '황만근'의 실종으로 작품을 시작했을 때 얻을 수 있는 효과 파악하기 – '전'의 양식으로 얻을 수 있는 효과 파악하기 – 작품의 전지적 시점이 주는 효과 파악하기 (2) 다른 모둠과 탐구 결과 공유하기	50분	8	활동지 빔프로젝터 PC
	4) 작품을 둘러싼 맥락 파악하기 - 모둠 활동 (1) 사회·문화적 맥락 파악하기	50분	9	활동지 빔프로젝터 PC 태블릿
3 극 갈래의 특성, 형상화 방법, 작품의 구성 요소 간의 관계, 맥락 파악하기	1) 극 갈래의 특성이 잘 드러난 작품의 내용 이해하기(예세상에서 가장 아름다운 이별) (1) 영상을 통하여 '세상에서 가장 아름다운 이별' 감상하기 (2) 시나리오를 읽으며 작품의 내용 이해하기	50분	10	활동지 빔프로젝터 PC
	2) 극 갈래의 특성 이해하기 (1) 소설 '세상에서 가장 아름다운 이별', 시나리오 '세상에서 가장 아름다운 이별' 비교하기 (2) 극 갈래의 개념, 극 갈래의 특성 이해하기	50분	11	
	3) 극 갈래의 형상화 방법 및 구성 요소 간의 관계 파악하기 - 모둠 활동 (1) 작품 구성 요소 간의 유기적 관계를 탐구하여 극 갈래의 형상화 방법 이해하기(예 '원고지') (2) 다른 모둠과 탐구 결과 공유하기	50분	12	
	4) 작품을 둘러싼 맥락 파악하기 - 모둠 활동 (1) '원고지'를 둘러싼 맥락 파악하기 : 사회·문화적 맥락 (2) 모둠별 탐구 내용 발표하기	50분	13	
4 교술 갈래의 특성, 형상화 방법, 작품의 구성 요소 간의 관계, 맥락 파악하기	1) 교술 갈래의 특성이 잘 드러난 작품의 내용 이해하기(예경설) (1) '경설'을 읽으며 작품의 내용 이해하기	30분	14	활동지 빔프로젝터 PC
	2) 교술 갈래의 특성 이해하기 (1) 교술 갈래의 개념, 교술 갈래의 특성 이해하기 (2) '경설'을 통해 교술 갈래의 개념 및 특성 이해하기	20분		
	3) 교술 갈래의 형상화 방법 및 구성 요소 간의 관계 파악하기 - 모둠 활동 (1) '괴토실설'을 분석하기 (2) 모둠별 탐구 내용 발표하기	50분	15	
	4) 작품을 둘러싼 맥락 파악하기 - 모둠 활동 (1) '경설', '괴토실설'을 둘러싼 맥락 파악하기 : 독자 맥락, 작가 맥락 (2) 모둠별 탐구 내용 발표하기	50분	16	

				활동지 빔프로젝터
⑤ 내적 구성 요소의 관계와 외적 맥락을 살피며 작품 생산하기	1) 내적 구성 요소의 유기적 관계와 외적 맥락과의 연관성이 나타나는 작품 생산하기 ⑴ 작품 생산하기 ⑵ 창작한 작품을 패들렛에 업로드하기 : '생산 의도, 내적 구성 요소들의 관계, 외적 맥락과의 연관성'에 대한 설명을 덧붙여 업로드하기	100분	17~18	PC 색연필 싸인펜 핸드폰 태블릿
⑥ 작품 생산 활동에 대해 상호 평가하기	1) 평가 기준 만들기 상, 중, 하 / 5점 척도 (가장 높은 점수 받은 학습자 발표)	10분	19~20	활동지 빔프로젝터 PC 핸드폰 태블릿
	3) 생산 의도를 고려하여 작품의 완성도 상호 평가하기 ⑴ 패들렛에 업로드된 작품을 평가 기준에 따라 평가하기	70분		
	3) 발표하기 가장 높은 점수를 받은 학생, 자유 발표(자신의 시를 소개하고 싶은 학생)	20분		

※ [10공국1-05-02]와 [10공국1-05-03]을 통합한 수업은 다음의 네 가지 지점을 중요하게 다루고 있습니다. 첫째, 문학 갈래별 개념과 특성(지식·이해), 둘째, 문학 갈래별 형상화 방법(과정·기능), 셋째, 작품 내적 구성 요소 간의 관계 파악(과정·기능), 네 번째, 작품을 둘러싼 외적 맥락(지식·이해)이다. 이를 학습하기 위해 앞으로의 수업에서는 1~16차시에 '서정 갈래 → 서사 갈래 → 극 갈래 → 교술 갈래'의 순서로 갈래별 대표 작품을 선정하여 위의 네 가지 내용 요소를 학습할 것입니다. 이후 17~20차시에서 작품 생산과 상호 평가 활동을 진행하여 학습한 내용을 내면화할 수 있는 기회까지 제공합니다.

1차시: 서정 갈래의 특성이 잘 드러난 작품의 내용 이해하기(예 가는 길)

① 우선 1차시에서는 서정 갈래의 대표 작품을 선정하여 감상하고, 작품의 내용을 이해하고자 합니다. 작품 선정 방법은 교과서에 수록된 작품을 활용하거나 다른 출판사의 교과서 작품을 참고할 수 있습니다. 또는 교사가 학급 학생들을 고려하여 새로운 작품을 선정할 수도 있습니다. 이 수업에서는 청소년기 학생들이 한번쯤은 경험해 봤을 '사랑과 이별'에 대해 노래하는 김소월 시인의 '가는 길'을 선택했습니다.

② 학습자들이 시를 감상하기 전, 시의 내용 파악에 도움을 줄 수 있는 질문을 제시합니다. 어떤 작품인가에 따라 구체적인 질문은 다를 수 있겠으나, '시적 화자의 상황은 무엇인가?', '상황에 대한 시적 화자의 태도는 무엇인가?' 등의 질문에 대한 답을 찾으며 시를 감상하면 작품

을 좀 더 효과적으로 감상할 수 있음을 알려줍니다. 이후 적절한 시간을 부여하여 학생들이 질문에 대한 답을 스스로 찾으며 '가는 길'을 감상해 보도록 합니다.

③ 학생의 작품 감상이 끝나면 학생들에게 앞서 질문한 내용에 대한 답을 찾았는지 질문하고 그들이 도출한 결과가 타당한지 확인하기 위해 교사와 학생이 함께 작품을 감상합니다. 질문에 대한 답을 파악하고, 시 구절에 함축된 의미와 작품 주제를 파악하며 작품을 깊이 있게 감상할 수 있도록 합니다.

2차시: 서정 갈래의 특성 이해하기

① 1차시에서 서정 갈래의 대표 작품 '가는 길'의 내용 이해를 진행했으니, 이 작품을 활용하여 서정 갈래의 개념과 특성을 다룹니다. 먼저 서정 갈래의 개념이 '주관적인 정서를 함축적 언어로 형상화하는 문학 양식'임을 짚어줍니다. 이렇게 개념만 설명하고 넘어가면 학생들이 온전히 이해하지 못할 수도 있으니, '가는 길'을 서정 갈래의 개념 설명에 적용하여 구체적으로 이해할 수 있도록 합니다.

② 다음으로 서정 갈래의 특성에 대해 언급합니다. 서정 갈래의 대표적인 특성은 '운율, 심상, 표현 방법, 함축적 의미의 시어 사용' 등입니다. 각각의 개념에 대해 구체적인 설명을 하여 문학 개념에 대한 이론적 지식을 알려주고, 작품에 적용하여 서정 갈래의 특성을 더욱 자세히 이해할 수 있도록 돕습니다. [학급 정보]의 학급 특성①을 고려했을 때, 학생들이 문학 개념을 완전히 내면화하기 위해서 '가는 길'에 나타난 서정 갈래의 특성을 직접 찾게 하는 활동이 필요합니다. 이를 위해 먼저 교사가 다른 작품의 구절을 인용해 구체적인 예시를 들고 서정 갈래의 특성을 설명합니다. 이후 학생들이 직접 '가는 길'에 나타난 서정 갈래의 특성을 찾게 합니다.

③ 마지막으로 서정 갈래에 '고대 가요, 향가, 한시, 고려가요, 시조, 현대 시' 등이 포함된다는 내용을 다룹니다. 이 차시에서 학습한 서정 갈래의 특성은 서정 갈래에 포함되는 하위 갈래의 작품에도 적용할 수 있는데, 이것이 이후에 진행될 문학 수업의 배경지식으로 작용하여 개별 작품에 대한 감상과 해석을 도울 수 있습니다.

3차시: 서정 갈래의 형상화 방법 및 구성 요소 간의 관계 파악하기 - 모둠활동

※ 작품의 내적 구성 요소들이 가지는 연관성을 탐구하여 갈래별 형상화 방법의 특성을 파악

국어 교사를 위한 국어 수업 디자인 실습

할 것입니다. 이 부분은 〈표 3〉의 교수·학습 요소 중 [10공국2-01-02]에서 추출한 'ⓛ문학 갈래에 따른 형상화 방법 이해하기', 'ⓒ문학 갈래별 형상화 요소의 역할 이해하기', [10공국2-01-03]에서 추출한 'ⓔ문학 작품의 내적 구성 요소의 유기적 관계 이해하기'를 통합한 것입니다. ⓒ에 서술된 바와 같이, 문학 작품을 분석해 보면 '작품의 주제·시적 상황·작가의 가치관·인간의 삶' 등을 형상화하기 위해 작품을 이루는 요소들이 서로 긴밀하게 영향을 주고받습니다. 바로 이것이 ⓔ과 상응하는 지점이기 때문에 이들을 통합하여 가르쳤을 때 학습 효과가 배가됩니다.

※ 〈표 4〉에서 볼 수 있듯 서정·서사·극·교술 갈래 각 수업에서 갈래별 형상화 방법 및 구성 요소 간의 관계를 파악하는 차시가 존재합니다. 이들 차시에서는 [학급 정보]의 학급 특성②를 감안하여 모둠 활동을 진행하고자 합니다. 학생들은 서로 높은 유대감을 느끼고 있으므로 모둠 활동을 하면 수업에 활기를 불어넣을 수 있으며, 학생들이 문학 수업에 적극적이고 도전적인 태도로 참여할 수 있게 될 것입니다.

① 우선 '가는 길'은 내적 구성 요소들이 유기적으로 결합되어 있는 작품으로 유명합니다. 1·2연과 3·4연에 드러나는 상황·분위기가 이질적인데, 이 차이를 효과적으로 부각하기 위해 서로 다른 문학적 장치(운율, 시행의 길이, 호흡의 속도)를 적용하고 있기 때문입니다. 즉, 시적 화자의 내적 갈등에 초점을 두고 있는 1·2연과 고민하고 있는 시적 화자를 재촉하는 외부 상황에 초점을 둔 3·4연의 '운율, 시행의 길이, 호흡의 속도'가 다르게 나타납니다. 이것이 바로 작품의 내적 구성 요소들이 서로 유기적으로 연결되어 있음을 보이는 지점입니다. 이러한 유기적 연결은 각 연에 함축되어 있는 의미를 부각시키고, 결과적으로 작품의 주제를 효과적으로 형상화하는 데 기여합니다. 학생들은 이러한 내용을 후술되는 활동을 통해 깨닫게 됩니다.

② 먼저, 모둠 활동을 통해 1·2연과 3·4연이 서로 어떠한 차이점이 있는지 구체적으로 탐구하는 시간을 갖습니다. 이때, '운율, 시행의 길이, 호흡의 속도, 상황과 분위기'라는 네 가지 차원에서 차이점을 분석할 수 있도록 미리 기준을 제시해 줍니다. 학업성취도가 '상'인 학생이 상대적으로 적은 학급이므로 이 기준은 미리 주어 탐구 활동을 원활히 진행하기 위한 길잡이가 되게 합니다. 적절한 시간을 제공하여 충분한 논의가 이루어질 수 있도록 한 후, 발표를 통해 탐구 결과를 공유해 확인하고, 필요하다면 교사는 피드백을 줍니다.

③ 다음으로 학생들이 찾은 네 가지 차원의 차이가 1·2연과 3·4연에 미치는 효과를 파악하는

활동을 진행합니다. 이때 〈표 3〉에서 교수·학습 요소로 추출했던 것을 참고하여 작품의 내적 구성 요소가 '작품 주제의 효과적 전달, 작품의 심미성에 미치는 영향'에 어떠한 역할을 하는지를 분석하는 모둠 활동으로 진행하며, 발표를 통해 결과를 공유합니다.

이러한 학습 과정을 통해 학생들은 작품을 구성하고 있는 요소들이 매우 유기적인 관계를 지니고 있음을 깨닫게 되며, 유기적 관계를 효과적으로 나타내기 위한 서정 갈래만의 형상화 방법을 파악하게 됩니다.

4차시: 작품('가는 길')을 둘러싼 맥락 파악하기 - 모둠 활동

① 먼저 문학 작품을 둘러싼 맥락에 대한 개념을 설명하고 작품은 '누가 창작했는지, 누가 언제 읽는지, 언제 창작되었는지' 등 다양한 맥락에 의해 그 의미가 달라질 수 있음을 알려줍니다. 맥락에 대한 언어적 설명만으로는 학생들에게 내용이 잘 와닿지 않을 것이므로, 문학 작품의 외적 맥락의 종류인 '작가 맥락, 독자 맥락, 사회·문화적 맥락, 문학사적 맥락'에 대한 개별적인 설명도 덧붙여 구체화합니다. 이때 학생 수준 및 내용에 적합한 예시를 들어 이해를 도울 수 있습니다. 여기에서는 고전시가인 〈제망매가〉를 예로 들어 설명하고자 합니다. 이 작품은 작가가 작품을 창작한 의도가 잘 알려져 있어 작가 맥락을 설명하기에 알맞으며, 당시의 불교적 문화가 드러나기에 사회·문화적 맥락을 설명하기에도 적절합니다. 10구체 향가 형식이 고려가요, 시조의 형식에 영향을 주었으므로 문학사적 맥락과도 유기적으로 연관 지을 수 있습니다. 또한 '소중한 이의 죽음으로 인한 슬픔'이라는 작품의 내용은 인간이 느낄 수 있는 감정을 관통하는 부분이기 때문에 독자 맥락을 설명하기에도 적합합니다.

② 교사의 구체적인 설명을 통해 '맥락'이라는 문학적 개념에 대한 이론 학습을 마쳤다면, 이를 실제 작품에 적용할 차례입니다. 작품 〈가는 길〉과 연관 지을 맥락으로는 '문학사적 맥락'을 꼽았습니다. '가는 길'을 '운율'과 '소재'의 측면에서 고전 시가와 연계할 수 있기 때문입니다. 운율 측면에서 '가는 길'은 현대시이지만 외형률이 지배적으로 나타나 고전 시가의 운율적 특성을 보입니다. 그리고 소재 측면에서 '이별'은 과거부터 현재까지 한국 문학사에서 지속적으로 다루어지는 소재로, 한국 문학의 중요한 특질로 꼽힙니다.

③ '가는 길'의 문학사적 맥락 학습을 위해 학생들은 '가시리'와 '가는 길'을 연계하여 탐구하는 학습을 모둠 활동으로 진행합니다. 우선 고려 가요 '가시리'와 현대시 '가는 길'을 '운율'과 '소재'를 기준으로 비교하고 그 결과를 정리하도록 합니다. 모둠 활동의 탐구 결과를 공유하여

두 작품 모두 율격적으로 3음보의 외형률이 나타나며, 이별이라는 공통 소재를 다루고 있음을 파악합니다. 교사는 '가는 길'이 고전 시가 작품과 여러 측면에서 연계되는 것처럼, 개별적·독립적으로 생성된 것이 아니라, 과거의 문학 작품들의 영향을 받으며 나타난 것임을 짚어주어 작품의 문학사적 맥락을 구체적으로 이해할 수 있도록 돕습니다.

5~6차시: 서사 갈래의 특징이 잘 드러난 작품의 내용 이해하기 (예 황만근은 이렇게 말했다)

① 지금부터는 서사 갈래의 대표 작품을 통한 수업을 진행하는데, 성석제의 '황만근은 이렇게 말했다'를 다룰 것입니다. 이 작품은 단편 소설이기 때문에 전문을 함께 훑어보기에 무리가 없으며, 서사 갈래의 특성이 잘 드러나 있고, 작품의 내적 구성 요소가 유기적으로 결합되어 있습니다. 또한 1990년대의 시대적 배경을 내포하고 있기 때문에 작품과 외적 맥락의 연관성을 짚어줄 수 있으므로 서사 갈래 수업을 위한 대표 작품으로 삼기에 적합합니다. 학생들이 작품 전문을 읽을 수 있는 기회를 주기 위해 서사 갈래의 작품을 이해하는 수업은 2차시에 걸쳐 진행하고자 합니다.

② 우선 학생이 개별적으로 작품에 등장하는 인물과 진행되는 사건에 주목하며 작품을 감상하는 시간을 가집니다. 이후 교사와 학생이 함께 작품을 구체적으로 다루며 소설에서 중요한 구절의 의미를 정리하고 주제를 파악하여 작품의 전반적인 내용을 이해합니다.

7차시: 서사 갈래의 특성 이해하기

① 먼저 서사 갈래의 개념이 '서술자가 서술과 묘사를 통해 사건을 전달하는 문학 양식'임을 짚어준 후, '서사 갈래의 대표적인 특성'인 '인물, 사건, 배경, 시점' 등의 문학적 개념에 대해 알아봅니다. 학생들이 문학 개념을 완전히 내면화하기 위해 작품에 나타난 서사 갈래의 특성을 직접 찾게 하는 활동이 필요합니다. 이를 위해 먼저 교사가 다른 작품의 구절을 인용해 서사 갈래의 특성을 설명한 후 학생들이 직접 〈황만근은 이렇게 말했다〉에 나타난 서사 갈래의 특성을 찾게 합니다.

② 마지막으로 서사 갈래에 속하는 하위 갈래인 '설화(신화, 전설, 민담), 고전 소설, 현대 소설' 등을 언급하여 이 하위 갈래에 속하는 작품에도 서사 갈래의 대표적 특성을 추출할 수 있음을 알려줍니다.

① 다음은 작품 구성 요소 간의 관계를 파악하여 서사 갈래의 형상화 방법을 파악하는 단계입니다. 이 활동은 모둠 활동으로 진행합니다. 〈황만근은 이렇게 말했다〉에서 탐구할 구성 요소는 '전개 방식'과 '시점'입니다.

② 우선 '전개 방식'은 두 가지 차원에서 살펴볼 것입니다. 첫째는 '황만근의 실종으로 작품을 시작했을 때 얻을 수 있는 효과 파악하기', 둘째는 '고전산문 양식인 전의 양식으로 얻을 수 있는 효과 파악하기'입니다.

③ 다음은 '시점'과 작품의 내용이 어떻게 연관되어 있는지를 살펴볼 것입니다. 학생들은 서사 갈래의 특성인 시점에 대해 구체적으로 배웠고, 이 작품이 전지적 시점을 취하고 있는 것까지 파악을 한 상태입니다. 지금부터는 전지적 시점으로 작품을 서술한 것이 유발하는 효과에 대한 탐구를 진행합니다. 학생들의 원활한 탐구를 돕기 위해 〈황만근은 이렇게 말했다〉의 일부를 1인칭 주인공 시점으로 서술한 예시를 제공하여 비교해 보게 합니다.

① 마지막으로 '작품을 둘러싼 맥락'에 대해 모둠 활동을 통한 탐구를 진행합니다. '황만근은 이렇게 말했다'와 연관 지어 볼 맥락은 사회·문화적 맥락입니다. 이 작품은 급격한 도시화·산업화로 인한 농촌 소외와 인간 소외 현상이 나타난 시대적 상황을 배경으로 하고 있기 때문에, 이러한 사회·문화적 맥락이 작품에 어떻게 형상화되어 있는지를 모둠 활동을 통해 파악함으로써 작품의 사회·문화적 맥락을 효과적으로 이해할 수 있습니다. 학생들은 모둠원들과 함께 작품에 나타난 시대적 특성(이촌향도 현상, 농촌 사회의 쇠퇴와 경제적 어려움, 이기적인 인간상이 늘어나는 세태)을 파악하여 작품의 사회·문화적 맥락에 대한 이해를 구체화하도록 합니다.

※ 극 갈래의 경우 연극으로 상연(上演)되거나 영화로 상영(上映)되는 것을 전제로 하는 것이므로 학습자가 희곡이나 시나리오만 접하는 것을 넘어서 해당 텍스트를 바탕으로 한 연극이나 영화를 보면서 극 갈래의 특성을 이해할 수 있도록 합니다.

① 〈세상에서 가장 아름다운 이별〉 영상을 감상한 뒤에는 시나리오를 학습 자료로 이용하여 극 갈래의 특성을 파악하도록 합니다. 시나리오는 학습자가 감상한 장면과 동일한 것으로 준비

하여 학습자의 이해를 돕습니다. 〈세상에서 가장 아름다운 이별〉의 전문 및 영상 전체를 감상할 수 없으므로 일부 장면을 학습 자료로 다루되 교사의 설명을 통해 전체 내용에 대해 학습자가 파악할 수 있도록 합니다.

② 시나리오를 읽을 때는 학습자에게 역할을 나누어서 읽도록 할 수 있습니다. 학습자가 직접 텍스트를 읽으며 작품의 내용을 이해하고 내용을 확인하는 질문에 답을 하며 이해를 확인합니다. 예) 이 작품에 나타난 문제 상황은 무엇인가?

11차시: 극 갈래의 특성 이해하기

① 이번 차시에는 동명의 소설 작품과 비교하여 극 갈래의 특성을 이해할 수 있도록 합니다. 특히 서사 갈래와 비교했을 때 극 갈래는 서술자가 개입하지 않는다는 것, 상연이나 상영을 전제로 하기 때문에 지시문이 나타난다는 것 등을 제시하도록 합니다.

② 시나리오와 소설을 각각 비교하며 읽을 때 동일한 장면을 제시하여 극 갈래와 서사 갈래의 차이를 학습자가 인식할 수 있도록 합니다. 두 갈래의 특징을 비교하는 발문을 통하여 극 갈래에 대한 이해를 돕습니다. 예) 시나리오와 소설에서 인물의 성격을 제시하는 방법은 어떻게 다른가?

12차시: 극 갈래의 형상화 방법 및 구성 요소 간의 관계 파악하기-모둠 활동

※ 학업 성취도 수준을 고려하여 특정 수준의 학생이 편중되지 않도록 모둠을 구성하고 모든 구성원이 자신의 역할을 수행할 수 있도록 각자에게 역할을 부여합니다. 또한 모둠별 발표를 예고하여 학습자가 발표를 준비할 수 있도록 합니다.

① 앞선 차시에서의 극 갈래에 대한 이해를 바탕으로 학습자가 새로운 작품을 직접 탐구할 수 있도록 합니다. 이근삼의 〈원고지〉를 학생들에게 제공하여 해당 작품의 형상화 방법 및 구성 요소는 무엇이 있는지, 해당 형상화 방법 및 구성 요소가 주제를 구현하는 데 어떤 효과를 지니는지 등을 모둠별로 탐구하도록 지도합니다. 모둠별 탐구 내용이 중복되지 않도록 각 모둠에 제공하는 학습 자료를 달리 할 수 있습니다. 특징적인 형상화 방법 및 구성 요소가 다른 장면을 제시하여 모둠별 탐구를 종합했을 때 극 갈래에 대한 전체적인 탐구가 이루어질 수 있도록 합니다.

② 모둠별 탐구 활동을 마친 후에는 발표를 통하여 모둠별로 탐구의 결과를 공유하도록 합니

다. 이때 다른 모둠 구성원들은 발표를 경청할 수 있도록 독려합니다.

13차시: 작품을 둘러싼 맥락 파악하기-모둠 활동

① 작품을 둘러싼 맥락에 대해 파악하는 시간을 갖는데, 이근삼의 〈원고지〉는 '사회·문화적 맥락'과 연결 짓기 적합합니다. 학습자는 작품의 배경인 현대 서울의 사회적 문제에 대해 탐구할 수 있습니다. (예: 기성 세대와 젊은 세대의 소통의 단절, 사회적인 소통의 부재 등) 이러한 요소 외에도 작품 속에 숨겨진 사회문화적 배경을 모둠별로 찾아 발견할 수 있도록 지원합니다.

② 교사는 모둠 활동 시작에 앞서 학습자들이 모둠별 탐구에 대한 방향을 잡을 수 있도록 사회 문화적 맥락에 대한 질문을 제시하도록 합니다. 이때 질문은 다양한 답변이 가능한 열린 질문을 제시하고, 질문을 중심으로 모둠별로 탐구 주제를 선정하여 다양한 탐구 결과가 도출될 수 있도록 합니다. 예) 이근삼의 '원고지'에 나타난 현대 사회의 문제는 무엇이 있을까요?

③ 각 모둠은 발표를 통해 이근삼의 〈원고지〉가 어떤 사회·문화적 맥락을 담고 있는지 공유할 수 있도록 합니다.

14차시: 교술 갈래의 특성이 잘 드러난 작품의 내용 이해하기(예 경설), 교술 갈래의 특성 이해하기

① 학습자가 교술 갈래의 형상화 방법 및 교술의 특성을 이해하기 위하여 〈경설〉을 먼저 읽게 하고 감상한 결과를 정리할 수 있는 학습지를 제공합니다. 이 과정에서 학습자는 작품에 나타난 작가의 체험이나 성찰을 파악하고 작품이 말하고자 하는 주제를 파악합니다.

② 다음으로는 〈경설〉을 분석하며 교술 갈래 중 '설'의 특성을 파악할 것입니다. 타 갈래와 비교했을 때 '설'은 경험이나 성찰을 바탕으로 교훈을 전달한다는 것 등을 제시합니다.

③ 〈경설〉을 분석할 때 각 작품에서 작가가 겪은 체험 및 경험을 찾고 이를 바탕으로 어떤 깨달음으로 나아가고 있는지를 찾도록 합니다. 〈경설〉의 경우 깨끗하지 않은 거울을 본 경험을 제시한 뒤, 해당 경험을 통해 유연한 삶의 자세의 필요성이라는 교훈을 제시하고 있습니다. 작품의 내용을 분석하는 것을 통해 '설'이라는 갈래가 갖는 형식적인 특성이 '경험 및 체험-성찰 및 깨달음'의 구조로 구성되어 있음을 파악하게 합니다.

15차시: 교술 갈래의 형상화 방법 및 구성 요소 간의 관계 파악하기-모둠 활동

① '설'의 내용 구조가 경험 및 체험을 바탕으로 교훈을 전달한다는 것에 대한 이해를 바탕으로

학습자가 새로운 '설' 작품을 읽고 분석할 수 있도록 합니다. 이규보의 '괴토실설'을 학생들에게 제공하여 해당 작품에 나타난 형상화 방법으로서 경험은 무엇인지, 해당 경험을 통해 어떤 교훈을 전달하고 있는지를 모둠별로 탐구하도록 지도합니다.

② 모둠별 탐구 활동을 마친 후에는 발표를 통하여 모둠별로 탐구의 결과를 공유하도록 합니다. 이때 해당 발표를 하는 모둠 외에 다른 모둠 구성원들도 발표를 경청할 수 있도록 독려합니다.

16차시: 작품을 둘러싼 맥락 파악하기-모둠 활동

① 작품을 둘러싼 맥락에 대해 파악하는데, 〈경설〉과 〈괴토실설〉을 통해서는 '작가 맥락', '독자 맥락'을 파악하기 적합합니다. 두 작품은 모두 이규보라는 작가의 교술 갈래 작품이기 때문에 이규보라는 작가와 연관지어 작품을 분석할 수 있습니다. 또한 '설'이라는 교술 갈래는 교훈 전달을 주요한 특징으로 하기 때문에 독자에게 어떠한 영향을 미치는지를 중심으로 학습자는 해당 작품들을 통해 '독자 맥락'을 분석할 수 있습니다.

　예) 작가 맥락-이규보의 삶과 〈괴토실설〉, 〈경설〉의 관계 파악하기

　　독자 맥락-〈괴토실설〉, 〈경설〉이 다양한 상황에 처한 개별 독자마다 어떻게 다르게 받아들여질 수 있는가?

② 교사는 모둠 활동 시작에 앞서 학습자들의 모둠별 탐구를 지원하기 위해 작가적 맥락에 대한 정보를 제공할 수 있습니다. 특히 이규보의 문학관과 관련한 정보를 제공하여 학습자들이 작품을 둘러싼 작가 맥락에 대해 탐구할 수 있도록 지원합니다.

③ 작품을 독자 맥락과 연관지어 이해하는 것을 지원하기 위해 문학 작품은 독자로 하여금 미적, 인식적, 윤리적으로 효용을 줄 수 있음을 설명합니다. 이는 독자가 작품을 읽으며 작품의 표현 방법, 내용 등에서 아름다움을 느끼거나, 기존에 알지 못하던 사실을 알게 되거나, 삶을 성찰하고 앞으로의 삶의 방법을 수립하는 것 등의 효과를 얻을 수 있다는 것입니다.

④ 각 모둠은 발표를 통해 '설' 작품인 〈괴토실설〉 및 〈경설〉과 작가 이규보의 관계와 같은 작가적 맥락과 해당 작품이 독자에게 어떤 영향을 미칠 수 있는지에 대한 독자적 맥락을 정리하여 공유할 수 있도록 합니다.

17~18차시: 내적 구성 요소의 관계와 외적 맥락을 살피며 작품 생산하기

※ [학급 정보] ①에 따르면 학생들이 배운 내용을 작품에 적용하는 데에는 어려움을 겪으므로

이 차시에서는 학습자가 직접 작품을 생산한 후 공유 및 평가까지 나아가게 하고자 합니다.

※ [학급 정보]의 '학생 수준'을 통해서 학업성취도 '중', '하'에 해당하는 학생들이 상대적으로 많은 것을 알 수 있습니다. 따라서 단 한 차시의 수업(50분)만에 지금까지 배운 내용을 활용해 작품 창작을 하려고 한다면 시간에 쫓기는 현상이 발생할 것입니다. 이는 작품의 완성도를 떨어트릴 수 있고, 학생들에게 문학에 대한 부정적 인식을 심어줄 우려가 있습니다. 그러므로 배운 내용을 복습할 시간, 창작할 작품에 대해 고민하고 구상할 시간을 충분히 제공하고자 합니다. 이것이 작품 생산 활동을 총 두 차시(100분)으로 설정한 이유입니다.

① 먼저 학습자들에게 지금까지 배운 내용을 능동적으로 활용하여 새로운 작품을 창작하는 활동을 진행할 것임을 안내합니다. 작품 창작에서 끝나는 것이 아니라 '작품 창작 의도, 내적 구성 요소들의 관계, 외적 맥락과의 연관성'에 대한 공유와 상호 평가까지 나아갈 예정임을 알려주어 이를 대비할 수 있도록 합니다. 이때, 학생들이 창작에 어려움을 느낄 수 있으므로 지금까지 함께 학습한 내용을 천천히 복습할 것을 권하고, 평가 상황에 대한 두려움을 없애기 위해 문학에는 정답이 없으니 본인의 삶·가치관·경험 등을 자유롭게 형상화하면 충분하다는 것을 알려주어 자신감을 가질 수 있도록 합니다.

② 작품 창작 활동이 끝났다면, 이를 문학 수업 패들렛에 업로드할 수 있도록 안내합니다. 이때, 창작한 작품뿐만이 아니라, '작품 창작 의도, 내적 구성 요소들의 관계, 외적 맥락과의 연관성'에 대한 설명을 함께 덧붙이도록 알려줍니다.

19~20차시: 작품 생산 활동에 대해 상호 평가하기

※ 상호 평가 활동 역시 두 차시(100분)에 걸쳐 진행됩니다. [학급 정보]를 보면 수업 대상 학급의 인원 수는 18명이므로 개별 학습자가 다른 학습자들의 작품을 감상하고 평가하기 위한 시간을 충분히 제공하기 위해 이와 같이 차시를 배분했습니다.

① 우선 창작 작품을 평가하기 위한 기준을 설정하는 과정을 거쳐야 합니다. 학생들은 평가 기준을 직접 설정하는 과정을 통해 작품의 완성도를 타당하게 평가할 수 있는 안목을 갖게 됩니다. 교사는 지금까지 배운 내용을 잘 적용하여 작품을 창작했는지를 확인할 수 있는 평가 기준을 설정해야 함을 안내합니다. 이 부분은 학생들이 자유롭게 말할 수 있도록 유도해야 합니다. 여기에서는 학생들이 '1. 작품 창작 의도가 작품 내에 효과적으로 반영이 되었는가?', '2. 내적 구성 요소들이 서로 연결되어 주제 형상화에 도움이 되었는가?', '3. 외적 맥락

과의 연관성을 합당하게 설명했는가?'를 평가 기준으로 제시했다고 가정하겠습니다.

② 이후 학생들의 상호 평가 활동을 진행합니다. 이때 세 가지 평가 기준을 5점 척도로 평가하여 합산 점수를 낼 수 있도록 합니다. 패들렛에 업로드된 학급 친구들의 작품을 둘러 보고 댓글을 달아 상호 평가 활동을 진행할 것입니다. 댓글에 달 내용은 첫째는 세 가지 평가 기준에 대한 각각의 점수와 합산 점수이고 둘째는 왜 그러한 평가를 내렸는지에 대한 설명입니다. 패들렛을 활용하여 진행하는 활동이므로 교사는 활동 진행 상황을 시시각각 확인할 수 있습니다. 부적절한 댓글이 달린 경우 제지가 필요하며, 평가에 어려움을 겪는 학생에게 피드백을 제공해 주어야 한다. 이 상호 평가 활동은 80분 동안 진행합니다.

③ 마지막으로 창작 작품 발표 시간을 가집니다. 합산 점수와 완성도가 높은 작품을 창작한 학생들뿐만 아니라 본인의 작품을 발표하고 싶은 학생들을 자유롭게 지원 받아 발표를 진행합니다. 발표 학생은 본인이 생산한 작품을 읽고, 내적 구성 요소들의 관계와 외적 맥락에 대한 구체적인 설명을 덧붙입니다. 이후 교사는 학생의 발표 이후 내적 구성 요소들이 어떤 부분에서 긴밀하게 연관되어 있는지, 외적 맥락과의 연관성이 어떠한 이유로 두드러지게 나타나는지 등을 짚어줍니다.

〈표 5〉 성취기준 [10공국1-05-02]과 [10공국1-05-03]에 기초한 수업 디자인의 절차

성취기준	[10공국1- 05- 02] 갈래에 따른 형상화 방법의 특성을 고려하며 작품을 수용한다. [10공국1- 05- 03] 작품 구성 요소의 유기적 관계와 맥락에 유의하여 작품을 수용하고 생산한다.			
내용요소	• 지식·이해 [갈래] 서정, 서사, 극, 교술 • 과정·기능 [해석과 감상] 갈래에 따른 형상화 방법을 고려하며 수용하기 • 과정·기능 [해석과 감상] 구성 요소들의 유기적 관계 파악하기 • 지식·이해 [맥락] 작가 맥락, 독자 맥락, 사회·문화적 맥락, 문학사적 맥락 • 과정·기능 [창작] 맥락에 유의하여 창작하기			
교수·학습 요소	교수·학습 전개	교수·학습 활동 구체화		차시
		1) 서정 갈래의 특성이 잘 드러난 작품의 내용 이해하기(例 가는 길) (1) 시적 화자의 상황과 태도 파악하기 (2) 시 구절의 의미 파악하기 (3) 작품의 주제 파악하기		1
		2) 서정 갈래의 특성 이해하기 : 운율, 심상, 표현 방법, 함축적 의미의 시어		2

• 문학 갈래의 개념과 특징 이해하기 (서정, 서사, 교술, 극) • 문학 갈래에 따른 형상화 방법 이해하기 • 문학 갈래별 형상화 요소의 역할 이해하기 – 작품 주제의 효과적 전달 – 작품의 심미성에 미치는 영향	① 서정 갈래의 특성, 형상화 방법, 작품의 구성 요소 간의 관계, 맥락 파악하기 1) 서정 갈래의 특성이 잘 드러난 작품의 내용 이해하기(⑩ 가는 길) 2) 서정 갈래의 특성 이해하기 3) 서정 갈래의 형상화 방법 및 구성 요소 간의 관계 파악하기 4) 작품을 둘러싼 맥락 파악하기	3) 서정 갈래의 형상화 방법 및 구성 요소 간의 관계 파악하기 – 모둠활동 (1) 작품 구성 요소 간의 유기적 관계를 탐구하여 서정 갈래의 형상화 방법 이해하기 – 1·2연과 3·4연의 '운율, 시행의 길이, 호흡의 속도' 관련 차이점 찾기 – 1·2연과 3·4연의 차이가 유발하는 효과 추측하기 – 내용과 형식의 유기적 관계 이해하기 (2) 다른 모둠과 탐구 결과 공유하기	3
		4) 작품을 둘러싼 맥락 파악하기 – 모둠활동 (1) 맥락의 종류 이해하기 : 작가 맥락, 사회·문화적 맥락, 상호 텍스트적 맥락 (2) 작품의 상호텍스트적 맥락 파악하기	4
• 문학 작품의 내적 구성 요소의 유기적 관계 이해하기 – 구성 요소들의 합을 넘어서는 고유한 가치와 개성을 가지게 되는 점 유의 • 문학 작품의 외적 맥락과의 연관성 파악하기 (작가 맥락, 독자 맥락, 사회·문화적 맥락, 문학사적 맥락) – 문학 작품이 외적 맥락에 의해 이전과는 다른 각도에서 조명되며 새로운 의미와 가치를 가지게 되는 점 중요하게 인식	② 서사 갈래의 특성, 형상화 방법, 작품의 구성 요소 간의 관계, 맥락 파악하기 1) 서사 갈래의 특성이 잘 드러난 작품의 내용 이해하기 (⑩ 황만근은 이렇게 말했다.) 2) 서사 갈래의 특성 이해하기 3) 서사 갈래의 형상화 방법 및 구성 요소 간의 관계 파악하기 4) 작품을 둘러싼 맥락 파악하기	1) 서사 갈래의 특성이 잘 드러난 작품의 내용 이해하기 (⑩ 황만근은 이렇게 말했다.) (1) 소설 구절의 의미 파악하기 (2) 작품의 주제 파악하기	5~6
		2) 서사 갈래의 특성 이해하기 : 인물, 사건, 배경, 시점	7
		3) 서사 갈래의 형상화 방법 및 구성 요소 간의 관계 파악하기 – 모둠 활동 (1) 작품 구성 요소 간의 유기적 관계를 탐구하여 서사 갈래의 형상화 방법 이해하기 – '황만근'의 실종으로 작품을 시작했을 때 얻을 수 있는 효과 파악하기 – '전'의 양식으로 얻을 수 있는 효과 파악하기 – 작품의 전지적 시점이 주는 효과 파악하기 (2) 다른 모둠과 탐구 결과 공유하기	8
• 내적 구성 요소의 관계와 외적 맥락을 살피며 작품 생산하기		4) 작품을 둘러싼 맥락 파악하기 – 모둠 활동 (1) 사회·문화적 맥락 파악하기	9
• 작품 생산 활동에 대해 평가하기 – 학습자의 작품 생산 의도를 설명하기 – 학습자의 작품 생산 의도를 고려하여 작품의 완성도를 상호 평가 – 작품 판단 기준을 함께 만들며 작품 구성 요소의 유기성 분석·판단에 필요한 안목을 형성했는지 평가	③ 극 갈래의 특성, 형상화 방법, 작품의 구성 요소 간의 관계, 맥락 파악하기 1) 극 갈래의 특성이 잘 드러난 작품의 내용 이해하기(⑩세상에서 가장 아름다운 이별) 2) 극 갈래의 특성 이해하기 3) 극 갈래의 형상화 방법 및 구성 요소 간의 관계 파악하기 4) 작품을 둘러싼 맥락 파악하기	1) 극 갈래의 특성이 잘 드러난 작품의 내용 이해하기 (⑩세상에서 가장 아름다운 이별) (1) 영상을 통하여 '세상에서 가장 아름다운 이별' 감상하기 (2) 시나리오를 읽으며 작품의 내용 이해하기	10
		2) 극 갈래의 특성 이해하기 (1) 소설 〈세상에서 가장 아름다운 이별〉과 시나리오 〈세상에서 가장 아름다운 이별〉 비교하기 (2) 극 갈래의 개념과 특성 이해하기	
		3) 극 갈래의 형상화 방법 및 구성 요소 간의 관계 파악하기 – 모둠 활동 (1) 작품 구성 요소 간의 유기적 관계를 탐구하여 극 갈래의 형상화 방법 이해하기(⑩ '원고지') (2) 다른 모둠과 탐구 결과 공유하기	12

		4) 작품을 둘러싼 맥락 파악하기 - 모둠 활동 　(1) '원고지'를 둘러싼 맥락 파악하기 　: 사회·문화적 맥락 　(2) 모둠별 탐구 내용 발표하기	13
	④ 교술 갈래의 특성, 형상화 방법, 작품의 구성 요소 간의 관계, 맥락 파악하기 1) 교술 갈래의 특성이 잘 드러난 작품의 내용 이해하기(예경설) 2) 교술 갈래의 특성 이해하기 3) 교술 갈래의 형상화 방법 및 구성 요소 간의 관계 파악하기 4) 작품을 둘러싼 맥락 파악하기	1) 교술 갈래의 특성이 잘 드러난 작품의 내용 이해하기(예경설) 　(1) '경설'을 읽으며 작품의 내용 이해하기 2) 교술 갈래의 특성 이해하기 　(1) 교술 갈래의 개념, 교술 갈래의 특성 이해하기 　(2) '경설'을 통해 교술 갈래의 개념 및 특성 이해하기	14
		3) 교술 갈래의 형상화 방법 및 구성 요소 간의 관계 파악하기 - 모둠 활동 　(1) '괴토실설'을 분석하기 　(2) 모둠별 탐구 내용 발표하기	15
		4) 작품을 둘러싼 맥락 파악하기 - 모둠 활동 　(1) '경설', '괴토실설'을 둘러싼 맥락 파악하기 　: 독자 맥락, 작가 맥락 　(2) 모둠별 탐구 내용 발표하기	16
	⑤ 내적 구성 요소의 관계와 외적 맥락을 살피며 작품 생산하기 1) 내적 구성 요소의 유기적 관계와 외적 맥락과의 연관성이 나타나는 작품 생산하기	1) 내적 구성 요소의 유기적 관계와 외적 맥락과의 연관성이 나타나는 작품 생산하기 　(1) 작품 생산하기 　(2) 창작한 작품을 패들렛에 업로드하기 　: '생산 의도, 내적 구성 요소들의 관계, 외적 맥락과의 연관성'에 대한 설명을 덧붙여 업로드하기	17~18
	⑥ 작품 생산 활동에 대해 상호 평가하기 1) 평가 기준 만들기 2) 창작한 작품과 생산 의도 발표하기 3) 생산 의도를 고려하여 작품의 완성도 상호 평가하기	1) 평가 기준 만들기	
		2) 생산 의도를 고려하여 작품의 완성도 상호 평가하기	19~20
		3) 발표하기	

4) 4단계: 한 차시를 선택해 교수·학습 과정안을 작성하고 실행하기

　4단계에서는 〈표 4〉에서 제시된 차시들 중 한 차시를 선택하여 교수·학습 과정안을 작성해 보겠습니다. 〈표 4〉의 3차시에 해당하는 수업을 대상으로 1차시 50분 기준으로 다음과 같은 교수·학습 과정안을 작성해 볼 수 있습니다. 필요한 자료(학생 활동지, 교육용 PPT)를 제시화하고 실제 수업 장면에서 이루어질 교사의 발문과 학생의 예상 반응 등을 구체화했습니다.

단원 학습목표	갈래에 따른 형상화 방법의 특성을 고려하며 작품을 수용할 수 있다. 작품 구성 요소의 유기적 관계와 맥락에 유의하여 작품을 수용하고 생산할 수 있다.		
차시 학습목표	'가는 길'을 통해 서정 갈래의 형상화 방법과 구성 요소 간의 관계를 파악할 수 있다.		

학습단계		교수·학습 활동	자료 및 기타	시간
도입	이전 차시에 배웠던 내용 복습	▷ 이전 차시 복습1: '가는 길'에 나타난 서정 갈래의 특징(서정 갈래의 형상화 방법) 복습하기 "지난 시간에 우리는 '가는 길'을 통해 서정 갈래의 특징을 배웠습니다." Q1. "서정 갈래의 대표적인 특징이 무엇이 있었죠?" Q2. "'가는 길'에서는 어떤 방식으로 운율을 형성하고 있었나요?" Q3. "그리고 어떤 심상이 나타나던가요?" Q4. "마지막으로 '가는 길'에 나타난 표현 방법을 누가 말해볼까요?"	▶ 교사의 질문에 답한다. – '가는 길'을 통해 서정 갈래의 특징이 무엇이었는지 다시 상기해 본다. A1. '서정 갈래에 속하는 작품들은 노래를 부르는 것처럼 리듬감이 느껴졌어요.청각처럼 뚜렷한 감각적 심상을 활용해요. 나타내고 싶은 대상을 다른 대상으로 빗대어 표현하거나 사람이 아닌 것은 사람처럼 표현해요.' 등 A2. 부분적으로 3음보와 7·5조의 민요적 율격이 나타나고 있었어요. A3. '까마귀의 울음소리에서 청각적 심상이 나타나요. 물이 흐르는 부분에서 움직임이 드러나요. 역동적 이미지요.' 등 A4. 까마귀와 강물을 사람처럼 표현한 점에서 의인법이 나타나요 등	빔프로젝트 활동지 PPT	9분
	학습 목표 제시 (전체 학습)	▷ 학습 내용과 학습 목표로 연결하기 "여러분이 지금까지 이야기한 것을 들어보니 지난 차시에 배운 내용을 잘 이해한 것 같네요. 혹시라도 잘 기억나지 않는 학생들이 있다면, 지난 차시에 배운 내용을 다시 한번 살펴 보도록 합시다. 오늘은 '가는 길'을 통해서 서정 갈래의 형상화 방법과 구성 요소 간의 관계를 학습해 볼 거예요. 오늘의 학습 길잡이가 되어 줄 학습 목표를 다 같이 읽어 봅시다."	▶ 학습 목표 확인 – 오늘의 학습 목표가 서정 갈래의 형상화 방법과 구성 요소 간의 관계를 파악하는 것임을 인지한다.		
	모둠 활동을 위한 자리 배치	"오늘 활동은 모둠 활동으로 진행됩니다. 앉은 자리에서 책상과 의자를 돌려 4~5명씩 총 4모둠을 만들어 봅시다" 교탁 1모둠　2모둠 3모둠　4모둠		1분

* 전개	〈가는 길〉 의 1·2연과 3·4연의 차이 탐구하기 (모둠 학습)	▷ '가는 길'의 형상화 방법과 구성 요소 간의 관계 파악하기 1: 1·2연과 3·4연의 내적 구성 요소의 차이 탐구하기 "오늘은 여러분이 모둠원들과 협력하여 서정 갈래의 대표 작품인 '가는 길'을 탐구하는 활동을 진행해 볼 거예요. 구체적인 탐구 내용은 학습 목표에서 살펴 보았듯이 서정 갈래의 형상화 방법과 구성 요소 간의 관계입니다. 두 단계에 걸쳐 탐구 활동이 진행되며, 지금부터는 첫 번째 탐구 활동이 진행됩니다." "먼저, '가는 길'의 1·2연과 3·4연을 묶어 볼까요?" "다 묶었으면 두 묶음 사이에 있는 차이점을 파악해 보도록 합시다. 여러분의 원활한 활동을 돕기 위해 네 가지 기준을 먼저 제시하고자 합니다. 바로 '운율, 시행의 길이, 호흡의 속도, 상황과 분위기'입니다. 이들은 '가는 길'의 내적 구성 요소라고 할 수 있습니다. 이 네 가지 차원에서 차이점을 분석해 볼 거예요. 1·2연과 3·4연의 내적 구성 요소의 차이점을 모둠원들과 이야기를 나누며 학습지에 구체적으로 정리해 봅시다." "첫 번째 모둠 활동 시간은 10분 동안 진행하겠습니다." – 학생들이 '운율, 시행의 길이, 호흡의 속도, 상황과 분위기'라는 네 가지 기준에 따라 1·2연과 3·4연의 차이를 잘 파악하고 있는지 확인한다. – 필요에 따라 도움이 필요하면 비계를 제공해 준다. ▷ 첫 번째 탐구 활동의 결과 공유하기 (모둠별 발표) – 10분의 탐구 활동 시간이 끝나면 모둠 별 발표를 통해 학생들이 진행한 탐구 활동의 결과를 전체 학급과 공유한다. – 학생이 발표하는 동안 교사는 발표 내용을 칠판에 표의 형식으로 판서하여 기록한다.(아래의 표 내용 참고)	▶ 첫 번째 탐구 활동의 진행 방법 파악하기 – 교사의 안내에 따라 학습 활동의 진행 방법을 파악한다. ▶ 모둠원들과 함께 '가는 길'의 1·2연과 3·4연의 차이 탐구하기 ▶ 첫 번째 탐구 활동의 결과 발표하기 (아래의 표 내용 참고)	빔프로젝트 활동지 PPT	15분
	〈가는 길〉 의 1·2연과 3·4연 간의 내적 구성 요소의 차이가 작 품에 미치 는 영향 탐구하기 (모둠 학습)	▷ '가는 길'의 형상화 방법과 구성 요소 간의 관계 파악하기 2: 1·2연, 3·4연의 내적 구성 요소의 차이가 작품에 미치는 영향을 탐구하여 문학 작품의 유기적 관계 이해하기 "지금까지 여러분이 모둠원들과 탐구한 내용을 발표했고, 이 내용을 선생님이 칠판에 정리해 보았어요. 첫 번째 탐구 활동을 통해 '가는 길'의 1·2연과 3·4연의 내적 구성 요소에 몇 가지 이질적인 부분이 있었다는 것을 잘 확인했지요?" "지금부터는 두 번째 탐구 활동을 시작하도록 하겠습니다. 첫 번째 탐구 활동에서 정리한 '운율, 시행의 길이, 호흡의 속도, 상황과 분위기'라는 내적 구성 요소의 차이가 1·2연과 3·4연에 미치는 효과를 파악해 볼 거예요." "이때 작품의 내적 구성 요소가 '작품 주제 전달에 미치는 영향'과 '작품의 심미성에 미치는 영향'이라는 두 가지 지점을 고려하며 활동을 진행해 봅시다.'" "두 번째 탐구 활동은 10분 동안 진행되며, 역시 모둠원들과 자유로운 토의를 통해 그 효과를 정리해 보도록 합시다." – 교실을 순회하며 도움이 필요한 모둠에게 비계를 제공해 준다.	▶ 두 번째 탐구 활동의 진행 방법 파악하기 – 교사의 안내에 따라 학습 활동의 진행 방법을 파악한다. ▶ 모둠원들과 함께 '가는 길'의 내적 구성 요소의 차이가 작품에 미치는 영향(효과)을 탐구하여 문학 작품의 유기적 관계 이해하기	빔프로젝트 활동지 PPT	20분

		▷ 두 번째 탐구 활동의 결과 공유하기	▶ 두 번째 탐구 활동의 결과 발표하기		
		– 10분의 탐구 활동 시간이 끝나면 모둠 별 발표를 통해 학생들이 진행한 탐구 활동의 결과를 전체 학급과 공유한다. – 학생이 발표하는 동안 교사는 발표 내용을 칠판에 표의 형식으로 판서한다. – 모둠의 탐구 결과가 부족하거나 이상이 있는 경우, 교사가 피드백을 제시하도록 한다.	(아래의 표 내용 참고)		

※ 탐구 활동의 결과 예시

연 차이점	1·2연	3·4연
운율	한 행이 1음보를 이룸	한 행이 3음보를 이룸
시행의 길이	3~5자로 비교적 짧음	11~12자로 비교적 긺
호흡의 속도	비교적 느림	비교적 빠름
상황과 분위기	화자의 망설임과 내적 갈등	화자를 재촉하는 외적 상황

↓

내적 구성 요소 간의 유기적인 관계 (결론)	그리움·아쉬움으로 망설이는 화자의 내면적 갈등이 짧은 시행과 느린 호흡으로 인해 잘 드러남.	떠나기를 재촉하여 이별의 정한을 심화하는 외면적 상황이 긴 시행과 빠른 호흡으로 인해 효과적으로 표현됨.

정리	학습 내용 정리 및 차시예고	▷ 학습 내용 정리	▶ 학습 내용 정리	빔프로젝트 활동지 PPT	5분
		"우리는 오늘 '가는 길'을 두 단계의 학습 활동을 통해 분석해 보았어요. 작품의 주제를 효과적으로 형상화하기 위해 '운율, 시행의 길이, 호흡의 속도' 등이 서로 긴밀하게 영향을 주고 받고 있었죠. 이것이 바로 작품을 이루는 내적 구성 요소가 유기적인 관계를 가지고 있다는 증거입니다. 또한, '운율, 시행의 길이, 호흡의 속도'는 서정 갈래만의 형상화 방법이죠. 오늘 학습한 내용이 이해가 되나요?".	– '가는 길'의 내적 구성 요소가 작품에 미치는 영향을 통해 내적 구성 요소의 유기적 관계와 서정 갈래의 형상화 방법을 이해한다.		
		▷ 차시 예고	▶ 차시 예고 인지		
		"다음 차시에는 '가는 길'의 외적 맥락에 대해 탐구해 볼 거예요. 지금까지 '가는 길'에 대해 함께 배웠던 내용을 기억하고 있으면 다음 차시의 학습 내용을 더 수월하게 이해할 수 있을 거예요. 그럼 다음 시간에 만나도록 합시다."	– 다음 시간에 '가는 길'의 외적 맥락에 대해 배울 것임을 인지한다.		

* 교사는 학생들이 시의 형상화 방식을 파악할 수 있도록 여러 비계를 제공하고 있습니다. 시를 크게 두 부분으로 나누어서 각 부분이 형상화하는 방식이 다름을 알아차리게 하고, '운율, 시행의 길이, 호흡의 속도, 상황과 분위기'라는 구성 요소를 기준으로 시가 어떻게 형상화되고 있는지 파악하게 도와주고 있습니다. 또한 모둠원들이 상의하면서 시를 깊게 이해하도록 하고 있습니다. 교사는 시에서 형상화된 대상과 형상화 방식, 형상화에 기여하는 요소 등에 대해 정확하게 이해하고 있어야 합니다.

질문1. 성취기준 통합을 위해 성취기준을 선정할 때 고려할 사항은 무엇인가요?

성취기준을 통합하여 수업을 설계할 때 있어서 크게 두 가지를 고려해 볼 수 있습니다. 첫째로 성취기준의 통합을 통하여 학습을 심화시킬 수 있는가를 고려하여야 합니다. 함께 가르쳐야 각각 가르치는 것보다 학습이 깊어지는지 고민해야 합니다. 그리고 성취기준의 통합이 오히려 각 성취기준의 학습을 방해한다면 해당 성취기준에 대한 통합은 재고해야 합니다. 둘째로 성취기준의 통합을 통하여 학습의 효율성을 증대시킬 수 있는가를 고려하여야 합니다. 중복되는 내용을 담고 있는 성취기준들이거나 연계될 수 있는 성취기준들이라면, 통합하여 수업할 경우 학습에 필요한 시간과 노력을 절약할 수 있으므로 성취기준 통합을 시도할 수 있습니다.

질문2. 교과서가 이미 있는데 교사가 교육과정을 재구성해야 하는 이유는 무엇인가요?

교과서는 교수·학습 현장에서 중요한 자료로서 교사와 학생들의 교수·학습을 지원합니다. 교육과정에 의거하여 제작된 교과서는 이미 성취기준을 통합하여 단원에 제시하는 경우도 있고 다양한 제재와 학습 활동으로 성취기준을 달성하는 단계를 마련해 둡니다. 교과서가 있음에도 교사가 교육과정을 재구성하는 이유는 교수·학습 현장은 학생의 특성에 따라 다양하며, 다양한 학급 특성에 적합한 교수·학습 과정을 제시해야 하기 때문입니다. 교사의 교육과정 재구성을 통해 학습자 특성과 교실 상황에 보다 적합한 수업이 되게 할 수 있습니다.

질문3. 학습자들이 이전 학년에서 배웠어야 할 내용을 모르고 있다면 어떻게 해야 하나요?

교육현장에서 겪는 어려움 중 하나는 학습자가 이전 학년의 내용을 모르고 있기 때문에 해당 학년 수업을 진행하기가 어렵다는 것입니다. 이럴 경우 진단평가를 통하여 학습자의 수준을 확인하는 것이 우선되어야 합니다. 이러한 진단평가의 결과를 활용하여 이전 학년에 배운 내용을 모르고 있는 학습자를 대상으로 추가 학습 자료를 제공할 필요가 있습니다.

국어과 성취기준 중 영역 내 통합 수업에 적합한 성취기준을 골라 수업할 계획을 세워 봅시다. 앞의 〈표 5〉와 같이 2개 이상의 성취기준을 선택하여 이에 대한 교수·학습 요소를 추출하여 교수·학습 전개를 구조화하고, 이를 교수·활동으로 구체화하여 차시를 구분해 봅시다. 이때 아래 학급 정보를 고려해 봅시다.

학년/학기	
학생 수	18명
학급 특성	① 국어 학업성취도가 낮은 학생의 비율이 상대적으로 높다.(학업성취도 상 3명 / 중 9명 / 하 6명) ② 학급 학생들 간 친밀감 형성이 제대로 이루어지지 않아 교실 분위기가 삭막한 편이다.

8장 | 영역 간 성취기준이 연결되면 어떤 수업이 가능할까

　국어과 각 영역별 성취기준을 학교 현장에서 주어진 시간 안에 모두 다루는 것은 상당히 어렵습니다. 그렇기 때문에 영역 간 성취기준들을 적절히 통합해서 학습량을 줄이면서도 깊이 있는 학습이 가능하도록 모색할 필요가 있습니다. 예를 들어, 중학교 국어과 교육과정 중 읽기 영역 성취기준인 "글에 사용된 다양한 설명 방법과 논증 방법을 파악하고, 그 타당성을 평가하며 읽는다."와 쓰기 영역 성취기준인 "대상의 특성에 적합한 설명 방법을 활용하여 글을 쓴다."의 경우 각각을 단독으로 다루기보다 함께 통합하면 학습 효과를 배가할 수 있습니다. 학습자가 설명 방법에 대해 배우고 그것을 읽기 과정과 쓰기 과정이라는 맥락에서 다양하게 활용해 봄으로써 각 설명 방법의 개념과 효과에 대해 깊이 있게 이해할 수 있기 때문입니다. 이처럼 이번 장에서는 함께 배울 때 학습 효과를 배가할 수 있고, 학습량 부담도 줄여줄 수 있는 영역 간 성취기준들을 통합하는 수업에 대해 다뤄보고자 합니다.

1. 매체-문학 통합 수업 디자인하기

1) 1단계: 학년/학기별 전 영역 성취기준에서 통합할 성취기준 선정하기

　교과 내 영역 간 성취기준들을 통합하기 위한 1단계는 한 학년에서 다뤄야 할 전체 성취기준을 영역별로 살펴보고 학생들이 같이 배우면 좋을 성취기준들을 연결해 보는 것입니다. 이때, 영역 간 성취기준을 연결하는 기준은 다양할 수 있겠지만 대표적으로 첫째, 범교과 학습 주제 혹은 교사가 계획하는 다른 프로젝트나 학습 활동에 어울리는 성취기준인가? 둘째, 성취기준 간에 공통성이 있어 함께 다뤘을 때 학습량 부담이 줄고 깊이 있는 학습이 가능한가? 셋째, 교육과정 문서에서 통합할 것을 권장하고 있는가? 등의 기준을 활용할 수 있습니다.

구체적으로 2022 개정 교육과정의 중학교 2학년 영역별 성취기준(〈표 1〉)을 중심으로 교과 내 영역 간 통합할 성취기준을 선정하는 과정을 살펴보겠습니다.

〈표 1〉 중학교 2학년 영역별 성취기준(2022 개정 국어과 교육과정)

듣기·말하기	읽기	쓰기	문법	문학	매체
[9국01-04] 상대의 말을 경청하고 상대의 감정과 입장에 공감하는 반응을 보이며 대화한다.	②[9국02-04] 복합양식으로 구성된 글이나 자료의 내용 타당성과 신뢰성, 표현 방법의 적절성을 평가하며 읽는다.	①[9국03-01] 대상의 특성에 적합한 설명 방법을 활용하여 글을 쓴다.	[9국04-01] 국어의 음운 체계와 문자 체계를 이해하고 국어 생활에 활용한다.	[9국05-04] 보는 이나 말하는 이의 특성과 효과를 파악하며 작품을 감상한다.	③[9국06-03] 복합양식성을 고려하여 영상 매체 자료를 제작하고 공유한다.
①[9국01-06] 다양한 자료를 재구성하여 내용을 체계적으로 조직하고 이해하기 쉽게 발표한다.	①[9국02-05] 글에 사용된 다양한 설명방법과 논증방법을 파악하고, 그 타당성을 평가하며 읽는다.	②[9국03-07] 복합 양식 자료를 활용하여 내용을 생성하고 글의 유형을 고려하여 내용을 조직하며 글을 쓴다.	[9국04-05] 피동 표현과 인용 표현의 의도와 효과를 분석하고 상황에 맞게 활용한다.	[9국05-05] 작품에 반영된 사회·문화적 상황을 이해하며 작품을 감상한다.	[9국06-05] 매체 자료의 재현 방식을 이해하고 광고나 홍보물을 분석한다.
[9국01-09] 서로의 감정이나 바라는 바를 진솔하게 표현하면서 갈등을 조정한다.	[9국02-08] 자신의 독서 상황과 수준에 맞는 글을 선정하고 읽기 과정을 점검·조정하며 읽는다.	[9국03-08] 쓰기 과정과 전략을 점검·조정하며 글을 쓰고, 독자를 고려하여 글을 고쳐 쓴다.		③[9국05-06] 자신의 경험을 개성적인 발상과 표현으로 형상화한다.	
[9국01-11] 듣기·말하기 과정을 점검하고 듣기·말하기의 어려움을 효과적으로 조정한다.					

우선, 앞에서 언급했던 '설명 방법'과 관련해 읽기 영역의 [9국02-05]와 쓰기의 [9국03-01]을 통합해 '설명 방법'의 개념과 특징을 배운 후 정보 전달 글을 읽고 쓰게 할 수 있습니다. 그리고 여기에 말하기·듣기 영역의 "다양한 자료를 재구성하여 내용을 체계적으로 조직하고 청중이 이해하기 쉽게 발표한다."까지 통합하면 학생이 자신이 쓴 설명글을 바탕으로 발표문을 더 쉽게 작성할 수 있게 됩니다. 이 과정에서 내용을 잘 드러낼 수 있는 다양한 자료를 추가하고 조직하면서 발

표 목적에 맞는 '설명 방법'을 활용해야 하므로 '설명 방법'을 한 번 더 학습하고 적용해 볼 수 있게 될 것입니다. 또한, 읽기 영역의 "복합양식으로 구성된 글이나 자료의 내용 타당성과 신뢰성, 표현 방법의 적절성을 평가하며 읽는다."와 쓰기 영역의 "복합양식의 자료를 활용하여 내용을 생성하고 글의 유형을 고려하여 내용을 조직하며 글을 쓴다."를 통합하면 '복합양식'이라는 공통 요소를 바탕으로 학습량을 적정화하고 다양한 맥락에서 개념을 활용해 봄으로써 학습을 심화할 수 있으며, 이때 다루게 되는 주제를 실제적 삶의 맥락과 연결하는 시도를 할 수 있을 것입니다.

다음으로 매체 영역의 "복합 양식성을 고려하여 영상매체 자료를 제작하고 공유한다.([9국06-03])"는 교육과정 문서의 '(나) 성취기준 적용 시 고려 사항'에서 '영상 매체 자료를 제작하는 활동은 문학 영역에서 자신의 경험을 개성적인 발상과 표현으로 형상화하는 활동([9국05-06])과 연계하여 지도할 수 있다.'라고 하여 통합할 성취기준을 특정하고 있습니다. 이것은 문학 영역 [9국05-06] 성취기준을 살펴봐도 마찬가지로 '자신의 경험을 개성적 발상과 표현으로 형상화하고 이를 공유하는 활동을 할 때 문자 언어는 물론 그림이나 음악, 영상, 디지털 텍스트 등 다양한 형식 및 매체를 적극적으로 활용할 수 있도록 지도한다.'라고 제시하고 있습니다. 이처럼 특정 성취기준은 교육과정 문서에서 통합할 수 있는 다른 성취기준에 대한 정보를 제공하고 있으므로 이를 참고하여 영역 간 통합할 성취기준을 정할 수 있습니다. 이 장에서는 교육과정에서 통합을 권장하는 성취기준인 [9국06-03]과 [9국05-06]를 토대로 영역 간 통합 수업을 디자인하는 과정을 제시하고자 합니다.

2) 2단계: 통합할 성취기준의 교수·학습 요소를 추출하고 교수·학습 전개를 구조화하기

2단계에서는 통합할 성취기준들에 대한 교육과정의 요구 사항을 확인하여 교수·학습을 위해 필요한 요소를 추출하고 이를 수업에서의 교수·학습 전개로 구조화 해야 합니다. 이때 2부의 각 영역별 교육 내용 체계표와 교육과정의 '성취 기준 해설'과 '성취기준 적용시 고려사항' 등을 활용합니다. 1단계에서 중학교 2학년 성취기준 중 매체 영역의 "복합 양식성을 고려하여 영상매체 자료를 제작하고 공유한다.[9국06-03]"와 문학 영역의 "자신의 경험을 개성적인 발상과 표현으로 형상화한다.[9국05-06]"를 통합해 보기로 했으므로 여기에서는 이 두 성취기준을 분석해 교수·학습 요소를 추출하고 이를 교수·학습 전개로 구조화해 보겠습니다.

<표 2> 교육과정 분석을 통한 [9국05-06]과 [9국06-03]의 교수·학습 요소 추출하기

영역	문학, 매체			교수·학습 요소 추출하기
대상 학년	중학교 2학년			
내용 요소	문학	• 과정·기능 [창작] 개성적 발상과 표현으로 형상화하기		
	매체	• 과정·기능 [제작과 공유] 영상 매체 자료 제작·공유		
영역	성취기준	교육과정의 요구 사항		
문학	[9국05-06] 자신의 ① 경험을 개성적인 발상과 표현으로 형상화한다.	성취기준 해설	• 이 성취기준은 학습자가 문학을 수용하는데 그치지 않고 자신의 삶의 경험을 창의적으로 표현하며 문학과 문화를 향유할 수 있도록 하기 위해 설정했다. 학습자로 하여금 ② 여러 작품의 개성적인 발상과 표현을 참고하면서 ③ 반어, 역설, 풍자 등 다양한 문학적 표현 방식을 활용하여 자신의 경험을 개성적으로 형상화하도록 한다. 이 과정에서 학습자가 자신의 경험을 통해 개성적인 발상 및 표현에 대한 이해를 심화할 수 있도록 한다.	• 여러 작품의 개성적 발상과 표현 참고하며 개성적 표현과 발상 이해하기 (반어, 역설, 풍자) • 자신의 경험을 반어, 역설, 풍자를 활용하여 개성적으로 형상화하기 • 적절한 단계에서 자신이 창작한 작품 점검 및 조정하기 • 다양한 형식의 매체(문자, 그림, 음악, 영상 디지털 텍스트 등)를 활용하여 공유하기
		성취기준 적용 시 고려 사항	• 성취기준별로 강조되는 요소, 예를 들어 '운율, 비유, 상징의 특성과 효과'나 '개성적인 발상과 표현' 등의 요소를 포함하여 창작을 하고자 할 경우, 의도한 요소가 충분히 반영되었는지 확인하며 창작을 수행할 수 있도록 ④ 적절한 단계에 점검과 조정 과정을 마련한다. • 자신의 경험을 개성적인 발상과 표현으로 형상화하고 이를 ⑤ 공유하는 활동을 할 때 문자 언어는 물론 그림이나 음악, 영상, 디지털 텍스트 등 다양한 형식 및 매체를 적극적으로 활용할 수 있도록 지도한다.	

국어 교사를 위한 국어 수업 디자인 실습

매체	[9국06-03] 복합 양식성을 고려하여 영상 매체 자료를 제작하고 공유한다.	성취 기준 해설*	• 이 성취기준은 복합양식성을 고려하여 영상매체자료를 제작하고 공유하는 능력을 기르기 위해 설정했다. ⑪ 일상적인 경험이나 사회적으로 관심이 있는 사안에서 주제를 선정하고, 카메라의 거리와 각도, 자막 등의 시각적 요소와 배경음악이나 효과음 등의 청각적 요소를 고려하여 장면을 구성하며, 주제와 의도가 잘 드러나도록 편집하여 영상 매체 자료를 완성하도록 한다. ⑩ 제작된 영상 매체 자료를 공유하는 활동을 통해 영상 매체 자료의 특성을 이해하고 즐겨 감상하는 태도를 기르도록 한다.	⇨	• 시각적 요소 (카메라 거리와 각도, 자막) 이해하기 • 청각적 요소 (배경음악, 효과음) 이해하기 • 주제와 의도가 잘 드러나도록 장면 구성하고, 편집하기 • 영상 매체 자료 공유하기 • 일상적 경험이나 사회적 관심이 있는 사안에서 영상의 주제 선정하기
		성취 기준 적용 시 고려 사항	• 영상 매체 자료를 제작하는 활동은 ⑥ 문학 영역에서 자신의 경험을 개성적인 발상과 표현으로 형상화하는 활동([9국05-06])과 연계하여 지도할 수도 있다. ⑦ 카메라의 거리와 각도, 자막 등 시각적 요소와 배경음악이나 효과음 등 청각적 요소의 특성을 이해하고 ⑧ 내용에 맞게 장면을 구성하며, ⑨ 주제와 목적에 맞게 편집하여 영상 매체 자료를 제작하도록 한다.		

* 이 책의 182~183쪽을 참조하세요.

우선, 〈표 2〉의 ⑤와 ⑥에서 이 두 성취기준을 연계하여 가르칠 것을 주문하고 ⑤에서 다양한 매체의 활용을 공유 활동에서 권하고 있음을 볼 때, 두 성취기준의 학습 순서는 [9국05-06]를 먼저 배우고, [9국06-03]는 그 다음에 배우는 것이 합리적임을 포착해야 합니다. 이러한 순서를 고려하여 [9국05-06]에서 먼저 교수·학습 요소를 추출해 보겠습니다.

〈표 2〉의 ①~③을 볼 때, [9국05-06]의 개성적인 발상과 표현은 "반어, 역설, 풍자 등"을 뜻하는 것이므로 이들이 이 성취기준의 주요 학습 요소임을 알 수 있습니다. 또한 이 표현법들을 배우는 과정에서 ②와 같이 여러 작품을 감상해야 함을 명시하고 있으므로 이 지침을 유념해야 합니다. 그리고 ③~④와 내용 요소가 과정·기능의 [창작]임을 고려할 때, 이 성취기준 학습의 최종 목표는 학생이 배운 표현법을 활용하여 작품을 창작하고 그 과정을 점검·조정하게 해야 함을 포착해야 합니다.

다음으로 [9국06-03]의 ⑦~⑨를 보면 이 성취기준에서 학습해야 할 교수·학습 요소가 "영상의 시각적 요소와 청각적 요소", "내용에 맞게 장면 구성하기", "주제와 목적에 맞게 영상 편집하고 제작하기"임을 알 수 있으며 이들 간의 유기적 순서에 맞게 교수·학습이 전개되어야 함을 파악할 수 있습니다. 그리고 이 성취기준의 내용 요소 역시 과정·기능의 [제작과 공유]라는 점에서 이렇게 학습한 내용을 바탕으로 실제 영상 제작을 해보는 과정과 ⑩처럼 공유하는 활동이 교수·학습 요소로 추출되어야 합니다. 이 외에 [9국06-03]의 ⑪은 이 성취기준의 교수·학습 요소로만 추출되어 있는 것처럼 보이나 교수·학습 전개 구조화 과정에서 두 성취기준 모두에 적용할수 있습니다.

이제 앞에서 추출한 교수·학습 요소와 그 과정에서 파악한 고려 점들을 반영하여 교수·학습 전개를 구조화해 보겠습니다.

〈표 3〉 교수·학습 내용 요소를 토대로 교수·학습 전개 구조화하기

교수·학습 요소	교수·학습 전개 구조화
• ㉠ 여러 작품의 개성적 발상과 표현 참고하며 개성적 표현과 발상 이해하기(반어, 역설, 풍자) • ㉡ 자신의 경험을 반어, 역설, 풍자를 활용하여 개성적으로 형상화하기 • ㉢ 적절한 단계에서 작품 점검 및 조정하기 • ㉣ 다양한 형식의 매체(문자, 그림, 음악, 영상 디지털 텍스트 등)를 활용하여 공유하기	① 반어의 개념과 특징, 효과를 대표 작품을 통해 이해하기 1) 반어의 개념 알기 2) 짧은 예시 문장에서 반어 찾기 3) 반어가 잘 드러난 시 내용 이해하기 4) 반어가 잘 드러난 시에서 반어법이 사용된 구절의 의미와 효과 탐구 5) 다른 시에서 반어 표현 찾고 화자의 의도 파악하기 ② 역설의 개념과 특징, 효과를 대표 작품을 통해 이해하기 1) 역설의 개념 알기 2) 짧은 예시 문장에서 역설 찾기 3) 반어와 역설의 차이 이해하기 4) 역설이 잘 드러난 시 내용 이해하기 5) 역설이 잘 드러난 시에서 반어법이 사용된 구절의 의미와 효과 탐구 6) 다른 시에서 역설 표현 찾고 화자의 의도 파악하기 ③ 풍자의 개념과 특징, 효과를 대표 작품을 통해 이해하기 1) 풍자의 개념 알기 2) 예시 작품에서 풍자 대상 및 효과 찾기 3) 풍자가 잘 드러난 시에서 풍자의 대상과 풍자 방법, 효과 탐구 ④ 반어, 역설, 풍자 파악 연습 ⑤ 실제 시 창작하기 1) 일상 및 관심 있는 사회적 사안과 관련된 경험 선정 및 마인드 맵 그리기 2) 반어·역설·풍자를 활용한 시 쓰기 및 짝 피드백 3) 시 고쳐쓰기 방법 배우기, 모둠 피드백 및 교사 피드백 4) 시 완성 및 제출하기

<table>
<tr>
<td>

- ⑩ 시각적 요소(카메라 거리와 각도, 자막) 이해하기

- ⑭ 청각적 요소(배경음악,효과음) 이해하기

- ㉠ 주제와 의도가 잘 드러나도록 장면 구성하고, 편집하기

- ⊙ 영상 매체 자료 공유하기

- ㉣ 일상적 경험이나 사회적 관심이 있는 사안에서 영상의 주제 선정하기

</td>
<td>⇨</td>
<td>

6 영상을 구성하는 시각적 요소와 청각적 요소 이해하기
1) 영상을 구성하는 시각적 요소와 청각적 요소의 개념 알기
2) 영상을 보며 시각적 요소와 청각적 요소의 유형과 효과 분석하기
3) 시 영상을 보며 시의 분위기와 주제 전달에 영상의 시청각 요소가 미치는 영향 이해하기

7 내용에 맞게 장면을 구성하는 법 이해하기
1) 스토리보드(이야기판)의 개념과 구성 이해하기
2) 스토리보드 작성 방법 이해하기
3) 스토리보드 작성 연습하기

8 주제와 목적에 맞는 편집 방법 이해하고 연습하기
1) 영상의 주제와 목적 파악하기
2) 편집의 적절성 평가하기

9 창작시로 영상 매체 제작 및 공유하기
1) 시 영상 유형 알아보기
2) 시 영상 제작 시 유의점 탐구하기
3) 시 영상 제작 계획 세우기
4) 스토리보드 짜기
5) 영상 제작 및 편집하기
6) 시 영상 공유하기 (시 영상 상영회)

</td>
</tr>
</table>

두 성취기준의 학습 순서는 문학 → 매체이고 각 성취기준의 내용 요소가 [창작]과 [제작·공유]로 모두 과정·기능 범주 중 생산에 해당한다는 점에서 최종 활동은 작품 창작과 영상 제작 및 공유가 되어야 합니다. 이때 중학생의 이해를 돕기 위해 반어·역설·풍자가 잘 드러난 작품을 감상하고 분석해 보는 과정과 영상의 구성 요소를 분석하고 제작과정을 탐구 및 연습해 보는 과정을 넣고자 합니다. 다양한 표현법에 대한 개념 이해(이해) → 텍스트 분석에 개념 적용(적용) → 시 창작(생산/표현), 영상 구성 요소에 대한 개념 및 영상 제작 원리 이해(이해) → 영상 제작 연습(적용) → 영상 제작(생산/표현)의 순서입니다. 즉 '개념이나 지식 이해 → 적용 → 생산/표현'의 교수·학습 전개로 구조화하고자 합니다(〈표 3〉).

우선 〈표 3〉의 ㉠은 개성적 발상과 표현(반어·역설·풍자)이 초·중 교육과정에서 처음 등장하는 학습 요소이므로 이들의 개념에 대해 이해하고 실제 문학 작품에서 사용되는 양상과 효과를 탐구하게 할 필요가 있습니다. 이를 위해 각 표현법의 개념을 학습하고 이를 짧은 문장에서 찾아보게 한 후, 해당 표현법이 잘 드러난 대표 작품을 분석 및 감상하게 할 것입니다. 그리고 세 표현법을 모두 배운 후에 다양한 예시 작품에서 이 표현법과 효과를 파악하는 연습을 하게 합니다(교수·학습 전개 1~4). 다음으로 학생들이 실제로 앞에서 배운 표현법을 활용하여 문학 작품을 창작할 때 ㉡,

ⓒ을 수행하게 합니다(교수·학습 전개 ⑤). 이때 중심 소재를 '일상 및 관심 있는 사회적 사안과 관련된 경험(㉰)'으로 선정하게 하면 이후 창작 시 영상을 만드는 과정에도 이 중심 소재가 동시에 적용될 수 있습니다. 이 성취기준을 가르칠 때 제시하는 대표 작품과 실제 학생이 창작하는 작품의 갈래는 시, 수필, 소설, 희곡 등이 모두 가능하지만, 길이가 짧아 학생들의 인지적 부담이 덜하고 수업 차시도 상대적으로 줄일 수 있는 '시' 갈래로 선택하고자 합니다. 학생들이 창작한 작품은 ㉣에 따라 다양한 형식 및 매체를 활용하여 공유해야 하는데, 이 공유 활동은 [9국06-03]의 교수·학습 전개 ⑨에서 제작한 영상매체로 하고자 합니다. 다음으로 [9국06-03]의 교수·학습 요소인 ⑰~㉂은 기존 영상을 분석하고 그 효과를 탐색해 봄으로써 배우게 하려고 합니다. 기존 영상이 모범 텍스트 역할을 해줄 것이기 때문입니다(교수·학습 전개 ⑥~⑧). 이후 창작시를 영상 매체로 제작하고 공유하는 과정에 앞서 배운 교수·학습 요소인 ⑰~㉂과 더불어 ◎, ㉃도 반영하여 활동을 전개할 것입니다(교수·학습 전개 ⑨).

3) 3단계: 학급 특성을 고려하여 교수·학습 활동을 구체화하면서 차시 구분하기

3단계에서는 2단계에서 교수·학습 요소를 바탕으로 구안한 교수·학습 전개를 학급 상황, 학습자 수준, 학습 형태 등을 고려하여 교수·학습 활동으로 구체화하고, 이것을 실제 수업 차시로 적절하게 구분해 볼 것입니다. 이는 실제 학급 및 학교 상황에 따라 달라질 수 있으므로 유연성을 발휘하는 것이 좋습니다. 이 부분은 예비교사라면 실제로 수업을 해보기 전이므로 학습 활동의 양에 따라 차시 배분을 어떻게 계획하면 좋을지를 대략적으로 가늠해 보는 데 도움이 될 것입니다.

[학급 정보]

학년/학기	중학교 2학년/ 1학기
학생 수	28명
학생 수준	국어 학업성취도 상 6명 / 중 16명 / 하 6명
학급 특성	① 학생 수만큼 태블릿이 교실에 비치되어 있고 자유롭게 사용할 수 있다. ② 남녀공학이지만 남학생은 남학생끼리, 여학생은 여학생끼리 무리를 지어 어울리는 분위기가 있어 서로 협력 관계를 형성해 줄 필요가 있다. ③ 중학교 1학년 때 영상 제작 수업을 자유 학기 프로그램에서 경험해 본 학생들이 50%이다.

차시 구분 및 구체적 교수·학습 활동 계획을 세울 때 [학급 정보]를 반영하는데, 특히 학생 수준은 차시 배분을 할 때 중요하게 고려해야 할 요소입니다. 만약 국어 학업성취가 낮은 학생들이 많다면 위에서 추출한 교수·학습 전개에서 지식과 관련된 학습 활동의 차시를 늘릴 수 있으며, 학업성취가 높은 학생들이 많다면 개념 이해에 투입하는 시간을 줄이고 분석·탐구 및 실제 창작·제작과 관련된 차시에 시간을 더 배분할 수 있습니다. 그리고 학급 특성 ①을 감안하면 영상 제작을 개별 활동으로 계획할 수 있고, 짧은 영상을 만드는 것으로 개별 학생의 부담을 줄여 줄 수 있습니다. 학급 특성 ②를 고려해 모든 수업 과정에서 남녀 학생을 2:2의 비율로 모둠을 구성하되 개별 활동지를 제공하여 서로 모르는 것을 묻고 배우게 함으로써 협력 관계를 형성하게 할 수 있습니다. 학급 특성 ③을 염두에 두면, 1학년 때 영상 제작 수업에 참여한 학생과 참여하지 않은 학생이 2:2로 섞이게 모둠을 구성하여 학생들이 서로 모르는 것을 묻고 도울 수 있게 할 필요가 있습니다.

이와 같은 교과 내 융합 수업은 단일 성취기준으로 구성된 수업보다 긴 차시가 소요되는데, 이 과정에서 학생들이 각 활동이 어떻게 연계가 되어 있는지를 잘 인식하지 못하는 경우가 많습니다. 그래서 시 쓰기를 먼저 할 때, 시의 표현법에만 집중하여 시 영상을 제작할 때 어려움을 겪는 경우가 있습니다. 그러므로 시를 쓸 때, 이 활동이 뒤에 시 영상 제작과 이어질 것임을 학생들에게 반복적으로 이야기해주고, 이를 고려하여 시를 창작하게 안내해 주면 좋습니다. 또한 문학 작품 창작과 영상 제작 과정 모두 각 단계별로 시간을 세분화하여 주기보다는 전체 활용할 수 있는 차시를 알려주고 이를 개인의 속도와 상황에 맞춰 활용하게 하면 좋습니다. 다만 중학교 학습자가 각 단계에서 필요 이상의 시간을 소요하고 있지 않은지를 교사가 살펴보고 그럴 경우 다음 단계로 넘어갈 수 있도록 안내해주는 것도 필요합니다.

아래 〈표 4〉는 [학급 정보]를 고려하여, 〈표 3〉에서 제시한 교수·학습 전개를 교수·학습 활동으로 구체화하고 차시를 구분한 것입니다.

〈표 4〉 매체 [9국06-03]-문학 [9국05-06] 통합 수업의 교수·학습 활동 구체화와 차시 구분

교수·학습 단계	교수·학습 활동	시간	차시	준비물
① 반어의 개념과 특징, 효과를 대표 작품을 통해 이해하기	1) 반어의 개념 이해	5분	1~2	활동지 빔프로젝터 PC
	2) 짧은 예시 문장서 반어 찾기 : 제시된 문장이 반어인지 아닌지 판단하기	15분		
	3) 반어가 잘 드러난 시 내용 이해하기: 예 진달래꽃 (1) 시 소리내어 읽기 (2) 시적 화자의 상황과 태도 파악하기 (3) 시 구절의 의미 파악하기 (4) '진달래꽃'의 의미 파악하기	35분		
	4) 반어가 잘 드러난 시에서 반어법이 사용된 구절의 의미와 효과 탐구 (1) 반어로 볼 수 있는 부분 찾고 시 구절을 근거로 들어 이유 설명하기 (2) 시인이 반어를 사용한 이유 파악하기	20분		
	5) 다른 시에서 반어 표현 찾고 화자의 의도 파악하기 (1) 다른 시에서 반어 표현 찾기 (2) 찾은 반어 표현에 담긴 화자의 의도 추측하기	15분		
② 역설의 개념과 특징, 효과를 대표 작품을 통해 이해하기	1) 역설의 개념 알기	5분	3~4	활동지 빔프로젝터 PC
	2) 짧은 예시 문장서 역설 찾기 3) 반어와 역설의 차이 이해하기	15분		
	4) 역설이 잘 드러난 시 내용 이해하기: 예 유리창 (1) 시 소리내어 읽기 (2) 시적 화자의 상황과 태도 파악하기 (3) 시 구절의 의미 파악하기 (4) '유리창'의 의미 파악하기	35분		
	5) 역설이 잘 드러난 시에서 역설법이 사용된 구절의 의미와 효과 탐구 (1) 역설로 볼 수 있는 부분 찾고 시 구절을 근거로 들어 이유 설명하기 (2) 시인이 역설을 사용한 이유 파악하기	20분		
	6) 다른 시에서 역설 표현 찾고 화자의 의도 파악하기 (1) 다른 시에서 역설 표현 찾기 (2) 찾은 역설 표현에 담긴 화자의 의도 추측하기	15분		

③ 풍자의 개념과 특징, 효과를 대표 작품을 통해 이해하기	1) 풍자의 개념 알기	5분	5	활동지 빔프로젝터 PC
	2) 예시 작품에서 풍자 대상 및 효과 찾기 ⑴ 그림에서 풍자 대상 및 효과 찾기 ⑵ 예시 작품에서 풍자 대상 및 효과 찾기	15분		
	3) 풍자가 잘 드러난 시에서 풍자의 대상과 풍자 방법, 효과 탐구 : 짧은 시에서 풍자 대상 및 풍자 효과 분석하기	25분		
④ 반어, 역설, 풍자 파악 연습	• 예시 작품들에서 반어, 역설, 풍자 파악하기	45분	6	활동지 빔프로젝터 PC
⑤ 실제 시 창작하기	1) 일상 및 관심 있는 사회적 사안과 관련된 경험 선정 및 마인드 맵 그리기 2) 반어·역설·풍자를 활용한 시 쓰기 및 짝 피드백 3) 시 고쳐쓰기 방법 배우기, 모둠 피드백 및 교사 피드백 4) 시 완성 및 제출하기	180분	7~10	활동지 빔프로젝터 PC
⑥ 영상을 구성하는 시각적 요소와 청각적 요소 이해하기	1) 영상을 구성하는 시각적 요소와 청각적 요소의 개념 알기 ⑴ 시각적 요소: 카메라와 거리와 각도, 자막 ⑵ 시청각적 요소: 배경음악, 효과음	45분	11	활동지 빔프로젝터 PC 태블릿
	2) 영상을 보며 배경음악, 자막, 효과음, 카메라의 각도와 거리 분석하기 ⑴ 영상에서 배경음악, 자막, 효과음의 역할과 효과 알아보기 ⑵ 영상에서 카메라 각도와 거리에 따른 효과 알아보기 3) 시 영상을 보며 시· 청각적 요소가 시의 분위기와 주제 전달에 미치는 영향 알아보기			
⑦ 내용에 맞게 장면을 구성하는 법 이해하기	1) 스토리보드(이야기판)의 개념과 구성 요소 이해하기	10분	12	활동지 빔프로젝터 PC 태블릿
	2) 스토리보드 작성 방법 이해하기 ⑴ 영상의 한 장면을 선택하여 그 장면의 스토리보드 분석하기 ⑵ 스토리보드 작성방법 이해하기	25분		
	3) 스토리보드 작성 연습하기 ⑴ 영상에서 한 장면 선택하기 ⑵ 그 장면에 대한 스토리보드 작성해보기	10분		
⑧ 주제와 목적에 맞는 편집 방법 이해하고 연습하기	1) 영상의 주제와 목적 파악하기 ⑴ 여러 편의 영상을 보고 영상의 주제와 목적 파악하기 ⑵ 그렇게 생각한 이유 설명하기	15분	13	활동지 빔프로젝터 PC 태블릿
	2) 편집의 적절성 평가하기 ⑴ 주제와 목적을 바탕으로 영상 편집의 적절성을 평가하기 ⑵ 그렇게 평가한 이유 설명하기	30분		

9 창작시로 영상 매체 제작 및 공유하기	1) 시 영상 유형 알아보기 : 정지 사진형, 문자 설명형, 스토리 전개형, 애니메이션형, 브이로그형, 쇼츠형 등 2) 시 영상 제작 시 유의점 탐구하기	45분	14	활동지 빔프로젝터 PC 태블릿
	3) 시 영상 제작 계획 세우기(⑤에서 완성한 창작시) 4) 스토리보드 짜기 (1) 제작할 시 영상의 형식적인 면과 내용적인 면의 요소 계획 세우기 ☑ 형식적인 면: 동영상 촬영, 사진 연결, 손그림(글씨) 연결, 애니메이션 만들기 등 ☑ 내용적인 면: 나의 경험과 시에서 드러내고 싶은 부분, 더 말하고 싶은 것 등 (2) 스토리 보드 짜기 5) 영상 제작 및 편집하기	180분	15~18	활동지 태블릿 핸드폰
	6) 시 영상 공유하기 (시 영상 상영회)	45	19	PC 빔프로젝터

1~2차시: 반어의 개념을 알고 '진달래꽃'을 통해 반어에 대해 이해하기

① 반어·역설·풍자는 교육과정상 중학교 때 처음 배우는 표현법이므로 우선 표현법에 대한 개념을 이해하게 해야 합니다. 이를 위해 우선, '반어'에 대한 개념을 교과서나 PPT를 활용해 설명하고 그 개념을 토대로 활동지에 있는 예시 문장(4~5개)에서 반어법이 사용되었는지를 판단해보게 합니다.

② 다음으로 반어법이 잘 드러난 대표 작품을 감상해 보아야 하는데, 대표 작품은 교과서를 참조해도 좋고 교사가 학습자의 수준과 흥미를 고려하여 선정할 수도 있습니다. 이 수업에서는 남녀공학인 점과 학업성취도가 중인 학생인 학급 구성의 50% 이상인 점을 고려하여 남학생과 여학생이 함께 흥미를 보일 수 있는 '사랑하는 사람과의 이별'을 소재로 하고 있으며 표현이나 시의 길이 등이 중학생 수준에 적합한 '진달래꽃'을 대표 작품으로 정하여 학생들이 감상할 수 있게 하고자 합니다. 시의 내용 파악 후 시에 사용된 반어법을 다뤄야 하므로 2차시로 차시 배분해 보았습니다. 우선, 시를 학생들이 낭독해 보게 한 후 시의 내용을 이해할 수 있는 질문을 제시합니다.

④ 이제 '반어법'을 중심으로 시를 다시 읽어보게 합니다. 1차시 때 '반어법'의 개념에 대해 익히고 그것을 예시 문장에서 파악해 보았으므로 이 시에서도 '반어법'으로 볼 수 있는 구절이 있는지, 그렇게 판단한 근거가 무엇인지 시 안에서 찾아 설명해보게 합니다. 그리고 왜 시인이 '반어법'을 사용하여 그렇게 표현했을지를 학생들이 탐구하게 하면 반어법을 사용할 때의 효

과까지 이해할 수 있게 됩니다.

⑤ 반어가 쓰인 여러 시의 일부 구절을 제시하여 반어법이 쓰인 부분을 찾고, 반어법으로 표현하고자 한 원래 의도가 무엇이었는지를 설명해 보게 합니다. 수업에서 이런 과정을 거치면 "여러 작품"에서 반어법이 어떻게 쓰이는지, 공통된 효과는 무엇인지까지 알 수 있습니다.

※ 이 수업에서는 "남학생과 여학생 사이의 협력 관계를 형성해 줄 필요가 있다."는 학급 정보를 고려하여 모둠 활동으로 전 차시를 디자인해 보았습니다. 수업의 전체 과정에서 남학생과 여학생 비율을 2:2로 모둠을 구성하고 어려운 부분을 함께 해결하도록 안내하면 학습하는 과정에서 남녀 학생들 사이에 묻고 배우는 관계를 만들어 줄 수 있기 때문입니다.

3~4차시: 역설의 개념을 알고 '유리창'을 통해 역설에 대해 이해하기

① '역설'도 개념 설명을 교과서나 PPT를 통해 먼저 제시하고 그 개념을 활용해 활동지에 있는 예시 문장(4~5개)에서 어떤 점이 모순되는지와 그것을 통해 말하고자 한 '깊은 속뜻'은 무엇인지를 적어보게 합니다.

② 교사가 제시한 예시 문장을 반어법으로 표현해보게 하고, 문장을 통해 반어법과 역설법의 차이가 무엇인지를 탐구해 보게 합니다. 학생들이 반어와 역설 구분을 어려워하는 경우가 많아 반어법과 역설법의 차이에 대해 이해해 보게 하는 과정은 수업에서 반드시 다루는 것이 좋습니다.

③ 역설법이 잘 드러난 대표 작품을 감상해 보아야 하는데, 중학생들이 가족에 대한 감정은 잘 공감한다는 점을 고려해 아이를 잃은 슬픔을 표현한 정지용의 '유리창'을 선택하여 감상하게 했습니다. '유리창'을 처음 접하는 학생들이 많을 것임을 고려해 내용 이해 후 시에 사용된 역설 표현을 다루고자 했기 때문에 2차시로 배분했습니다. 우선, 시를 학생들이 천천히 낭독하게 한 후 시의 내용에 대해 이해할 수 있는 질문을 제시합니다.

④ '유리창'에 대한 내용 이해를 마쳤다면, 이제 '역설법'을 중심으로 시를 다시 읽어보게 합니다. 이 시에서 '역설법'이 사용된 구절이 있는지, 그 구절의 속뜻은 무엇인지를 시의 내용과 구절을 근거로 설명해보게 합니다. 그리고 이렇게 역설법을 사용하면 어떤 효과가 있을지를 탐구하게 합니다.

⑤ 역설이 쓰인 여러 시의 일부 구절을 제시하여 역설법이 쓰인 부분을 찾고, 역설법으로 드러내고자 한 깊은 속뜻이 무엇이었는지 설명해보게 하면 "여러 작품"에서 역설법이 어떻게 쓰

이고 있으며, 공통된 효과는 무엇인지까지 알 수 있습니다.

⑥ 역설의 경우, 학생들이 모순되는 대상이나 상황이 제시된다는 것을 잘 이해하지 못하는 경우가 많습니다. 그러므로 마지막 활동으로 역설을 사용해 짧은 문장을 표현해 보게 하고, 그것을 모둠 친구들과 공유하여 역설이 사용되었는지 아닌지 판단해보게 할 수 있습니다.

5차시: 풍자의 개념을 알고 시와 그림을 통해 풍자에 대해 이해하기

① '풍자'도 개념 설명을 교과서나 PPT에 먼저 제시하고 그 개념을 활용해 제시된 작품에 풍자가 사용되었는지 아닌지를 판단해보게 하는 활동을 해볼 수 있습니다. 이때 풍자가 사용되었다고 생각한 작품과 그렇지 않은 작품의 차이에 대해 학생들이 풍자의 개념과 작품의 내용을 근거로 자유롭게 표현해볼 수 있게 합니다.

② 풍자가 나타난 그림과 짧은 시를 제시 후 각각에서 ㉠ 풍자 대상, ㉡ 풍자하고 있는 모습 ㉢ 풍자 방법을 찾아보게 할 수 있습니다. 그림을 함께 제시한 이유는 학생들이 풍자의 개념을 어려워하는데, 비유적 풍자가 잘 드러난 그림에서는 문학 작품보다 풍자를 쉽게 찾아내기 때문입니다. 그러므로 그림을 통해 풍자를 파악하는 연습을 하고, 짧은 시에서도 풍자를 찾아보게 합니다. 이때, 학생들이 무엇을 찾아야 할지 잘 모른다면, "무엇의 어떤 부정적인 면을 어떻게 비꼬고 있는가?"로 풀어서 설명해줄 수 있습니다.

③ 풍자가 쓰인 여러 그림과 광고 및 시와 소설 작품의 일부를 제시하여, 풍자 대상·풍자하고 있는 모습·풍자 방법을 찾게 하고 풍자의 효과가 무엇인지 탐구하게 합니다.

※ 풍자의 경우, 학생들에게 그 작품의 배경이 되는 시대 상황, 작가 정보 등이 제공되지 않아도 될 시 작품을 선정하고 만화, 그림 등을 함께 활용하고자 했고 1차시로만 배분했습니다.

6차시: 반어·역설·풍자를 작품에서 찾으며 복습하기

① 1~5차시에 걸쳐 개성적 표현(반어·역설·풍자)에 대해 배웠으므로 세 가지 표현법에 대해 복습할 수 있도록 각 개념을 하나의 표로 정리하여 제시합니다. 그리고 이 표를 활용해 다양한 예시 문장에 사용된 표현법이 반어, 역설, 풍자 중 무엇인지 판단하게 하고 그렇게 생각한 이유를 그 문장의 의미와 연결해 정리해 보게 합니다.

② 이때, 각 예시 문장에 꼭 하나의 표현법만 활용되게 하기보다는 문장별로 난이도를 달리하여 한 문장에 반어, 역설이 함께 쓰이거나 반어, 풍자가 함께 쓰인 것을 포함하는 것이 좋습

니다. 특히 반어·풍자가 함께 쓰인 경우 왜 두 가지를 함께 사용한 것 같은 지에 대해서도 탐구해보게 하되, 반어가 꼭 풍자로 사용되는 것이 아님도 알게 해야 합니다. (예: (아기가 너무 예쁠 때) 우리 못난이~~).

③ 학급 학생의 수준에 따라 이후, 반어·역설·풍자가 사용된 문제(예: 중등 검정고시, 중학교 학업성취도 문항, 고등학교 모의고사 및 수능 문항)를 모둠에서 해결해보게 하고 그것을 함께 공유해 볼 수도 있습니다.

7~10차시: 일상 및 사회적으로 관심이 있는 사안과 관련된 경험 선정하여 시 쓰기

① 학생들에게 "일상의 경험이나 관심 있는 사회적 사안과 관련된 경험"을 소재로 시를 쓸 것임을 안내하고 자신이 시로 쓰고 싶은 경험을 고르게 합니다. 이때, 어떤 경험을 시로 써야 할지 모르겠다고 하는 학생이 있을 수 있으므로, 교사가 경험과 관련된 질문 목록을 제공할 수도 있습니다. 이 과정에서 창작한 시를 이후 시 영상으로 제작하게 되므로 이때 정한 주제가 이후 시 영상 제작 때도 그대로 사용됨을 이야기하고 영상 제작까지 고려할 수 있게 합니다.

② 시로 쓰고 싶은 경험을 정했다면, 그것에 대한 마인드맵을 그려보게 합니다. 이때 어떤 것이든 떠오르는 것은 자유롭게 적어볼 수 있게 합니다. 마인드맵을 모두 그린 후, 모둠원들과 함께 공유하여 시로 쓸 소재에 대해 의견을 나눠보게 할 수 있습니다.

③ 자신이 선택한 경험을 소재로 시 쓰기를 합니다. 개별 시 쓰기지만 모둠으로 앉아 쓰게 하고, 필요하면 모둠 친구들에게 피드백을 받을 수 있게 합니다. 시를 쓸 때는 연필로 쓰게 해야 고쳐쓰기 과정이 활발하게 일어날 수 있으며 연습 쓰기를 할 수 있는 종이를 충분히 제공하는 것이 좋습니다. 크롬북 등을 활용하여 구글 문서에 시 쓰기를 진행할 수도 있는데, 이때는 모둠별로 공유 문서를 제공하여 모둠 안에서 서로 피드백을 할 수 있게 합니다. 다만 경험을 바탕으로 시를 쓸 때, 학생 중 자신의 개인사를 밝히고 싶지 않아 하는 경우가 있어 학생들에게 미리 시를 공유해도 괜찮은지를 물어보거나, 시가 공유될 것임을 안내해야 합니다.

④ 시 초고 쓰기로는 1차시 또는 1.5차시 정도를 사용하고, 시를 고쳐 쓰는 방법을 배운 뒤 교사 및 모둠의 피드백을 받아 완성 후 제출하게 합니다.

11차시: 영상을 구성하는 요소(청각적 요소, 시각적 요소) 이해하기

① 매체 수업에서는 이후 영상 제작을 할 것을 고려하여 모둠 구성을 하고 수업을 시작하는 것

이 좋습니다. 이 수업에서는 매체를 개별 제작할 것이지만 모둠에서 서로 피드백을 해주고 모르는 것을 묻고 도울 수 있게 해 영상 제작과 관련된 경험의 차이가 활동 결과에 영향을 미치지 않도록 모둠을 구성합니다. 즉, 1학년 때 영상 제작 수업을 들은 학생과 듣지 않은 학생이 2:2로 구성되도록 모둠을 편성합니다.

② 소리가 없는 동영상을 보여 준 뒤 영상을 보고 어떤 느낌이 드는지 질문하여 영상을 구성하고 있는 요소에 무엇이 있는지를 떠올려 보게 합니다. 이후 영상 매체를 구성하는 요소에 시각적 요소(카메라의 거리와 각도, 자막), 청각적 요소(배경음악, 효과음)가 있음을 제시합니다.

③ 같은 영상이지만 배경음악, 자막, 효과음이 없는 A영상과 배경음악, 자막, 효과음이 있는 B영상을 보여 준 뒤 어떤 차이가 있는지를 파악하게 합니다. 그리고 배경음악, 자막, 효과음이 영상에서 어떤 역할을 한다고 생각하는지를 두 영상에서 발생한 차이를 근거로 모둠에서 이야기해 보게 합니다.

④ 영상을 보여 준 뒤 그 영상에서 카메라의 거리와 각도가 다른 4개의 장면을 골라 카메라의 거리와 각도가 어떻게 다른지 분석하게 하고, 차이가 나게 촬영한 이유가 무엇인지 모둠에서 논의해보게 합니다.

⑤ 시 한 편을 함께 읽고 감상을 이야기하게 합니다. 이후 이 시를 활용하여 만든 짧은 시영상을 한 편 보게 한 뒤, 그 영상을 제작할 때 고려했을 시각적 요소와 청각적 요소가 무엇인지 분석하게 하고 그것이 시의 주제와 분위기를 전달하는 데 어떤 효과를 나타내는지 영상 내용을 근거로 설명하게 합니다.

※ 이 차시는 영상 구성 요소의 개념과 효과를 이해하는 것이 목표로 각 요소에 대해 너무 깊이 있게 다루지는 않기 위해 한 차시로만 진행하고자 합니다. 또한 영상은 1~2분 내외의 짧은 영상을 제공하고, 처음 볼 때는 교사가 학급 PC를 활용해 전체가 함께 볼 수 있게 한 뒤 활동의 질문을 해결할 때는 학급에 개별 태블릿이 있으므로 태블릿에 영상을 담아 나눠주어 개별로 돌려볼 수 있게 합니다.

12차시: 내용에 맞게 장면을 구성하는 법 이해하기

① 스토리보드의 개념과 구성요소가 무엇인지 PPT와 활동지에 제시합니다. 1차시에서 봤던 영상 또는 학생들이 흥미를 느낄 영상을 짧게 보여주고, 그 중 한 장면을 선택하여 그 장면의 스토리보드를 보여줍니다. 이 스토리보드에서 각 구성 요소를 각자 분석해 보게 한 뒤 모둠

에서 공유하고, 다른 모둠에서 나눈 이야기와 어떤 것이 다르고 같은지 전체 공유합니다.

② 구성 요소를 분석할 때 봤던 영상 중 다른 장면을 선택하여 그 장면에 대해 스토리보드를 각자 작성해보게 한 후 공유하여 비교해 봅니다. 다음으로, 자신이 스토리보드를 작성해보고 싶은 장면 하나를 선택하여 스토리보드를 작성한 후 모둠 및 전체 공유합니다.

③ 스토리보드를 작성하기 위해서는 영상의 장면을 여러 번 돌려볼 필요가 있으므로 개별 태블릿으로 영상을 돌려 볼 수 있도록 안내합니다.

13차시: 주제와 목적에 맞는 편집 방법 이해하고 연습하기

① 2분 내외의 짧은 영상 한 편을 전체 감상한 후 그 영상의 주제와 목적이 무엇인지 영상의 내용을 근거로 대답해 보게 합니다. 그리고 그것을 다르게 편집한 영상을 보여 준 뒤 어떤 점이 달라졌는지, 두 영상 중 무엇이 주제와 목적을 더 잘 드러내는지 판단해보게 합니다. 이 과정을 거친 후 똑같이 촬영한 영상도 어떻게 편집하느냐에 따라 주제와 목적이 더 잘 드러날 수 있음을 알게 합니다.

② 다음으로 개별 태블릿에 여러 편의 영상을 담아 주고, 그것을 각자 돌려보면서 각 영상의 주제와 목적이 무엇인지 파악해 보게 합니다. 개별 파악이 끝났거나 파악 중 어려움이 있으면 모둠에서 서로 묻거나 논의할 수 있음을 안내합니다.

③ 앞에서 파악한 주제와 목적을 바탕으로 각 영상의 편집이 적절한지 모둠별로 평가하게 하고, 그렇게 평가한 이유를 나와서 설명하게 합니다.

14차시: 시 영상 유형을 알아보고 유의점 탐구하기

① 14차시 전반부에서는 학생들에게 시 영상 예시 작품을 보여주고 시 영상이란 무엇이고 어떻게 만들면 되는지를 이해하게 해야 합니다. 이를 위해 시 영상을 만들 때 참고할 수 있는 영상의 여러 유형을 보여 줍니다. 정지 사진을 연결하여 만드는 정지 사진형, 문자로 중심 내용을 전달하는 문자 설명형, 시에 담긴 스토리를 영화 예고편처럼 보여주는 스토리 전개형, 실제 사람을 등장시키는 브이로그형, 짧은 숏츠형 등을 제시하여 학생들이 자신이 쓴 시와 어울리는 유형을 선택해볼 수 있게 합니다. 그리고 각 영상 유형은 학생들이 언제든 참고할

수 있게 학습지에 QR코드로 제시해주든지 학교에서 활용하고 있는 온라인상의 수업 플랫폼에 영상을 업로드해 둡니다.

② 앞에서 본 각 영상 유형들의 특징을 파악하며 영상을 만들 때 어떤 것을 유의해야 할지를 탐구해보게 합니다. 각 영상의 시간은 어느 정도인지, 자막·배경음악·효과음 등을 어떻게 활용하고 있는지, 참고한 자료의 출처는 어떻게 표시하고 있는지 등을 분석함으로써 제작할 영상에 반영하게 할 수 있습니다.

15~18차시: 시 영상 제작하기

① 자신의 시(10차시에서 완성함)로 제작할 시 영상의 형식적인 면과 내용적인 면의 계획을 세워봅니다. 이때 형식적인 면이란 제작할 영상의 유형을 결정하는 것으로 실제 사람이 등장하는 동영상으로 촬영할지, 사진을 연결할지, 손그림(글씨) 등을 연결할지 등을 선택해야 합니다. 내용적인 면에서는 나의 시에서 드러내고 싶은 경험이나 표현, 분위기, 더 말하고 싶은 부분이 무엇인지 결정해야 합니다.

② 형식적인 면과 내용적인 면에서 계획 세우기가 끝났다면, 이것을 어떻게 영상으로 만들 것인지 등장해야 할 요소(인물, 사건, 배경 등)를 중심으로 영상 줄거리를 써보게 합니다. 그리고 영상 줄거리를 바탕으로 스토리보드를 구성하게 해야 합니다. 스토리보드에는 그림, 대사, 배경음악, 효과음, 장면과 장면의 연결방식, 각 장면의 길이 등 촬영에 필요한 정보를 최대한 구체적으로 적게 합니다. 장면은 적어도 20~30개 이상은 나와야 개연성과 완결성 있는 영상이 완성됨을 안내하고, 영상은 1~2분 내외로 제작해야 함을 알려줍니다. 앞 차시에서 알려 준 여러 유형 중 하나를 골라 영상을 제작하게 합니다.

③ 스토리보드에 따라 영상 제작을 시작합니다. 영상 유형에 따라 실제 촬영이 필요한 경우 교실, 교실 밖의 여러 장소를 활용할 수 있으나 이 경우 수업 전에 교사가 필요한 촬영 장소를 확인하여 전체 교원에게 이번 수업 시간에 학생들이 그 장소에서 촬영을 진행할 것임을 미리 안내해야 합니다. 수업 시간 내에 촬영을 마치지 못했거나 학교 밖 촬영이 필요한 경우 방과후 시간을 활용할 수 있게 합니다.

④ 편집까지 마쳐 영상의 1차 제작이 끝나면 모둠원 및 학급 친구·교사의 피드백을 받을 수 있으며 피드백을 반영하여 수정할 수 있게 합니다. 수정이 모두 끝나면 완성본을 제출합니다.

19차시: 시 영상 공유 하기

① 최종 완성한 영상을 학급에서 발표하고 상호 평가합니다. 개별 영상을 발표하는 것이므로 발표 과정에서 지루해질 수 있는 것을 막기 위해 상호평가할 수 있는 평가지를 나눠주고 동료평가를 실시합니다. 이때 구체적이고 객관적인 근거로 작품을 평가하도록 하고, 상영이 끝나면 가장 좋은 작품을 뽑아볼 수 있습니다.

② 각 학급에서 좋은 작품으로 뽑힌 작품들만 모아 학기 말 시 영상제를 열어 전 학생의 감상회를 해 볼 수도 있으며, SNS나 패들렛을 활용해 영상 감상 및 평가회를 진행할 수 있습니다.

〈표 5〉 성취기준 [9국05-06]과 [9국06-03]에 기초한 수업 디자인의 절차

성취기준	[9국05-06] 자신의 경험을 개성적인 발상과 표현으로 형상화한다.			
내용요소	과정·기능 [창작] 개성적 발상과 표현으로 형상화하기			
교수·학습 요소	교수·학습 전개	교수·학습 활동 구체화		차시

• 여러 작품의 개성적 발상과 표현 참고하며 개성적 표현과 발상 이해하기 (반어, 역설, 풍자)
• 자신의 경험을 반어, 역설, 풍자를 활용하여 개성적으로 형상화하기
• 적절한 단계에서 작품 점검 및 조정하기
• 다양한 형식의 매체(문자, 그림, 음악, 영상 디지털 텍스트 등)를 활용하여 공유하기
	① 반어의 개념과 특징, 효과를 대표 작품을 통해 이해하기
	1) 반어의 개념 알기
	2) 짧은 예시 문장서 반어 찾기
	3) 반어가 잘 드러난 시 내용 이해하기
	4) 반어가 잘 드러난 시에서 반어법이 사용된 구절의 의미와 효과 탐구
		1) 반어의 개념 이해
		2) 짧은 예시 문장서 반어 찾기
		  : 제시된 문장이 반어인지 아닌지 판단하기
		3) 반어가 잘 드러난 시 내용 이해하기
		  ⑩ 진달래꽃
		  (1) 시 소리내어 읽기
		  (2) 시적 화자의 상황과 태도 파악하기
		  (3) 시 구절의 의미 파악하기
		  (4) '진달래꽃'의 의미 파악하기
		4) 반어가 잘 드러난 시에서 반어법이 사용된 구절의 의미와 효과 탐구
		  (1) 반어로 볼 수 있는 부분 찾고 시 구절을 근거로 들어 이유 설명하기
		  (2) 시인이 반어를 사용한 이유 파악하기
		5) 다른 시에서 반어 표현 찾고 화자의 의도 파악하기
		  (1) 제시된 다른 시에서 반어 표현 찾기
		  (2) 찾은 반어 표현에 담긴 화자의 의도 추측하기
				1~2

② 역설의 개념과 특징, 효과를 대표 작품을 통해 이해하기 1) 역설의 개념 알기 2) 짧은 예시 문장서 역설 찾기 3) 반어와 역설의 차이 이해하기 4) 역설이 잘 드러난 시 내용 이해하기 5) 역설이 잘 드러난 시에서 반어법이 사용된 구절의 의미와 효과 탐구	1) 역설의 개념 알기 2) 짧은 예시 문장서 역설 찾기 3) 반어와 역설의 차이 이해하기 4) 역설이 잘 드러난 시 내용 이해하기 : ㉖ 유리창 ⑴ 시 소리내어 읽기 ⑵ 시적 화자의 상황과 태도 파악하기 ⑶ 시 구절의 의미 파악하기 ⑷ '유리창'의 의미 파악하기 5) 역설이 잘 드러난 시에서 역설법이 사용된 구절의 의미와 효과 탐구 ⑴ 역설로 볼 수 있는 부분 찾고 시 구절을 근거로 들어 이유 설명하기 ⑵ 시인이 역설을 사용한 이유 파악하기 6) 다른 시에서 반어 표현 찾고 화자의 의도 파악하기 ⑴ 제시된 다른 시에서 역설표현 찾기 ⑵ 찾은 역설 표현에 담긴 화자의 의도 추측하기	3~4
③ 풍자의 개념과 특징, 효과를 대표 작품을 통해 이해하기 1) 풍자의 개념 알기 2) 예시 작품에서 풍자 대상 및 효과 찾기 3) 풍자가 잘 드러난 시에서 풍자의 대상과 풍자 방법, 효과 탐구	1) 풍자의 개념 알기 2) 예시 작품에서 풍자 대상 및 효과 찾기 ⑴ 그림에서 풍자 대상 및 효과 찾기 ⑵ 예시 작품에서 풍자 대상 및 효과 찾기 3) 풍자가 잘 드러난 시에서 풍자의 대상과 풍자 방법, 효과 탐구 : 짧은 시에서 풍자 대상 및 풍자 효과 분석하기	5
④ 반어, 역설, 풍자 파악 연습	• 예시에서 반어, 역설, 풍자 파악하기	6
⑤ 실제 시 창작하기 1) 일상 및 관심 있는 사회적 사안과 관련된 경험 선정 및 마인드 맵 그리기 2) 반어·역설·풍자를 활용한 시 쓰기 및 짝 피드백 3) 시 고쳐쓰기 방법 배우기, 모둠 피드백 및 교사 피드백 4) 시 완성 및 제출하기	1) 일상 및 관심 있는 사회적 사안과 관련된 경험 선정 및 마인드 맵 그리기 2) 반어·역설·풍자를 활용한 시 쓰기 및 짝 피드백 3) 시 고쳐쓰기 방법 배우기, 모둠 피드백 및 교사 피드백 4) 시 완성 및 제출하기	7~10

• 시각적 요소 (카메라 거리와 각도, 자막) 이해하기 • 청각적 요소 (배경음악, 효과음)이해하기 • 주제와 의도가 잘 드러나도록 장면 구성하고, 편집하기 • 영상 매체 자료 공유하기 • 일상적 경험이나 사회적 관심이 있는 사안에서 영상의 주제 선정하기	⑥ 영상을 구성하는 시각적 요소와 청각적 요소 이해하기 1) 영상을 구성하는 시각적 요소와 청각적 요소의 개념 알기 2) 영상을 보며 시각적 요소와 청각적 요소의 유형과 효과 분석하기 3) 시 영상을 보며 시의 분위기와 주제 전달에 영상의 시청각 요소가 미치는 영향 이해하기	1) 영상을 구성하는 시각적 요소와 청각적 요소의 개념 알기 (1) 시각적 요소: 카메라와 거리와 각도, 자막 (2) 시청각적 요소: 배경음악, 효과음 2) 영상을 보며 배경음악, 자막, 효과음, 카메라의 각도와 거리 분석하기 (1) 영상에서 배경음악, 자막, 효과음의 역할과 효과 알아보기 (2) 영상에서 카메라 각도와 거리에 따른 효과 알아보기 3) 시 영상을 보며 시·청각적 요소가 시의 분위기와 주제 전달에 미치는 영향 알아보기	11
	⑦ 내용에 맞게 장면을 구성하는 법 이해하기 1) 스토리보드(이야기판)의 개념과 구성 이해하기 2) 스토리보드 작성 방법 이해하기 3) 스토리보드 작성 연습하기	1) 스토리보드(이야기판)의 개념과 구성 요소 이해하기 2) 스토리보드 작성 방법 이해하기 (1) 영상의 한 장면을 선택하여 그 장면의 스토리보드 분석하기 (2) 스토리보드 작성방법 이해하기 3) 스토리보드 작성 연습하기 (1) 영상에서 한 장면 선택하기 (2) 그 장면에 대한 스토리보드 작성해보기	12
	⑧ 주제와 목적에 맞는 편집 방법 이해하고 연습하기 1) 영상의 주제와 목적 파악하기 2) 편집의 적절성 평가하기	1) 영상의 주제와 목적 파악하기 (1) 여러 편의 영상을 보고 영상의 주제와 목적 파악하기 (2) 그렇게 생각한 이유 설명하기 2) 편집의 적절성 평가하기 (1) 주제와 목적을 바탕으로 영상 편집의 적절성을 평가하기 (2) 그렇게 평가한 이유 설명하기	13
	⑨ 창작시로 영상 매체 제작 및 공유하기 1) 시 영상 유형 알아보기 2) 시 영상 제작 시 유의점 탐구하기 3) 시 영상 제작 계획 세우기 4) 스토리보드 짜기	1) 시 영상 유형 알아보기 : 정지 사진형, 문자 설명형, 스토리 전개형, 애니메이션형, 브이로그 형 등 2) 시 영상 제작 시 유의점 탐구하기 3) 시 영상 제작 계획 세우기 4) 스토리보드 짜기 (1) 제작할 시 영상의 형식적인 면과 내용적인 면의 요소 계획 세우기 ☑ 형식적인 면: 동영상 촬영, 사진 연결, 손그림(글씨) 연결, 애니메이션 만들기 등 ☑ 내용적인 면: 나의 경험과 시에서 드러내고 싶은 부분, 더 말하고 싶은 것 등 (2) 스토리 보드 짜기 5) 영상 제작 및 편집하기 6) 시 영상 공유하기 (시 영상 상영회)	14~19

4) 4단계: 한 차시를 선택해 교수·학습 과정안을 작성하고 실행하기

4단계에서는 〈표 5〉에서 제시된 차시들 중 한 차시를 선택하여 교수·학습 과정안을 작성해 봅니다. 〈표 5〉의 11차시에 해당하는 수업을 대상으로 1차시 45분 기준으로 다음과 같은 교수·학습 과정안을 작성해 볼 수 있습니다. 필요한 자료(학생 활동지, 교육용 PPT)를 제시하고 실제 수업 장면에서 이루어질 교사의 발문과 학생의 예상 반응 등을 구체화했습니다. 더불어 특정 교수·학습 활동이 가지는 의의, 수업의 성패 여부 등 교수·학습 과정안에 대한 메타적 논평도 제시하여 교수·학습의 의도나 수업 실행에서 예상되는 점 등을 환기하고자 합니다.

단원 학습목표	복합양식성을 고려하여 영상 매체를 제작하고 공유할 수 있다.			
차시 학습목표	영상 매체에 사용된 시각적 요소와 청각적 요소를 이해하고 실제 영상에서 분석할 수 있다.			
학습단계		교수·학습 활동	자료 및 기타	시간
* 도입	학습 동기 유발	▷ 동기 유발: 영상의 구성 요소에 대해 생각해보기 - 소리가 없는 동영상을 보여준 뒤 이 영상을 보고 어떤 느낌이 들었는지 질문한다. https://www.youtube.com/watch?v=dwGLseEEnV4 "지금부터 동영상을 하나 보여줄게요. 이 영상을 보고 떠오른 생각이나 느낌을 자유롭게 말해볼까요?" Q1. "영상을 보고 어떤 생각이 들었나요?" Q2. "OO이는 왜 그런 생각이 들었을까요?" "□□는 OO이의 말에 동의하나요?" Q3. "그럼 어떤 요소가 있으면 좋을까요?"	▶ 영상을 주의 깊게 시청하고, 교사의 질문에 답한다. - 소리가 없는 영상을 보면서 영상에서 소리가 하는 역할이 무엇일지 흥미를 갖는다. A1. 재미없고 이상해요. A2. 아무 소리가 안 나고 같은 장면만 이어져서요. A3. 음악이요, 자막이요, 장면이 바뀌었으면 좋겠어요 등	빔프로젝트 태블릿 PPT	4분

	학습 목표 제시 (전체 학습)	▷ 학습 내용과 학습 목표로 연결하기 "네, 여러분도 영화 감독 못지 않게 이 영상이 갖는 결함을 잘 발견했어요. 여러분이 지금까지 이야기한 것처럼 소리와 자막 등이 없는 영상은 보는 사람으로 하여금 흥미를 잃게 하고 이 영상이 전달하고자 하는 바가 무엇인지를 이해하기 어렵게 합니다. 그래서 전하고자 하는 의도를 잘 전달하고, 보는 사람들이 흥미를 갖게 하기 위해서 영상에서는 다양한 요소가 활용되는데요, 오늘은 이것에 대해 함께 학습해보려고 합니다. 본격적으로 시작하기 전에 학습 목표를 확인해 봅시다"	▶ 학습 목표 확인 - 영상을 구성하는데 필요한 시각적, 청각적 요소가 무엇인지 이해하고 실제 영상에서 분석하는 것이 학습 목표임을 인지한다.	
	모둠 활동을 위한 자리 배치	"오늘 수업에서는 영상의 구성 요소를 개별로 분석해보고 모둠에서 각자 분석한 것을 비교해 볼 것입니다. 나눠주었던 모둠 구성표를 확인하고 그에 따라 자신이 속한 모둠에 앉아주세요." 교탁 1모둠 2모둠 3모둠 4모둠 5모둠 6모둠 7모둠		1분
** 전개	영상 매체 구성 요소에 대한 개념 이해 (전체 학습)	▷ 영상 매체의 구성 요소 종류 이해하기 "영상 매체를 구성하는 요소들은 크게 두 가지로 나눌 수 있습니다. 바로 시각적 요소와 청각적 요소입니다. 무엇이 있는지 함께 읽어봅시다." • 시각적 요소: 카메라의 거리와 각도, 자막 • 청각적 요소: 배경음악, 효과음 Q4. "제시된 내용 중 이해가 안되거나 궁금한 것이 있나요?" - 영상에 담기는 대상과 카메라 사이의 거리, 영상에 담기는 대상을 바라보는 각도를 말하는 건데요, 오늘 여러 영상을 분석하는 활동에서 더 알아 봅시다.	▶ 개념 이해하기 - 활동지에 제시된 개념을 읽고 이해가 되지 않거나 궁금한 것이 있으면 질문한다. A4. 카메라의 거리와 각도는 뭘 말하는 거에요?	빔프로젝트 태블릿 PPT 1분

| 배경 음악, 효과음, 자막의 역할과 효과 탐구 하기 (모둠 내 개별 학습) | ▷ 영상에서 배경음악, 자막, 효과음의 역할과 효과 알아보기
– 배경음악, 자막, 효과음이 없는 영상과 있는 영상을 차례로 보여주고 비교하게 한다.

"지금부터 두 가지 영상을 보여 줄 거예요. 두 영상이 어떠한 차이가 있는지에 집중해서 봅시다."

Q4. 다음 두 영상을 보고 편집 전후에 무엇이 달라졌는지 이야기해 볼까요?

Q5. 그렇다면 음악, 효과음, 자막은 영상에서 어떤 역할을 했나요?

"대답을 잘 해주었습니다. 여러 분들이 답변 해준 내용을 화면과 같이 함께 정리해보겠습니다."

〈정리〉
• 자막: 전달하고 싶은 내용을 분명하게 전달
• 배경음악 및 효과음
- 상황을 생생하게 드러냄
- 분위기를 형성함 | ▶ 영상을 집중해서 본 뒤 교사의 질문에 답한다.
– 4명씩 모둠을 이루어 서로 질문하며 탐구 한다.

A4. 배경 음악이 없었 는데 생겼어요.(자막, 효과음에 대해서도 거론)

A5. 분위기를 더 생생 하게 해줘요. | 빔프로젝트
활동지
태블릿
PPT | 14 |
| 카메라 거리와 각도의 역할과 효과 탐구 하기 (모둠 내 개별 학습) | ▷ 영상을 보고 제시된 카메라 각도와 거리로 촬영된 장면 찾고, 그렇게 촬영한 이유 추측해 보기

"또 다른 영상을 한 편 감상해보겠습니다."
(감상 후)
– 시청한 영상 중 활동지에 제시된 카메라 각도와 거리가 드러난 4개의 장면을 찾게 한다.

"활동지에 제시된 카메라의 각도와 거리가 드러난 장면을 다음 영상에서 각각 찾아보세요."

Q6. 장면을 왜 선택했는지 카메라 거리와 각도를 근거로 설명해 볼까요?

Q7. (가)~(라)의 장면을 촬영할 때 카메라의 각도와 거리를 그렇게 한 이유는 무엇일까요?

"이렇게 카메라의 각도와 거리에는 촬영자의 의도가 담겨 있습니다. 인물들 간의 관계나, 인물의 처지, 감정 등을 나타내기도 하죠. 지금까지 함께 탐구한 내용을 정리해보겠습니다." | ▶ 영상을 본 뒤 (가)~(라) 의 장면에 드러난 카메 라의 거리와 각도를 분 석하고 교사의 질문에 답한다.

A6. (가)는 (나)에 비해 카메라 거리가 가깝다 고 생각했어요. 인물의 얼굴이 화면을 가득 채 웠기 때문이에요. (다) 는 인물의 시선이 아래 쪽으로 향해 있어서 인 물보다 아래에서 촬영 했을 거라고 생각했어 요.

A7. (가)는 인물의 특징 을 구체적으로 보여주 고, (나)는 대상의 전 체 모습을 보여주려는 것 같아요, (다)는 위 에서 내려다보는 것처 럼 해서 대상의 처지를 부각하는 것 같아요. | 빔프로젝트
활동지
태블릿
PPT | 10분 |

	〈정리〉 1. 카메라의 각도 • 아래에서 위를 향하는 각도로 촬영 – 대상을 실제보다 커 보이게 할 수 있음 • 위에서 아래를 향하는 각도로 촬영 – 실제보다 작아보이게 할 수 있음 • 사람의 눈높이에서 바라보는 각도로 촬영 – 편안하고 자연스러운 느낌 2. 카메라의 거리 • 대상과의 거리를 멀게 촬영 – 대상의 전체 모습과 배경을 보여줌 • 대상과의 거리를 가깝게 촬영 – 대상의 작은 특징까지 보여줌 – 인물의 경우 표정, 심리상태 등을 보여줌		
시 영상 에서 청각, 시각 요소 분석 하기 (모둠 내 개별 학습)	▷ 윤동주의 '사랑스런 추억'을 반 전체가 소리내어 읽게 한 뒤, 어떤 느낌이 드는지 물어본다. "한 편의 시를 보여줄 겁니다. 천천히 운율을 살려 함께 읽어 봅시다." Q8. 시를 읽을 때 어떤 느낌이 들었나요? 왜 그렇게 생각했나요? Q9. 이 시의 제목은 어떤 의미라고 생각하나요? ▷ 앞서 함께 읽은 시에 대한 '짧은 시 영상을 제시한 뒤, 그 영상을 제작할 때 고려했을 만한 시각적 요소와 청각적 요소를 분석하게 한 뒤 이 것이 시의 분위기 주제 형성에 어떤 영향을 미치는지 탐구하게 한다. "이제 지금까지 배운 내용을 시 영상을 분석하는데 적용해 보려고 합니다. 각 개인 태블릿으로 과제 사이트에 접속해서 영상을 감상하고 그 영상의 시각적 요소와 청각적 요소를 분석해 봅시다." (https://youtu.be/2SMLTnd5hk0?si=Fk8jQPMC9EqyXZUj) 	▶ 시를 함께 읽은 뒤 교사의 질문에 대답한다. A8. 왠지 쓸쓸한 느낌이 들어요. 플랫폼에 그림자를 떨어뜨린다든지, 기차가 소식을 전해주지 않는다고 해서예요. A9. '젊음은 오래 거기 남아있어라.' 라고 하는 것을 보아 젊은 시절을 사랑스런 추억이라고 하는 것 같습니다. ▶ 시 영상을 본 뒤 교사의 질문에 답한다.	빔프로젝트 활동지 태블릿 PPT	12분

		Q10. 시 영상을 보고 이 영상을 제작했을 때 어떤 시각적 요소와 청각적 요소를 고려했을까요?	A10. 시의 전체 분위기에 어울리는 배경음악을 사용했어요, 그리고 필요한 장면에서 시 구절을 자막으로 보여줬어요.		
		Q11. 그것은 어떤 효과를 드러내고 있나요?	A11. 시의 구절에서 느낄 수 있는 이미지와 느낌을 더 생생하게 드러내요.		
		Q12. 처음에 시를 그냥 감상했을 때와 이렇게 시각적 요소와 청각적 요소가 어우러진 영상으로 감상했을 때 어떤 차이가 있나요? "여러분이 이야기해준 것처럼 시를 그냥 읽을 때보다 시각적 요소와 청각적 요소가 어우러진 시 영상으로 감상할 때 시적 화자의 감정, 상황 그리고 시의 분위기를 더 생생하게 느낄 수 있었습니다. 우리가 반어, 역설, 풍자를 활용하여 쓴 시를 시 영상으로 표현보려는 것도 이와 같습니다."	A12. 시를 그냥 읽을 때 보다 영상으로 보니까 시의 장면이 더 잘 상상돼요. 그리고 음악과 함께 들으니 화자의 감정과 그 분위기가 더 잘 느껴졌습니다.		
*** 정리	내용 정리와 차시 예고	▷ 학습 내용 정리 〈영상 구성 요소〉 - 시각적 요소: 카메라의 거리와 각도, 자막 - 청각적 요소: 배경음악, 효과음 〈효과〉 1. 시각적 요소 ① 카메라의 거리와 각도 - 대상의 모습, 심리상태, 대상들의 관계, 배경 등을 보여줌 ② 자막: 상황 또는 대상에 대한 정보제시 2. 시각적 요소 • 배경음악, 효과음 - 상황을 생생하게 전달하고 분위기 형성 - 동시에 일어나는 사건이지만 보이지 않는 곳의 일을 전달 ▷ 차시 예고 다음 시간에는 스토리보드에 대해 알아보고 스토리보드를 작성할 겁니다.	▶ 학습 내용 이해 - 영상 구성 요소의 종류와 각 효과에 대해 다시 한 번 복습한다. ▶ 차시 예고 인지 - 스토리보드에 대해 자신이 알고 있는 지식이 있는지 떠올려보고, 다음 시간에 스토리보드에 대해 배울 것임을 인지한다.		3

* 교사는 학생들이 주목할 만한 영상을 제시해 '주의집중'하게 만들고, 학생들이 능히 찾을 수 있는 결함이 있는 영상을 제공하여 학생들이 '자신감'을 갖고 수업에 임할 수 있게 학습 동기를 유발하고 있네요. 이후에 학습할 내용과 학습 목표로 이어지도록 하고 있습니다.

** 이 수업의 성패는 개념을 이해하는 데 활용되는 영상이 가르치고자 하는 내용을 적합하게 뒷받침하는 것인지에 달려 있습니다.

개념에 적합하면서도 완성도가 높은 영상을 활용한다면 더할 나위 없을 것입니다.

*** 학생들이 영상에 익숙하다고 하더라도 이 차시의 학습 내용은 영상을 대상화해 분석하는 것이어서 학생들에게 생소할 수 있습니다. 수업의 전개 부분에서 개념 제시와 그것을 확인할 수 있는 영상을 분석하는 활동이 이어진 만큼, 이처럼 수업의 말미에서는 이번 차시에서 배운 내용을 일목요연하게 정리하면서 마무리하는 것이 효과적일 수 있습니다.

2. 질의 응답

질문1. 영역 간 통합 수업을 할 때 어떤 영역끼리 통합하면 좋을까요?

교과 영역 간 성취기준을 통합하여 수업하는 가장 큰 이유는 해당 성취기준을 단독으로 가르치는 것보다 함께 가르칠 때 보다 깊이 있는 학습이 가능하기 때문입니다. 그러므로 영역 간 통합 수업을 준비할 때에도 이를 최우선으로 고려하여 통합할 영역과 성취기준을 정해야 합니다.

영역 간 통합하기 좋은 대표적인 유형은 첫째, 지식 중심의 영역과 표현 중심의 영역을 통합하는 것입니다. 예를 들어, 문법의 경우 "세대·분야·매체에 따른 어휘 양상의 쓰임을 분석하고 다양한 집단과 사회의 언어에 관용적 태도를 지닌다."와 같은 지식 중심의 성취기준들이 많은데, 이를 듣기·말하기 영역과 같이 기능 및 표현 중심의 "언어폭력의 문제점을 성찰하고, 서로를 존중하는 표현을 사용하여 말한다."와 통합하면 어휘의 양상과 쓰임에 대한 지식을 학습하는 데 그치지 않고 그것을 자신의 말하기 습관에서 분석하고 성찰해보는 실제적 표현 활동으로까지 나아갈 수 있습니다.

둘째, 학습 요소 간 연계성이 높고 활동의 선·후 관계가 있는 영역을 통합하는 것입니다. 예를 들어 쓰기의 "[9국03-04] 의견 차이가 있는 사안에 대해 자료를 수집하고 사회·문화적 맥락을 고려하여 주장하는 글을 쓴다."와 듣기·말하기의 "[9국01-03] 토론에서 반론을 고려하여 타당한 논증을 구성하고 논리적으로 반박한다."를 통합할 경우 '의견 차이가 있는 사안에 대한 주장'이라는 학습 요소를 중심으로 주장을 쓰고 말하는 것이 순서상 자연스럽습니다. 이를 통합 수업에 적용하여 토론의 입론서를 성취기준 [9국03-04]로 작성하게 하고, 이를 성취기준 [9국01-03]에서 말하기로 표현해 보게 하면 각 과정이 연계되며 학습 효과가 배가될 수 있습니다.

교과 간 통합 수업은 교사에 따라 다양하게 재구성될 수 있는데, 참고할 수 있는 몇 가지 예를 제시해 보려 합니다.

[사례1] 중학교 1학년 문학-쓰기 통합 사례

중학교 1학년 문학 성취기준 "인간의 성장을 다룬 작품을 읽으며 문학의 가치를 내면화한다."와 쓰기 성취기준 "자신의 삶과 경험을 바탕으로 정서를 진솔하게 표현하는 글을 쓴다."를 통합할 수 있습니다. 우선, 문학 성취기준을 바탕으로 성장 소설(예: 「하늘은 맑건만」, 「자전거 도둑」, 「보리방구 조수택」 등)을 읽고 인간의 성장에 대해 생각해 보고, 자신이 성장했다고 느낀 경험이 무엇인지 찾아보게 합니다. 그리고 쓰기 성취기준에서 정서를 진솔하게 표현하는 글(예: 수필)에 대해 배운 후 성장 소설을 읽고 찾은 자신의 성장 경험을 수필로 표현해 보게 합니다.

[사례2] 중학교 2학년 읽기-쓰기-말하기 통합 사례

중학교 2학년 읽기 성취기준 "복합양식으로 구성된 글이나 자료의 내용 타당성과 신뢰성, 표현 방법의 적절성을 평가하며 읽는다."와 쓰기 성취기준 "복합양식 자료를 활용하여 내용을 생성하고 글의 유형을 고려하여 내용을 조직하며 글을 쓴다."와 듣기·말하기 성취기준 "다양한 자료를 재구성하여 내용을 체계적으로 조직하고 청중이 이해하기 쉽게 발표한다."를 통합할 수 있습니다. 우선, 복합양식으로 구성된 글이나 자료를 읽으며 '복합양식'이 무엇인지 그리고 이 복합양식이 포함된 글의 타당성, 신뢰성, 적절성을 평가하는 방법에 대해 학습합니다. 이때, 학생들이 읽을 글이나 자료의 주제를 '인권, 환경, 생태, 과학 등'과 같이 다양하게 제시하여 선택하게 하거나 하나의 주제를 정해 제시할 수 있습니다. 그리고 배운 내용을 바탕으로 '복합양식 자료를 활용한 글'을 쓰게 합니다. 이때, 글의 주제는 앞서 읽은 글과 자료의 주제와 동일하게 쓰도록 하거나 자유주제를 선택하게 할 수도 있습니다. 이 과정에서 앞서 읽기 성취기준을 학습할 때, 복합양식에 대해 배웠기 때문에 이에 대한 학습 과정은 생략하거나 간소화 할 수 있으며 이 글을 바탕으로 발표 활동까지 이어질 것임을 미리 안내하여 사용할 복합양식 자료를 수집 및 선정하는데 고려하게 합니다. 학생들이 써야 할 글의 유형을 발표문으로 할 수도 있습니다. 글쓰기가 끝나면 발표 준비로 넘어가는데, 이때 앞서 쓴 글이 발표문이라면 발표 자료만 구성하여 발표를 진행하면 되고, 발표문이 아니더라도 작성한 글을 발표문으로 다듬기만 하면 되기 때문에 학생들의 학습 부담이 줄어들 수 있습니다.

또한 내용의 조직에 대한 것은 글쓰기에서 학습한 것과 연계하면 청중이 이해하기 쉽게 발표하는 방법에 대해서만 집중하여 학습하게 할 수도 있습니다.

질문3. 영역 간 통합을 하면 오히려 수업량이 많아지지 않을까요?

교과 영역 간 통합이 제대로 이루어지면 수업량이 많아지는 경우는 거의 없습니다. 오히려 수업량의 변화가 없거나 학습 부담이 줄어들 수 있습니다.

예를 들어 첫째, 이번 장에서 예시한 중학교 2학년의 문학 성취기준 '[9국05-06]'과 매체 성취기준 [9국06-03]은 관련 학습 요소가 없어 두 영역을 통합한다고 하여도 학습량에 변화가 없을 것으로 보입니다. 하지만 영상 매체 자료를 제작할 때 영상 매체 자료의 소재 및 주제에 대한 고민 없이 자신이 창작한 시를 활용할 수 있어 주제 선정 과정이 생략 및 축소될 수 있습니다. 또한 창작한 시에 대한 영상을 제작할 것임을 미리 안내하기 때문에 매체 수업에서 과정별로 자신의 시로 만들 영상에 대해 적용해 봄으로써 제작할 시 영상의 질을 높일 수 있다는 장점이 있습니다.

둘째, 중학교 2학년의 읽기 성취기준 "글에 사용된 다양한 설명 방법과 논증 방법을 파악하고, 그 타당성을 평가하며 읽는다"와 쓰기 성취기준 "대상의 특성에 적합한 설명 방법을 활용하여 글을 쓴다."의 경우 통합 수업을 통해 오히려 수업량을 감소시킬 수 있습니다. 두 성취기준 모두 '다양한 설명 방법'이라는 학습 요소를 가지고 있는데 읽기 성취기준을 학습할 때 이에 대해 가르친다면 쓰기 성취기준을 수업할 때는 이 부분을 간단히 확인만 하거나 건너뛰고 쓰기 과정에 대한 학습으로 바로 들어갈 수 있기 때문입니다. 또한 읽기 자료로 사용된 설명 글을 쓰기 수업 과정에서 모범문으로 반복 활용하여 학습자들의 읽기 부담을 줄일 수도 있습니다.

3. 수업 디자인 실습하기

국어과 성취기준 중 영역 간 통합 수업에 적합한 성취기준을 골라 수업할 계획을 세워 봅니다. 앞의 〈표 5〉와 같이 2개 이상의 성취기준을 선택하여 이에 대한 교수·학습 요소를 추출하여 교수·학습 전개를 구조화 하고, 이를 구체적 교수·활동으로 구체화하여 차시를 구분해 보도록 합니다. 이때 아래 학급 정보를 고려해 봅시다.

학년/학기	
학생 수	28명
학급 특성	① 국어 학업 성취도가 상인 학생이 6명, 중인 학생이 16명, 하인 학생이 6명이다. ② 3~4명 정도의 학생만이 국어와 관련된 사교육을 받는다. ③ 남학생과 여학생의 비율은 5:5이다. ④ 학급 학생 수만큼 태블릿이 교실 비치되어 있고 자유롭게 사용할 수 있으며 인터넷 연결이 원활하다.

9장 | 교과와 교과가 만나면 어떤 수업이 만들어질까

국어 교과는 언어적 기능 요소로 인해 다른 교과의 학습과 범교과적으로 연계된다는 특징을 지니고 있습니다. 이는 미래 사회가 요구하는 융합형 인재를 기르는 데에 필요한 것으로, 교육과정의 변화 속에서 끊임없이 언급되어 왔으며, 2015 개정 교육과정부터는 실제적인 생활에 필요한 역량을 기르기 위해 교과 간 통합의 중요성을 역설했습니다. 2022 교육과정의 '구성의 중점'에서도 교과 간 통합 교육과정에 대해 다음과 같이 명시함으로써 그 필요성을 언급하고 있습니다.

> 라. 교과 교육에서 깊이 있는 학습을 통해 역량을 함양할 수 있도록 교과 간 연계와 통합, 학생의 삶과 연계된 학습, 학습에 대한 성찰 등을 강화한다.[16]

또한 '학교 교육과정 설계와 운영'에서는 '교수·학습'에 대해 이렇게 주문하고 있습니다.

> 1) 단편적 지식의 암기를 지양하고 각 교과목의 핵심 아이디어를 중심으로 지식·이해, 과정·기능, 가치·태도의 내용 요소를 유기적으로 연계하며 학생의 발달 단계에 따라 학습 경험의 폭과 깊이를 확장할 수 있도록 수업을 설계한다.
> 2) 교과 내 영역 간, 교과 간 내용 연계성을 고려하여 수업을 설계하고 지도함으로써 학생들이 융합적으로 사고하고 창의적으로 문제를 해결하는 능력을 함양할 수 있도록 한다.

교과 간 통합 수업을 디자인하기 위해서는, 각 교과의 성취 기준을 중심으로 교과 간 연계 지점을 파악해야 합니다. 각 교과의 특성이 드러나는 성취 기준 속에서 연계점을 찾는 일은 쉬운 일이 아닙니다. 여러 교과 교사들이 머리를 맞대고 논의를 하다가도 통합의 '필요'를 느끼는 부분이 달라 중단되는 일이 허다합니다.

국어 교과의 특성 중 도구적 성격은 다른 교과와의 통합에서 유연함을 드러내는 지점입니다.

교과 교육의 심화 및 발전을 위해서는 학습자의 사고력 및 표현 능력을 향상시킬 수 있는 보편적 언어 교육이 필요함과 동시에, 해당 교과만의 특수성이 담긴 언어 교육도 병행되어야 하기 때문입니다. 필자는 바로 이 부분을 국어 교과의 '필요'와 타 교과의 '필요'가 만나는 부분으로 보았습니다.

여기에서는 국어과 교육과정의 내용 체계 중 '과정·기능' 범주와 과학 교과의 내용 체계 중 '지식·이해' 범주를 통합하여 교과 간 통합 수업을 디자인해 보고자 합니다. 고등학교 2학년에서 학생들이 주로 선택하는 과목인 국어 교과의 〈독서와 작문〉, 과학 교과의 〈생물의 유전〉을 통합의 과목으로 선정했습니다. 〈독서와 작문〉의 "과학·기술의 원리나 지식을 다룬 과학·기술 분야의 글을 읽고 과학·기술의 개념이나 현상을 설명하는 글을 쓴다.([12독작01-09])"와 〈생물의 유전〉의 "단일 클론항체, 줄기세포, 유전자 편집 기술이 난치병 치료에 활용된 사례를 조사하고, 이러한 치료법의 전망에 대해 협력적으로 소통할 수 있다.([12유전03-02])"를 통합할 성취기준으로 정하고, 교과 간 통합 수업을 디자인하는 과정을 제시하고자 합니다.

1. 국어-과학 교과 간 통합 수업 디자인하기

1) 1단계: 교과 간 통합할 성취기준 선정하기

교과 간 성취기준을 통합하기 위한 1단계는 한 학년(학기)에서 한 학생이 동일하게 배우는(선택한) 과목들의 성취기준을 살펴보고 통합의 필요성이 있는 성취기준들을 연결해 보는 것입니다. 교과 간 통합 수업을 통해 학습 효과를 높일 수 있는 부분에 대한 확인이 필요한데, 학습자의 학습 부담이 경감되는지, 교과 학습의 심화에 도움이 되는지, 학습자의 학업 역량이 향상되는지 등을 중심으로 통합할 성취기준을 추출할 필요가 있습니다.

먼저 2022 개정 교육과정의 고등학교 일반 선택 과목 〈독서와 작문〉의 성취 기준을 살펴보면서, 교과 간 통합에 대한 구상을 해 보도록 합시다. 읽기와 쓰기 활동 중심인 〈독서과 작문〉은 다른 교과와 만날 수 있는 접점이 많은 과목입니다. 과목의 정체성 자체가 언어가 가진 도구적 가치에 집중하고 있기 때문입니다.

<표 1> 2022 개정 국어과 교육과정 중 〈독서와 작문〉 과목 교육과정 성취기준

[12독작01-01] 독서와 작문의 의사소통 방법과 특성을 이해하고 문어 의사소통 생활을 주도적으로 실천하고 성찰한다.

[12독작01-02] 독서의 목적과 작문의 맥락을 고려하여 가치 있는 글이나 자료를 탐색하고 선별한다.

[12독작01-03] 글에 드러난 정보를 바탕으로 글의 내용을 파악하고 글에 드러나지 않은 정보를 추론하며 읽는다.

[12독작01-04] 글의 내용이나 관점, 표현 방법, 필자의 의도나 사회·문화적 이념을 평가하며 읽는다.

[12독작01-05] 글을 읽으며 다양한 내용 조직 방법과 표현 전략을 찾고 이를 글쓰기에 활용한다.

[12독작01-06] 자신의 글을 분석적·비판적 관점으로 읽고, 내용과 형식을 효과적으로 고쳐 쓴다.

[12독작01-07] 인간과 예술을 다룬 인문·예술 분야의 글을 읽고 삶과 예술에 대한 자신의 생각을 담은 글을 쓴다.

[12독작01-08] 사회적·역사적 현상이나 쟁점 등을 다룬 사회·문화 분야의 글을 읽고 사회·문화적 사건이나 역사적 인물에 대한 관점을 담은 글을 쓴다.

[12독작01-09] 과학·기술의 원리나 지식을 다룬 과학·기술 분야의 글을 읽고 과학·기술의 개념이나 현상을 설명하는 글을 쓴다.

[12독작01-10] 글이나 자료에서 가치 있는 정보를 수집하고 효과적으로 조직하면서 정보를 전달하는 글을 쓴다.

[12독작01-11] 글이나 자료에서 타당한 근거를 수집하고 효과적인 설득 전략을 활용하여 논증하는 글을 쓴다.

[12독작01-12] 정서 표현과 자기 성찰의 글을 읽고 자신의 정서를 진솔하게 표현하거나 자신의 삶을 성찰하는 글을 쓴다.

[12독작01-13] 다양한 글을 주제 통합적으로 읽고 학습의 목적과 교과의 특성을 고려하여 학습을 위한 글을 쓴다.

[12독작01-14] 매체의 유형과 특성을 고려하며 글이나 자료를 읽고 쓴다.

[12독작01-15] 독서와 작문의 관습과 소통 문화를 이해하고 공동체의 소통 문화 및 담론 형성에 책임감 있게 참여한다.

위의 성취기준을 보면 〈독서와 작문〉 과목의 성취기준 대부분이 여러 교과와 통합하여 수업을 디자인할 수 있음을 인지할 수 있습니다. 다양한 글을 읽고 쓰는 과정에서 깊이 있는 사고를 통해 교과 지식을 심화하고, 창의적이고 융합적으로 문제를 해결할 수 있습니다. 이는 다른 교과 교육에서도 '필요'를 느낄 수 있는 부분이므로 교과 간 통합 수업에 대한 타 교과 교사들의 참여도가 높아질 수 있습니다. 미래사회에 필요한 핵심역량으로 지식정보처리 및 의사소통 역량이 중시되고 있음을 고려해 볼 때 언어가 가진 도구적 기능이 모든 교과 역량 제고를 위한 핵심 열쇠가 될 수 있습니다.

여기에서는 여러 교과 교육 활동에서 상당수 채택하고 있는 조사 보고서 쓰기와 관련하여 과학 교과와의 통합을 시도해 보고자 했습니다. "과학·기술의 원리나 지식을 다룬 과학·기술 분야의 글을 읽고 과학·기술의 개념이나 현상을 설명하는 글을 쓴다."를 과학 교과와 통합할 성취기준으로 선정하고, 과학 교과 내에서 이와 통합할 성취 기준을 살펴보았습니다. 조사 보고서를 국어와 과학 두 교과에서 각각 작성하던 것을 한 번으로 바꾸어 학습자의 수업 부담을 줄이고, 조사 보고서에 대한 두 교과의 학습을 통해 학습자의 의사소통 역량을 높일 수 있을 뿐 아니라, 이를 통해 각각의 교과교육을 심화시킬 수 있어, 교과 간 통합의 지점으로 적정하다고 생각했습니다.

통합의 대상으로는 〈독서와 작문〉을 배우는 시기에 학생들이 과학 교과에서 주로 선택하는 진로 선택 과목인 〈생물의 유전〉을 선정했습니다. 〈역학과 에너지〉, 〈전자기와 양자〉, 〈화학 반응의 세계〉, 〈지구시스템과학〉 등의 진로 선택 과목이나, 〈과학의 역사와 문화〉, 〈기후변화와 환경 생태〉, 〈융합과학 탐구〉 같은 융합 선택 과목과 통합하는 것도 가능합니다. 〈생물의 유전〉의 성취 기준은 다음과 같습니다.

〈표 2〉 2022 개정 과학과 교육과정 중 〈생물의 유전〉 과목 성취기준

(1) 유전자와 유전 물질	(2) 유전자의 발현	(3) 생명공학기술
[12유전01-01] 유전 형질이 유전자를 통해 자손에게 유전됨을 이해하고, 상염색체 유전과 성염색체 유전 양상의 차이를 설명할 수 있다.	[12유전02-01] 전사와 번역을 거쳐 유전자가 발현되는 중심원리를 이해하고, 모형을 이용하여 유전자 발현 과정을 설명할 수 있다.	[12유전03-01] 생명공학기술 발달 과정에서의 주요 사건을 조사하고 다양한 매체를 활용하여 발표할 수 있다.
[12유전01-02] 사람 유전 연구 방법의 어려움을 이해하고, 사람의 유전 현상 분석을 근거로 유전 형질의 유전적 특성을 추론할 수 있다.	[12유전02-02] 유전 부호를 이해하고, 유전 부호 표를 사용하여 유전 정보를 해독할 수 있다.	**[12유전03-02] 단일클론항체, 줄기세포, 유전자 편집 기술이 난치병 치료에 활용된 사례를 조사하고, 이러한 치료법의 전망에 대해 협력적으로 소통할 수 있다.**
[12유전01-03] 사람의 다유전자유전에 대해 이해하고, 유전 현상의 다양성 사례를 조사하여 과학적 근거를 활용하여 협력적으로 소통할 수 있다.	[12유전02-03] 원핵생물과 진핵생물의 유전자 발현 조절 과정을 비교하기 위한 설명 자료를 다양한 매체를 활용하여 제작할 수 있다.	[12유전03-03] 생명공학기술 관련 학문 분야를 이해하고 우리 생활과 산업에 활용 사례를 조사하여 창의적으로 설명 자료를 제작할 수 있다.
[12유전01-04] 염색체와 유전자 이상에 대해 이해하고, 사람의 유전병을 발병 원인별 조사 계획을 세워 조사할 수 있다.	[12유전02-04] 생물의 발생 과정에서 세포 분화가 유전자 발현 조절 과정을 통해 일어남을 추론할 수 있다.	[12유전03-04] 유전자 변형 생물체(LMO)의 특징을 이해하고 인간과 생태계에 미치는 영향을 추론할 수 있다.
[12유전01-05] DNA의 구조와 유전물질 규명 관련 과학사적 연구 결과를 설명하기 위한 발표 자료를 창의적으로 제작할 수 있다.	[12유전02-05] 생물의 유전자 발현 조절 및 발생에 대한 연구가 인류 복지에 기여한 사례를 조사하여 협력적으로 소통할 수 있다.	[12유전03-05] 생명공학기술의 활용 과정에서 나타나는 문제점과 이에 대한 사회적 책임을 인식하고 생명윤리 쟁점에 대해 의사 결정할 수 있다.
[12유전01-06] 원핵세포와 진핵세포의 유전자 구조와 유전체 구성을 이해하고, 공통점과 차이점을 비교하여 설명할 수 있다.		
[12유전01-07] 반보존적 DNA 복제 과정을 이해하고 그 의미를 추론하여 협력적으로 소통할 수 있다.		

〈표 2〉를 살펴보면, 〈생물의 유전〉 성취기준 대부분이 조사 보고서 활동과 관련이 있음을 알 수 있습니다. 성취기준 [12유전01-03], [12유전01-04], [12유전02-05], [12유전03-01], [12유전03-02], [12유전03-03]이 조사 활동과 관련되어 있으며, 성취기준 [12유전01-05], [12유전01-06],

[12유전02-01], [12유전02-02], [12유전02-03]에서는 설명과 해독 활동이 이루어짐을 드러내고 있습니다. 여기에서는 "단일클론항체, 줄기세포, 유전자 편집 기술이 난치병 치료에 활용된 사례를 조사하고, 이러한 치료법의 전망에 대해 협력적으로 소통할 수 있다.([12유전03-02])"를 국어 교과와 통합할 성취기준으로 정했습니다.

2) 2단계: 통합할 성취기준의 교수·학습 요소를 추출하고 교수·학습 전개를 구조화하기

2단계에서는 국어와 과학 교과의 통합할 성취기준들에 대한 교육과정의 요구 사항을 확인하여 교수·학습에 필요한 요소를 추출하고 이를 수업에서의 교수·학습 흐름으로 구조화해야 합니다. 여기에서는 두 성취기준을 분석해 교수·학습 요소를 추출하고 이를 교수·학습 전개로 구조화해 보고자 합니다.

〈표 3〉 교육과정 분석을 통한 [12독작01-09]과 [12유전03-02]의 교수·학습 요소 추출하기

교과-과목	국어-독서와 작문	교수·학습 요소 추출하기
대상 학년	고등학교 2학년	
성취기준	[12독작01-09] 과학·기술의 원리나 지식을 다룬 과학·기술 분야의 글을 읽고 과학·기술의 개념이나 현상을 설명하는 글을 쓴다.	〈독서와 작문〉 • 과학·기술의 원리나 지식 관련 글 이해하기 - 정보를 효과적으로 파악하기 - 글의 구조와 전개 방식 파악하기
내용 요소	과학·기술의 분야별 독서와 작문 수행하기	
성취기준 해설	• 이 성취기준은 과학·기술의 원리나 지식을 다룬 글을 읽고 학습자가 수집한 다양한 정보와 자료를 활용하여 과학·기술의 원리나 현상을 설명하는 글을 쓰는 능력을 기르기 위해 설정했다. ①과학·기술의 원리나 지식을 다룬 글을 읽고 정보를 효과적으로 파악하기, ②과학·기술 분야의 글의 구조와 전개 방식 파악하기, ③과학·기술 분야의 글을 읽고 내용 생성에 필요한 자료 수집하기, ④수집한 자료의 객관성과 신뢰성 평가하기, ⑤예상 독자를 고려하여 효과적으로 조직 및 표현하기 등을 학습할 수 있다.	• 과학·기술 분야의 글 쓰기 - 수집한 자료의 객관성과 신뢰성 평가하기 - 예상 독자를 고려하여 효과적으로 조직 및 표현하기
성취기준 적용 시 고려 사항	• 글에 드러난 정보를 바탕으로 사실적 내용을 파악하거나, 정보를 추론하며 읽기를 지도할 때에는 ⑥다양한 독해 전략을 적용하고 ⑦학습자가 스스로 그 효과를 점검하여 자신의 독해 전략을 조정하는 것에 주안점을 둔다. 이를 통해 학습자가 능동적으로 자신의 독해 능력을 향상할 수 있도록 한다. 또한 독해 능력은 국어 교과 외에도 타 교과의 학습에서 필수적인 능력이므로 관련 성취기준을 타 교과와 통합하여 지도한다. • 글에 드러난 정보를 바탕으로 사실적 독해, 추론적 독해, 비판적 독해를 할 때에는 ⑧읽기 부진 학습자를 사전에 진단함으로써, ⑨읽기 유창성이 부족하여 발생하는 오독의 가능성이 없는지, 어휘 지식이 해당 학년 수준보다 부족하지 않은지, 글을 대충 읽고 넘어가서 피상적인 이해에 그치지 않는지, 학습자 자신의 배경지식을 활용하는 능력이 부족하지 않은지 등을 파악하도록 한다. • 정보를 전달하는 글, 논증하는 글 등을 쓸 때에는 쓰기 부진 학습자 또는 한국어에 익숙하지 않은 다문화 배경의 학습자를 고려하여 처음부터 맞춤법과 문법을 정확하게 지켜 오류 없는 글을 쓰는 데에 중점을 두기보다는 ⑩학습자의 생각을 자유롭게 표현하고 쓴 글을 ⑪동료들과 공유하면서 글쓰기에 흥미와 효능감을 기르는 데에 중점을 두되, ⑫교사나 동료의 피드백을 받으면서 초고를 고쳐 쓸 수 있는 기회를 제공하도록 한다.	• 다양한 독해 전략 적용하기 - 학습자의 능동적 독해 • 읽기 부진 학습자 사전 진단 - 읽기 유창성 부족으로 인한 오독 가능성 파악 - 어휘 지식의 부족 정도 파악 - 대충 읽기로 인한 피상적 이해 정도 파악 - 학습자 자신의 배경지식 활용 능력 부족 파악 • 학습자의 자기주도성 - 학습자 스스로 계획 수립, 학습 상황 점검 및 조정 - 동료들과의 공유를 통한 흥미와 효능감 제고 - 교사나 동료의 피드백 제공
교수·학습 및 평가 중 (2) 교수·학습 방법	(가) '독서와 작문'을 통해 학습자의 자기주도적인 학습이 가능하도록 ⑬학습자가 적극적으로 자신의 학습 계획을 수립하고, 학습자가 스스로 자신의 학습 상황을 점검 및 조정하는 개별화 수업을 활용할 수 있다. (라) '독서와 작문'의 수업 환경 및 학습자의 실제적인 언어 사용 환경을 고려하여 ⑭온오프라인 연계 수업 및 디지털 도구를 적극적으로 활용할 수 있다.	

교과–과목	과학–생물의 유전	
대상 학년	고등학교 2학년	
성취기준	[12유전03-02]⑮단일클론항체, 줄기세포, 유전자 편집 기술이 난치병 치료에 활용된 사례를 조사하고, 이러한 치료법의 전망에 대해 협력적으로 소통할 수 있다.	
내용 요소	생명공학기술의 발달	
성취기준 해설	• ⑯생명공학기술의 원리 중심보다는 우리 생활과 밀접한 사례를 중심으로 생명공학기술 활용 사례 및 관련 새로운 학문 분야와 직업을 조사하도록 하여 학생들의 흥미를 유도하도록 한다.	⇨
성취기준 적용 시 고려 사항	• 생명공학기술 발달 과정의 주요 사건 및 생명공학기술 활용 사례 조사 결과를 ⑰정보 그림 및 시청각 설명 자료 제작, 영상 제작 등 다양한 방법을 사용하여 발표하도록 하여 디지털 소양을 함양할 수 있도록 지도한다.	
교수·학습 및 평가 중 가–(2) 교수·학습 방법	(나) 강의, 실험, 토의·토론, 조사, 역할 놀이, 프로젝트, 과제 연구, 야외 조사, 과학관 견학과 같은 학교 밖 과학 활동 등 다양한 교수·학습 방법을 적절히 활용하고, 학생이 능동적으로 수업에 참여할 수 있도록 한다. – ⑱과학 및 과학과 관련된 사회적 쟁점을 주제로 과학 글쓰기와 토론을 실시하여 과학적 사고력, 과학적 의사소통 능력 등을 함양할 수 있도록 지도한다. (다) ⑲학생의 디지털 소양 함양과 교수·학습 환경의 변화를 고려하여 교수·학습을 지원하는 다양한 디지털 기기 및 환경을 적극적으로 활용한다. (라) 학생의 '생물의 유전'에 대한 흥미, 즐거움, 자신감 등 정의적 영역에 관한 성취를 높이고 '생물의 유전' 관련 진로를 탐색할 수 있는 교수·학습 방안을 강구한다. – 학습 내용과 관련한 첨단 과학기술을 ⑳다양한 형태의 자료로 제시함으로써 현대 생활에서 첨단 과학이 갖는 가치와 잠재력을 인식하도록 지도한다. – ㉑생명과학자 이야기, 생명과학사, 시사성 있는 최신 생명과학 내용 등을 도입하여 과학에 대한 호기심과 흥미를 유발한다.	〈생물의 유전〉 • 생명공학기술 활용 사례 및 관련 새로운 학문 분야와 직업 조사 – 원리 중심보다는 사례 중심 – 정보 그림 및 시청각 설명 자료 제작, 영상 제작 및 발표 – 과학 글쓰기와 토론 – 디지털 기기 및 환경 적극 활용 – 첨단 과학기술을 다양한 형태의 자료로 제시

성취기준 [12독작01-09]는 과학·기술과 연관된 것이므로 과학 교과와의 연계성을 충분히 드러내고 있습니다. ①의 경우 ⑮의 '단일클론항체, 줄기세포, 유전자 편집 기술'에 대한 글을 읽고 정보를 효과적으로 파악하는 교수·학습 요소 추출이 가능하며, 이를 통해 ②의 '글의 구조와 전개 방식'을 파악하게 할 수 있습니다. 글을 읽는 과정에서는 ⑥과 같이 다양한 독해 전략을 사용할 수 있도록 지도하되, ⑧을 위해 ⑨의 세부적 요소들을 확인하여 지도할 필요가 있습니다.

성취기준 [12유전03-02]을 충족하기 위해서는 해당 사례를 조사하고 치료법의 전망에 대해 발표하고 토론하는 활동이 필요합니다. 따라서 ⑱과 같이 과학 글쓰기와 토론을 교수·학습 요소로 추출하고, ③, ④를 통해 ⑤를 지도합니다. ③의 '내용 생성에 필요한 자료 수집하기' 활동은 글의 목적, 주제, 독자 등에 맞는 자료 수집 활동을 할 수 있는 부분으로 다양한 경로와 방법으로 풍부하고 정확한 자료를 수집하도록 지도할 수 있습니다. 책, 사전, 신문, 방송, 인터넷 등 각종 매체의 자료를 수집하는 방법이나 설문 조사, 면담 등 직접 사람을 대면하는 방법, 현장을 조사하는 방법 등을 지도하되, ④의 '자료의 객관성과 신뢰성을 평가하기' 활동을 통해 자료 수집 시 신뢰성과 타당성을 검증할 수 있도록 하는 것이 중요합니다. ⑤의 '예상 독자를 고려하여 효과적으로 조직 및 표현하기'에서는 독자에게 가치 있는 정보를 가려내어 효과적으로 조직하고, 다양한 표현 방법을 적절하게 사용하여 내용을 명확히 전달하도록 지도합니다.

학습자의 자기 주도성도 강조되어야 할 교수·학습 요소입니다. ⑦, ⑩, ⑬을 살펴보면 자료를 수집하고 정보를 이해하며 내용을 점검하는 과정에서 학습자의 자발적 의지와 노력이 중시되어야 함을 알 수 있습니다. 학습자는 개별적 주제를 선택하여 조사하고 교사는 과정상에서 필요한 조언과 칭찬을 하게끔 수업을 디자인할 필요가 있습니다. 점검 및 피드백에 대해서는 ⑪, ⑫를 통해 보완할 수 있는 기회를 제공합니다. 학습자는 ⑭, ⑰, ⑲와 같이 다양한 디지털 기기 및 환경을 적극적으로 활용하여 과학 글쓰기 활동을 하며, ⑯, ⑳, ㉑을 고려하여 과학에 대한 호기심과 흥미를 유지할 수 있도록 합니다.

이제 앞에서 추출한 교수·학습 요소와 그 과정에서 파악한 유의점들을 반영하여 교수·학습 전개를 구조화해 봅시다.

<표 3> 교수·학습 내용 요소를 토대로 교수·학습 전개 구조화하기

교수·학습 요소	교수·학습 전개 구조화
〈독서와 작문〉 • ⓐ과학·기술의 원리나 지식 관련 글 이해하기 　정보를 효과적으로 파악하기 　글의 구조와 전개 방식 파악하기 • 과학·기술 분야의 글 쓰기 – ⓑ수집한 자료의 객관성과 신뢰성 평가하기 – ⓒ예상 독자를 고려하여 효과적으로 조직 및 표현하기 • ⓓ다양한 독해 전략 적용하기 – 학습자의 능동적 독해 강조 • ⓔ읽기 부진 학습자 사전 진단 – 읽기 유창성 부족으로 인한 오독 가능성 파악 – 어휘 지식의 부족 정도 파악 – 대충 읽기로 인한 피상적 이해 정도 파악 – 학습자 자신의 배경지식 활용 능력 부족 파악 • ⓕ학습자의 자기주도성 – 학습자 스스로 계획 수립, 학습 상황 점검 및 조정 – 동료들과의 공유를 통한 흥미와 효능감 제고 – 교사나 동료의 피드백 제공 〈생물의 유전〉 • ⓖ생명공학기술 활용 사례 및 관련 새로운 학문 분야와 직업 조사 – 원리 중심보다는 사례 중심 – 정보 그림 및 시청각 설명 자료 제작, 영상 제작 및 발표 – 과학 글쓰기 – 디지털 기기 및 환경 적극 활용 – 첨단 과학기술을 다양한 형태의 자료로 제시	① 과학·기술의 원리나 지식 관련 글 이해하기 1) 글의 구조와 전개 방식 이해하기 　– 조사 보고서의 개념과 특징 　– 조사 보고서 작성의 절차 　　(주제 선정 및 계획 수립, 자료 조사, 자료 분석 및 결과 정리, 보고서 작성) 　– 글의 구조, 전개 방식 2) 단일클론항체, 줄기세포, 유전자 편집 기술의 원리 관련 글 이해하기 　– 학습자의 능동적 독해 　– 읽기 부진 학습자 사전 진단 　– 개별 지도를 통한 학습자간 이해 격차 해소 3) 지식과 정보의 객관성과 신뢰성 비판적으로 이해하기 ② 과학·기술의 원리나 현상 관련 자료 조사하기 1) 단일클론항체, 줄기세포, 유전자 편집 기술이 난치병 치료에 활용된 사례 조사하기 2) 단일클론항체, 줄기세포, 유전자 편집 기술 관련 새로운 학문 분야와 직업 조사하기 3) 자료 분석 및 정리 ③ 과학 관련 조사 보고서 작성하기 1) 효과적으로 조직하기 2) 표현하기(초고) 3) 고쳐쓰기(피드백) 4) 보고서 완성하기

　〈독서와 작문〉, 〈생물의 유전〉의 과목 간 통합 수업에 있어서 교수·학습 전개는 '읽기'와 '쓰기', 크게 두 단계로 나눌 수 있습니다. 과학·기술과 관련된 조사 보고서를 작성하기 위해서는 관련 글에 대한 탐색 활동이 먼저 이루어져야 합니다. 첫 번째 단계는 '읽기' 중심으로 ⓐ, ⓓ, ⓔ과 관련한 교수·학습 활동이 전개되어야 합니다. 학습자가 최종적으로 조사 보고서를 작성하기 위해서는 조사 보고서의 개념과 특징, 조사 보고서 작성의 절차를 이해하는 활동이 우선적으로 전개되어야 하며, 〈생물의 유전〉과 관련된 예시글을 통해 글의 구조와 전개 방식을 파악함으로써 과학·기술 분야의 글쓰기 활동을 위한 기본 토대가 이루어지게 됩니다. 교과 간 통합 수업에서는 국어 교사와 과학 교사가 함께 교수·학습에 참여하는 것이 원칙이나, 이 단계는 국어 교사가 주로 지도하게 됩

니다(교수·학습 전개①).

두 번째 단계는 ⊗을 중심으로 한 '쓰기' 활동이 이루어지며 ⑭이 강조되도록 했습니다. 이 단계는 과학·기술 원리나 현상 관련 자료 조사하기와 과학 관련 조사 보고서 작성하기 단계로 나뉘는데, 과학·기술 원리나 현상 관련 자료 조사하기 단계에서는 〈생물의 유전〉 성취기준과 ⓒ의 내용 요소를 포함하여 교수·학습 활동이 계획되었으며(교수·학습 전개②), 과학 관련 조사 보고서 작성하기 단계에서는 ⓒ을 중심으로 보고서 및 자료 제작이 이루어지고 보고서에 대한 두 교과의 개별 지도가 이루어지도록 설계했습니다(교수·학습 전개③).

3) 3단계: 학급 특성을 고려하여 교수·학습 활동을 구체화하면서 차시 구분하기

교과 간 통합 수업을 디자인하기 위해서는 학급의 특성은 물론 학교와 교사들의 문화도 고려해야 합니다. 일반적으로 고등학교는 교과 간 경계가 명확하고 교과 교육의 심화가 이루어지고 있는 단계이기 때문에 타 교과와의 통합에 대해 교사들의 관심이 높은 편이 아니며, 교과 교사 간 소통 문화가 활발한 편도 아닙니다.

하지만 학교 자율 교육과정의 필요성이 증대되면서 교과 간 통합 수업을 위해 교사들이 삼삼오오 팀티칭에 나서고 있습니다. 교과 간 통합 수업이 성공하기 위해서는 교과 교사들 사이의 소통이 활성화되어야 하며, 교사와 학생 간의 유대 관계도 밀접해야 예기치 않은 돌발 상황에서도 탄력적이고 유기적으로 대응할 수 있습니다.

[학급 정보]

학년/학기	고등학교 2학년/ 2학기
학생 수	24명
학생 수준	– 정보의 수집, 선별, 조직에 능숙하고 표현 능력이 좋은 학생 6명 – 교사의 도움을 통해 정보 수집, 선별, 조직 및 표현을 할 수 있는 학생 12명 – 교사의 개별 지도를 통해 정보를 이해하는 단계까지 갈 수 있는 학생 6명
학급 특성	① 일반고 농어촌의 소규모 학교로 초등학교부터 쌓아온 유대감이 기저에 깔려 있어 학생 간 소통이 활성화되어 있음 ② 한 교과의 교사가 한 명이라 다른 교과 교사와의 교류가 매우 활발한 편임 ③ 대부분의 교사가 1, 2학년 때부터 학생들을 지도했기 때문에 학생의 개별적 특성과 학습의 정도를 자세히 알고 있고 개별 지도가 용이함

조사 보고서 쓰기는 다양한 교과에서 많이 실시하는 수행평가 활동 중 하나로, 교사들이 교과 간 통합의 '필요'를 느끼는 부분입니다. 대학 교육과의 연계를 고려해 볼 때도 보고서 쓰기 역량을 높이는 것은 교육적으로 매우 의미가 있으므로, 여기에서는 보고서 쓰기 역량을 강화하기 위한 교과 간 통합 수업을 구안했습니다.

소규모 학교의 경우 학생들은 초등학교 때부터 오랜 기간 함께 자라오고 함께 공부한 친구들과 한 학급에 속해 있어, ①과 같이 평소 모르는 것들에 대해 불편감 없이 친구들에게 질문하는 학급 문화가 형성되어 있습니다. 또한 교과 교사가 한 명인 경우가 많아, 교사 한 사람이 교과 교사로서 대표성이 있고 ②와 같이 모든 교사가 같은 교무실에서 근무하여 교과 간 통합 수업이 잘 이루어 질 가능성이 높습니다. 한 교과당 교사가 한 명이라, 1학년 〈국어〉를 가르친 교사가 2학년, 3학년 때 〈화법과 언어〉, 〈독서와 작문〉, 〈문학〉, 〈매체 의사소통〉 등을 가르치게 되어, ③과 같이 학습자 에 대한 밀착 지도 및 개별 지도가 가능합니다. 학생들은 1학년 때부터 자신을 가르친 교사에 대해 스스럼없이 다가가는 편이며, 쑥스러움을 느끼는 학생들의 경우는 성격이 적극적인 친구들과 동행 하여 자연스럽게 교무실을 방문합니다. 이러한 상황들이 교과 간 통합 수업에 유리한 조건이 될 수 있습니다.

아래 〈표 4〉는 [학급 정보]를 고려하여, 〈표 3〉에서 제시한 교수·학습 전개를 교수·학습 활동 으로 구체화하고 차시를 구분한 것입니다.

〈표 4〉 독서와 작문 [12독작01-09]–생물의 유전 [12유전03-02] 교과 간 통합 수업의 교수·학습 활동 구체화와 차시 구분

교수·학습 단계	교수·학습 활동	시간	차시	준비물
① 과학·기술의 원리나 지식 관련 글 이해하기	1) 글의 구조와 전개 방식 이해하기 – 조사 보고서의 개념과 특징 파악하기 – 조사 보고서 작성의 절차 파악하기 – 글의 구조와 전개 방식 파악하기	50분	1~3	활동지 빔프로젝터 PC
	2) 단일클론항체, 줄기세포, 유전자 편집 기술의 원리 관련 글 이해하기(글을 읽고 내용 정리하기) – 학습자의 능동적 독해 – 개별 지도를 통한 학습자 간 이해 격차 해소 지도 – 읽기 부진 학습 요인 파악 및 지도 　(읽기 유창성 부족으로 인한 오독 가능성, 어휘 지식의 부족, 대충 읽기로 인한 피상적 이해, 학습자 자신의 배경지식 활용 능력 부족 등을 파악하여 개별 지도함) 3) 지식과 정보의 객관성과 신뢰성 비판적으로 이해하기 – 정리한 내용 발표하기 – 지식, 정보의 객관성과 신뢰성 비판하기	100분		

	내용	시간	차시	준비물
② 과학·기술의 원리나 현상 관련 자료 조사하기	1) 단일클론항체, 줄기세포, 유전자 편집 기술이 난치병 치료에 활용된 사례 조사하기 2) 단일클론항체, 줄기세포, 유전자 편집 기술 관련 새로운 학문 분야와 직업 조사하기 3) 자료 분석 및 정리	100분	4~5	활동지 빔프로젝터 PC
③ 과학 관련 조사 보고서 작성 및 발표하기	1) 효과적으로 조직하기 – 개요 작성하기 – 중심 문장 작성하기 2) 표현하기(초고) – 조사 보고서 작성하기 – 초고 점검하기(자기 자신)	150분	6~8	활동지 빔프로젝터 PC
	3) 고쳐쓰기(피드백) – 고쳐쓰기1(친구) – 고쳐쓰기2(선생님)	50분	9	활동지 빔프로젝터 PC
	4) 보고서 완성 및 발표하기 – 조사 보고서 완성하기 – 정보 그림, 시청각 설명자료 제작, 영상 제작하기 – 보고서 발표하기	100분	10~11	활동지 빔프로젝터 PC

1~3차시: 과학·기술의 원리나 지식 관련 글 이해하기

① 과학 교과의 조사 보고서를 쓰기 위해서는 글의 특징을 정확히 파악할 필요가 있습니다. 국어 교과에서 이에 대한 지도가 선제적으로 이루어져야 하는데, 과학 분야의 조사 보고서를 예시로 들어 조사 보고서의 개념 및 특징, 작성의 절차, 구조와 전개 방식에 대해 파악하게 하면 효과적입니다. 국어 교사는 조사 보고서를 국어 교과적 측면에서 파악하는 교육활동을 전개하고, 과학 교사는 내용 이해 차원에서 과학 보고서의 내용을 정리해 주는 활동을 전개합니다.

② 과학 관련 조사 보고서를 작성하기 위해서는 과학·기술의 원리나 지식 관련 글을 읽고 보고서를 쓰기 위한 이론적 토대를 쌓아야 합니다. 과학 교사는 조사 보고서와 관련된 과학·기술 원리를 다양하고도 구체적인 형태로 제시하여 학생들로 하여금 관심사에 맞는 것을 고를 수 있게 하면 학습자 주도의 학습이 이루어지는 데 원동력이 될 것입니다. 학습자는 자신이 고른 과학·기술 원리와 관련된 자료를 조사하고, 자료 읽기를 통해 원리를 이해하는 활동을 하게 됩니다.

③ '단일클론항체, 줄기세포, 유전자 편집 기술의 원리' 관련 글을 분석하는 활동을 합니다. 모둠별보다는 개별적인 활동으로 전개했을 때, 학습자들의 개별적 특성에 대한 지도가 충분히

이루어질 수 있습니다. 교사는 학생들이 글을 이해하는 과정에서 드러나는 읽기 부진 학습 요인을 찾아내야 합니다. 교사는 학습자가 어휘 지식이 부족해 내용 파악이 잘못되고 있는지, 대충 읽기로 피상적 이해에 그치지는 않았는지, 학습자 자신의 배경지식 활용 능력이 부족하지는 않은지 등을 파악하고, 일대일 맞춤형 지도를 통해 학습자의 읽기 역량을 향상시켜야 합니다.

④ 자료를 읽고 이해한 내용을 발표하는 활동을 하게 합니다. 이 활동을 통해 과학 교사는 학습자가 과학의 원리를 충분히 이해했는지를 확인할 수 있으며, 국어 교사는 학습자가 자료의 중심 내용을 조리있게 전달하는지, 표현은 적절했는지 등을 살펴보면서 피드백해 줄 수 있습니다.

4~5차시: 과학·기술의 원리나 현상 관련 자료 조사하기

① 원리에 대한 이해를 마쳤다면, 과학·기술 원리나 현상 관련 자료를 조사하는 활동을 하게 합니다. '단일클론항체, 줄기세포, 유전자 편집 기술'이 난치병 치료에 활용된 사례를 조사하는 활동을 전개합니다.

② 과학 교사는 질병관리본부나 국가건강정보포털 등 학습에 도움을 줄 수 있는 사이트를 소개하고 학습자가 사례를 찾는 과정에서 부딪치는 어려움(과학적 원리 및 용어를 이해하지 못하는 등)이 무엇인지 살펴보면서 개별적인 지도를 합니다. 국어 교사는 학습자가 자료를 읽어내는 과정에서 부딪치는 어려움(문맥적 의미, 단어의 의미를 파악하지 못하는 등)을 해결할 수 있도록 개별 지도합니다. 실제로 학습자는 과학적 용어만이 아니라 학술 자료에서 쓰이는 일반적인 용어에 대해서도 익숙하지 못한 상태라 자료를 읽어 나가는 과정에서 수많은 질문을 하며, 사전을 활용하여 학습해 나가는 과정에서도 같은 어려움이 반복되는 경우가 많습니다. 과학 교사와 국어 교사의 병행 지도를 통해 학습자의 용어나 단어에 대한 개념 이해도가 급격히 향상되는 경우가 많으며, 이는 보고서 쓰기에서 중요한 기초 역량이 됩니다.

③ 과학·기술 관련 새로운 학문 분야와 직업 조사하기 활동을 전개합니다. 학습자가 상당히 흥미로워하는 단계로 ③단계에서 시청각 설명자료나 영상을 제작하는 단계와 연결지어 볼 수 있습니다.

④ 수집한 자료를 분석하고 정리하게 하되, 객관성과 신뢰성을 파악하여 자료를 추출하게 하며, 출처를 반드시 확인하여 보고서 작성에 유의미한 자료가 될 수 있도록 지도합니다.

① 보고서의 틀을 만들고 내용을 조직하는 단계입니다. 보고서 작성에 어려움을 겪는 학생들을 위해 과학 교사와 국어 교사는 협의를 통해 세부적인 구성의 틀을 제시하는 것이 좋습니다. 조사 계획, 배경 지식(과학사), 핵심 개념, 원리(매커니즘), 사례, 소감, 참고 문헌 등 보고서의 세부 형식을 제시한 후 학습활동을 전개합니다.

② 다음 단계는 보고서(초고) 작성하기 단계입니다. 학습자가 자신이 정한 개별적 주제에 맞게 자료를 활용하여 보고서를 작성하도록 지도합니다. 교사는 학습자의 자기주도성을 존중하고 격려하면서, 개별적 도움이 필요한 학습자를 지도합니다. 학습자는 핵심 개념을 정리하는 단계에서 원리(매커니즘)를 밑받침하는 개념에 대해 확인하게 되는데, 이는 이전에 학습했던 과학 교과 지식에 대해 스스로 재학습하게 하는 동기가 되며, 교과 지식이 심화될 수 있는 토대가 되기도 합니다. 보고서(초고) 작성이 끝나면 학습자 스스로가 글을 정독하면서 글을 다듬는 활동을 하도록 지도합니다.

③ 보고서(초고)에 대한 고쳐쓰기 단계로, 친구들과의 소통을 통한 고쳐쓰기와 교사의 지도에 의한 고쳐쓰기가 병행되도록 수업을 전개합니다. 학습자는 친구들과의 보고서 교차 검토 활동을 통해 자신의 학습적 오류나 문제점을 파악하고 이를 개선하는 기회를 얻을 수 있습니다. 또한 이 단계는 국어 교사와 과학 교사가 적극적으로 개입하여 지도하는 단계입니다. 국어 교사는 설명 방법이 적절한지, 맞춤법 및 띄어쓰기가 적절한지, 연결어 및 단어 사용은 적절한지, 문장의 호응은 적절한지 등을 살펴 지도하며, 과학 교사는 내용이 정확한지, 보충 설명이 되어야 하는 부분은 없는지 등을 살펴 고쳐쓰기 지도를 합니다. 학습자들의 개인적 성향에 따라 수업 시간에 질문을 하기보다는 개별적으로 시간을 내어 교무실을 찾아오는 학생들이 있어, 교사가 수업 외의 시간을 할애해야 할 상황이 펼쳐지기도 합니다. 교사로서는 부담이 될 수 있으나, 학생들의 학습에 대한 열의를 고려해볼 때 기꺼이 수행해야할 교사의 역할이 아닐까 합니다.

④ 조사 보고서를 완성하는 단계에서는 고쳐쓰기 단계에서 학습한 내용을 토대로 보고서를 보완하는 활동을 하게 합니다. 더불어 원리(매커니즘)에 대한 설명을 하는 부분 등에 사용할 시각적 자료를 제작하도록 학습자를 지원합니다. 첨단 과학 기술을 다양한 형태의 자료로 제작하여 제시함으로써 보고서의 완성도를 높일 수 있도록 지도합니다. 이후 완성된 보고서를 발표하게 하고 질의 응답의 시간을 갖게 합니다.

성취기준	독서와 작문 생물의 유전
내용요소	[12독작01-09]과학·기술의 원리나 지식을 다룬 과학·기술 분야의 글을 읽고 과학·기술의 개념이나 현상을 설명하는 글을 쓴다. [12유전03-02]단일클론항체, 줄기세포, 유전자 편집 기술이 난치병 치료에 활용된 사례를 조사하고, 이러한 치료법의 전망에 대해 협력적으로 소통할 수 있다.

내용요소	교수·학습 요소	교수·학습 전개	교수·학습 활동 구체화	차시
• 과정·기능, 과학·기술의 분야별 독서와 작문 수행하기	• 과학·기술의 원리나 지식 관련 글 이해하기 - 정보를 효과적으로 파악하기 - 글의 구조와 전개 방식 파악하기 • 과학·기술 분야의 글 쓰기 - 수집한 자료의 객관성과 신뢰성 평가하기 - 예상 독자를 고려하여 효과적으로 조직 및 표현하기 • 다양한 독해 전략 적용하기 - 학습자의 능동적 독해 • 읽기 부진 학습자 사전 진단 - 읽기 유창성 부족으로 인한 오독 가능성 파악 - 어휘 지식의 부족 정도 파악	① 과학·기술의 원리나 지식 관련 글 이해하기 1) 글의 구조와 전개 방식 이해하기 - 조사 보고서의 개념과 특징 - 조사 보고서 작성의 절차 (주제 선정 및 계획 수립, 자료 조사, 자료 분석 및 결과 정리, 보고서 작성) - 글의 구조, 전개 방식 2) 단일클론항체, 줄기세포, 유전자 편집 기술의 원리 관련 글 이해하기 - 학습자의 능동적 독해 - 읽기 부진 학습자 사전 진단 - 개별 지도를 통한 학습자 간 이해 격차 해소 3) 지식과 정보의 객관성과 신뢰성 비판적으로 이해하기	1) 글의 구조와 전개 방식 이해하기 - 조사 보고서의 개념과 특징 파악하기 - 조사 보고서 작성의 절차 파악하기 - 글의 구조와 전개 방식 파악하기 2) 단일클론항체, 줄기세포, 유전자 편집 기술의 원리 관련 글 이해하기(글을 읽고 내용 정리하기) - 학습자의 능동적 독해 - 개별 지도를 통한 학습자 간 이해 격차 해소 지도 - 읽기 부진 학습 요인 파악 및 지도 (읽기 유창성 부족으로 인한 오독 가능성, 어휘 지식의 부족, 대충 읽기로 인한 피상적 이해, 학습자 자신의 배경지식 활용 능력 부족 등을 파악하여 개별 지도함) 3) 지식과 정보의 객관성과 신뢰성 비판적으로 이해하기 - 정리한 내용 발표하기 - 지식, 정보의 객관성과 신뢰성 비판하기	1~3
	- 대충 읽기로 인한 피상적 이해 정도 파악 - 학습자 자신의 배경지식 활용 능력 부족 파악 • 학습자의 자기주도성 - 학습자 스스로 계획 수립, 학습 상황 점검 및 조정 - 동료들과의 공유를 통한 흥미와 효능감 제고 - 교사나 동료의 피드백 제공	② 과학·기술의 원리나 현상 관련 자료 조사하기 1) 단일클론항체, 줄기세포, 유전자 편집 기술이 난치병 치료에 활용된 사례 조사하기 2) 단일클론항체, 줄기세포, 유전자 편집 기술 관련 새로운 학문 분야와 직업 조사하기 3) 자료 분석 및 정리	1) 단일클론항체, 줄기세포, 유전자 편집 기술이 난치병 치료에 활용된 사례 조사하기 2) 단일클론항체, 줄기세포, 유전자 편집 기술 관련 새로운 학문 분야와 직업 조사하기 3) 자료 분석 및 정리	4~5

〈지식·이해〉 범주: 생명공학기술의 발달	• 생명공학기술 활용 사례 및 관련 새로운 학문 분야와 직업 조사 - 원리 중심보다는 사례 중심 - 정보 그림 및 시청각 설명자료 제작, 영상 제작 및 발표 - 과학 글쓰기 - 디지털 기기 및 환경 적극 활용 - 첨단 과학기술을 다양한 형태의 자료로 제시	③ 과학 관련 조사 보고서 작성하기 1) 효과적으로 조직하기 2) 표현하기(초고) 3) 고쳐쓰기(피드백) 4) 보고서 완성하기	1) 효과적으로 조직하기 - 개요 작성하기 - 중심 문장 작성하기 2) 표현하기(초고) - 조사 보고서 작성하기 - 초고 점검하기(자기 자신) 3) 고쳐쓰기(피드백) - 고쳐쓰기1(친구) - 고쳐쓰기2(선생님) 4) 보고서 완성하기 - 조사 보고서 완성하기 - 정보 그림, 시청각 설명자료 제작, 영상 제작하기	6~11

4) 4단계: 한 차시를 선택해 교수·학습 과정안을 작성하고 실행하기

4단계에서는 〈표 4〉에서 제시된 차시 중에 한 차시를 선택하여 교수·학습 과정안을 작성해 봅니다. 〈표 4〉의 9차시에 해당하는 수업을 대상으로 50분 기준으로 다음과 같은 교수·학습 과정안을 작성해 볼 수 있습니다. 학생들의 보고서 초고에 대한 고쳐쓰기 지도 수업이라 실제로는 한 차시 안에 수업이 이루어지기 어렵습니다. 학생들이 적극적으로 고쳐쓰기 지도에 참여할 경우 차시 배분이 탄력적으로 이루어져야 하며, 쉬는 시간 및 점심 시간 등의 자투리 시간을 이용한 지도가 병행되기도 합니다. 교수·학습 과정안의 내용 중 과학과 관련된 구체적인 내용은 생략하도록 합니다.

단원 학습목표	단일클론항체, 줄기세포, 유전자 편집 기술과 관련한 조사 보고서를 작성할 수 있다.
차시 학습목표	조사 보고서(초고) 검토를 통해 보고서의 문제점을 파악하고 이를 고쳐쓸 수 있다.

학습단계		교수·학습 활동	자료 및 기타	시간
* 도입	학습 동기 유발	▷ 동기 유발: 모범글 확인하기[과학교사] – 모범글을 읽으면서 조사 보고서의 내용을 확인한다. *(모범글 예시: 유전자 편집 기술(크리스퍼 가위) 조사 보고서)* Q1 "유전자 편집 기술의 원리는?" Q2. "크리스퍼 가위를 이해하기 위한 핵심 개념은?" Q3. "유전자 편집 기술의 활용 사례는?" Q4. 자신이 작성한 보고서 초고와 비교했을 때 어떤가요? 고쳐쓰기를 통해 자신의 보고서도 완성도를 높일 수 있겠지요? ▷ 학습 내용과 학습 목표로 연결하기[국어교사, 과학교사] "이번에는 여러분이 작성한 조사 보고서를 다시금 살펴보면서 보완점을 찾는 고쳐쓰기 단계입니다. 여러분들은 친구, 국어 선생님, 과학 선생님의 도움을 통해 앞에서 보았던 모범 사례만큼 더욱 완성도 있게 고쳐나갈 수 있습니다. 학습 목표는 '보고서 초고의 문제점을 파악해서 고쳐쓸 수 있다'입니다. 선생님의 경험에 비추어 보면 고쳐쓰기 단계를 거치고 나면 학생들 글이 훨씬 좋아져요. 이건 예외가 없어요. 그러니 모두 기죽지 말고 피드백을 반영해서 자신의 글을 보완해 갑시다."	▶ 모범글을 읽으면서, 교사의 질문에 답한다. A1~A4 모범글의 내용을 토대로 대답한다. ▶ 학습 목표 확인 – 자신의 보고서에 대해 고쳐쓰기를 할 수 있게 되는 것이 학습 목표임을 인지한다.	빔프로젝트 활동지 태블릿 PPT 7분

전개	친구의 조언 (개별 학습)	▷ 점검 기준 확인하기[국어교사] - 여섯 가지 점검 기준을 설명한다. 　① 정의, 예시, 분류, 대조, 인용, 시각적 자료 등의 방법을 적절히 사용했는가? 　② 글의 내용상 자연스러운 흐름에 어긋나는 문장은 없는가? 　③ 필수적인 문장 성분이 누락된 것은 없는가? 　④ 연결어 및 단어의 사용은 적절한가? 　⑤ 맞춤법이나 띄어쓰기는 적절한가? 　⑥ 그 외에 고쳐써야 할 부분이나 보완해야 할 것은 없는가?	▶ 점검 기준 이해하기 - 점검 기준을 이해하여 자신과 타인의 보고서를 점검할 수 있도록 한다.	빔프로젝트 활동지 태블릿 PPT	40분
		▷ 친구의 고쳐쓰기 조언[국어교사, 과학교사] - 친구 2명 이상에게 자신의 보고서(초고)를 보여주고 조언을 받게 한다. - 자유롭게 디지털 기기 등을 사용하여 친구의 보고서에 대한 조언을 하는 활동을 하게 한다. 맞춤법이나 띄어쓰기 정도는 인터넷 국어사전이나 맞춤법 검사, 띄어쓰기 앱을 사용하여 학생들이 스스로가 고쳐쓰기 할 수 있으며, 서로에 대한 조언을 하는 과정에서 자신의 문제점까지 함께 고쳐 나갈 수 있다. - 서로 의견이 다를 때는 언제든 국어 교사나 과학 교사에게 함께 와서 질문할 수 있는 허용적 분위기를 조성한다. - 국어 교사와 과학 교사가 교실 공간에 함께 있으면서 지도를 요청하는 학생들을 중심으로 개별 지도한다. - 국어 교사와 과학 교사의 지도가 상충되는 부분이 있는지 서로 소통하면서 지도한다. - 지도를 받지 않는 학생이 없는지 수시로 확인한다.	▶ 점검 기준을 중심으로 친구의 보고서에 대해 조언하기 - 여러 가지 방법을 사용해 적극적으로 조언한다.		
	교사 고쳐 쓰기 지도 (개별 학습)	▷ 국어 교사의 고쳐쓰기 지도[국어교사] - 여섯 가지 점검 기준 외에도 다음을 살펴보면서 개별 지도한다. 학생과의 소통을 통해 무엇에 대해 어려움을 겪고 있는지 파악하며 지도한다. 　① 설명 방식이 적절한가? 　② 문단의 구성을 조정해야 할 부분은 없는가? 　③ 표현 방식을 바꾸어야 할 부분은 없는가? 　④ 쓰기 윤리를 잘 지켰는가? 	〈고쳐쓰기 지도 전〉	〈고쳐쓰기 지도 후〉	 |---|---|
- 실제로 일부는 현재에도 임상에 사용되고 있다. - 1세대로는 1940년도 이전 초창기의 임플란트로서 원시적인	- 실제로 일부는 현재 임상에 사용되고 있다. - 1세대는 1940년도 이전 시도된 임플란트로 원시적인		▶ 교사에게 질문하기 - 국어, 과학 교사에게 자신의 보고서(초고)를 보이고 지도를 받는다. - 교사의 지도 내용이 부족하다고 생각될 경우 추가 지도를 요청한다. - 지도의 기회를 반드시 두 번 이상 확보한다.		

		▷ 과학 교사의 고쳐쓰기 지도[과학교사] – 과학적인 내용에 중점을 두어 개별 지도한다. ① 제시된 보고서의 형식을 지켰는가? ② 용어나 원리에 대한 개념이 정확한가? ③ 내용 및 설명이 부족한 부분은 없는가? ④ 제시된 자료나 예시가 적절한가? ⑤ 출처가 명확하면서도 적절한가? 	〈고쳐쓰기 지도 전〉	〈고쳐쓰기 지도 후〉
또한 신약이나 백신의 개발에서도 쓰일 수 있습니다.	또한 신약이나 백신의 개발에도 쓰일 수 있습니다. 2021년 동아사이언스 기사에 따르면…			
정리	내용 정리와 차시 예고	▷ 학습 내용 정리 – 개별 지도 내용 확인하기 ▷ 차시 예고 – 보고서 완성하기	▶ 학습 내용 이해 – 개별 지도 내용 확인 ▶ 차시 예고 인지 – 보고서 완성하기		3분

* 학생들에게 모범문을 제시하면서 자신의 글을 이처럼 향상시킬 수 있다는 점을 상기하는 전략을 쓰고 있습니다. 이번 차시에 학생의 고쳐쓰기와 '관련성'을 갖는 모범문을 통해 학습 동기를 유발하는 것입니다. 그런 뒤에 차시 학습 내용과 목표로 자연스럽게 연결하고 있어요.

2. 질의 응답

질문1. 교과 간 통합 수업을 설계하고 운영하는 과정에서 교사가 당면하는 어려움은 무엇인가요?

교과 간 통합 수업을 기획하는 첫 단계에서 성취 기준이 연계되는 교과들을 찾다보면, 통합의 대상이 되는 교과의 교사가 통합 수업에 참여하는 것을 주저하는 상황에 당면하는 경우가 많습니다.

교과 간 통합 수업을 기획할 때 제일 중요한 것이 교사의 의지와 소통 능력입니다. 교과 간 통합 수업에 대한 경험이 없는 교사들은 새로운 시도에 대해 부담을 느껴 주저하기도 하지만 동료 교사와의 협업 경험이 있거나 동료 교사와의 유대감이 높은 교사들은 교과 간 통합 수업을 디자인할 때 긍정적인 태도를 보이는 경우가 많습니다. 이러한 교사들을 중심으로 교과 간 통합 수업을 기획하다보면 교과 간 통합 수업을 바라보는 학교 문화나 교사 문화가 바뀔 수 있을 것이라 생각합니다.

또한 업무의 양이 대폭 증가하고 상황에 따라 협의에 의해 결정해야 할 것이 많기 때문에 교사들이 피로를 많이 호소합니다. 통합 수업에 참여하는 교사들이 역할 배분을 정확히 하여 특정 교사에게 업무가 집중되지 않도록 하는 것이 중요합니다.

하지만 구심점이 되는 교사(팀장)의 몫은 역할 배분만으로 해결되지는 않습니다. 통합 수업의 방향성에 대한 지속적인 점검과 교과 교사들 사이의 의견차를 조율해야하기 때문입니다. 소통 능력이 탁월하면서도 교사들이 믿고 따를 수 있는 영향력을 가진 팀장이 필요합니다.

질문2. 교과 간 통합 수업은 어느 시기에 하면 좋을까요?

교과 간 통합 수업을 계획하고 운영하는 데는 상당한 시간이 걸립니다. 충분한 준비 기간이 필요하므로 교과 교육의 마무리 단계인 학기말에 실시하는 것이 효과적이라고 생각합니다. 학기초(학년초)부터 교과 간 통합의 방향을 설정하고 교과 교사 간 활발한 소통을 통해 수업을 계획한 후, 2회고사가 끝나는 시점부터 학기말까지의 기간에 운영을 하는 것이 좋습니다. 학생들도 자신들이 한 학기(학년) 동안에 학습한 내용을 토대로 새로운 형식의 통합 수업에 참여할 때, 수업에 대한 흥미가 높아지면 적극적인 태도를 보이게 됩니다. 학기말(학년말)에는 부서별로 다양한 행사를 기획하여 운영하는 경우가 많으니, 반드시 학기초(학년초)에 교과 간 통합 수업에 대한 학교교육계획을 수립하여 몇몇 교사들이 기획한 시도가 아니라 의미있는 학교 교육과정으로서 존중받을 수 있도록 하는 것이 중요합니다.

질문3. 교과 간 통합 수업을 디자인할 때 국어 교과는 어떻게 접근하는 것이 좋을까요?

국어과 교육과정이 추구하는 역량을 중심으로 다른 교과와의 연계점을 찾는 것이 좋을 것이라 생각합니다. 2022 개정 교육과정에서는 '비판적·창의적 사고 역량, 디지털·미디어 역량, 의사소통 역량, 공동체·대인 관계 역량, 문화 향유 역량, 자기 성찰·계발 역량'을 국어과 역량으로 설정하고 있습니다. 과학과 교육과정의 경우는 자기관리, 지식정보처리, 창의적 사고, 심미적 감성, 협력적 소통, 공동체 역량 등과 연계하여 과학적 탐구와 문제해결 능력, 과학적 의사결정 능력 등을 기르는 데 초점을 두고 있으므로, 두 교과가 공통적으로 추구하는 창의적 사고, 소통, 공동체 역량 등을 중심으로 교과 간 통합에 적절한 성취기준을 탐색하여 수업을 디자인하는 것이 좋을 것입니다.

질문4. 교과 간 통합 수업을 어려워하는 학습자들에게는 어떤 방식으로 접근하는 것이 좋을까요?

교과 간 통합 수업은 교사에게는 물론이고 학습자들에게도 익숙하지 않은 수업 형태이며 여러 교과에서의 학습 능력을 요구하는 형태이기 때문에 부담을 느끼는 학습자들이 생각보다 많이 있습니다. 통합 수업에 참여하는 여러 교과의 교사들이 학습자가 겪는 어려움을 근거리에서 관찰하고 개별적 소통을 적극적으로 하여 학습자의 어려움을 해결해줄 수 있어야 합니다. 이때 학습자가 관심 있어 하는 분야나 소재, 방법들과 연관 지어 학습할 수 있도록 지도한다면, 학습자가 자신감을 가지고 교과 간 통합 수업에 참여할 수 있을 것입니다.

3. 수업 디자인 실습하기

국어과 교육 내용 중 교과 간 통합 수업에 적합한 성취기준을 골라 수업할 계획을 세워 봅시다. 앞의 〈표 5〉와 같이 통합 수업에 참여할 교과와 적절한 성취기준을 선택하여 이에 대한 교수·학습 요소를 추출하여 교수·학습 전개를 구조화하고, 이를 교수·활동으로 구체화하여 차시를 구분해 봅시다. 이때 아래의 학급 정보를 고려해 봅시다.

학년/학기	
학생 수	24명
학급 특성	① 전반적인 학업성취도가 우수한 학생 6명, 보통 수준의 학생 12명, 미흡한 수준의 학생 6명이다. ② 일반고 농어촌의 소규모 학교(1학급)로 초등학교부터 쌓아온 유대감이 기저에 깔려 있어 학생 간 소통이 활성화되어 있음 ③ 한 교과의 교사가 한 명이라 다른 교과 교사와의 교류가 매우 활발한 편임 ④ 대부분의 교사가 1, 2학년 때부터 학생들을 지도했기 때문에 학생의 개별적 특성과 학습의 정도를 자세히 알고 있고 개별 지도가 용이함

10장 | 학교 생활을 수업과 어떻게 연계할 수 있을까

　국어 교과와 창의적 체험활동은 교육과정에서 통합을 지향하고 있습니다. 2022 개정 국어과 교육과정은 "국어의 학습 도구적 성격을 이해하고 타 교과와의 통합, 비교과 활동 및 학교 밖 생활과의 통합을 통해 학습자가 다양한 주제에 대해 비판적이고 창의적으로 국어 활동을 하는 데에 중점을 둔다."(교육부, 2022b: 59)라고 제시하고 있으며 "학습자의 실생활과 가까운 학습 맥락을 제공하여 흥미와 동기를 높이"(교육부, 2022b: 59)라고 하고 있습니다. 이는 범교과 학습을 위한 도구로서 국어의 가치를 제시하며 비교과 활동인 창의적 체험활동과 통합하여 학습자의 실생활과 가까운 주제로 국어 활동을 할 것을 지향함을 알 수 있지요.

　한편 창의적 체험활동은 학생들이 건전하고 다양한 활동에 자발적으로 참여하여, 나눔과 배려를 실천하고 개인의 소질과 잠재력을 계발하며, 창의적인 삶의 태도와 공동체 의식을 함양하는 교육과정으로, 교과와의 상호 보완적인 관계 속에서 학생의 전인적인 성장을 위하여 학교가 자율적으로 설계·운영할 수 있는 경험과 실천 중심의 교육과정 영역입니다.(교육부, 2022c: 5) 창의적 체험활동은 연계와 통합을 추구하는 교육과정으로 교과와의 연계와 통합을 추구합니다. 이에 따라 국어 교과와 창의적 체험 활동을 통합하는 교육과정을 계획할 수 있습니다.

　교과와 창의적 체험활동을 통합할 때에는 한쪽이 다른 한쪽으로 흡수되어선 안 될 것입니다. 교사가 두 교육과정의 장점을 살릴 수 있는 방향으로 계획하되, 각 교육과정의 본질을 해쳐선 안 됩니다. 국어 교과의 입장에서 창의적 체험활동과 통합하는 교육과정을 계획할 때에는, 국어과의 표현 활동에 중점을 둘 수 있습니다. 국어 교과에서 발표하거나 글을 쓰는 등 표현과 관련된 성취기준을 가르칠 때 가장 고민되는 것은 어떤 주제로 글을 쓰게 할지, 어떤 내용을 생성하게 할지 정하는 일입니다. 학생들도 내용 생성 단계에서 가장 어려움을 느껴 오랜 시간이 걸리지요. 예를 들어 수필을 쓰거나 어떤 내용을 발표하려고 할 때, 주제를 무엇으로 잡고 어떤 내용을 골라서, 본인의 어떤 생각과 느낌을 떠올려야 하는지 어려워합니다. 이때 창의적 체험활동이 주제 및 내용 선정에 필요한 자원이 될 수 있습니다.

창의적 체험활동 입장에서 보면, 국어 교과는 학생 역량을 가시화하기 위해 통합될 수 있습니다. 2022 교육과정에서 창의적 체험활동은 역량 함양을 위한 학습자 주도의 교육과정으로 총론에 제시된 핵심역량을 함양하는 데 기여한다고 밝히고 있습니다. 그리고 창의적 체험 활동의 "평가를 위하여 일화 기록법, 체크리스트법, 평정 척도법 등 학생의 활동 상황에 대한 관찰, 의식·태도 조사, 자기 평가, 상호 평가 등 질문지 등을 활용한 조사, 작품 평가, 활동의 기록 분석, 작문, 소감문 분석, 학생의 작품과 기록에 대한 분석, 교사 간 의견 교환 등의 다양한 평가 방법을 활용할 수 있다."(교육부, 2022c:19)라고 제시하고 있지만, 실제적으로 학교에서 창의적 체험활동을 통한 학생의 역량은 평가하기가 어렵습니다. 그러나 국어 교과와 통합하면서 교사가 '일화 기록법, 질문지 활용 조사, 작문, 소감문'을 작성시킨다면 학생 역량을 평가하는 데에 도움이 될 수 있습니다.

창의적 체험활동은 자율 활동, 동아리 활동, 진로 활동 영역으로 이루어져 있습니다. 여기에서 는 창의적 체험활동 중 동아리 활동을 국어 교과와 통합하는 수업 디자인을 제시하고자 합니다. 창의적 체험활동의 중학교 운영 사항에서 "중학교에서는 교과 및 창의적 체험활동의 운영 과정에서 학생들이 흥미를 느끼는 분야에 소집단으로 공동 주제를 설정하고 탐구 과정을 경험할 수 있는 기회를 제공한다."(교육부, 2022c:16)라고 안내하고 있습니다.

동아리 활동에서 학생들은 자신이 관심 있는 분야의 내용을 선택해 탐구할 수 있습니다. 〈표 1〉의 중학교 영역별 운영 중점에서, 다른 영역과 달리 동아리 활동에서는 '관심 분야에 대한 탐구력 및 문제해결력 신장'과 '다양한 문화·예술 영역에 대한 소양과 소질 함양'이 중요하게 다뤄집니다. 그리고 동아리 활동에서 '학술, 예술, 스포츠, 놀이, 봉사활동' 등 다양한 활동이 예시로 제시되어 있습니다. 학생들이 자기 흥미에 맞게 자발적으로 동아리 활동을 하기 때문에, 자신의 동아리 활동에 대해 발표하려는 동기가 충분히 제공된 상태에서 국어 교과 수업에 참여할 것으로 예상됩니다.

<표 1> 창의적 체험활동의 중학교 영역별 운영 중점

영역	운영 중점
〈자율·자치활동〉	• 자신의 관심사를 주체적으로 모색하여 관련 탐구 활동 수행 • 사춘기의 신체적·정서적 변화에 성숙하게 대처하는 태도 함양 • 타인에 대한 이해를 바탕으로 상대를 존중하고 배려하는 관계 형성 • 주도적으로 자신이 속한 공동체에 봉사하는 태도 함양 • 학생 자치 회의, 토론회 등 공동체 협의를 통한 의사소통 • 민주적 의사 결정을 통한 문제 해결 능력 함양
〈동아리 활동〉	• 관심 분야에 대한 탐구력 및 문제해결력 신장 • 다양한 문화·예술 영역에 대한 소양과 소질 함양 • 스포츠 활동을 통한 건전한 심신의 발달 • 사회 구성원으로서 봉사하는 나눔과 배려의 태도 함양
〈진로 활동〉	• 긍정적인 자아 개념 강화 • 일과 직업에 대한 폭넓은 가치 탐구 • 실제 경험을 통한 직업 세계의 이해 • 진로 탐색 및 진학으로의 연계

동아리 활동은 자율·자치 활동이나 진로 활동에 비해 1주일마다 1회 1시간을 운영하거나 한 달에 1회~2회 1회 2~3시간씩을 운영하는 등 학교마다 운영 방법이 다르긴 하지만 대체로 모든 학년에 한 학기 17차시로 배정됩니다. 따라서 우리는 교내에서 다양한 학년 간 소통이 활발한 동아리 활동에 초점을 두어 국어과 수업과 통합하는 수업 디자인을 제시하고자 합니다.

1. 교과-창의적 체험활동 통합 수업 디자인하기

1) 1단계: 창의적 체험활동과 통합할 성취기준 선정하기

창의적 체험활동과 국어과 성취기준을 통합하기 위해서 통합할 때 의미가 있는 성취기준을 살펴봐야 합니다. 이때, 듣기·말하기와 쓰기 영역에 초점을 두어 보고자 합니다. 왜냐하면 창의적 체험활동을 바탕으로 자기 생각과 경험을 드러내도록 계획하므로 표현 활동이 두드러지는 성취기준이 필요하기 때문이지요. 다만, 읽기 영역은 쓰기 활동의 모범문을 먼저 읽고 장르적 지식을 쌓기 위해 읽기 활동을 먼저 하는 방식으로 통합할 수 있고, 문법 영역에서는 말하고 쓰는 과정에서 표현적 측면을 점검하는 활동으로, 문학 영역에서는 시 쓰기 활동과 통합할 수 있고, 매체 영역에서는 영상을 제작하는 활동으로 통합할 수 있겠습니다. 하지만 이와 같은 통합은 지나치게 협소한 수준에서 이루어지거나 특정한 성취기준에만 국한될 수밖에 없다는 점에서 모든 학년에서 이루어지는 동아리 활동과 통합하기에는 한계가 있습니다. 따라서 표현 활동이 주된 요소인 듣기·말하기와 쓰기 영역에서 성취기준을 분석하여 창의적 체험활동과의 통합 가능성을 살펴보고자 합니다.

〈표 2〉 2022 개정 국어과 교육과정 중학교 1~3학년 듣기·말하기, 쓰기 영역 성취기준

학년	듣기·말하기	쓰기
1학년	[9국01-01] 화자의 의도와 관점을 추론하며 듣는다.	[9국03-02] 복수의 자료를 활용하여 다양한 형식으로 정보를 전달하는 글을 쓴다.
	[9국01-07] 토의에서 다양한 의견을 교환하여 대안을 마련하고 문제를 해결한다.	[9국03-03] 주장을 뒷받침할 수 있는 타당한 근거를 들고 적절한 표현을 사용하여 주장하는 글을 쓴다.
	[9국01-10] 언어폭력의 문제점을 성찰하고, 서로를 존중하는 표현을 사용하여 말한다.	[9국03-05] 자신의 삶과 경험을 바탕으로 정서를 진솔하게 표현하는 글을 쓴다.
2학년	[9국01-04] 상대의 말을 경청하고 상대의 감정과 입장에 공감하는 반응을 보이며 대화한다.	[9국03-01] 대상의 특성에 적합한 설명 방법을 활용하여 글을 쓴다.
	[9국01-06] 다양한 자료를 재구성하여 내용을 체계적으로 조직하고 이해하기 쉽게 발표한다.	[9국03-07] 복합 양식 자료를 활용하여 내용을 생성하고 글의 유형을 고려하여 내용을 조직하며 글을 쓴다.
	[9국01-09] 서로의 감정이나 바라는 바를 진솔하게 표현하면서 갈등을 조정한다.	[9국03-08] 쓰기 과정과 전략을 점검·조정하며 글을 쓰고, 독자를 고려하여 글을 고쳐 쓴다.
	[9국01-11] 듣기·말하기 과정을 점검하고 듣기·말하기의 어려움을 효과적으로 조정한다.	

3학년	[9국01-02] 설득 전략을 비판적으로 분석하며 듣는다.	[9국03-04] 의견 차이가 있는 사안에 대해 자료를 수집하고 사회·문화적 맥락을 고려하며 주장하는 글을 쓴다.
	[9국01-03] 담화 공동체에 따른 듣기·말하기 방식의 다양성을 고려하여 듣고 말한다.	[9국03-06] 다양한 표현을 활용하여 자신의 생각과 느낌이 드러나는 글을 쓰고 독자와 공유한다.
	[9국01-05] 면담의 다양한 목적과 상대를 고려하여 질문을 점검하고 효과적으로 면담한다.	[9국03-09] 언어 공동체의 구성원인 필자로서 자신에 대해 성찰하며, 윤리적 소통 문화를 형성하는 데에 기여한다.
	[9국01-08] 토론에서 반론을 고려하여 타당한 논증을 구성하고 논리적으로 반박한다.	

〈표 2〉는 듣기·말하기와 쓰기 영역의 성취기준이 중학교 학년별로 배당된 내용입니다. 이때 1학년은 쓰기 영역에서 2개, 2학년과 3학년은 듣기·말하기 영역에서 1개와 쓰기 영역에서 1개와 통합할 수 있습니다. 1학년에서 "복수의 자료를 활용하여 다양한 형식으로 정보를 전달하는 글을 쓴다." 성취기준은 동아리 활동 내용을 사진을 찍어 두거나 동아리 관련 내용을 다양한 출처를 통해 찾아서 동아리에서 어떤 활동을 하는지 정보를 전달할 수 있다는 점에서 통합할 수 있습니다. 1학년에서 "자신의 삶과 경험을 바탕으로 정서를 진솔하게 표현하는 글을 쓴다." 성취기준은 1년 동안 동아리 활동을 하면서 느꼈던 경험과 감정을 표현할 수 있다는 점에서 통합할 수 있습니다.

2학년에서 "다양한 자료를 재구성하여 내용을 체계적으로 조직하고 이해하기 쉽게 발표한다.[9국01-06]" 성취기준은 동아리 활동을 사진과 글 등으로 꾸준히 기록하여 이를 재구성한 형태로 발표할 수 있다는 점에서 통합할 수 있습니다. "복합 양식 자료를 활용하여 내용을 생성하고 글의 유형을 고려하여 내용을 조직하며 글을 쓴다." 성취기준은 앞서 제시한 [9국01-06]과 연결하여 먼저 글을 쓰고 난 뒤에 동아리 활동을 발표할 수 있다는 점에서 통합할 수 있습니다.

3학년에서 "면담의 다양한 목적과 상대를 고려하여 질문을 점검하고 효과적으로 면담한다." 성취기준은 동아리 회원이나 동아리 활동과 관련된 인물을 면담하여 다양한 내용을 구성하며 동아리 활동을 하면서 면담 질문을 쉽게 만들 수 있다는 점에서 통합할 수 있습니다. "다양한 표현을 활용하여 자신의 생각과 느낌이 드러나는 글을 쓰고 독자와 공유한다." 성취기준은 동아리 활동을 바탕으로 자신의 생각과 느낌이 드러나는 글을 쓰고, 복도 등에 게시하여 독자의 반응을 살필 수 있다는 점에서 통합할 수 있습니다.

이렇게 듣기·말하기와 쓰기 영역에서 창의적 체험활동과의 통합할 수 있는 가능성이 높습니다. 우리는 이 중에서 2학년 [9국01-06]과 통합하는 과정을 제시하고자 합니다. 그 이유는 첫째, 앞에서 밝혔듯 동아리 활동에서 체험했던 것을 재료로 하여 '내용 생성'과 '내용 조직'에 도움을 받고자 하기 때문입니다. 둘째, 동아리 활동 내용을 청중이 이해하기 쉽도록 발표함으로써 동아리 평가나 발표회에서 실제로 발표하는 활동이 가능하기 때문입니다.

한편 창의적 체험활동과 동아리 활동은 따로 성취기준이 존재하지 않습니다. 동아리 활동은 학교 교육과정 차원에서 계획되고 운영되기 때문에 학교마다 다른 여건을 고려해야 합니다. 여기에서는 첫째, 한 학기 또는 1년 활동을 마무리하는 시기에 동아리 활동을 발표하는 행사를 하는 것을 전제로 합니다. 둘째, 학기 초에 국어 교과 평가 및 진도 계획과 학교 교육계획서에 동아리 활동과의 통합을 명시하는 것을 전제로 합니다. 셋째, 국어 교과에서 동아리 활동과 통합하는 교육과정 운영 계획을 동아리 지도 교사들과 공유하고 있으며, 학생들은 매 동아리 시간마다 이를 알고 활동하고 기록하는 것을 전제로 합니다. 이러한 전제 속에서 이번 장에서는 창의적 체험활동 중 동아리 활동과 국어과 듣기·말하기 영역을 통합함으로써 학생의 삶과 연계된 국어 수업을 디자인하고자 합니다.

2) 2단계: 성취기준의 교수·학습 요소를 추출하고 교수·학습 전개를 구조화하기

2단계에서는 수업할 성취기준에 대한 교육과정의 지침을 확인해서 교수·학습을 위해 필요한 요소를 추출하고, 수업 시간에 펼칠 교수·학습의 흐름을 구조화해야 합니다. 이를 위해 교육과정 문서에서 '성취기준 해설'과 '성취기준 적용 시 고려사항' 및 기타 교육과정의 요구 사항을 분석하여 교수·학습 요소를 추출해야 합니다. 창의적 체험활동은 성취기준이 따로 존재하지 않으므로 교육과정 문서에서 필요한 내용을 참고하겠습니다.

〈표 3〉 교육과정 분석을 통한 [9국01-06]과 창의적 체험활동 중 동아리 활동의 교수·학습 요소 추출하기

영역	듣기·말하기	교수·학습 요소 추출하기
대상 학년	중학교 2학년	
성취기준	[9국01-06] 다양한 자료를 재구성하여 내용을 체계적으로 조직하고 청중이 이해하기 쉽게 발표한다.	
내용 요소	• 지식·이해 [담화 유형] 발표 • 과정·기능 [내용 생성·조직·표현과 전달] 자료 재구성하기 • 과정·기능 [내용 생성·조직·표현과 전달] 체계적으로 내용 구성하기	• 발표하기 – 다양한 자료를 청자가 이해하기 쉬운 방향으로 재구성하기 – 발표 내용을 도입부·전개부·정리부로 나누어 체계적으로 구성하기 – 발표 목적이나 대상의 특성에 적절한 설명 방법 활용하기 – 청중이 이해하기 쉽게 발표하기
성취기준 해설	• 이 성취기준은 말할 내용을 체계적으로 조직하여 청중이 이해하기 쉽게 ① 발표하는 능력을 함양하기 위해 설정했다. ②다양한 자료를 청자가 이해하기 쉬운 방향으로 재구성하기, ③발표 내용을 도입부·전개부·정리부로 나누어 체계적으로 구성하기, ④발표 목적이나 대상의 특성에 적절한 설명 방법 활용하기, ⑤청중이 이해하기 쉽게 발표하기, ⑥발표 준비와 실행 과정을 되돌아보고 수행의 적절성 점검하기 등을 학습한다.	
성취기준 적용 시 고려 사항	• 듣기·말하기 활동의 적절성과 효과성에 대해 피드백을 나눌 때는 ⑦교사나 동료 학습자의 피드백을 열린 마음으로 수용하되 자신의 목표를 고려하여 타인의 피드백을 현명하게 받아들이는 방법에 대해서도 생각해 보도록 한다.	• 발표 준비와 실행 과정을 되돌아보고 수행의 적절성 점검하기 – 자기 평가 – 동료 평가 – 교사 평가
교수·학습 및 평가 (2) 평가 방법 중 (다)	• 교사 주도적인 평가 외에도 학습자가 평가의 주체가 되는 ⑧자기 평가나 동료 평가를 적극적으로 활용하고, 인지적 영역의 평가와 정의적 영역의 평가가 조화를 이룰 수 있도록 한다.	• 구어 의사소통 활동을 실제로 수행하는 경험 – 범교과 학습 주제를 참고하여 학습자가 경험하는 구체적인 삶의 맥락과 연계하여 담화의 상황을 설정
교수·학습 및 평가 (2) 교수·학습 방법 중 (바)	• '듣기·말하기' 영역에서는 듣기·말하기의 다양한 목적과 맥락을 반영하여 ⑨ 구어 의사소통 활동을 실제로 수행하는 경험을 강조한다. 구어 의사소통에 적극적으로 참여하는 과정에서 부딪히는 문제를 해결하기 위해 듣기·말하기의 전략을 점검·조정하도록 유도하고, 협력적인 태도로 상대와 상호 작용하며 삶의 문제를 해결하는 교수·학습 활동을 설계한다. 듣기와 말하기를 분리하지 않고 상호 통합하여 지도하여 구어 의사소통의 상호 교섭성을 구현하도록 하고, 국어과의 타 영역 성취기준, 타 교과 성취기준, ⑩범교과 학습 주제를 참고하여 학습자가 경험하는 구체적인 삶의 맥락과 연계하여 담화의 상황을 설정함으로써 교수·학습의 실제성을 확보한다.	

영역	동아리활동
대상 학년	중학교 2학년(동아리 활동은 무학년제로 운영)
성취기준	성취기준 없음
동아리 활동의 활동 목표	• 학술·문화 및 여가 활동의 활동 목표 동아리 활동을 통해 ⑪다양한 학술 분야와 문화에 대해 관심을 가지고 탐구력과 심미적 감성을 함양한다. • 봉사활동의 활동 목표 학교 안팎에서 ⑫나눔과 봉사를 실천함으로써 포용성과 시민성을 함양한다.
동아리 활동의 중학교 운영 중점	• 관심 분야에 대한 탐구력 및 문제해결력 신장 • 다양한 ⑬문화·예술 영역에 대한 소양과 소질 함양 • ⑭스포츠 활동을 통한 건전한 심신의 발달 • 사회 구성원으로서 봉사하는 나눔과 배려의 태도 함양

⇨

• 동아리 활동
– 다양한 학술 분야와 문화·예술, 스포츠 활동
– 나눔과 봉사

우선 국어 교과에서의 교수·학습 요소를 추출해 보도록 합시다. ① 담화 유형은 발표이고, 내용 생성·조직·표현과 전달에서 다양한 자료를 재구성하여, 내용을 체계적으로 조직하고, 청중이 이해하기 쉽게 말하는 등 ②~⑤와 같이 말하기 과정에서 활용할 전략을 제시하고 있으므로 교수·학습 요소로 추출합니다. 다음으로 ⑥과 같이 말하기 과정과 전략에 대해 점검하고 조정하는 활동을 ⑦, ⑧의 차원에서 점검할 수 있도록 교수·학습 요소로 추출합니다. 다음으로 ⑨, ⑩처럼 발표를 실제로 수행할 수 있도록 하고, 학습자의 구체적인 삶의 맥락인 동아리 활동 내용과 관련지을 수 있도록 해야 하므로 교수·학습 요소로 추출합니다. 다음으로 중학교 동아리 활동에서는 ⑪, ⑫, ⑬, ⑭ 같이 학술·문화·예술·스포츠 활동에 대한 관심, 봉사활동에서의 나눔과 봉사의 실천이 교수·학습 요소로 추출합니다.

추출한 교수·학습 내용 요소에 대해 교수·학습 방법을 감안하여 교수·학습 전개를 구조화해 보았습니다.

〈표 4〉 교수·학습 요소를 토대로 교수·학습 전개 구조화하기

교수·학습 요소	교수·학습 전개 구조화

• 발표하기
- 다양한 자료를 청자가 이해하기 쉬운 방향으로 재구성하기
- 발표 내용을 도입부·전개부·정리부로 나누어 체계적으로 구성하기
- 발표 목적이나 대상의 특성에 적절한 설명 방법 활용하기
- 청중이 이해하기 쉽게 발표하기
 	
• 발표 준비와 실행 과정을 되돌아보고 수행의 적절성 점검하기
- 자기 평가
- 동료 평가
- 교사 평가
 	
• 구어 의사소통 활동을 실제로 수행하는 경험
- 범교과 학습 주제를 참고하여 학습자가 경험하는 구체적인 삶의 맥락과 연계하여 담화의 상황을 설정
 	
• 동아리 활동
- 다양한 학술 분야와 문화·예술, 스포츠 활동
- 나눔과 봉사
	① 동아리 활동에서 다양한 자료 수집하기
	 1) 글, 사진, 영상으로 기록 남기기
	 2) 정기적으로 자료 수집 내용 점검하기
	
	② 발표하기
	 1) 계획하기
	  - 청중의 관심과 요구, 지식 수준 분석하기
	 2) 내용 생성하기
	  - 동아리 활동에서 수집한 다양한 자료 정리하기
	 3) 내용 구성하기
	  - 발표 내용을 도입부·전개부·정리부로 나누어 체계적으로 구성하기
	  - 다양한 자료를 청자가 이해하기 쉬운 방향으로 재구성하기
	 4) 원고 작성하기
	  - 발표 목적이나 대상의 특성에 적절한 설명 방법 활용하기
	  - 원고 읽어가면서 발표 연습하기
	 5) 발표하기
	  - 학급에서 청중이 이해하기 쉽게 발표하기
	 6) 발표 준비와 실행 과정을 되돌아보고 수행의 적절성 점검하기
	  - 자기 평가
	  - 동료 평가
	  - 교사 평가
	 7) 학급에서 발표하여 점검한 내용을 토대로 동아리 발표 행사에서 발표할 내용 수정하기
	  - 구성과 자료를 청중이 이해하기 쉽게 체계적으로 수정하기
	  - 단어와 설명 방법을 청중이 이해하기 쉽게 수정하기
	
	③ 동아리 발표 행사에서 실제로 발표하기
	 1) 동아리 발표 행사에서 발표하기
	 2) 발표 성찰하기

앞서 제시한 대로 동아리 활동을 듣기·말하기 영역 발표하기의 소재로 활용하게 합니다. 또한 실제로 모든 학습자가 자신의 동아리 활동에서 수집한 글, 사진, 영상 등의 다양한 자료들을 수집하고 재구성하여 이를 발표까지 해야 하지요.

동아리 활동을 하면서 자신에게 의미 있었던 경험이나 흥미 있었던 내용 등을 글, 사진, 영상 등 다양한 자료로 남길 수 있도록 지도합니다. 여러 차례 동아리 활동 시간 속에서 꾸준히 자신의 활동을 기록해 발표를 할 수 있을 만큼의 충분한 내용을 생성할 수 있도록 지도해야 하지요. 또한 동아리 활동 속에서 수집한 자료를 점검하는 시간을 주어야 합니다.

그런데 이러한 발표를 어떠한 과정을 거쳐야 하는지 모르는 상황에서 바로 발표를 준비하게 하면 중학생들은 어려움을 느낄 수 있습니다. 따라서 가상의 모범 발표자가 발표를 준비하는 과정을

보여주는 시범 보이기 과정을 두고자 합니다. 학생들이 실제 발표에 앞서 가상의 모범 발표자의 발표하기 과정(계획하기→내용 생성하기→내용 구성하기→원고 작성하기 및 발표 매체 제작하기→발표하기)을 따라가며 각 과정에서의 전략들을 배울 수 있도록 합니다. 또한 발표의 준비와 실행 과정을 되돌아보면서 수행의 적절성을 점검하는 모습을 보여주어 자신의 발표에도 이를 적용할 수 있도록 합니다.

마지막으로 학교 전체 동아리 발표 행사에서 학급 내 발표자 중 대표를 선정하여 발표할 수 있도록 합니다. 이를 정리하면 '1 동아리 활동에서 자료 수집하기 → 2 학급 내 발표하기 → 3 학교 전체 동아리 발표 행사에서 발표하기'의 순서로 교수·학습이 전개됩니다.

3) 3단계: 수업 차시 구분 및 수업 전개를 구안하기

3단계에서는 2단계에서 구조화한 교수·학습 전개를 학습자 수준, 학습 형태, 교실 여건 등을 감안해 교수·학습 활동으로 구체화하면서 차시를 어떻게 구분할지를 결정해야 합니다. 이는 국어 수업을 할 때에 주어지는 학급 상황에 따라 달라질 수 있습니다. 아래에서는 필자가 현재 만나고 있는 한 학급의 특성을 반영하여 가상적으로 학급 정보를 제시했습니다.

[학교 동아리 활동 정보]

학년 학기	중학교 2학년 1학기				
동아리 운영 특성	① 전교생 236명이 무학년제로 총 19개의 동아리로 나뉘어 활동하고 있다. ② 월별 1회 3시간씩 블록 타임으로 운영되고 있다. ③ 19개의 동아리 부서는 다음과 같으며 문화·예술 > 스포츠 > 학술 순서로 숫자가 많다.				

번호	동아리명	분야	번호	동아리명	분야
1	축구반	스포츠	11	도서반	학술
2	배드민턴반	스포츠	12	국제교류반	학술
3	농구반	스포츠	13	영화감상반	문화·예술
4	요가반	스포츠	14	도안색칠반	문화·예술
5	세라토닌 난타반	문화·예술	15	피포페인팅반	문화·예술
6	댄스반	문화·예술	16	힐링공예반	문화·예술
7	밴드반	문화·예술	17	애니메이션 제작반	문화·예술
8	보컬반	문화·예술	18	캘리그라피반	문화·예술
9	칼림바반	문화·예술	19	목공예반	문화·예술
10	타로카드반	문화·예술			

학교 동아리 활동 정보 ①을 감안하면 전교생이 무학년제로 총 19개의 동아리로 나뉘어 활동하고 있기 때문에 2학년 국어 교과에서 이루어지는 통합 수업에 대한 정보를 다른 교사들과 공유할 필요가 있습니다. 교수·학습 전개 '①동아리 활동에서 다양한 자료 수집하기' 활동은 다른 교사들이 담당하고 있는 동아리 활동시간에 이루어지기 때문입니다. 따라서 동아리 활동이 본격적으로 이루어지기 이전인 학기 초에 교사 회의를 통해, 국어 교과에서 계획한 통합 수업에 대해 소개하고, 학생들이 동아리 활동 시간에 적절하게 자료를 수집할 수 있도록 지도해 달라는 협조를 구해야 합니다.

학교 동아리 활동 정보 ②을 감안하면, 동아리 활동이 한 번 진행될 때 밀도 있는 동아리 활동이 될 수 있다는 점을 알 수 있습니다. 동아리 교사가 3시간 중에 1시간은 자료를 기록하거나 정리하는 시간으로 할애하여 발표를 위한 기초 자료를 마련하도록 진행할 수 있습니다. 또한 매월 1회 정도이므로 동아리 활동에 빠지거나 동아리 활동에 대한 기록을 하지 못한다면, 그만큼 발표 내용이 빈약해질 수 있으므로 이 점을 학생들이 유의하도록 지도해야 합니다. 그러므로 발표를 준비하는 단계에서 학생들이 활동 자료를 서로 공유하여 발표를 위한 풍부한 자료를 준비하도록 수업을 진행할 수 있습니다.

학교 동아리 활동 정보 ③을 감안하면, 같은 반 학생들이라 하더라도 동아리 활동 시간에는 19개로 나누어지기 때문에 각각의 동아리 활동 시간에 무슨 활동을 하는지를 모를 수 있다는 점을 학생들이 알 수 있도록 지도해야 합니다. 예를 들어, 피포페인팅반 학생들은 피포페인팅이 무엇인지, 회차별로 어떤 활동을 했는지를 기록하게 해야 하고, 이 점을 생소하게 받아들이는 같은 반의 예상 청자들을 분석하여 '③학교 전체 동아리 발표 행사에서 발표하기' 과정에서 '다양한 자료를 청자가 이해하기 쉬운 방향으로 재구성하기', '발표 목적이나 대상의 특성에 적절한 설명 방법 활용하기'를 적절하게 수행할 수 있도록 지도해야 합니다.

[학급 정보]

학년 학기	중학교 2학년 1학기
학생 수	28명
학생 특성 및 교실 여건	① 19개의 동아리 중 10개 동아리에 배치되어 있으며 최소 2명에서 5명까지 같은 동아리를 하고 있다. ② 담임 교사가 휴대전화를 조회 시간에 수거하여 종례 시간에 돌려주지만, 여러 수업 시간에서 휴대전화가 필요할 때, 교과 교사가 휴대전화를 사용하게 할 수 있으며 교실에 무선 인터넷 환경이 구축되어 있다.

다음으로 위와 같은 학급 정보를 아울러 고려해야 합니다. 학급 정보 ①을 감안하면 학생들이 최소 2명에서 5명까지 하나의 동아리에서 함께 활동하고 있으므로, 교수·학습 전개 '1 동아리 활동에서 다양한 자료 수집하기' 과정과 '2 학급 내 발표하기' 과정에서 모둠별 활동을 활용할 수 있습니다. 일반적으로 중학교에서 모둠별 활동은 학생들의 학습 능력 개인차를 협력 활동을 통해 극복할 수 있고, 같은 학습자가 서로 피드백하게 되어 피드백에 대해 부담을 느끼는 정도가 적다는 장점을 가집니다. 특히 [9국01-06]의 경우에는 이러한 모둠별 활동이 더욱 의미를 지닙니다. 앞서 [9국01-06]에 대해 '다양한 자료를 청자가 이해하기 쉬운 방향으로 재구성하기', '청중이 이해하기 쉽게 발표하기', '발표 준비와 실행 과정을 되돌아보고 수행의 적절성 점검하기' 등을 교수·학습 요소로 추출한 바 있습니다. 같은 동아리 활동을 하는 친구들이 수집한 자료들을 함께 공유하면 보다 다양한 자료를 수집할 수 있고, 서로 발표자와 청자의 역할을 주고 받으면서 예상 청자를 구체화할 수 있으며, 수행 과정의 적절성을 동료 평가를 통해 점검할 수 있다는 장점이 있습니다. 따라서 ①을 감안하여 교수·학습 전개 1, 2에서 모둠별 활동을 활용하여 교수·학습을 보다 원활하게 진행하고자 합니다.

학급 정보 ②을 감안하면 학생들이 무선 인터넷과 휴대전화를 수업 시간에 활용할 수 있으므로, 교수·학습 전개 1에서 다양한 동아리 활동의 모습을 사진이나 영상으로 찍을 수 있도록 하고 교수·학습 전개 2에서 이를 활용할 수 있도록 합니다.

아래 〈표 5〉는 [학교 동아리 활동 정보]와 [학급 정보]를 고려하여 교수·학습 활동을 차시로 구분하고, 각 차시별로 전개할 교수·학습 활동을 보다 구체적으로 제시한 것입니다.

〈표 5〉 [9국01-06]과 동아리 활동 통합 수업의 교수·학습 활동 구체화와 차시 구분

교수·학습 단계	교수·학습 활동	시간	차시	준비물
1 동아리 활동에서 다양한 자료 수집하기	1) 글, 사진, 영상으로 기록 남기기	동아리 활동	0	활동지 스마트폰 태블릿
	2) 정기적으로 자료 수집 내용 점검하기			

② 학급 내 발표하기	1) 계획하기 ⑴ 모범 사례를 통해 발표 계획 및 청중의 관심과 요구, 지식 수준 분석 방법 탐구하기 ⑵ 동아리 활동 발표를 위한 주제, 목적, 매체 등 계획하기 ⑶ 동아리 활동 발표를 위한 청중 분석하기	45분	1~2	활동지 빔프로젝터 PC 태블릿
	2) 내용 생성하기 ⑴ 동아리 활동 시간과 활동 내용에 따라 동아리 활동 기록물 정리하기	45분		
	3) 내용 구성하기 ⑴ 모범 사례를 통해 발표 내용을 도입부·전개부·정리부로 나누어 체계적으로 구성하는 방법 탐구하기 ⑵ 모범 사례를 통해 다양한 자료를 청자가 이해하기 쉬운 방향으로 재구성하는 방법 탐구하기 ⑶ 동아리 활동 발표를 위한 개요를 작성하고 청중 분석 자료를 반영하여 재구성하기	90분	3~4	
	4) 원고 작성하고 발표 매체 제작하기 ⑴ 모범 사례를 참고하여 발표 매체 제작 및 발표 원고 작성하기 ⑵ 발표 매체를 활용하고 원고 읽어가면서 발표 연습하기	90분	5~6	
	5) 발표하기 ⑴ 학급에서 청중이 이해하기 쉽게 발표하기 6) 발표 준비와 실행 과정을 되돌아보고 수행의 적절성 점검하기 ⑴ 발표를 들으면서 친구들의 발표를 평가하기 ⑵ 교사와 동료의 피드백이 담긴 평가지과 녹화 영상을 보면서 자기 평가하기	180분	7~10	
	7) 학급에서 발표하여 점검한 내용을 토대로 동아리 발표 행사에서 발표할 내용 수정하기 ⑴ 평가 내용 및 피드백을 토대로 발표 원고 및 발표 매체 수정하기 ⑵ 구성과 자료를 체계적으로 바꾸고, 단어와 설명 방법을 청중이 이해하기 쉽게 수정하기	45분	11	
③ 학교 전체 동아리 발표 행사에서 발표하기	1) 동아리 발표 행사에서 발표하기	동아리 발표 행사	12	활동지 빔프로젝터 태블릿
	2) 발표 성찰하기	45분	13	

동아리 활동 시간: 동아리 활동에서 다양한 자료 수집하기

① 학생들이 활동한 내용을 글로 작성하게 합니다. 국어 수업 시간에 발표 자료를 만들 때 동아리 활동마다 작성한 동아리 활동 기록물을 활용할 것을 안내합니다. 활동 내용, 알게 된 점, 느낀 점, 궁금한 점, 반성하는 점 등의 내용을 쓰도록 일정한 형식의 일지를 제공할 수 있습니다. 이외에도 학생들이 자유롭게 생각을 적을 수 있는 작성란도 마련합니다.

② 학생들이 활동하면서 사진을 찍게 합니다. 학생들에게 동아리 활동 발표를 할 때 어떻게 활동을 하는지 보여주기 위한 것이므로, 학생들이 활동을 이해할 수 있는 사진을 찍게 합니다.

④ 학생들이 활동하면서 영상을 찍게 합니다. 동아리마다 어떤 활동을 하는지 차이가 있으므로, 글과 사진만으로 설명하기 어려운 활동 내용을 찍기 위한 것이라고 안내합니다.

⑤ 교사가 정기적으로 자료를 모으고 있는지 확인하고, 결석으로 동아리 활동에 빠졌을 때 동아리원의 기록물, 사진, 영상을 공유하여 도움을 받을 수 있도록 안내합니다. 사진과 영상을 삭제할 수 있으니 미리 온라인 상으로 저장할 수 있도록 합니다. 이때 교사가 공유저장소를 만들어 학생들에게 제공할 수 있습니다. 또한 학생들이 사진과 영상이 어떤 활동과 관련이 있는지 메모를 해두도록 안내하면 학생들이 나중에 자료를 편하게 정리할 수 있습니다.

1차시: 발표 계획 방법 이해하고 동아리 활동 발표 계획하기

① 한 학생이 봉사활동을 발표하는 사례를 통해 발표를 계획하는 방법을 배우고, 자신의 동아리 발표를 계획해 보는 방식으로 수업을 진행합니다. 봉사활동을 발표하는 사례에서 주제는 '봉사활동이 가져다주는 기쁨과 성장', 제목은 '진부한 것도 내가 겪으면 특별한 것', 목적은 '봉사활동을 설명하고 이를 통한 배움과 느낀 점을 나누어 소통하기', 매체는 'PPT 자료'로 예시를 듭니다.

② 동아리 활동 발표를 위한 주제, 목적, 매체를 고민하여 결정하게 합니다. 발표 주제의 큰 범주는 동아리 활동이나 동아리 활동을 통한 나의 성장, 동아리 활동을 잘하는 방법, 우리 동아리의 매력 등 세부적인 주제를 예시로 들어 정하게 합니다. 이에 따라 발표의 목적은 동아리 회원 모집을 위한 설득하기, 동아리 활동 설명하기 등 구체적으로 정하게 합니다.

③ 해당 차시의 핵심은 청중 분석에 초점을 두어야 합니다. 성취기준이 '청중이 이해하기 쉽게 발표'하는 것이기 때문입니다. 봉사활동 예시에서 청중을 '지역사회 어른들'로 두고, 청중의 관심, 요구, 지식 수준을 분석한 자료를 제공하여 청중 분석이 무엇인지 탐구하게 합니다. 이어서 학생들이 자신의 동아리 활동 발표를 들을 청중을 대상으로 분석하게 합니다.

2차시: 동아리 활동 자료 정리하며 내용 생성하기

① 월별 동아리 활동 시간과 활동 내용에 따라 글, 사진, 영상을 정리하게 합니다. 내용을 체계적으로 구성하기 위해 필요한 정도로 글 내용을 생성할 수 있도록 합니다. 글은 나중에 원고

를 작성할 때 더 구체화될 것이므로 여기에서는 요약적으로 정리하도록 지도합니다. 사진과 영상은 날짜나 활동별로 폴더를 만들어 저장하게 합니다.

② 동아리 기록이 비어있다면 이를 확인하게 합니다. 같은 동아리원에게 활동 기록물을 공유받아 부족한 활동 내용을 메꿀 수 있도록 합니다.

3~4차시: 발표할 내용을 체계적으로 정리하여 청중이 이해하기 쉽게 재구성하기

① 봉사활동 발표 예시를 통해 도입부, 전개부, 정리부에 어떤 내용을 넣을지 글, 사진, 영상을 체계적으로 정리한 표를 제시하여 학생들이 발표하기 전에 어떻게 자료를 정리하면 좋을지 탐구하게 합니다. 탐구 결과를 공유할 때 도입부에 흥미 유발, 전개부에 동아리 활동 내용, 정리부에 내용 요약 등 일반적인 내용과 함께 목적에 따라 각 부분에 발표 내용이 다르게 들어갈 수 있음을 전체적으로 공유합니다.

② 봉사활동 발표 예시를 통해 청중 분석 내용이 발표에 어떻게 반영되는지 의도를 보여주는 자료와 많은 글, 사진, 영상 중에 청중 분석에 맞게 자료를 선택하거나 삭제하는 과정을 보여주는 자료를 제공합니다. 이 자료를 분석하여 청중이 이해하기 쉽게 재구성하는 방법을 탐구하게 합니다. 이어서 본인이 동아리 발표 때 청중 분석 결과를 자신의 발표에 어떻게 반영할지 재구성하게 합니다.

③ 도입부, 전개부, 정리부에 따라 내용을 정리하고, 청중 분석에 맞게 자료를 재구성한 활동지를 체크리스트를 통해 자기 평가, 동료 평가가 가능하게 합니다. 교사는 활동 중에 학생들의 발표 재구성 활동지를 보면서 지속적인 피드백을 합니다.

5~6차시: 발표 원고 작성하고 발표 매체 제작하여 발표 연습하기

① 도입부, 전개부, 정리부에 따라 정리한 내용과 사진과 영상을 고른 표를 토대로 발표 원고를 작성하게 합니다. PPT에 원고를 모두 적지 않고, 각 부분에서 키워드 중심으로 내용을 채우게 합니다. 청중의 이해를 돕는 사진과 영상을 적절한 순서에 넣게 하고, 발표를 사진과 영상으로 채우지 않게 합니다. 이러한 내용을 체크리스트로 제공하여 학생들이 확인하여 원고를 작성하고 PPT를 만들게 합니다.

② 원고와 PPT를 넘겨 가며 발표를 연습하게 합니다. 소리를 내서 발표 연습하는 것이 말하기 불안과 발표 상황 예측에 도움이 되는 의의를 설명하여 발표를 준비시킵니다. 발표 시 주의

국어 교사를 위한 국어 수업 디자인 실습

해야 할 체크리스트를 제공하여 자기 평가 및 동료 평가가 가능하게 합니다. 모둠에서 발표를 소리 내어 연습해 보고 난 후에 자기 평가를 해 보고, 동료들의 피드백을 들으면서 부족한 부분을 보완하도록 합니다.

7~10차시: 발표하고, 발표 준비·수행 과정 점검하고 평가하기

① 같은 학급 학생들을 대상으로 발표를 진행합니다. 발표자 학생이 발표 전에 스마트폰을 설치하여 자신의 발표를 녹화하게 하여, 나중에 자신의 실제 발표를 성찰할 수 있도록 합니다.

② 다양한 자료를 활용한 발표, 도입부, 전개부, 정리부에 따른 발표, 청중 이해를 돕는 발표에 초점을 둔 루브릭을 제공하여 학생들이 발표자에 대해 평가하면서 발표를 들을 수 있게 합니다. 교사도 해당 루브릭을 토대로 피드백을 제공합니다.

③ 모든 학생의 발표가 끝난 후 학생은 교사와 동료의 피드백이 담긴 평가지를 받아서 읽습니다. 그리고 스마트폰으로 녹화한 자신의 발표를 다시 보면서 루브릭에 따라 자기 평가를 진행합니다. 이를 토대로 발표 준비와 수행 과정 전체에 걸쳐서 성찰을 유도하고, 수정할 부분을 기록하게 합니다.

11차시: 발표 점검 및 평가를 토대로 발표 내용 수정하기

① 지난 시간에 발표하고, 자기 평가, 동료 평가, 교사 평가의 내용을 토대로 정리한 수정할 부분을 천천히 확인하며 발표 내용 및 PPT를 수정하게 합니다.

② 구성과 자료가 체계적으로 이루어졌는지, 단어와 설명 방법이 청중이 이해하기 쉽게 활용되었는지에 초점을 두어 수정하게 합니다. 수정한 내용을 다시 모둠원에게 소개하면서 피드백을 받을 수 있습니다.

학교 전체 동아리 발표 행사: 동아리 발표 행사에서 실제 발표하기

① 학급 내 발표에서 우수한 학생들을 선정하여 학교 동아리 발표 행사에서 발표하게 합니다.

13차시: 발표 성찰하기

① 자료를 만들고, 발표를 준비하고, 직접 발표를 하면서 어떤 점을 알게 되고 배웠는지, 어떤 점을 느꼈는지, 어떤 점이 어려웠는지, 어떤 점이 궁금한지 성찰하게 합니다.

② 느낀 점을 공유하여 말하기·듣기에 긍정적인 피드백을 제공합니다.

③ 어려웠던 점, 궁금한 점, 알게 된 점을 공유합니다. 어려운 점을 어떻게 해결하면 좋을지 탐구하고, 교사가 궁금한 점을 묻고, 다른 학생이 알고 배운 것에서 대답이 될 수 있는 내용을 연결하여 질문을 해결할 수 있도록 합니다.

〈표 6〉 성취기준 [9국01-06]과 동아리 활동 통합에 기초한 수업 디자인의 절차

성취기준	각 부서별 동아리 활동 [9국01-06] 다양한 자료를 재구성하여 내용을 체계적으로 조직하고 청중이 이해하기 쉽게 발표한다.			
내용요소	동아리 활동 • 지식·이해 [담화 유형] 발표 • 과정·기능 [내용 생성·조직·표현과 전달] 자료 재구성하기 • 과정·기능 [내용 생성·조직·표현과 전달] 체계적으로 내용 구성하기			
교수·학습 요소	교수·학습 전개	교수·학습 활동 구체화	차시	
• 동아리 활동 - 다양한 학술 분야와 문화 • 예술, 스포츠 활동 - 나눔과 봉사	① 동아리 활동에서 다양한 자료 수집하기 1) 글, 사진, 영상으로 기록 남기기 2) 정기적으로 자료 수집 내용 점검하기	1) 글, 사진, 영상으로 기록 남기기 (1) 다양한 매체 자료(글, 사진, 영상)으로 활동 기록하기 (2) 활동 내용, 알게 된 점, 느낀 점, 궁금한 점, 반성하는 점 등 기록하기	0 동아리 활동	
		2) 정기적으로 자료 수집 내용 점검하기 (1) 활동 기록물 공유하기 (2) 사진과 영상에 활동 내용을 메모하고 정리하기		
	③ 학교 전체 동아리 발표 행사에서 실제로 발표하기 1) 발표하기	1) 동아리 발표 행사에서 발표하기 (1) 전교생 대상으로 동아리 활동 발표하기	12 동아리 발표 행사	
• 발표하기 - 다양한 자료를 청자가 이해하기 쉬운 방향으로 재구성하기 - 발표 내용을 도입부·전개부·정리부로 나누어 체계적으로 구성하기 - 발표 목적이나 대상의 특성에 적절한 설명 방법 활용하기 - 청중이 이해하기 쉽게 발표하기	② 학급 내 발표하기 1) 계획하기 - 청중의 관심과 요구, 지식 수준 분석하기 2) 내용 생성하기 - 동아리 활동에서 수집한 다양한 자료 정리하기 3) 내용 구성하기 - 발표 내용을 도입부·전개부·정리부로 나누어 체계적으로 구성하기 - 다양한 자료를 청자가 이해하기 쉬운 방향으로 재구성하기	1) 계획하기 (1) 모범 사례를 통해 발표 계획 및 청중의 관심과 요구, 지식 수준 분석 방법 탐구하기 (2) 동아리 활동 발표를 위한 주제, 목적, 매체 등 계획하기 (3) 동아리 활동 발표를 위한 청중 분석하기	1	
		2) 내용 생성하기 (1) 동아리 활동 시간과 활동 내용에 따라 동아리 활동 기록물 정리하기	2	
		3) 내용 구성하기 (1) 모범 사례를 통해 발표 내용을 도입부·전개부·정리부로 나누어 체계적으로 구성하는 방법 탐구하기 (2) 모범 사례를 통해 다양한 자료를 청자가 이해하기 쉬운 방향으로 재구성하는 방법 탐구하기 (3) 동아리 활동 발표를 위한 개요를 작성하고 청중 분석 자료를 반영하여 재구성하기	3~4	

• 발표 준비와 실행 과정을 되돌아보고 수행의 적절성 점검하기 – 자기 평가 – 동료 평가 – 교사 평가 • 구어 의사소통 활동을 실제로 수행하는 경험 – 범교과 학습 주제를 참고하여 학습자가 경험하는 구체적인 삶의 맥락과 연계하여 담화의 상황을 설정	4) 원고 작성하고 발표 매체 제작하기 – 발표 목적이나 대상의 특성에 적절한 설명 방법 활용하기 – 원고 읽어가면서 발표 연습하기 5) 발표하기 – 학급에서 청중이 이해하기 쉽게 발표하기 6) 발표 준비와 실행 과정을 되돌아보고 수행의 적절성 점검하기 – 자기 평가 – 동료 평가 – 교사 평가 7) 학급에서 발표하여 점검한 내용을 토대로 동아리 발표 행사에서 발표할 내용 수정하기 – 구성과 자료를 청중이 이해하기 쉽게 체계적으로 수정하기 – 단어와 설명 방법을 청중이 이해하기 쉽게 수정하기	4) 원고 작성하고 발표 매체 제작하기 (1) 모범 사례를 참고하여 발표 매체 제작 및 발표 원고 작성하기 (2) 발표 매체를 활용하고 원고 읽어가면서 발표 연습하기	5~6
		5) 발표하기 (1) 학급에서 청중이 이해하기 쉽게 발표하기 6) 발표 준비와 실행 과정을 되돌아보고 수행의 적절성 점검하기 (1) 발표를 들으면서 친구들의 발표를 평가하기 (2) 교사와 동료의 피드백이 담긴 평가지과 녹화 영상을 보면서 자기 평가하기	7~10
		7) 학급에서 발표하여 점검한 내용을 토대로 동아리 발표 행사에서 발표할 내용 수정하기 (1) 평가 내용 및 피드백을 토대로 발표 원고 및 발표 매체 수정하기 (2) 구성과 자료를 체계적으로 바꾸고, 단어와 설명 방법을 청중이 이해하기 쉽게 수정하기	11
	③ 학교 전체 동아리 발표 행사에서 실제로 발표하기 2) 발표 성찰하기	2) 발표 성찰하기 (1) 발표 과정 성찰하고 느낀 점 공유하기 (2) 어려웠던 점, 궁금한 점, 알게 된 점을 공유하여 발표하면서 알게 된 문제 해결하기	13

4) 4단계: 한 차시를 선택해 교수·학습 과정안을 작성하고 실행하기

4단계에서는 〈표 6〉에서 제시된 차시들 중 한 차시를 선택하여 교수·학습 과정안을 작성해 보도록 합니다. 〈표 6〉의 3차시에 해당하는 수업을 대상으로 1차시 45분 기준으로 다음과 같은 교수·학습 과정안을 작성해 볼 수 있습니다. 필요한 자료(학생 활동지, 교육용 PPT)를 제시하고 실제 수업 장면에서 이루어질 교사의 발문과 학생의 예상 반응 등을 구체화했습니다. 더불어 특정 교수·학습 활동이 가지는 의의, 수업의 성패 여부 등 교수·학습 과정안에 대한 메타적 논평도 제시하여 교수·학습의 의도나 수업 실행에서 예상되는 점 등을 환기하고자 합니다.

단원 학습목표	다양한 자료를 재구성하여 내용을 체계적으로 조직하고 청중이 이해하기 쉽게 발표할 수 있다.		
차시 학습목표	발표 내용을 체계적으로 정리하여 청중이 이해하기 쉽게 재구성할 수 있다.		

학습단계		교수·학습 활동	자료 및 기타	시간
* 도입	학습 동기 유발	▷ 동기 유발: 체계적이지 못한 발표문을 보며, 발표 내용을 체계적으로 정리하는 것의 중요성에 대해 생각해보기 "지금부터 발표문을 읽어드리겠습니다. 잘 듣고 이상하게 느껴진다면 어떤 점이 문제인지 말해볼까요?" 　안녕하세요. 　처음에는 부모님이 틀어주시는 클래식 음악을 듣다가, 점점 더 클래식 음악에 빠져들게 되었습니다. 　클래식 음악을 듣는 것은 저에게 큰 즐거움입니다. 클래식 음악을 들으면 마음이 편안해지고, 집중력이 높아집니다. 또한, 새로운 문화를 접할 수 있다는 것도 큰 장점입니다. 　클래식 음악을 듣는 방법은 다양합니다. 저는 주로 집에서 CD를 듣습니다. 가끔은 콘서트에 가서 라이브로 듣기도 합니다. Q1. "발표문을 들으며 가장 이상하다고 생각한 점이 있나요?" Q2. "무엇인가 뒤죽박죽인 느낌이 드나요? Q3. "무엇인가 끝부분이 없는 것 같다는 의미죠?" Q4. "네, 중간 부분도 핵심이 무엇인지 정리하기 쉽지 않네요." "자 그러면, 이 발표문을 수정한 것을 읽어드리겠습니다. 잘 듣고 어떤 점이 달라졌는지, 어떤 점이 좋은지를 말해 볼까요?" 　안녕하세요. 저는 오늘 클래식 음악 듣기에 대해 발표하겠습니다. 저는 어렸을 때부터 클래식 음악을 좋아했습니다. 처음에는 부모님이 틀어주시는 클래식 음악을 듣다가, 점점 더 클래식 음악에 빠져들게 되었습니다. 　클래식 음악은 다음과 같은 장점이 있습니다. 클래식 음악은 부드러운 선율과 리듬으로 마음을 편안하게 하고, 스트레스를 해소하는 데 도움이 됩니다. 클래식 음악은 일상에서 벗어나 여유와 휴식을 취하는 데 도움이 됩니다. 음악을 들으면서 마음껏 상상하고, 감상에 빠질 수 있습니다. 클래식 음악은 다양한 문화를 접할 수 있는 기회를 제공합니다. 음악을 들으면서 새로운 문화를 이해하고, 문화적 소양을 키울 수 있습니다. 　이런 장점을 가진 클래식 음악을 어떻게 감상할 수 있을까요? 클래식 음악 감상 방법은 크게 두 가지로 나눌 수 있습니다. 먼저 CD나 스트리밍으로 들을 수 있어요. 이 방법은 편리하고, 원하는 시간에 원하는 음악을 들을 수 있다는 장점이 있습니다. 두 번째로 클래식 연주를 직접 듣는 방법이 있어요. 라이브로 듣는 방법은 음악가의 생생한 연주를 직접 들을 수 있다는 장점이 있습니다. 　클래식 음악 듣기는 누구나 쉽게 즐길 수 있는 일입니다. 여러분도 저처럼 클래식 음악 감상의 매력에 빠져보시길 추천합니다.	▶ 발표문을 주의 깊게 들으며, 교사의 질문에 답한다. A1. "중심 주제가 무엇인지 모르겠어요." A2. "뭔가 중간에 끊긴 것 같아요. 마무리가 없어요." A3. "중간 부분의 핵심이 무엇인지 모르겠어요." A4. "처음, 중간, 끝부분으로 세 부분으로 나뉘어져 있어요."	빔프로젝트 활동지 PPT	9분

		Q5. "네, 처음 발표에 비해서 세 부분으로 나뉘어져 있습니다. 이를 도입-전개-정리라고도 할 수 있고 3단 구성이라고도 할 수 있어요. 그러면 도입 부분의 핵심 내용은 무엇인가요?"	A5. "처음 부분에는 발표 주제와 발표자가 주제에 관심을 갖게 된 계기가 제시되어 있어요."		
		Q6. "네, 맞아요. 잘 정리해 주었습니다. 전개 부분의 핵심 내용은 무엇인가요?"	A6. "전개 부분은 클래식음악의 장점과 클래식 음악을 듣는 방법이 주요 내용이에요."		
		Q7. "네, 맞아요. 그러면 정리 부분의 핵심 내용은 무엇인가요?"	A7. "정리 부분은 클래식 음악 듣기를 권유하면서 끝나요."		
	학습 목표 제시 (전체학습)	▷ 학습 내용과 학습 목표로 연결하기 "네 맞습니다. 우리가 이렇게 간단한 발표문 두 가지를 비교해 보았는데요. 이것을 통해 우리는 내용을 체계적으로 정리하여, 청자가 이해하기 쉽게 체계화해야 한다는 점을 알 수 있어요. 일반적으로 도입-전개-정리 3단 구성으로 구성하는 것이 좋습니다. 오늘은 이것에 대해 함께 학습해서 발표 내용을 체계적으로 정리하여 청중이 이해하기 쉽게 재구성할 수 있도록 해 보겠습니다."	▶ 학습 목표 확인 – 발표 내용을 체계적으로 구성할 수 있게 되는 것이 학습 목표임을 인지한다.		
	모둠 활동을 위한 자리 배치	▷ 자리 이동 지시 "오늘 수업에서는 먼저 발표 모범 사례를 통해 내용을 체계적으로 구성하는 방법에 대해 알아보고 난 후 같은 동아리 활동 친구들이 모여, 모둠 활동으로 자신의 동아리 활동을 발표할 때 발표 내용을 체계적으로 구성해 보도록 하겠습니다. 자리를 배치해 주세요."	▶ 같은 동아리 활동 모둠으로 자리를 이동한다.		1분
** 전개	발표 예시를 통해 발표 내용을 체계적으로 구성하는 방법에 대한 이해 (전체 학습)	▷ 봉사활동 발표 예시를 통해 발표 내용을 체계적으로 구성하는 방법 이해하기 "우리가 전 시간에 발표 내용을 계획할 때, 봉사활동에 대해 발표한 친구의 계획을 떠올려 봅시다. 제목과 주제, 목적, 청중은 다음과 같습니다." 	제목	진부한 것도 내가 겪으면 특별한 것	 |---|---|
주제	봉사활동이 가져다주는 기쁨과 성장
목적	봉사활동을 설명하고 이를 통한 배움과 느낀 점을 나누어 소통하기
청중	지역사회 어른들	 "다음은 봉사활동에 대해 발표한 친구가 도입부-전개부-정리부로 구성한다고 했을 때의 다양한 자료를 내용과 PPT 매체 자료로 구성한 내용입니다. 글과 사진, 동영상을 활용하고 있네요."	▶ 발표자료를 구성 방법의 특징을 이해하기 – 봉사활동 발표 예시의 계획을 떠올린다. – 봉사활동 발표 예시의 구성을 살펴본다.	빔프로젝트 활동지 PPT	15분

구성	내용	PPT 자료
도입부	• 인사 및 발표자 소개	학교와 이름 소개
	• 주제에 대한 청중의 관심 유발	우리 주변의 소외된 이웃들이 추운 겨울에 고생한다는 뉴스 동영상
전개부	• 봉사 활동을 하게 된 계기 - 중학교 2학년 때 지나치게 게임을 많이 해서 부모님과 갈등을 겪음. - 이 일에 대해 상담하던 중 담임선생님께서 봉사활동 동아리 참여를 권유하심.	봉사 동아리원 모집 홍보 게시물
	• 봉사 활동의 주된 내용 - 소외된 이웃과 노인들께 연탄을 배달하며 그분들과 함께 이야기를 나눔 - 소외된 이웃들을 돌보는 연탄 은행 관계자들과 대화하며 함께 살아가는 삶에 대해 생각하는 계기가 됨.	연탄 은행에서 봉사 활동하는 사진
	• 봉사 활동을 하며 배운 점과 느낀 점 - 사회는 나 혼자만 사는 곳이 아니라는 점을 깨닫고 소외된 이웃도 돌봐야 한다고 느낌. - 성인이 되어서도 도움이 필요한 사람에게 작은 힘이라도 보태고 싶음.	연탄 배달하는 사진
정리부	• 내용 요약 • 진부한 것도 내가 겪어보면 특별한 것이 되기 때문에 청중도 꼭 다른 사람을 위해 봉사 활동을 해 보기를 당부하기 • 끝인사	"특별해지는 나를 위해 봉사 활동을 함께 해요"라는 문장을 강조

Q8. "위에 제시된 구성 내용의 특징을 하나하나 정리해 봅시다. 먼저 도입부를 살펴 봅시다. 도입부에서는 발표자를 소개할 때 왜 학교와 이름을 소개하고 있나요?"

A8. "청중이 지역사회의 어른들이기 때문입니다."

Q9. "네, 그러면 도입부에서는 왜 뉴스 동영상을 제시하고 있나요?"

A9. "뉴스 동영상을 통해 자신의 봉사활동에 대한 청중의 관심을 유도하고 있습니다. 연탄 은행을 잘 모르는 사람이 관심을 가질 수 있습니다."

Q10. "전개부에서는 어떤 내용이 제시되어 있나요?"

A10. "봉사활동을 하게 된 계기, 봉사활동의 주된 내용, 봉사활동을 통해 배운 점과 느낀 점을 제시하고 있습니다."

Q11. "네 전개부에서는 자신이 발표할 내용을 주요 내용을 제시해야 하는데, 이를 2~3가지 항목으로 나누어서 구체적으로 제시하고 있습니다. 그리고 자신이 한 봉사활동과 관련된 사진을 PPT에 제시하고 있네요. 정리부에서는 어떤 내용이 특징적인가요?"

A11. "내용을 요약하고 청중에게 당부하고 싶은 말을 강조하고 있습니다."

	Q12. "이처럼, 발표 내용을 도입부–전개부–정리부로 체계적으로 구성할 때 다음과 같이 내용을 구성하는 것이 필요합니다."	A12. "청중이 봉사활동에 대해 관심이 많고, 봉사활동을 어떻게 하는지 관심이 많으므로, 전개 부분에 봉사활동을 하는 구체적인 방법과 과정을 제시해 주어야 합니다. 대신 청중의 요구가 달라졌으므로 앞서 제시한 봉사활동을 한 계기는 삭제해야 합니다."	

구성	주요내용
도입부	• 인사 및 발표자 소개 • 주제에 대한 청중의 관심 유발
전개부	• 발표 내용과 관련된 구체적인 내용 2~3가지 항목으로 나누어서 제시하기
정리부	• 내용 요약 • 주요 내용 강조 • 끝인사

청중이 이해하기 쉽게 자료를 재구성하는 방법에 대한 이해 (모둠 내 개별 학습)	▷ 청중이 이해하기 쉽게 자료를 재구성하는 방법에 대한 이해 〈청중 분석 자료 1〉	▶ 달라진 청중 분석 자료에 따라 청중이 이해하기 쉽게 자료를 재구성하는 방법에 대해 이해한다. – 활동지에 새롭게 발표 구성 내용을 작성한다.	빔프로젝트 활동지 PPT	5분

청중의 관심	• 봉사활동에 관심이 많지 않다.
청중의 요구	• 학생으로서 봉사활동을 하게 된 계기에 대해 궁금해한다.
청중의 지식 수준	• 연탄 은행에 대해 잘 알고 있지 못하다.

〈청중 분석 자료 2〉

청중의 관심	• 봉사활동에 관심이 많다.
청중의 요구	• 봉사활동을 어떻게 하는지 궁금해한다.
청중의 지식 수준	• 연탄 은행에 대해 잘 알고 있지 못하다.

– 청중 분석 자료 1, 2를 통해 청중이 이해하기 쉽게 자료를 재구성하는 방법에 대해 이해하게 한다.

Q13. "청중 분석 자료가 위와 같다고 하면 우리는 발표를 어떤 내용으로 구성해야 할까요? 청중 분석 자료 1을 바탕으로 2의 경우에는 내용을 추가하거나 삭제해서 학습지에 있는 표에 작성해 보고 이를 발표해 봅시다."

Q14. "네, 여러분들이 말해준 것처럼 청중이 이해하기 쉽게 발표를 하기 위해서 다양한 자료를 적절히 재구성해야 합니다. 청중 분석 자료를 활용하여, 불필요한 내용은 삭제하고, 필요한 내용을 추가해야 합니다."

A13. "연탄 은행에 대해 잘 모르기 때문에 도입부에서 제시한 동영상은 그대로 활용해서 청중의 관심을 유발할 필요가 있습니다."

	자신의 동아리 활동 발표 내용을 체계적으로 정리하여 청중이 이해하기 쉽게 재구성하기 (개별 학습 및 모둠 학습)	▷ 자신의 동아리 활동 발표 내용을 체계적으로 정리하여 청중이 이해하기 쉽게 재구성하기 – 학습지를 통해 발표 내용 체계적으로 구성하기(개별 학습) "이제 다음 활동으로 자신의 동아리 활동 내용을 체계적으로 구성해 볼 것인데, 앞서 배웠던 도입부–전개부–정리부에 따라 들어갈 내용을 구성해 보세요." – 학습지에 구성한 내용을 앞에서 배운 내용을 바탕으로 스스로 평가하고, 친구들과 함께 평가해 보기 "어느 정도 완성되었다면, 청중 분석 자료를 비교해 보면서 자신의 발표 내용을 청중이 이해하기 쉬울지 스스로 판단해 보세요. 그리고 같은 모둠 친구들과 서로 이야기 해보면서 적절성을 판단해 보세요."	▶ 학습지에 동아리 활동 발표 내용을 체계적으로 정리한다. ▶ 발표 내용을 스스로 평가하고, 친구들과 함께 평가해 본다.	활동지	10분
		(예) 	청중의 관심	• 우리 동아리는 신생 동아리여서 관심이 많을 것 같다.
청중의 요구	• 신생 동아리인만큼 어떤 활동을 하는지에 대해 알고 싶어할 것이다.
청중의 지식 수준	• 우리 동아리가 무엇을 하는 동아리인지 잘 알지 못한다.				
정리	내용 정리와 차시 예고	▷ 학습 내용 정리 • 도입부–전개부–정리부에 따라 내용을 체계적으로 구성해야 함. • 청중 분석에 따라 청중이 이해하기 쉽게 자료를 재구성해야 함. ▷ 차시 예고 • 자신의 동아리 활동 내용을 체계적으로 정리하여 청중이 이해하기 쉽게 재구성하기 완료 • 체크리스트를 통해 자기 평가, 동료 평가하기, 교사 피드백	▶ 학습 내용 이해 – 구성 단계에 따른 주요 내용을 복습한다. – 청중이 이해하기 쉽게 자료를 재구성하는 내용을 복습한다. ▶ 차시 예고 인지 – 앞서 했던 활동을 다음 차시에서도 이어서 진행하고, 체크리스트를 통해 평가하여 보다 완성된 내용을 구성할 수 있도록 한다.	빔프로젝트 PPT	5분

* 교사는 학습 목표와 관련된 문제적 사례를 제시하고 잘된 사례에 견주어 학생이 해결책을 발견하도록 유도하고 있습니다. 즉 학생이 문제 해결의 열쇠를 스스로 찾아 자신감을 가질 수 있도록 하면서 학습 동기를 유발하고 있습니다. 그런 후에 학습할 내용과 목표로 자연스럽게 이어가고 있어요.

** 학생들은 각자 동아리 활동을 충실히 했다면 무리 없이 발표를 할 수 있을 것입니다. 물론 동아리 활동을 하는 동안 발표를 위한 자료를 꾸준히 모아 둔 학생들은 보다 풍부한 자료를 기반으로 발표할 수 있을 것이고, 자료 수집 활동이 조금 부실했다고 해도 자신의 동아리 활동을 회고해서 발표할 수 있을 듯합니다. 다만, 동아리에 가입했으되 실질적인 활동이 없었던 경우에는 발표하기가 곤란할 것 같군요.

2. 질의 응답

질문1. 창의적 체험활동과 연계한 수업을 다른 선생님들과 어떻게 협력할 수 있나요?

교과와 창의적 체험활동을 통합할 때에는 학교 교육과정의 운영을 반드시 염두에 두어야 하고, 국어 선생님들뿐만 아니라 창의적 체험활동을 운영하는 다른 교과 선생님들이나 담임선생님들의 협력이 매우 중요합니다. 따라서 학교 교육과정 운영을 계획하는 시기에 함께 논의를 시작해야 하는데, 특히 2월 중순 이후에 학교마다 이루어지는 교육과정 워크숍에서 이러한 통합 운영을 논의하는 것이 좋습니다.

이 과정에서 통합 운영이 단독으로 운영할 때보다 학생들에게 다채롭고 풍성한 활동의 기회를 줄 수 있으며, 서로의 협력으로 운영의 부담을 줄일 수 있다는 점을 강조하면서 함께 하기를 독려하는 것이 중요합니다. 또한 국어 교사가 전체적인 계획을 수립하고 다른 선생님들에게 일정에 맞추어 해야 할 일을 알리고, 기본적인 학생 활동의 양식을 제시해 준다면 훨씬 원활하게 협력을 이끌어낼 수 있습니다.

질문2. 교과와 창의적 체험활동을 통합할 때 동아리 활동 외 다른 활동으로 통합할 수 있는 사례가 있나요?

창의적 체험활동은 자율 활동, 동아리 활동, 진로 활동으로 이루어져 있습니다. 동아리 활동 이외에 자율 활동이나 진로 활동을 활용하여 국어 교과와 통합할 수 있습니다. 자율 활동의 경우 소풍이나 수학여행, 수련 활동과 같은 현장체험학습에 시수를 부여하거나 학급 자치 활동이나 학생 자치 활동, 체육대회, 축제 등 다양한 학교 행사 활동에 시수를 부여하는 경우가 일반적입니다. 따라서 학교마다 자율 활동 시간을 어떻게 배분했는지를 살피고 국어 교과 영역 중 듣기·말하기, 쓰기와 같이 학생들이 자율 활동 내용을 소재로 표현할 수 있도록 융합하는 것이 가능합니다. 현장체험학습의 경우 사전에 체험학습지와 활동에 대해 인터넷이나 서면 조사한 후, 현장체험학습을 방문 조사로서의 의미를 두어 사후에 조사 보고서를 작성하는 사례도 가능합니다. 학급 자치 활동이나 체육대회와 축제와 같은 다양한 학교 행사 활동을 글로 작성하게 하여 학급 소식지나 학교 소식지로 묶는 활동도 가능합니다.

3. 수업 디자인 실습하기

국어과 교육 내용 중 창의적 체험 학습과 통합해서 수업할 계획을 세워 봅시다. 앞의 〈표 6〉과 같이 교수·학습 요소를 추출하여 교수·학습 전개를 구조화하고, 이를 교수·활동으로 구체화하여 차시를 구분해 봅시다. 이때 아래 학급 정보를 고려해 봅시다.

학년/학기	
학생 수	28명
학급 특성	① 19개의 동아리 중 10개 동아리에 배치되어 있으며 최소 2명에서 5명까지 같은 동아리를 하고 있다. ② 담임 교사가 휴대전화를 조회 시간에 수거하여 종례 시간에 돌려주지만, 여러 수업 시간에서 휴대전화가 필요할 때, 교과 교사가 휴대전화를 사용하게 할 수 있으며 교실에 무선 인터넷 환경이 구축되어 있다.

미주

1　여러 연구들이 중등 국어과 예비교사들의 수업 설계와 시연에서 보이는 문제점을 짚었다(고주환·이상일, 2021; 김지수·최숙기, 2020; 김진희, 2018; 김형성·최숙기, 2020; 서종훈, 2015; 정민주, 2011; 2014; 최영인·박재현, 2011).

2　류보라(2019)를 참고함.

3　류보라(2017)를 참고함.

4　정민주(2011:589-601)를 재구성함.

5　김창원 외(2005:15)를 참고함.

6　소경희(2017: 331-347)를 참고함.

7　김재춘 외(2010: 18-23)를 참고함.

8　박인우(201: 636)를 참고함.

9　특정 성취기준이 어떤 내용 요소를 기반으로 설정되었는지를 검토하고자 할 때, 진술된 내용에 따라 직관적으로 파악할 수 있는 내용 요소도 있고, 그렇지 않은 경우도 있을 수 있다. 후자의 경우에는 교육과정 문서를 상세히 검토하거나 교육과정 개발 보고서(노은희 외, 2022)를 참고할 수 있다.

10　박영목 외(2018), 독서, 천재교육, 35~38쪽.

11　노은희 외(2022:168)를 참고함.

12　물론 학생에 따라 이전 학년에서 배운 내용을 충분히 숙지하지 못한 경우도 있을 수 있고, 이전 학년에서 다루어야 할 교육 내용이 충실히 다루어지지 않았을 수도 있다.

13　노은희 외(2022: 240-241)를 참고함.

14　노은희 외(2022: 240)를 참고함.

15　2022 개정 국어과 교육과정 문서에는 [10공국1-05-02]의 '성취기준 해설'을 따로 명시해 두지 않고 있다. 이 경우, 이전 국어과 교육과정 문서(2012, 2015 개정 국어과 교육과정)를 참조할 수 있다. 여기에서는 '2015 개정 국어과 교육과정' 문서에서 관련된 내용을 참고했다.

16　교육부(2022a: 5)를 참고함.

참고 문헌

고주환·이상일(2021), 국어과 예비교사의 수업 시연에 나타난 문제 양상 고찰: 도입·마무리 단계를 중심으로, 국어교육연구 47, 1-30.

교육부(2022a), 초·중등학교 교육과정 총론, 교육부 고시 제2022-33호 [별책 1].

교육부(2022b), 국어과 교육과정, 교육부 고시 제2022-33호 [별책 5].

교육부(2022c), 창의적 체험활동 교육활동, 교육부 고시 제2022-33호 [별책 40].

김재춘·부재율·소경희·양길석(2010), 교육과정과 교육평가(4판), 교육과학사.

김지수·최숙기(2020), Rasch 모형을 활용한 예비 국어 교사의 수업지도안 작성에 나타난 문제 양상 분석, 청람어문교육 73, 61-97.

김진희(2018), 예비 국어 교사의 국어 수업에 나타난 '동기 유발' 활동의 문제 양상 연구, 열린교육연구 26(4), 69-87.

김창원·정유진·우주연·함욱·이지영·양경희·김수진(2005), 국어과 수업 모형, 삼지원.

김형성·최숙기(2020), Rasch 모형을 활용한 예비 국어 교사의 수업 실연에 나타난 문제 양상 분석, 교원교육 36(4), 453-478.

노은희·정혜승·민병곤·서영진·최숙기·서수현·남가영·김정우·옥현진·최소영·박종임·김현정·박혜영·정진석·조재윤·가은아·김종윤·이경남·김광희·김정은·김희동·문해원·박유란·나혜정·서규창·오윤주·장은주·정형근·김잔디·김현숙·박현진·배현진·이귀영·이지나·이지은·한상아(2022), 2022 개정 국어과 교육과정 시안(최종안) 개발 연구, 한국교육과정평가원 연구보고 2022-14.

류보라(2017), 예비 국어 교사의 수업 설계 양상-읽기 수업 설계를 중심으로, 새국어교육 112, 37-70.

류보라(2019), 예비 국어교사의 수업 실연 경험과 수업 어려움 연구, 학습자중심교과교육연구 19(21), 1101-1122.

박인우(2015), 교수와 수업, 수업이론, 수업설계이론에 대한 개념적 분석, 교육공학연구 31(3), 633-653

서종훈(2015), 국어과 예비교사의 지도안 작성과 수업 시연에 드러난 문제 양상 고찰, 국어교육연구 58, 1-34.

소경희(2017). 교육과정의 이해, 교육과학사.

정민주(2011), 국어과 예비교사들의 수업 목표 제시 양상에 관한 고찰, 국어교육학연구 42, 593-626.

정민주(2014), 국어과 예비 교사의 수업 실행에 나타난 문제양상과 지도 방안, 국어교육학연구 49(3), 358-391.

최영인·박재현(2011), 국어과 예비 교사들의 '시범 보이기'에서 나타나는 문제 양상, 국어교육학연구 41, 689-715.